Wolfgang Grußmann

unverschämt glücklich ...

Wolfgang Grußmann

unverschämt glücklich ...

Briefe an die geliebte Seele

SILBERSCHNUR

ISBN 3-89845-086-4

1. Auflage 2005

Satz: XPresentation, Boppard
Druck: Finidr, s.r.o. Cesky Tesin

Verlag »Die Silberschnur« GmbH | Steinstraße 1 | D-56593 Güllesheim

www.silberschnur.de
e-mail: info@silberschnur.de

Vorwort – Einleitung

Liebe Leserin, lieber Leser!

Dieses süß-bittere Buch könnte dein Leben verändern! Es könnte dir Mut zum Leben machen, und du könntest damit in deine Kraft finden und feststellen, dass es da noch viel mehr im Leben gibt! Es ist aber auch ein sehr unbequemes Buch, weil du an etwas erinnert werden könntest und weil du feststellen könntest, wo du wirklich stehst im Leben! Es könnte deine tiefsten Wunden und Ängste berühren und dich daran erinnern.

Wie bist du bisher damit umgegangen, mit deinen Wunden und Ängsten? Wohin bist du gerannt, wenn du sie gespürt hast? Du hast bisher vielleicht Heilmittel, Ablenkungen und schnelle Verstandeslösungen gesucht, damit es nicht mehr so weh tut. Hast bisher vielleicht immer noch größere Regeln erstellt und Schutzmauern errichtet, um dich davor zu schützen. Das ist auch gut so, manchmal braucht man das zum Überleben.

Doch heute lade ich dich ein zu lernen, es auszuhalten, wenn bei dieser Berührung auch deine Wunden berührt werden. Ich lade dich heute ein, dein Herz ganz weit zu öffnen. Lass dich ein und erlebe, wie sich viele deiner Tore öffnen. Alle deine Fragen werden beantwortet. Wenn deine Tore offen sind, dann wirst du alle Antworten in dir hören. Heute könntest du lernen, im Schmerz zu bleiben (ich weiß, das ist eine mächtige Feuerprobe), so lange, bis die Energie sich umdreht, so lange, bis klar und deutlich sichtbar wird, was sich hinter deinem Schmerz, hinter deiner Wunde verbirgt. Es ist meist eine wunderschöne Botschaft des Lebens, eine Qualität oder sogar dein Gold. Wunden werden niemals berührt, um uns zu verletzen oder zu schaden, sondern um sie ans Licht zu bringen und zu heilen und uns wie ein Phönix aus der Asche emporsteigen zu lassen! Das ist die liebende Grundidee des Lebens.

Vielleicht wird dich dieses Buch ziemlich bewegen, vielleicht wirst du es nach den ersten 40 Seiten an die Wand knallen, vielleicht wird es dich packen und nicht mehr loslassen, vielleicht wirst du dich darin wiederfinden, vielleicht wirst du es hassen und im nächsten Moment wieder lieben, viel leicht wirst du den Eindruck haben, dass es nur für dich und an dich geschrieben ist, vielleicht wird es dich so tief berühren, dass du dich an deine innere Schönheit, an deine Einzigartigkeit, an deine Begabungen, an dein Königsbewusstsein, an deine Ziele, an deine Liebesfähigkeit und an deine

Träume erinnerst – aber ganz sicher wirst du schon nach wenigen Seiten nicht mehr sagen können, dass du in dieses Zauberbuch niemals hineingesehen hast und dass es dich kein bisschen berührt hat!

Es ist natürlich meine Absicht, dein Herz tief zu berühren. Und wenn es dich berührt, dann kann es nur das berühren, was auch darauf (vielleicht schon sehr lange) wartet, berührt zu werden. Wenn Sehnsüchte und vielleicht auch Wut, Freude, Glück, Zorn, Liebe und verschiedene andere Gefühle in dir auftauchen, dann wollen sie auch schon längst berührt werden. Dann lass es geschehen, dann lass dich berühren. Es kann nur das berührt werden, was auch in dir (verborgen und verdrängt) da ist. Das ist wie mit einer Insel. Wir werden auf ihr nur das vorfinden (und fühlen), was wir selbst mitgenommen haben. Wenn uns etwas berührt und aufregt, dann ist es ein Volltreffer und hat etwas mit uns zu tun.

Dieses Buch ist kein Kopfwerk. Es ist mein Herzens-Meisterstück und es entstand aus sehr heftigen Bewegungen im Herzen - es könnten auch deine Bewegungen sein. Es ist entstanden aus meiner Quelle, aus meiner Liebesenergie, aus meiner Herzensbildung, aus meiner ganzen Kraft, aus meinem Herzblut, aus meiner vollen Begeisterung und Fähigkeit, die Dinge klar beim Namen zu nennen und auf den Punkt zu bringen. Es gefällt mir so sehr, etwas auszusprechen und die Seele damit sichtbar zu machen und damit den Himmel mit der Erde zu verbinden. Ich habe in diesem Buch nichts von mir versteckt, und ich schenke dir damit einen Teil von mir, einen Teil von meinem Sterben und Werden, doch ich werde nichts von mir verlieren!

Es ist auch kein bescheidenes, sondern ein ziemlich unverschämtes Buch - also ganz ohne mich zu schämen. In diesem Buch sind all meine Erfahrung und all mein Scheitern, all mein Mut und all meine Verzweiflung, all mein Wissen und all mein Mangel, all meine Kraft und all meine Zerbrechlichkeit, alle meine Wunden und meine Bereitschaft, verwundbar zu bleiben, all meine Tränen und meine ganze Trauer, alle meine Lebendigkeit und mein Sterben, meine Größe und meine Kleinheit, meine Freude und meine Nacktheit, alle meine Sehnsüchte und all meine Liebe, all meine Schönheit und all meine Ängste, all meine Wut und mein ganzes Gefühl, all meine Vollkommenheit und all mein Vergessen. Es ist die Summe meines Lebens.

Ich wünsche dir viel Freude beim Lesen und Fühlen!

Über den Inhalt:

Süße, ich hatte sehr viel vor mit dir

Süße, ich hatte sehr viel vor mit dir, ... dich oft und immer öfter zu treffen, mit dir zu reisen, mit dir zu scherzen, mit dir zu lachen, mit dir die ganze Nacht durchzureden, dich zu küssen, dich jeden Tag zu sehn und dich zu spüren. Ich habe mir sogar schon überlegt, wie das wäre, wenn wir zusammenarbeiten, und ich habe mich schon geistig darauf eingestellt und ziemlich darauf gefreut, dich als meine süße Freundin zu haben (das kann ich mir auch ohne Sex vorstellen).

Ich glaube, dass man mit solch einer schönen Situation sehr gut umgehen kann. Es ist auch für mich völlig neu und das erste Mal, aber ich glaube, dass so eine Sache das Leben wirklich sehr bereichern kann, und ich glaube, dass es eine ganz enorme Bewusstseinserweiterung sein kann. Ich habe es ja nicht gesucht, und ich werde nun auch keine andere Freundin suchen, aber ich habe es angenommen so, wie es das Leben präsentiert hat, und ich habe alle meine Vorstellungsbilder über Bord geworfen. Das könnte man Entwicklung von erwachsenen Menschen nennen. Ich habe deinen Rückzug heute Vormittag schon geahnt, und ich konnte dich plötzlich nicht mehr finden und nicht mehr spüren. Ja, auch ich bräuchte deine Nähe so sehr, nicht nur du! Dein Weinen heute am Telefon und deine große Sehnsucht nach mir und meiner Nähe hat mich sehr tief berührt. Es tut mir auch sehr weh, und ich habe auch sehr große Sehnsucht nach dir, aber ich werde es so annehmen, wie es ist, und ich werde mich nicht dagegen wehren.

Ich stelle diese ganze aufregende und wunderschöne Sache mit dir, diese weltbewegende und einzigartige Begegnung einfach ins Licht des Lebens. Ich jedenfalls bereue es nicht, auch wenn es mich nun ziemlich schmerzt. Ich würde es wieder tun, ... ich würde dich wieder anlachen, ... ich würde dich wieder treffen, ... ich würde dich wieder küssen, ... und ich würde wieder deine Nähe suchen, auch wenn ich wüsste, dass es nur ein paar Tage dauert. Nichts davon bereue ich!

Es ist wahr, dass wir erst dann wissen, was wir gehabt haben, wenn wir es verloren haben, aber es ist auch wahr, dass wir nicht wissen, was wir vermissen, bis es eintrifft.

So vieles verstehe ich nicht

Aber ich muss schon gestehen, dass ich deine Worte und deinen Gedankengang einfach nicht verstehe. Ich würde dich so gerne verstehen. Wir Menschen können so verschieden denken. Da gibt es eigentlich gar nichts Absolutes. Für mich ist das so: Wenn ich einen wichtigen Menschen (so wie dich) öfter und immer öfter sehen und spüren und riechen möchte, dann arbeite ich darauf hin, anstatt ihn gar nicht mehr zu sehn. Ich leide einfach nicht sehr gerne, sondern handle.

Ja, es stimmt, wir beide sind gebunden, und man könnte sagen, wir sind uns nur zur falschen Zeit im Leben begegnet. Leider sprechen über dieses Thema sehr wenige Menschen, und es scheint so ein heikles Darüber-spricht-man-nicht-Thema zu sein. Aber glaube mir, in Wirklichkeit geht es sehr vielen Menschen genauso wie uns!

Ich verstehe einfach nicht, dass man aus so einer wertvollen und wunderschönen Begegnung nichts Konstruktives machen kann. Du sagst und schreibst, dass dir meine Nähe fehlt und dass dich das so sehr schmerzt und du weinst oft dabei ... Warum muss das denn nur so kompliziert sein? Ich verstehe es nicht! Und gibt es denn bei wichtigen, wunderschönen, verzaubernden und tief berührenden Begegnungen und bei der Liebe irgendeine Garantie, dass es keine Schmerzen bereitet? Willst du nun alles in deinem Leben meiden, was dich schmerzt oder eventuell in Zukunft schmerzen könnte? Schon alleine der Versuch, das alles auszusperren, uns davor zu schützen, lässt uns erstarren und erkalten - glaub es mir! Außerdem sind alle Wunden schon vorher da, bevor sie sichtbar und berührt werden. Ja, die meisten Wunden sind sehr alt und nur Wiederholungen und nichts Neues. Auch wenn wir beide uns früher und z.B. ungebunden begegnet wären und mehr daraus geworden wäre - vielleicht ja eine heiße und wunderschöne Liebesbeziehung mit tollem Sex -, dann wäre doch auch die Gefahr, dass es schmerzt und dass es verletzt. Hättest du dann eine Garantie, wohin sich das entwickeln würde? Welche Garantien willst du denn nur vom Leben? Diese Garantien, die du suchst, die gibt es nicht! Und wenn wir ein Moskitonetz um uns herum aufspannen, um die bösen Mücken aus unserem Leben auszusperren, weil sie uns stechen könnten, dann sperren wir auch die Schmetterlinge aus unserem Leben aus, die uns erfreuen, uns Kraft geben und unser Leben sehr versüßen.

Ganz oder gar nicht

Du willst scheinbar alles vom Leben, alle Sicherheiten und alle Garantien, und bekommst deshalb so manches gar nicht. Du verzichtest wegen deiner Angst vor Schmerz auf sehr viel. Obwohl ich viele solche Menschen kenne, bin ich echt immer wieder sehr erstaunt darüber und kann es einfach nicht verstehen!

Das Ganze könnte ein so wertvoller Prozess für dich und natürlich auch für mich sein. Es könnte für uns beide eine großartige Entwicklung sein, mit der du deine Angst - was dich alles verletzen könnte - endlich überwinden könntest. Und all das einengende „ganz oder gar" nicht ... und dieses sehr begrenzende „Alle Gefahren und Schmerzen meiden und aussperren" könntest du damit überwinden und meistern!

Ich glaube, du bist mir (unter anderem) auch aus genau diesem Grunde begegnet. Zufälle gibt es doch keine. Auch ich treffe immer wieder Situationen und Menschen, die mich an meine Wunden erinnern. Natürlich können wir die Menschen (zumindest ein bisschen) wählen, mit denen wir wachsen und reifen wollen, aber unseren Lernprozessen entkommen wir niemals! Das Leben präsentiert uns immer passende Situationen und Gelegenheiten, auch wenn wir es oft nicht verstehen. Gegen die Berührung deiner Wunden kannst du dich niemals schützen! Und Beziehungen, in denen es diesen Faktor X (die mögliche Berührung der Wunden) nicht geben darf, sind sterbende und erstarrende Beziehungen!

Auch wenn du mich nicht mehr treffen möchtest, ... ich dir womöglich keine Briefe mehr schreiben darf, ... ich dich nicht mehr anrufen darf, ... ich dein süßes Lachen selten sehen darf, ... du mit mir nicht eine Nacht durchreden (oder was anderes) willst, ... du mit mir keine Reise machen willst, ... ich dich nicht mehr küssen darf ... ja, das können wir alles weglassen ..., aber bitte brich diesen Prozess in dir nicht ab und stelle dich deiner tiefen Angst, verletzt zu werden und Schmerzen zu spüren. Wenn eine Wunde sichtbar wird und ans Licht kommt, dann arbeitet sie bereits für die Heilung. Mädchen, bitte erweitere dein Bewusstsein, wachse hinaus über diese Schmerzen und Wunden und die Angst davor! Die machen dir das Leben schwer, nicht die Begegnung mit tollen Menschen, die dich tief berühren und die du liebst.

So einfach könnte es sein

Gute Beziehungen wachsen *Schritt für Schritt,* und es muss immer die Möglichkeit des Rückzugs geben. Man lernt einen Menschen kennen, ist zuerst vielleicht von seinem Lachen verzaubert, und man will ihn auch riechen. Dann riecht man ihn und wenn es auch so schön ist, dann will man ihn auch berühren. Wenn das auch so schön ist, dann will man ihn küssen usw. Es zieht uns magnetisch *Schritt für Schritt* zu diesem Menschen hin. Und bei alledem gibt es immer den Punkt, wo es nicht so schön ist und die Energien sich wieder zurückziehen. Wenn diese Energien aber Schritt für Schritt weiter gehen (so wie eben bei uns), weil etwas so *schön* ist und auch das Nächste und das Nächste ... dann ist das die Basis für eine wunderschöne Beziehung oder Freundschaft. Wenn man aber an einem Punkt weiter geht, obwohl es nicht so ganz *schön* ist – vielleicht aus Pflichtgefühl oder wegen eines Versprechens – dann entstehen meistens beschissene Beziehungen. Bei uns gibt es diesen enormen Magnet und alle Schritte waren für uns beide wunderschön (ich verstehe deinen Rückzug nicht) und das Leben will die weiteren Schritte. Man will einem Menschen nahe sein und man arbeitet einfach darauf hin. So einfach könnte es sein. Es macht mich sehr traurig, bei so vielen Menschen zu beobachten, wie schwer sie sich selbst das Leben machen, obwohl es so einfach sein könnte.

Ich verstehe auch nicht, dass das so ganz oder gar nicht sein muss. Was kann man schon ganz haben, und wer weiß schon, wohin sich etwas entwickeln kann. Sich vor so einer möglichen Entwicklung zu fürchten, ist die Angst vor dem Leben! Und auch wenn wir uns zu einer anderen Zeit begegnet wären und ich z.B. ungebunden wäre und wir zusammengekommen wären (ich bin übrigens ein schwieriger Typ), hättest du mich auch nicht *ganz* haben können und auch ich hätte dich nicht *ganz* haben können. Keinen Menschen kann man *ganz* haben. Wir brauchen so viele Menschen zum Glücklichsein! Manche Menschen erfreuen sich am Sonnenuntergang, aber weil sie ihn nicht *ganz* haben können, weil er nur zehn Minuten dauert, machen sie lieber die Augen zu und verzichten auch auf die großartigen zehn Minuten. Das ist Lebensverschwendung! Das Bisschen zu haben, ist viel mehr, als das Ganze gar nicht zu haben. Mein inneres Bild zeigt mir, dass wir noch viele schöne Zeiten vor uns haben, und uns diese Liebe verwandeln wird. Um solche Begegnungen wäre es viel zu schade, wenn sie vorbeiziehen. Hab dich lieb!

Schön, dass du mich wieder treffen möchtest

Hey, Mädchen, wo fang ich nur an? Ich wollte so viel mit dir reden. Manches hab ich schon wieder vergessen, und dann kommt wieder eine deiner vielen süßen Fragen, die laut nach Antwort schreien. Du möchtest in vielen Punkten (besonders die, die uns nun verbinden), die dich bewegen und von denen du noch nicht ganz weißt, wie du damit umgehen sollst, meine Meinung hören. Das ist gut zu verstehen und das freut mich so sehr und ich finde es so richtig gut, dass du das alles aussprichst und danach fragst. Mich interessiert natürlich auch, was du denkst und wie du das siehst.

Möchte dir zuerst sagen, wie sehr ich mich darüber freue, dass du mich nun doch wieder treffen und sehen möchtest und deine Ängste überwunden hast. Dein Herz hat scheinbar gesiegt! Auch ich brauche die Nähe zu dir sehr! Ich freue mich sehr, dass du so offen zu mir bist und du mir deine Zuneigung und deine Liebe zu mir so süß und so weltbewegend zeigst und sagst. Ich weiß ja, dass das nicht ganz leicht für dich ist.

Zu deinen Fragen, wann, wo und wie oft wir uns treffen, möchte ich sagen, dass ich dich natürlich so oft wie nur möglich treffen möchte. Doch da mache ich mir keinen Stress und keinen Druck, denn ich bin davon überzeugt, dass das die Sehnsucht und die Liebe selbst regulieren wird. Diese Quellen machen uns kreativ und bewegen sehr viel. Ja, das ganze Leben wird von diesen Energien bewegt. Sie lassen uns vieles möglich machen, was wir uns heute vielleicht noch nicht vorstellen können.

Und zu dem Thema Machtkampf in Beziehungen – worüber wir am Telefon kurz gesprochen haben – möchte ich noch Folgendes sagen: Als Mann bleibe ich dir überlegen und als Frau bleibst du mir überlegen. Ich achte deine Weiblichkeit, und ich bin und bleibe darin auch der Unterlegene. Und in Punkto Männlichkeit bist und bleibst du mir unterlegen. Wenn es diese Klarheit und Achtung – der einfachste Weg einen Konflikt zu heilen – zwischen Menschen eben nicht gibt, dann beginnen die ermüdenden Machtkämpfe in Beziehungen. Das können wir uns ersparen. Alles hat seinen Platz, und das ist gut so. Du bist eine ziemlich entzückende und ziemlich weibliche Frau, und ich bin ein Mann, und ich bin unheimlich gerne ein Mann.

So vieles ist möglich

Und zu deiner Frage, die dich schon länger beschäftigt und vielleicht auch schon ziemlich ängstigt, ob ich mir denn eine Freundschaft/Liebe mit und zu dir auch ohne körperliche Nähe, sprich ohne Sex (hab zwar den Eindruck, dass du mich doch auch sehr begehrst und mich sehr gerne so ganz und tief spüren möchtest), vorstellen kann, möchte ich Folgendes sagen. Hab es am Telefon schon versucht auszudrücken, weiß aber nicht, ob das angekommen ist:

Prinzipiell kann ich mir das sehr wohl vorstellen, wobei ich mich natürlich schon frage, wo denn die Sexualität überhaupt beginnt! Aber viel wesentlicher ist, dass ich gar keine Pläne habe. Ich finde es auch nicht nötig (besonders in solch einer Situation), Pläne zu haben. Und ich hatte auch keine Pläne, als ich dich das erste Mal gesehen habe und mich deine Präsenz, deine Bewegung, dein bezauberndes Lächeln mit deinen unglaublich süßen Grübchen, dein erotisches Haar, dein Blick, deine Stimme, deine Ausstrahlung so tief und – mitten ins Herz – wie ein Blitz getroffen hat. Ich war einfach überwältigt von dir, und ich bin es noch immer. Ich weiß zwar nicht, wohin sich das entwickelt - das weiß man im Leben doch nie -, aber ich habe absolut nichts vor. Süße, ich habe keine Erwartungen an dich und ich kann mir wirklich sehr viel vorstellen. Ich weiß, dass so vieles im Leben möglich ist, wenn man es nur will und wenn man es sich auch erlaubt! Es beginnt so ziemlich alles in unserem Bewusstsein, in unserer Vorstellung.

Und selbst wenn ich dich einmal fragen würde, ob du mit mir schlafen, besser gesagt mich leidenschaftlich lieben möchtest, könntest du ganz einfach Nein dazu sagen. So einfach ist das. Muss dir aber schon dazu sagen, dass auch ich Nein sagen würde, wenn ich den Eindruck hätte, dass du mit dem Ganzen noch nicht umgehen kannst und es dich sehr belasten würde. Jedes Vorstellungsvermögen müssen wir uns alle selbst erarbeiten. Das habe auch ich mir erarbeiten müssen, und es ist auch der Hauptbestandteil meiner Arbeit. Ich nenne es meine Freiheit.

Außerdem würde ich mit jemandem nur dann ins Bett gehen, wenn die Liebe wirklich ziemlich groß ist (so wie zu dir). Sexualität ist mir viel zu kostbar, als dass ich das als Alltagskonsumation tun würde, und außerdem bin ich (zumindest derzeit) sehr gerne treu.

Komm ich in den Himmel oder in die Hölle?

Fürchtest du dich eigentlich vor meinem Feuer? Ich habe so ein bisschen den Eindruck gewonnen. Ja, es ist sehr groß, mein Feuer. Ich stehe auch mit voller Leidenschaft und Begeisterung im Leben. Aber ist es nicht genau das, was dich (unter anderem) bei mir so anzieht, was du suchst? Das Feuer steht für die väterliche und männliche Kraft. Hab keine Angst, ich habe es (fast immer) im Griff, mein Temperament, mein Feuer und meine Lust. Dieses Feuer ist so stark, dass sich viele daran schon gewärmt haben, und manche legten sich immer weg von mir, weil ich zu viel Wärme ausstrahle.

Immer wieder taucht natürlich auch bei mir der lange eingeübte Schwarz-Weiß, Gut-Böse, Treu-Untreu,-kommst-eh sicher-in-die-Hölle-Gedanke auf, den auch ich immer wieder (aber immer seltener) überprüfen, korrigieren und ordnen muss. Die Angst vor der Hölle ist aber völlig unbegründet, denn das Bewusstsein, von dem aus wir das denken, fürchten und sagen, ist schon die Hölle! Ja, unsere Angst vor der Hölle ist bereits die Hölle!

Also auch bei mir taucht kurzzeitig so etwas wie ein schlechtes Gewissen auf und die Frage, was ich denn da mache. Ich kann dich also sehr gut verstehen. Aber bringen Schuldgefühle oder ein schlechtes Gewissen dem Partner Liebe oder irgendetwas anderes Brauchbares? Oder kann es etwas rückgängig machen?

Und ich kehre diese Gedanken des schlechten Gewissens dann auch nicht unter den Teppich. Nein, das würde nichts bringen. Ich betrachte sie, stehe zu dem, was mir wichtig ist, wäge alles ab und ordne damit. Ich beleuchte es einfach (ohne Rechtfertigung) unter dem hellen Lichte des Herzens. Danach verschwindet jedes schlechte Gewissen und jedes Schuldgefühl und jede Angst vor der Hölle. Und das Herz spricht immer die klarste Sprache. Das Herz sagt mir einfach, dass es sehr wichtige Begegnungen gibt, die man braucht zum Vorankommen und zum Glücklichsein.

Schuldgefühle zwingen uns dazu, in immer derselben, inzwischen zu einem Ritual verkommenen Weise zu handeln.

Schuldgefühle verstärken genau das, was wir eigentlich vermeiden wollen.

Ich kann einfach nicht anders

Das Herz sagt mir auch ganz einfach, dass ich nicht anders kann und dass ich das auch wirklich will. Ich stehe auch zu dem, was ich sage, was ich brauche und was ich will -, und mein Herz sagt mir auch, dass ich es ziemlich bitter bereuen würde, wenn ich dich vorbeiziehen lassen würde, ohne dir zumindest gesagt und gezeigt zu haben, was und wie tief ich für dich empfinde (ist ja auch kein Alltag für mich, das zu tun), wie wichtig du für mich bist, wie sehr ich deine Nähe brauche. Das sind ganz einfach schicksalhafte Begegnungen, die man sich eben nicht aussuchen kann. Das sind Begegnungen vielleicht aus früheren Zeiten - eigentlich wie alle Begegnungen. Aber manchen Menschen war und ist man eben näher. Mit manchen Menschen möchte man etwas fortführen oder auflösen. Mit anderen trifft man sich zu einem neuen Spiel, um vielleicht einen alten Krieg fortzuführen oder einen neuen zu beginnen, und wiederum mit anderen trifft man sich, auf dem Weg der Weisheit voranzuschreiten, und wieder andere trifft man, um eine alte, schöne Liebe fortzuführen ... dessen bin ich mir ganz sicher.

Natürlich erfordert das Ganze schon einen sehr klaren Blick und viel Kreativität, damit richtig umzugehen. Es ist auf jeden Fall eine Herausforderung und Bewusstseinserweiterung. Die wesentlichste Frage für mich ist, wie hoch wäre der Preis, wie sehr würde ich es bereuen, z.B. mit achtzig wenn ich auf mein Leben zurückblicken und sagen müsste, dass ich da mal vor siebenunddreißig Jahren eine unglaubliche Frau getroffen habe, in die ich mich so sehr verliebt habe, die so wichtig für mich war, die mich so tief berührt hat ... und ich habe sie einfach vorbeiziehen lassen, weil ich den Pfad nicht verlassen wollte, weil ich in einer Beziehung war, weil ich mich nicht getraut habe. Was würde ich dann mit achtzig sagen, wenn ich zurückblicke und einen Mangel spüre, weil ich etwas Wichtiges nicht gelebt habe? Das wäre schrecklich für mich. Ich habe das bei so vielen alten Menschen im Altersheim gesehen (dort habe ich einmal gearbeitet) und die Verzweiflung über das nicht Gelebte war sehr groß. Es war die Hölle auf Erden! Niemand hat erzählt, wie sicher es war und wie viel er verdient hat. Nein, diese Menschen haben nur von den Herzensangelegenheiten (sie sind es, die uns jung machen) erzählt und ob sie glücklich waren oder was sie versäumt haben. Es war bitter oder süß. Wenn wir das Alter, die Summe unseres Lebens, nicht ertragen, dann waren wir nie jung.

Eine Frage der Prioritäten

Alles ist für mich im Leben immer eine Frage der Prioritäten. Es gab da mal einen sehr guten Film, ich glaube „Die Suche nach dem goldenen Kind“ mit Eddie Murphy. Da gab es eine so wesentliche und weise Aussage. Eddie Murphy war der Auserwählte, und er musste das goldene Kind (den Buddha) vor den bösen Mächten retten. Dazu musste er aus einer Höhle einen Dolch holen. In dieser Höhle gab es einen Pfad und der Mönch und Meister, der ihn führte (aber nur bis zum Höhleneingang), sagte ihm als wichtigsten Punkt, dass er niemals den Pfad verlassen dürfe, dass er niemals das Gesetz und die Regeln brechen dürfe.

Eddie, der Auserwählte, ging natürlich bald ab vom rechten Pfad, da ihm dieser zu wackelig und zu unsicher war. Als er dann aber auf dem neuen Pfad war (er hatte damit den rechten Pfad verlassen), stürzte die Brücke beim rechten Pfad zusammen. Eddie fragte den Meister sehr wütend, was denn das solle. Er habe ihm doch gesagt, dass er den Pfad nie verlassen dürfe und wenn er das befolgt hätte, dann wäre er in die Tiefe gestürzt und gestorben. Und dann sagte der Mönch zum auserwählten Eddie: „Ja, es stimmt, du musst auf dem Pfad bleiben, du musst ihm treu bleiben. Aber du musst selber wissen, wann du ihn verlassen sollst. Wenn du auf dem Pfad bleibst, dann bist du gehorsam. Aber wenn du ihn zur rechten Zeit verlässt, dann erreichst du dein Ziel.“

Ich halte auch sehr viel von Regeln und einem Pfad, doch zum rechten Zeitpunkt (du wirst wissen, wann das ist) müssen wir ihn auch verlassen. Regeln sind ja oft missbrauchte Regeln, und in Wirklichkeit ist es oft nur Feigheit.

Das Besondere an solchen (keine Ahnung, wie ich dazu sagen soll) Freundschaften, Liebesbeziehungen (kann sich ja auch einmal verändern, etwas anderes daraus werden), ist für mich auch, dass keiner einen Anspruch und kein Recht auf den anderen hat! Das hat sehr hohe Qualität für mich. Aber bei genauer Betrachtung hat man das ja auch nicht in einer fixen und festen Beziehung. Ist ja auch oftmals das größte Problem in Beziehungen. Diese Erfahrung ist für mich ganz toll und auch daran erfreue ich mich sehr. Es ist eine großartige Erfahrung und Bewusstseinserweiterung.

Angst vor diesem Feuer, das dich so unglaublich anzieht

Dein Pendeln, dieses Hin und Her, hat sich schon sehr beruhigt. Es ist deutlich zu sehen, dass du zu dem stehst, was du willst. Aber es fällt mir immer wieder sehr stark auf bei dir. Manchmal spüre ich dich ganz nahe bei mir und manchmal spüre ich dich gar nicht. Manchmal bist du total offen, suchst meine Nähe, auch die Bewusstseinserweiterung, und manchmal ziehst du Mauern hoch, die keiner überwinden kann, obwohl es schon sehr große Änderungen bei dir gibt. Dieses Bild und diese Bewegung ist sicher auch in all deinen Beziehungen zu sehen.

Aber ich möchte dir sagen, dass ich es verstehe und achte. Einerseits willst du mich wirklich und ganz tief, willst meine Nähe und mein Feuer ganz spüren, hast ziemlich große Sehnsucht nach mir, mit mir zusammen zu sein, mich zu lieben, mich zu riechen, meine Haut zu spüren, mich zu umarmen und zu küssen, mit mir im Auto zu fahren, mit mir eine ganze Nacht durchzureden, mich oft zu treffen (wer weiß, was noch alles), und du sagst mir das ja auch sehr deutlich und weinst sogar manchmal dabei, und du rufst mich auch innerlich sehr deutlich und sehr stark - das alles ehrt und berührt mich ja auch ungemein und lässt mich schweben -, und du hast andererseits aber auch diese übergroße Angst vor genau dieser schönen Nähe, vor diesem Feuer (das dich so unglaublich anzieht), und du baust immer wieder viele Sperren ein – das, was du willst, dann auch zu leben, das dann auch wirklich zu spüren, das zu verwirklichen und zu tun. Du willst es so sehr und fürchtest dich aber gleichzeitig genau davor so sehr.

Diese tiefe Angst bezieht sich aus meiner Sicht aber nur zum geringsten Teil darauf, dass du in einer Beziehung (auch dort ist dieses Kommher-und-Geh-weg-Muster sicher zu sehen) bist und dass der Moralgeschmack des Fremdgehens und der Untreue für dich nun da ist, sondern es ist viel, viel tiefer liegend, es sind sicher sehr alte Wunden. Die meisten Menschen haben heutzutage irgendwelche alten und tiefen Wunden. Auch mit deiner Geschichte hast du Wunden, und bei dir ist jede Nähe gefährlich, denn sie hat dich und auch deine Mutter einst tief verletzt! Der Schmerz der Mutter wiegt manchmal noch viel mehr, denn Kinder übernehmen auch diesen und tragen ihn (ist aber niemals ein Fehler, sondern aus Liebe), um ihn aufzulösen.

Willst du das Leben verstehen, oder hast du Vertrauen?

Ich hätte sehr viel zu geben, musst es nur nehmen. Du kannst mich haben, wie du willst. Du kannst mich auch *nur* als Freund haben, und ich würde es achten, wenn du dich wieder zurückziehst. Ich wäre zwar traurig, aber ich würde es aushalten. Wenn du mich als Geliebten willst, dann gibt es mich derzeit nur ein bisschen (weil ich in einer Beziehung bin). Das Wenige kann viel mehr sein, als das Ganze gar nicht zu haben. So vieles ist möglich im Leben.

Und bitte, wozu musst du dir denn über deine Gefühle im Klaren sein? Was bitte ist denn das für ein Schwachsinn? Verzeih meine Ausdrucksweise, aber das macht mich ein wenig ärgerlich, wenn ich solche Statements höre. Ich glaube nicht, dass es nötig ist, sich über seine Gefühle im Klaren zu sein (so wie du das gestern gesagt hast). Ich glaube auch nicht, dass das überhaupt möglich ist, sich über seine Gefühle im Klaren zu sein. Ich frage mich, was denn das überhaupt ist und wer sich denn im Klaren sein will. Und was machst du dann, wenn du dir über deine Gefühle im Klaren bist und sie womöglich auch noch verstehst? Und was machst du, wenn dir deine Gefühle lästig sind, wenn du sie gerade nicht gebrauchen kannst?

Du brauchst nur ein wenig mehr Vertrauen in das Leben, dann wirst du nicht mehr versuchen, das Leben zu verstehen und damit zu kontrollieren. Unser vieles Verstehen und auch unser emsiges Erklären (und Rechtfertigen) kann uns ziemlich schwächen und blockieren. Ja, willst du das Leben verstehen, oder hast du volles Vertrauen? Wenn du Vertrauen hast in das Leben, wirst du nicht mehr versuchen, dir über deine Gefühle im Klaren sein zu wollen. Warum sollte dein Herz etwas lieben, dass dir zum Schaden gereicht? Warum sollte das denn so sein? Glaube doch an das Leben und die göttliche Vorsehung und höre doch bitte auf, dir über deine Gefühle im Klaren sein zu wollen. Unser Herz ist ohnehin stärker als unser Verstand und das Herz *ist* und da ist immer alles sonnenklar!

Und ich frage mich, wer sich denn im Klaren sein will über unsere Gefühle. Sich im Klaren sein zu wollen, ist ein Verstandeswerk und ein Machtanspruch des Verstandes. Er will die Kontrolle über unser Leben und unser Herz. Ja, es ist unser Verstand, der sagt, dass er sich über seine Gefühle im Klaren sein muss, nicht das Herz!

Das, was du verstehst, wirst du nicht leben können

Der Verstand hält sich für den Boss und will wissen, was denn das Herz will, und will sich im Klaren sein, vielleicht mit der verrückten Idee, das Herz zu reglementieren, zu kontrollieren und zu lenken, und wenn lästige Gefühle auftauchen, schneiden wir sie vielleicht weg. Oh ja, genau an dieser Stelle wird sichtbar, wie krank und dumm und verrückt wir Menschen doch heutzutage sind. Das Herz ist sich immer im Klaren! Verschwommen sind die Dinge nur dann, wenn wir verlernt haben, auf unser Herz zu hören.

Und so vieles reguliert sich ganz einfach von selbst im Leben. Wozu müssen wir uns dann über Gefühle im Klaren sein? Dein Verstand schafft es nicht, dich im Leben vor etwas zu schützen! Er schafft es nicht einmal, dein Gesicht zu schützen und trotzdem willst du ihm dein Herz und dein gesamtes Leben anvertrauen ... *verrückt*! Wo ist dein Verstand z.B., wenn es dich auf die Schnauze haut? Ja, was passiert, wenn du hinfällst? Dann streckst du reflexartig deine Hände aus, damit dein Gesicht geschützt wird, und das wirst du niemals überwachen und kontrollieren können. Das alles spielt sich lange *vor* deinem Denken ab. Der Verstand und dein Denken und Planen sind dafür viel zu langsam! Wenn dein Verstand registriert, dass du am Boden liegst, dann sind deine Hände längst vor deinem Gesicht. Und genauso ist das mit den Gefühlen, über die du dir im Klaren sein willst. Spüre sie einfach, deine Gefühle, und hab Vertrauen in das Leben. Das, was du verstehst, wirst du oft nicht leben können. Und niemals ziehen dich dein Herz und deine Gefühle an den falschen Platz oder zu einem falschen Menschen. Es sind immer die besten Plätze und dort, wo wir wachsen können.

Es gibt so viele Ebenen der Begegnung, und die meisten Formen kennen wir eben nicht. Und es ist nur unser kleiner, ängstlicher und begrenzter Verstand, der bei etwas Neuem nervös wird und alles zuordnen und überwachen will und sich im Klaren sein will und immer wissen will, was denn das ist und ob es eine Freundschaft oder eine Affäre ist oder ob es eine große Liebe ist oder ob es nun schon eine Beziehung ist. Lauter dumme Fragen, die viele neue Krämpfe bringen und uns von unserem Herzen nur noch weiter entfernen. Unser Herz weiß immer, was los ist und wo es steht, und es ist völlig egal, wie wir das nennen. Sich über seine Gefühle im Klaren zu sein, heißt für mich, dass der Verstand über unser Herz gesiegt hat.

Soll deine Rechnung süß oder bitter sein?

Unsere Zuordnungen (der größte Wahn unserer modernen Zeit) treffen ohnehin immer voll daneben. Das Herz fühlt sich von einem Menschen angezogen oder eben nicht und bestimmt ohnehin unser Leben. Sich über Gefühle im Klaren sein, will nur unser kleiner, begrenzter und machthungriger Verstand, nur er sucht nach allen möglichen Stützen, Sicherheiten und Benennungen. Das Herz kennt solche komischen Trennlinien und Bezeichnungen nicht und braucht auch keine Sicherheiten. Wenn ich einen Menschen mag, suche ich einfach einen Weg, ihn zu spüren, und da ist es mir doch völlig egal, wie man das nennt.

Und wenn wir etwas klar beim Namen nennen und dazu auch stehen, dann müssen wir im Leben nur die Rechnungen (des Lebens) bezahlen. Diese gibt es immer. Alles kostet etwas (auf der energetischen Ebene), und alles verlangt immer nach einem Ausgleich. Aber ein Gewinn ist es immer bzw. kann es immer sein, das liegt nur an uns. Auf der einen Seite könnte die Rechnung des Lebens ziemlich bitter sein und bedeuten, dass man es tief bereut, eine wichtige Begegnung oder Erfahrung vorbeiziehen gelassen zu haben, und im anderen Fall könnte die Rechnung süß sein und bedeuten, einen kreativen Umgang mit Schuldgefühlen finden zu müssen (und sie im besten Fall auch aufzulösen) und zu dem zu stehen, was wir dringend brauchen und wollen. Das kann dann ein sehr wichtiger Entwicklungsprozess sein.

Bedienen, glücklich und recht machen kannst du es den anderen ohnehin nicht. In dieser Spirale wird es immer jemanden geben, der dir sagt, dass es noch nicht genug ist, was du tust und gibst. Also finde heraus, was du willst, und wähle deinen Weg! Du willst etwas im Leben, wie jeder andere auch, und ich mute es dir auch zu, dass du dafür die Verantwortung trägst und die Rechnungen bezahlst. Ich bin überzeugt, dass es bei so einer unglaublich schönen Sache wie unserer Begegnung notwendig ist, die innere Ruhe zu bewahren, indem man einen Weg wählt, zu diesem auch steht, diesen auch geht und bereit ist, dafür die Verantwortung zu übernehmen. Entscheidungen können sich ja auch verändern. Es geht vielmehr um die Verantwortung für seine Gefühle, denn sonst belastet es einen. Jetzt rede ich schon wie ein Experte in solchen Sachen ... bin ich aber nicht!

Es dreht sich doch alles um die Liebe

Mit den Entscheidungen ist es auch so eine heikle Sache. Denn wenn wir die Entscheidungen für unser Leben nicht selbst treffen, treffen sie mit Sicherheit die anderen (unsere Partner, Eltern usw). Wir beschweren uns dann zwar beim Leben: „Das wollte ich ja gar nicht", aber sich nicht zu entscheiden oder der berühmte Satz „Das wird schon werden" ist halt auch eine ganz klare Anti-Entscheidung und eine indirekte Bestellung beim Leben.

„Ich hätte sehr viel zu geben, musst es nur nehmen" ... hört sich natürlich sehr seltsam und einseitig an, denn natürlich will und brauche ich auch was von dir, und ich bin ja kein Heiliger und will es auch nicht werden. Natürlich habe auch ich viele Wünsche und Vorstellungen und habe Bedürfnisse und Sehnsüchte. Auch ich brauche deine Nähe, auch ich will dich spüren und dich genießen. Auch ich will dich küssen, berühren und umarmen, auch ich will mit dir Nächte durchreden (bin neugierig, ob wir das bei deinen Terminen in diesem Leben hinkriegen), auch ich möchte oft mit dir zusammen sein, auch ich bin ziemlich verrückt nach dir und du gefällst mir natürlich auch unheimlich gut! Es dreht sich im Leben doch schließlich nur um die Liebe - worum sonst. Und wenn du genauer hinsiehst, wirst du feststellen, dass es auch deine Bestimmung ist, einen Weg zu finden, deine Liebe zu verteilen ... an viele Menschen. Es wird dich glücklich machen.

Ich kenne kein Ganz-oder-gar-Nicht. Da gibt es im Leben immer so vieles dazwischen. Dieses Ganz-oder-gar-Nicht kann zu einem bitteren Gefängnis werden und dieses Dazwischen kann die größte Bewusstseinserweiterung sein. Gerade heute Mittag war eine Dame in meiner Praxis und sie hat mir erzählt, dass der Vater ihres Sohnes (in ihren Augen) ein Lump sei und weil ihr Sohn vom Kontakt verwirrt werden könnte, habe sie den Kontakt zum Vater ganz abgebrochen. Stell dir das vor! Welch ein lebensfeindlicher Unsinn. Ich habe sie gefragt, ob sie ihren Sohn in ein Reagenzglas sperren wolle, um ihn vor allen bösen und gefährlichen Sachen und Menschen – besonders vor seinem eigenen Papa – zu schützen.

Ob es uns gelingt, unser Leben, unsere Bestimmung zu leben, hängt entscheidend davon ab, in welchem Maß wir unsere Eltern annehmen.

Wenn du es dir nur erlaubst

Ich möchte dir heute ganz, ganz, ganz lieb sagen und dabei deine Wangen nehmen und zärtlich streicheln, bis deine süßen Grübchen sichtbar sind, und dir ein süßes Bussi dabei geben – dass so vieles möglich ist mit mir. Was du halt willst!

Die Nähe zu mir (mit und ohne Sex), nach Salzburg mitfahren, nächtliche Gespräche, unsere Freundschaft vertiefen, Ausflüge ins Grüne ... wenn du es dir nur erlaubst, wenn du deine Sperren nur beseitigst, wenn du es wirklich willst. Das liegt alles an dir. Ich erwarte nichts von dir, und du hast damit gleichzeitig eine wunderschöne Möglichkeit, dass deine tiefen Wunden Schritt für Schritt heilen. Das Leben macht immer solche Konstruktionen, damit mehreres auf einmal bearbeitet und erledigt werden kann. Es könnte einfach mit mir sein, weil ich nichts verlange, weil ich keine Bedingungen stelle, weil du für diese Nähe keinen Preis (bei mir) bezahlen musst und so bleiben kannst, wie du bist. Du musst dich nicht verstellen und auch nicht verändern. Brauchst nur zu dem stehen, was da ist.

Und zu deiner gestrigen Frage, was das denn nun zwischen uns eigentlich ist (Freundschaft oder Liebesbeziehung oder sonst was), bezweifle ich, dass man das überhaupt wissen und benennen muss. Wozu denn auch? Ab jetzt ist es das ... und ab jetzt ist es das nicht mehr. Wo sind sie, diese Grenzen? Wir leben im Grenzenwahn, aber das Herz kennt solche komischen Grenzen nicht. Das Herz sagt: „Es ist." Für das Herz gibt es diese Grenzen nicht. Keiner kann sich diesen Herzensbewegungen entziehen. Wir haben die Grenzen nur deshalb errichtet, weil wir verlernt haben, auf unser Herz zu horen. Eine sehr traurige Sache.

Das ist nun etwas, was ich auch nur meiner Freundin erzähle: Die Beziehung mit Claudia (meiner Frau), ist viel besser geworden, und ich liebe sie noch sehr. Sie ist eine so wunderbare Frau - wahrscheinlich die beste Begegnung in meinem Leben. Ich habe ihr viel zu verdanken. Wir haben gemeinsam viele schwere Zeiten erlebt. Es war eine sehr belastete Zeit mit großen Sorgen. Wir standen vor zwei Jahren schon heftig vor einer Trennung. Genauer gesagt: Ich wollte gehen. Claudia konnte das natürlich nicht verstehen, wo sie doch immer so viel gegeben hat.

Meine bittersten Bilder und Zeiten

Es liegt auch heute noch eine Trennung in der Luft. Dabei geht es aber immer nur um die Würde! Dankbarkeit reicht ja niemals für eine gute Beziehung. Kürzlich habe ich einem Freund erzählt, dass ich Claudia als allein erziehender Vater mit vier Kindern kennen gelernt habe. Claudia brachte keine Kinder mit. Kurz darauf habe ich meinen Betrieb verloren, und es begannen schwere Zeiten. Claudia blieb trotzdem bei mir, und ihre Familie hat uns auch oft finanziell unterstützt. Mein Freund sagte darauf, dass sie eine großartige Frau sei und dass ich sehr dankbar sein müsse. Mit diesem Satz wurde mir klar, warum ich schon lange aus dieser Beziehung gehen wollte. Es stimmt, Claudia ist eine großartige Frau (die ganze Welt sagt das seit 14 Jahren)! Aber was ist mit mir?

Genau hier an dieser Stelle tauchen meine bittersten Bilder und Zeiten auf. Schon von Beginn an wurde Claudia von vielen Seiten ihrer Verwandtschaft gewarnt und bemitleidet („Weißt du, was du dir da antust?") und rundherum auch von meiner Familie hörte ich eben, dass sie eine so großartige, so gütige und so tolle Frau sei (stimmt ja auch) und dass ich ihr sehr dankbar sein solle! Und am großartigsten waren dann immer die heimlichen Geldzuweisungen an Claudia, mit den Worten: „Das ist nur für dich und gib bitte deinem Mann und deinen Ziehkindern nichts davon." Ich habe damals oft die ganze Nacht heimlich durchgeweint, nicht wegen dem Geld, sondern weil ich so verzweifelt war und weil ich mich so entwürdigt fühlte und keinen Weg sah, meine Würde wiederzufinden. Das waren die heftigsten Streitgespräche, weil ich dann natürlich immer wissen wollte, ob diese Beziehung mit mir von ihr eine gütige Mitleidsaktion wäre und sie auf meine Kosten eine Heilige oder eine Märtyrerin werden oder eine Opferrolle spielen wollte, oder weil sie mich liebte.

Ich konnte es irgendwann einfach auch nicht mehr ertragen, dass meine Familie leidet, dass ich keinen Weg sah, das zu verbessern, dass ich Claudias Geben nicht ausgleichen konnte, dass mein Geben nicht gesehen wurde (Geben und Nehmen findet ja auf verschiedenen Ebenen statt) und dass ich sehr viele Vorwürfe - auch ohne Worte - erhielt und ihnen nichts entgegnen konnte! Ich kenne drei Unternehmer, die haben sich genau an diesem Punkt das Leben genommen. Das alles ist kein Vorwurf oder schlechtes Wort über Claudia. Es ist einfach so, wie es ist ... für mich eben ziemlich bitter.

Ich erschlage dich mit meiner Güte

In meiner Arbeit beobachte ich diese Dynamik auch sehr oft. Die beste Formulierung dazu ist: „Liebling, ich erschlage dich mit meiner Güte." Das sind fürchterliche Spiralen, wo einer immer alles gibt und alles verzeiht und nur gütig ist und der andere um seine Würde und um den Ausgleich ringt. Es ist ein klassisches Opfer-Täter-Bild. Man kommt sehr schwer heraus aus dieser Spirale! Diese Opfer-Täter-Energie ist eine Ungleichgewichtspirale und das Blöde daran ist, dass damit neues Ungleichgewicht entsteht. Es wirkt wie ein Magnet. Der so genannte Täter ringt verzweifelt um seine Würde, es fehlen ihm aber in diesem Stress die Klarheit und die Kraft und er macht sich mit seinem Zappeln und Ringen schließlich noch mehr schuldig und das Opfer (sie suchen ja auch immer einen Täter) wird noch gütiger sein und noch mehr verzeihen und noch mehr geben können und der Täter wird noch mehr um seine Würde ringen und in diesem Stress noch mehr Fehler begehen, oder noch mehr saufen. Eine böse Spirale, die sich nur nach unten dreht. Und das Furchtbarste in einer Beziehung ist das Mitleid. Man kann es nicht mehr Beziehung nennen. Es ist ein Entwürdigungsakt!

Verstehst du, warum mir *mein* Beruf, *meine* Seminare, *mein* Konto, *mein* Einkommen, *meine* Eigenständigkeit (meinen Pflichten muss ich ohnehin nachkommen), *mein* Erfolg, *mein* Bereich, in dem nur ich alleine entscheide und gestalte, so wichtig sind? Genau damit habe ich *meine* Würde wiedergefunden, und damit bin ich dieser fürchterlichen Spirale entsprungen. Es ist auch möglich, dass wir mal ganz getrennte Wege gehen. Das hat mit dir nichts zu tun.

Eine Öffnung für eine schöne Begegnung - wie wir sie haben - ist ja nur dann möglich, wenn es in einer Beziehung eine Schwächung gibt, wenn einem manches oder vieles über lange Zeit fehlt. Alle Fragen nach Entfernungen stehen für mich immer in dem Lichte, dass einer alleine eine Beziehung nicht schwierig machen kann. Ich habe ja nicht nach einer Freundin gesucht, aber es ist mir schon klar, dass es die innere Bereitschaft und Sehnsucht - auch wenn sie mir nicht bewusst war - gab, sich geliebt zu fühlen, sich so richtig gut zu fühlen. Ich glaube auch, dass solche Herzensbegegnungen wirklich wichtig sind, dass sie aber auch nicht der Gradmesser für den Zustand einer Beziehung sind. Auch wenn Beziehungen gut sind, gibt es für wichtige Herzensbegegnungen ein Tor.

Liebling, wie darf ich dich verletzen

Außerdem glaube ich, dass das nichts wirklich so Schlimmes ist, was wir tun, und es wird ja auch niemand erfahren. Ja, selbst wenn wir tollen Sex miteinander hätten, wir schaden damit niemandem. Es geht doch nur um den richtigen Umgang in uns selbst. So viele Frauen und Männer sind (oftmals schon seit Jahrzehnten) total frustriert, sich selbst schon lange nicht mehr treu und total unglücklich und fragen sich, ob das denn alles im Leben war ... aber sie sind ihren Partnern treu!

Darauf berufen sie sich bei den Gesprächen immer mit Nachdruck, ganz stolz, als würde dieser Umstand ihre tiefen Wunden heilen und sie plötzlich glücklich machen. In den meisten Fällen haben nur der Mut, die Kreativität und die Gelegenheit gefehlt. Ich muss bei solchen Gesprächen immer fragen, was denn das betonte Treusein bitte schön für einen Wert haben soll, wenn wir gleichzeitig in der Seele verbluten und unsere Visionen - vielleicht aus falsch verstandener Liebe - schon längst verraten und verkauft haben.

Manchmal kann man in einer Beziehung seinen Partner nur noch fragen: „Liebling, wie darf ich dich verletzen (ach, dafür gibt es so viele Varianten)? Darf ich dich verletzen, indem ich dich verlasse, weil mir alles zu wenig ist, weil mir Zärtlichkeit und Liebe und Lebendigkeit und Perspektiven fehlen, weil ich total frustriert bin und noch gar nicht weiß, was ich eigentlich will und brauche oder darf ich dich verletzen, indem ich dich zwar nicht verlasse, ich aber ein Glücksfensterl aufmache und der Liebe folge, wenn sie mir winkt oder darf ich dich verletzen, indem ich zwar bei dir bleibe und dir treu, aber bis an mein Lebensende frustriert bleibe, mich selbst aufgebe, mich verrate, mir selbst untreu bin und meine aufgestaute Wut in der Familie auslasse?“

Manchmal kann man zu seinem Partner nur noch sagen: „Liebling, bitte suche es dir aus, wie ich dich verletzen soll.“ Natürlich gibt es ja noch eine vierte (sehr schöne) Variante, indem man mit seinem Partner gemeinsam an dieser Sache arbeitet. Aber glaub mir, das ist der schwierigste Weg, und manchmal ist es zu spät, weil man schon längst in irgendeiner Beziehungssackgasse feststeckt und nicht einmal mehr kommunizieren kann. Meistens hat man für diesen Weg einfach keine Kraft und keine Zeit mehr.

Bist du dir wirklich sicher?

Ich hatte kürzlich eine sehr intensive Seminar-Arbeit mit einer Frau, die mir mit Worten und mit ihrem Gesicht deutlich sagte, dass sie ziemlich unglücklich ist und total feststeckt und auch depressiv ist. Aber sie war - wie so viele von uns - ein Ich-mach-mir-was-vor-Weltmeister, und es war ziemlich schwierig, zum eigentlichen Punkt und zum eigentlichen Thema vorzudringen. Sie redete lange um den heißen Brei, und ich fragte sie nach ihrer Beziehung und ob sie darin glücklich sei und wie es ihr denn damit gehe. Sie begann mit dem Satz: „Na ja, es passt eh ganz gut." Danach habe ich sie mehr als 20-mal gefragt, ob sie sich wirklich sicher sei, und ihre Aussage wandelte sich und wandelte sich und wandelte sich und zum Schluss schrie sie ganz laut, dass sie ihren Mann und ihr ganzes Leben hasse. Toll, das sind die Wendepunkte im Leben!

Es ist ja nicht so, dass ich in meiner Arbeit die schlechten Seiten eines Partners suche oder über ihn gar schimpfen will ... nein, auf keinen Fall! Und es ist auch nicht so, dass die Leute bei meiner Arbeit Hass bekommen. Nein, wir versuchen einfach, nur das sichtbar zu machen, was da ist und die ganze Zeit schon da war, aber halt sehr lange verdrängt war und damit so ziemlich alles im Leben blockiert hat.

Ja, dieser Punkt, wo alles herauskommt und man es auch ausspricht und es damit auch sichtbar wird, ist herrlich, denn damit bricht man einen Bann, und man kann nun endlich klar sehen, wo man wirklich steht im Leben. Und als nächsten Schritt kann man herausfinden, was man denn im Leben will, und man kann dann meistens auch zum nächsten Schritt gelangen, dass wir von diesem – manchmal sogar gehassten Partner-die schönen und liebenswerten Seiten suchen, sehen und benennen können. Wenn wir die Dinge und Zustände so unter den Teppich kehren und tot schweigen und mit einem Stempel der Schande versehen, verbauen wir uns ja auch den Blick und den Zugang für die schönen Seiten dieser Beziehung und dieses Menschen. Wenn dann all diese aufgestaute Wut endlich ein bisschen sichtbar und in konstruktive Worte gefasst wird, dann besteht meist erst die Chance für einen schönen Weg der Entwicklung und zu einer glücklichen Beziehung. Aber meine glückliche Beziehung beginnt immer mit meinem Glück!

Unser Unglücklichsein ist eine Beleidigung für das Leben

Und glaub mir, tief in der Seele beleidigen wir unsere Partner und ganz besonders unsere Kinder mit unserem Frustriert- und Unglücklichsein und mit unserem Ich-bin-so-wertlos-Ritual! Ja, unser Unglücklichsein ist ein ganz direkter Angriff auf uns selbst und auf das ganze wunderbare, wertvolle, aber sehr kurze Leben! Wir haben so viel Kraft, so viele Gaben, so viel Reichtum, so viel Schönheit, so viel Liebe, so viel Feuer, so viel Kreativität und so vieles ist möglich, und wir begrenzen und reduzieren uns so enorm und begnügen uns mit so wenig! Wir verschwenden damit das Leben und die göttliche Schöpfung. Wir beleidigen das Leben mit unserem Unglücklichsein und mit unserem bescheidenen Auf-Sparflamme-Leben und unserem kleinkarierten und sehr engen und kleinen Sicherheitsdenken und unserem Sich-wertlos-Fühlen.

Ja, unsere von Angst und zu viel Sicherheitsbedürfnis zerfressenen und versteinerten und grauen Herzen (und Gesichter) sind eine Beleidigung für das Leben und die vielen Möglichkeiten, die wir alle hätten. Mit unserem frustrierten Liebesersatzessen und Dauerfernsehen und unseren Entwürdigungsritualen und Herrschsucht-und-Machtkampf-Ritualen beleidigen wir uns und das Leben!

Und wir beschenken einen Menschen und ganz besonders unsere Kinder und das Leben, wenn wir wirklich glücklich sind, wenn wir leuchten (erinnere dich, deine Tochter hat das sofort bemerkt), wenn wir in unserer Mitte sind, wenn wir uns treu sind, wenn wir uns selbst lieben, wenn wir aus unserer Mitte heraus leben, wenn wir in unserer Kraft sind und wir uns lebendig fühlen. Es ist ein Segen, wenn wir unsere Liebesfähigkeit entwickeln und nicht jeden Preis für ein bisschen Anerkennung und Wertschätzung bezahlen. Wir Menschen haben viel mehr verdient! Und manchmal ist sogar eine Trennung für Kinder eine bessere Lösung. Natürlich ist das für Kinder niemals leicht, aber diese halben, seichten, lauwarmen und unsicheren Zustände – wo eine Trennung, oder als Alternative eine Explosion, ständig in der Luft liegt – sind noch viel schwieriger für Kinder und verursachen Dauerstress und Verwirrung!

Sich aufzuopfern und sein eigenes Leben nicht zu leben, ist vorgetäuschte Liebe.

Ein Leben voller Energie, in Lust und Freude

Es reicht einfach nicht aus, am Ende des Lebens festzustellen, dass wir gut versorgt und gut versichert waren, dass wir 62-mal in Urlaub waren, dass wir fleißig waren, dass wir ein Haus gebaut haben und Spar-Weltmeister waren! Die wesentlichste Frage wird dann am Abend nicht sein, wie sicher es war, sondern: Warst du durch und durch glücklich? Hast du dein Leben gelebt und hast du etwas daraus gemacht? Hast du deine großen Geschenke, Chancen und Gaben genutzt? Hast du deine Ideen gelebt? Hast du einen Weg gefunden, deine Liebe zu verschwenden? Ja, wer viel bekommt, so wie wir alle, von dem wird auch viel verlangt: ein Leben voller Energie, in Lust und Freude, in der Fülle leben, erfolgreich handeln und glücklich sein. Das bringt Segen!

Meiner Frau fehlt durch meine Liebe zu dir nichts. Die Liebe zu ihr ist dadurch nicht weniger geworden! Ganz im Gegenteil ... ich lache mehr, bin fröhlicher, bin viel ausgeglichener, ich gebe mehr, bin sicher ein entspannterer Papa, und allen geht es gut. Ich will und kann auch auf dich nicht verzichten! Und man kann und soll mehrere Menschen lieben! Das Herz kann man nicht begrenzen! Das ist wie mit einer Kerze. Du kannst damit unendlich viele Lichter entzünden, und die Flamme wird dadurch nicht weniger.

Ja, man kann gut umgehen mit so einer Situation. Ich bezahle halt den Preis, dass ich den richtigen Umgang mit dieser sehr schönen Situation, mit dem derzeit Heimlichen, suchen und finden muss, dass ich meine Schuldgefühle, die sich nur gegen mich richten und niemandem dienlich sind, immer wieder ordnen und auflösen muss. Eine Rechnung können wir mit Bitternis bezahlen oder sie mit Freude als Entwicklung verwenden! Dann wird ein Minus zum Plus, ein Problem zu Gold! Ich habe einfach ein Glücksfensterl aufgemacht! In Träumen und Gedanken habe ich das schon oft gemacht und du doch sicher auch. Was soll daran nun schlecht sein? War ja alles nicht geplant. Warum sollte ich also Schuldgefühle oder ein schlechtes Gewissen haben? Beziehungen werden meist dadurch sogar verbessert, weil Entspannung eintritt. Was sind dieses Schuldgefühl und dieses schlechte Gewissen denn eigentlich? Haben sie mit der Situation denn wirklich etwas zu tun? Nein, denn sie waren schon vorher da! Tatsache ist, dass wir uns aus Prinzip auch dann schuldig fühlen (als Ersatz zum Handeln), wenn wir treu sind.

Wenn man nur ein bisschen genauer hinsieht

Kürzlich kam eine sehr hübsche und liebenswerte Frau zu mir in die Praxis, und nach langem Um-den-heißen-Brei-herum-Reden sagte sie mir ihr großes Problem, dass sie nun seit zwölf Jahren in einer Beziehung ist und diesen Mann sehr gerne hat (sie haben auch gemeinsame Kinder) und sich auch nicht trennen möchte, aber sie hat mit ihrem Mann nur einmal im Monat Sex und sie hatte mit ihm noch nie einen Orgasmus! Es ist ja schon schlimm, wenn es selten ist! Das ist leider ein sehr weit verbreitetes Problem. Und sie hat gleich dazugesagt, dass ihr Mann mit ihr aber nicht darüber reden will und auch nicht mitgehen will, weil er kein Problem hat! Ist doch so richtig toll! Na, was meinst du, welche Medizin hab ich dieser Frau empfohlen? Gar keine! Ich habe ihr nur klipp und klar gesagt, dass sie das Problem nur lösen kann, wenn sie mit ihrem Mann darüber redet oder mit ihrem Mann in eine Therapie geht. Das lehnte er aber kategorisch ab! Na ja, was bleibt dann noch? Dann hab ich sie gefragt, ob sie sich vorstellen kann, sich von ihrem Mann zu trennen. Das wollte sie auch nicht tun. Der große Frust war aber schon in ihrem Gesicht zu sehen, und sie hat es auch gesagt. Als letzte Möglichkeit blieb mir nur der Rat (das mache ich sehr selten), dass sie sich als letzte Lösung einen Geliebten, einen Freund suchen soll und sich endlich wieder begehrt und geliebt und schön und gut fühlen soll, sie endlich wieder mal so richtig schönen, leidenschaftlichen, langen und weltbewegenden, tollen Sex mit vielen Orgasmen haben soll.

Das hat sie dann auch gemacht und mir davon auch erzählt und heute strahlt sie wieder. Sie kann damit umgehen, und sie bezahlt lieber den Preis der Heimlichkeit als den bitteren Frustriert-sein-Preis. Tief im Herzen hatte sie schon lange damit gespielt, sich aber nie getraut. Sie hat sich dafür die Erlaubnis nicht gegeben. Und wenn diese Beziehung (mit all ihrem großen Frust) kaputt gegangen wäre, dann hätten viele rundherum eindeutig mit dem Finger gezeigt und gesagt, dass die Frau die Schuldige und dass der Grund für die Trennung ihr Geliebter sei. Aber stimmt das wirklich? Oder ist das nur ein Teilausschnitt? Wenn man nur ein kleines bisschen genauer hinsieht, dann erkennt man, dass diese Beziehung schon lange sehr geschwächt und einbeinig war. Süße, bitte glaube nun aber nicht, dass ich das bei allen Beziehungsproblemen empfehle. Nein, auf keinen Fall!

Es ist nur Liebe

Ja, es ist auch für mich ein Abwägen, was mir wichtig ist. So wie in allen Bereichen des Lebens wählen wir eben den Weg, der uns wichtig ist. Du und die Freundschaft und die Nähe und Liebe zu dir und die Erweiterung meines Vorstellungsvermögens sind mir einfach sehr wichtig! Ich habe diesen Weg gewählt, will ihn gehen und bezahle den Preis. Und dabei muss ich und will ich gar nicht analysieren, warum das so ist. Ich muss es nicht verstehen. Ich brauche nur einfach deine Nähe, und es erfreut mich sehr, dass ich auch dich so bereichern und beschenken kann, dass ich auch dich so zum Schwingen und Schweben bringen darf! Ich freue mich sehr, dass auch du mich so sehr brauchst und dass du mir deine Bedürftigkeit auch sagst und so süß zeigst. Beziehungen (egal in welcher Form) funktionieren auch nur dann, wenn es diese Ebenbürtigkeit gibt, wenn jeder gleich viel braucht, wenn jeder bedürftig ist und das auch seinem Partner oder Geliebten zeigt. Das ist die Basis für jede Form der Beziehung! Wenn nur einer bedürftig ist und der andere eben nicht (oder als Machtmittel so tut, als würde er nichts brauchen), dann ist es einseitig und krank.

Süße, ich habe dich sehr lieb, aber es ist auch nur Zuneigung und nur (ziemlich tiefe) Liebe, sonst nichts! Viele Menschen machen mehr daraus ... was damit gar nichts zu tun hat. Und das führt zu sehr großen Problemen. Man muss aus Liebe gar nichts anderes machen. Man muss die Liebe nicht für etwas anderes missbrauchen. Man muss daraus keine Verpflichtungen, kein Nun-bist-du-mir-das-und-das-Schuldig, keine Tragödie, kein Nun-musst-du-mir-mein-Wertgefühl-Ersetzen, kein Nun-musst-du-mir-meine-Mama-oder-meinen-Papa-Ersetzen, kein Ich-will-dich-Ändern, kein Ich-will-dich-Retten (die größte Beleidigung und Entwürdigung in einer Beziehung), kein Geschäft, kein Ich-habe-Angst-alleine-zu-Sein oder sonst etwas daraus machen.

Ich glaube, zu ernst muss man die Liebe auch gar nicht nehmen. In allen schönen und fördernden Situationen des Lebens sehe ich nicht nur Ernsthaftigkeit und Tiefe, sondern auch ein Lachen. Wenn man es von einer bestimmten Entfernung aus betrachtet, dann gibt es immer auch dieses Lachen, diese Komik des Lebens. Und, Süße, wir sind ja schon erwachsen und können damit umgehen und alles genießen. Es ist doch unglaublich schön, aber kurz, dieses Leben!

Schön, du willst etwas von mir

Und was mir eben so sehr gefällt und so gut tut bei dir, ist, dass ich eben deine Bedürftigkeit so deutlich spüre. Ich spüre so deutlich von dir, dass du etwas (da meine ich nichts Bestimmtes) von mir willst und brauchst, dass du eben bedürftig bist, dass du mit mir eine ganze Nacht durchreden möchtest, dass du meine Haut spüren möchtest, dass du mich brauchst und meine Nähe suchst und dass du das auch aussprichst und dazu stehst! Hey, das sind keine Erwartungen. Das ist so schön für mich und genau damit und mit deiner unglaublichen Ausstrahlung hast du mich völlig verzaubert! Ich glaube, du hast keine Ahnung wie glücklich mich das tief in meinem Herzen macht und wie mich das stärkt und auch satt macht! Genau dort liegen nämlich auch meine Verletzungen, meine Ängste und Wunden und dieses Gefühl, so geliebt und begehrt zu sein (so wie ich halt bin), heilt meine tiefen Wunden. Das tut so gut! Das ist aber nur möglich, weil ich es ausspreche, dass ich das brauche, und auch meine Bedürftigkeit zeige und ich dazu stehe. Ich erlaube es dir damit, mir das zu zeigen und zu geben! Auch ich habe ja große Sehnsucht danach, endlich geliebt zu werden, so wie ich bin - geliebt und begehrt zu werden meinetwegen. Wer wünscht sich denn das nicht?

Ich bin nun bereit, mir das selbst zu geben, bin bereit, mich selbst zu lieben - und erst das ermöglicht es jemand anderem, mir das entgegenzubringen, was ich so dringend brauche. Ich spürte viele Jahre (in all meinen Beziehungen), dass ich viel bedürftiger bin als meine Partner, dass nur immer ich etwas brauchte (und das jeden Tag) und ich gefühlsmäßig immer alles riskiert und mir immer die Finger verbrannt habe. Ich bin mir ziemlich oft wie ein gefühlvoller Idiot vorgekommen und habe mich eben auch zurückgezogen. Das hat mich immer sehr tief verletzt. Ich fühlte mich so lange sehr ungeliebt. Ja, das ist meine sehr alte Wunde, die am Lichte heilen darf. Die meisten meiner Beziehungen waren sehr einseitig. Ich habe gekurbelt und gekurbelt, alle haben sich an meinem Feuer gewärmt, aber es blieb sehr wenig für mich, es kam kaum etwas zurück. Grundsätzlich ist es auch viel leichter, Liebe und Zuneigung zu geben, als diese anzunehmen. Ich musste mir das auch erst erlauben - mich erst selbst lieben lernen! Ich freue mich sehr über unsere Liebe und genieße jeden Moment. Du bist eine große Bereicherung für mich. Ich umarme dich.

Das Segel der Leichtigkeit

Liebste, es ist immer so schön, dir zu schreiben. Da bin ich dir immer sehr nahe. Viel schöner ist es natürlich, mit dir zu reden und dabei deine Hand zu halten und dich zu küssen, so wie gestern. Was ich zu unserem gestrigen Gespräch noch sagen wollte: Ich spiele, lache und scherze (auch bei sehr tragischen Geschichten und Themen) sehr gerne, denn dieses Leichte transportiert Wissen und Weisheit. Das Wissen, die Weisheit, die Tragödien des Lebens und die ernsten Geschichten möchte ich mit einem großen und schweren Schiff vergleichen.

Mit Rudern alleine ist es schwer, so ein mächtiges Schiff über das Meer des Lebens zu bewegen. Doch mit einem Segel, es kennt keine Moral, keine eigene Richtung und kein Verstehen, lässt sich so ein Schiff sehr leicht über das Meer des Lebens bewegen. Die leichten, flatternden, unsteten Segel sind die lustigen, liebevollen Spiele und Blicke, die liebevollen Späße, die Scherze, der Witz, die Liebe, das Gefühl, die sanfte Berührung des Herzens, die Erotik, das herzliche und volle Lachen, die Lebenslust und die Lebensfreude. Ohne dieses leichte Segel der Lebensfreude müssten wir das schwere Schiff mühsam über die Meere des Lebens bewegen. Aber mit dem hochgezogenen Segel (das ist manchmal die größte Lebenskunst) gleitet unser Schiff mit nur einer kleinen Brise (dem Spiel des Lebens), ganz leicht und ohne Ernst über das Meer des Lebens und bringt uns voller Leichtigkeit ans Ziel.

Viele Menschen rudern lieber mühsam durch das Leben, denn es fällt ihnen sehr schwer, ihr leichtes Segel hochzuziehen. Das größte Hindernis dafür ist unser aufgeblähter Verstand, die Moral und das Gefühl, unwürdig zu sein. Der Wind des Lebens bläst in das Segel, wie er will! Starres Denken, Traditionen und ein übergroßer Verstand haben da keinen Platz! Bei der Wissensvermittlung geht es ja auch um das Transportmittel. Es kann etwas noch so richtig und wahr und weise sein, aber wenn es nicht mit Liebe und Herzlichkeit vermittelt wird (oder weil der Seminarleiter ziemlichen Mundgeruch hat), dann kann man es nicht annehmen, und es ist ein sinnloses Wissen, das niemals das Ziel, nämlich unser Herz, erreicht. Die Wahrheit und die Weisheit sind nur dann wahr und weise, wenn sie das Herz erreichen - dafür muss man auch immer ein Stück von sich selbst zeigen - und tief berühren und somit das wesentlichste Ziel jeder Botschaft erreichen, nämlich unser Herz. Ich umarme dich.

Unsere Angst vor Veränderung ist dem Leben egal

Liebes, hier ein ganz kurzes Brieferl. Ich muss das noch mal deutlich aussprechen, was wir soeben im Kaffeehaus besprochen haben, auch wenn es dir unangenehm ist. Viele Menschen haben, so wie auch du, große Angst vor Veränderungen im Leben. Aber lass dir sagen, dem Leben ist das völlig egal! Das Leben bleibt deshalb nicht stehen! Die Dinge verändern sich auch dann, wenn wir Angst davor haben. Nur dann schmerzt es halt sehr, weil dadurch Differenzen entstehen, weil wir uns dagegen sträuben und wehren und schon längst kaputte Dinge und altes Spielzeug festhalten und vieles künstlich am Leben halten, obwohl das Herz schon eindeutig sagt, was es will, und der Druck auf das Herz schon immer größer wird. Das Herz gibt uns einen klaren Auftrag und das Leben reagiert! Das Leben reagiert nur auf uns! Aber es wartet leider nicht ewig, bis wir uns trauen, bis wir unser eigenes Leben gestalten und leben, bis wir endlich unseren Platz einnehmen.

Viele Menschen beschweren sich nach vielen Jahren der Ich-bin-so-wertlos-Übung, was denn das Leben mit ihnen Böses gemacht habe. Für mich gibt es nur die Frage, was wir denn mit dem Leben gemacht haben. Wenn wir lange genug zum Leben sagen, dass wir wertlos sind oder hässlich, dann reagiert das Leben irgendwann darauf und sagt: „Ok, jetzt hab ich es verstanden." Es schweigt und dreht sich einfach um. Erst dann beginnt unser berechtigtes Jammern und Klagen - manchmal auch zu spät. Und es kommen ja nicht nur unsere ausgesprochenen Botschaften beim Leben an, sondern das, was wir tief in unserem Herzen fühlen. Und wenn es da Differenzen zwischen Gedanken und Worten gibt, dann wiegen unsere Gedanken einfach mehr als unsere Worte. Wenn wir zum Leben sagen, dass wir reich und glücklich sein möchten, wir aber davon überzeugt sind, dass wir unwürdig sind und es gar nicht *verdient* haben, dann reagiert das Leben nur darauf. Das ist so wie mit der Antibabypille. Wenn man den Körper lange genug mit einer Scheinschwangerschaft foppt, dann reagiert er irgendwann nicht mehr auf Sperma, dann ist es zu spät für eine echte Schwangerschaft. Erst dann beginnt der Satz: Was hat das Leben nur mit mir gemacht? Aber bei genauerem Hinsehen ist unser Beschweren ein Irrtum, denn das Leben führt nur einen Auftrag aus und bietet uns Gelegenheiten, und wir haben halt lange genug (vielleicht aus Feigheit) „Nein danke" gesagt. Hab dich lieb.

Die eingesperrte Liebe

Süße, ich habe mich so sehr gefreut, dass wir uns heute kurz getroffen haben und so viel miteinander reden und lachen konnten. Die Zeit wird immer so kurz dabei, und die Gespräche mit dir sind immer so heiß, und so entstehen meine Brieferl an dich.

Ich halte es übrigens für einen sehr schweren Fehler, wenn die Liebe auf die eigene Familie, die eigenen Kinder, die eigenen Eltern, den eigenen Partner beschränkt wird und das Glück in ein (viel zu kleines) Glückskasterl verbannt und eingesperrt wird. Dabei geht es meistens nur um die Wörter „eigen“ und „mein“ – entstanden meist nur aus Angst, Mangeldenken und vielen, vielen Unsicherheiten – manche sagen dann Liebe dazu. Ja, diese heilen Welten sind leider oft wirklich nur aus Angst und Besitzdenken und Sicherheitsdenken (es ist der sicherste Weg zum Erstarren in einer Beziehung) entstanden.

Wenn zwei Menschen sich lieben, dann wird im Wesentlichen das Herz tief berührt und sehr weit geöffnet. Das bringt ungemeine Möglichkeiten, setzt unglaubliche Kräfte frei und lässt uns Seiten in uns entdecken und entfalten, die wir ohne diese Liebe nicht (oder nicht so schnell) entdeckt hätten. Das scheint das Leben damit (unter anderem) auch bezweckt zu haben. Es ist eine enorme Entwicklung unseres Herzens und eine Reise vom Ich zum Wir. Aber diese Liebesenergie und diese Herzenserweiterung hat ja erst an zweiter Stelle mit diesen Personen zu tun, die wir eben lieben. Dem Leben geht es viel mehr um diese Bewegung und Erweiterung unseres Herzens. Wenn aber diese Herzerweiterung dann bei der eigenen Familie oder den eigenen Kindern stehen bleibt, sie nicht weiter geht und oft ziemlich abrupt gestoppt wird, dann hat das bald nichts mehr mit Liebe zu tun. All diese starke Liebe kann dann sogar verletzend wirken und sich gegen uns selbst richten.

Ich möchte das mit einem Zug vergleichen, den wir auf die Reise schicken. Dieser Zug ist unser Liebeszug, und er hat als Ziel das Lebensende, und das Wesentlichste an diesem Zug ist, dass er eben fährt und in Bewegung bleibt und immer nur ganz kurz stehen bleibt. Wir lernen einen Menschen kennen, verlieben uns in ihn und bekommen Kinder und glauben irrtümlicherweise, am Ziel zu sein, und ziehen damit im Liebeszug die Notbremse.

Hörst du auch die Räder quietschen?

Die Räder des schweren Zuges quietschen, der schwere Zug pfeift aus allen Teilen und er bleibt – nach einem langen Bremsweg schließlich stehen ... Kannst du es auch hören, dieses bedrohliche Quietschen der Räder? Bei genauerem Hinsehen ist das ein sehr tragischer Vorgang, denn die mächtige Bewegung des Lebens wurde abrupt gestoppt und somit eine wichtige Entwicklung des Herzens. Und mit diesem Stoppen blockieren wir vieles, und wir werden meistens blind für andere Menschen, für andere Kinder, für andere Wege und für die sehr wichtige Herzenserweiterung, weswegen unser mächtiger Liebeszug ursprünglich diese Reise ja begonnen hat. Irgendwann sehen wir nur noch unsere Kinder und unsere Partner. Das alles ist ein sehr tragischer Vorgang, weil wir uns damit gegen die Bewegungen des Lebens und gegen die Bewegungen des Herzens richten. Das Herz und das Leben hat die Idee der Bewegung und der Erweiterung.

Es gibt auf dieser Erde nur Mütter und nur Väter und nur Kinder. Und natürlich haben unsere Kinder und Partner den ersten Platz und damit sind ja auch unsere Pflichten verbunden, aber es gibt auch Pflichten des Herzens und Mütter bleiben Mütter und Kinder bleiben Kinder. Das Herz kennt keine Grenzen und das Herz hat auch klare Pflichten. Wenn eine Mutter vor einer Straße steht und neben ihr steht ein Kind und dieses Kind ist nicht ihr eigenes Kind, dann hat diese Mutter trotzdem Herzens-Mutter-Pflichten ... nur dadurch dass sie neben diesem Kind steht. Das wird sehr rasch sichtbar, wenn dieses Kind plötzlich bei Rot die Straße überqueren will und sich in große Gefahr begibt.

Na, glaubst du, dass diese Mutter zusehen wird, wie dieses Kind überfahren wird, nur weil es nicht ihr eigenes Kind ist? Also ich kenne keine Mutter, die das tun würde. In dieser Zehntelsekunde schaltet der Verstand sich völlig aus, und das Herz der Mutter tritt in den Vordergrund und behandelt dieses Kind (egal welcher Herkunft) in diesen wenigen Momenten wie ihr eigenes Kind und packt es am Kragen und hält es zurück vor der Gefahr der Straße ... hörst du auch die Räder der Autos quietschen? Du würdest es auch packen, dieses Kind, denn in dieser Sekunde ist es dein Kind! Siehst du, Mütter sind Mütter, Kinder sind Kinder, und das Herz kennt keine Grenzen von *Mein* und *Dein*!

In Familien üben wir die Liebe für diese Welt

Ja, diese abrupt gestoppte Liebe kann sogar zerstörend wirken, denn die Natur hat eine ständige Bewegung und eine ständige Herzenserweiterung vorgesehen. Wenn Eltern nur ihre eigenen Kinder sehen und lieben, dann schafft das auch Kriege (das ist ein bekannter indischer Spruch), denn es macht Grenzen sichtbar, die das Herz nicht kennt und die es auch gar nicht gibt. Es werden damit Differenzen sichtbar und Differenz (zwischen Herz und Verstand) ist ein anderes Wort für Krieg.

Wenn Partner nur ihren eigenen Partner lieben und diese Form der Energie nur auf ihren eigenen Partner beschränken und es keine Erweiterung gibt (das hat gar nichts mit Fremdgehen zu tun), dann können diese Familie und diese Liebe irgendwann auch sehr eng werden und wie ein Gefängnis wirken, denn das Leben hatte ursprünglich eine ständige Erweiterung und Öffnung des Herzens vorgesehen. Wir üben letztendlich in unseren Beziehungen und Familien die Liebe für diese Welt.

Und dieses Besitz- und Sicherheitsdenken hat immer einen sehr hohen Preis und es ist eines unserer größten Probleme in unseren Beziehungen! Nicht zu Beginn ... nein, erst nach und nach, dafür dann aber ziemlich heftig und bitter, denn dann stecken wir oft ziemlich fest in einer (fast) ausweglosen Situation. Obwohl ich davon überzeugt bin, dass es immer einen Ausweg gibt, aber es wird halt schwieriger. Sobald wir uns nämlich daran gewöhnen – an diese (scheinbar) sichere, perfekte und heile Welt – tun wir so ziemlich alles (uns selbst verleugnen, verraten und bescheiden sein), nur damit diese große Illusion der Sicherheit am Leben bleibt. In meiner Arbeit habe ich viel mit diesem Thema zu tun. Und glaube mir, Beziehungen erstarren dadurch und - noch viel schlimmer - sie verstummen! Und es ist dann besonders tragisch, wenn wir unser eigenes Weinen und Klagen nicht mehr hören und nicht einmal mehr den Schmerz spüren. Irgendwann finden wir keine Worte mehr dafür und wir haben verlernt, es zu formulieren und auszusprechen. Und zu wem sollen wir denn auch gehen und was sollen wir denn nur sagen? Mein Partner erdrosselt mich mit seiner Stummheit? Die Antwort wird sein: Es ist ja nichts los. Da wird es immer schwieriger, Hilfe zu bekommen. Ja, Beziehungen ersticken genau daran und werden meist auch ziemlich sinnlos.

Sicherheitsdenken erstickt das Feuer

Und das Schlimmste ist, dass diese Suche nach Sicherheit ... diese perfekte Welt sich ziemlich rasch gegen uns selbst und gegen das Feuer in einer Beziehung richtet und es erstickt. Ach, wie schade, denn gerade das bräuchten wir doch alle so dringend, gerade das ist doch so schön und macht uns so lebendig. Und glaube nicht, dass das Erlöschen des Feuers eine Abnützungserscheinung der Jahre sei (das sagen Ärzte auch immer, wenn sie nicht mehr weiter wissen). Nein, ich kenne genug Leute, die noch mit siebzig das Feuer in einer Beziehung brennen haben. Aber der größte Feuerlöscher ist das enge und übergroße Sicherheitsdenken. Ich habe viele Paare mit dreißig gesehen, deren Feuer schon längst erloschen war und deren Leben sich nur noch vor dem Fernseher abspielt. Und wir erleben im Alter nur das, was wir das ganze Leben getan haben ... dann aber halt sehr komprimiert. Ich glaube, die Schöpfung hatte die klare und erweiternde Idee, dass unser Herz größer werden soll und unsere Partner, Kinder und Familien nur als einer der ersten schönen Schritte (sozusagen als süße Übung) gedacht sind. Bei dieser eingesperrten Liebe gibt es sehr viele Verwundete. Es hat immer einen sehr hohen Preis, seinen Partner oder seine Kinder für ein sicheres Gefühl – für eine große Illusion-zu benutzen! In meiner Arbeit habe ich sehr viel mit diesen Verwundeten zu tun und oft kann man nur noch weinen ...

Besonders heftig sind die Verwundungen durch das Versprechen: „Auf ewig treu." Es ist ja ein schöner Gedanke, aber wer kann das schon garantieren. Der Garantieversuch ist daran das Schlimmste und nur der Versuch führt zu viel zu engen Beziehungen, weswegen viele Paare dann laut – oder noch viel schlimmer – stumm um Hilfe schreien. Ja, aus der Idee: „Darüber spricht man nicht", wird irgendwann der bittere Satz: „Wir haben uns gegenseitig mit unserer Sprachlosigkeit erschlagen."

Ja, zu großes Sicherheitsdenken (manchmal auch Eifersucht genannt), diese Beobachtung habe ich oft gemacht, lässt Beziehungen sehr schwierig werden. Viele Ehen werden ja nicht aus Liebe, sondern aus Angst geschlossen. Es wird damit ziemlich eng, und irgendwann muss man regelrecht um Luft kämpfen. Es kann einen ruinieren. Es sind nicht die Situationen des Lebens, sondern unser enges Denken und kleines Vorstellungsvermögen, die unser Leben so eng und begrenzt werden lassen. Es ist so viel da und alles ist möglich, wenn wir es uns nur vorstellen könnten.

Zuerst lähme ich dich und dann versorge ich dich

Ich habe selbst die Erfahrung gemacht, dass Vertrauen und Raum geben in einer Beziehung der bessere Weg ist. Denn was ist, wenn die Liebe weniger wird? Dann bleibt oft nur die Enge übrig und das ist eine sehr bittere Sache, weil man dann auch oft abhängig ist (dafür gibt es viele Wege und Varianten). Denn Menschen, die sehr im Sicherheitsdenken (Besitzdenken) leben und darin gefangen sind, tun unbewusst oder bewusst alles, damit man von ihnen abhängig wird. Ja, auch das kann ein Gefühl von Sicherheit vermitteln, wenn viele von einem abhängig sind.

Das läuft dann so ähnlich wie manchmal bei der Haustierliebe. Meist nehmen wir diesen Tieren zuerst die Eigenständigkeit, dann die Lebendigkeit, dann die Beweglichkeit weg und dann retten und versorgen wir sie ... Das nennen wir dann Tierliebe. Ja, bei Menschen läuft das leider sehr oft ebenso grausam ab: Liebling, zuerst lähme ich dich und dann versorge ich dich. Wenn wir einen Menschen auf diese Weise beglücken, dann sind wir selbst aber die ersten, die sich schon nach kurzer Zeit für diesen geliebten, aber inzwischen leblosen Menschen nicht mehr interessieren. Ja, wir selbst verlieren das Interesse, denn diese versorgten und glücklich gemachten Partner verlieren sehr schnell ihren Glanz, ihre Schönheit, ihr großes Leuchten und ihre Kraft ... weswegen wir sie vielleicht kennen und lieben gelernt haben. Also prüfe gut, wenn ein Mensch zu dir sagt, dass er dich glücklich machen will. Es könnte sehr teuer und sehr eng werden.

Solche Dynamiken entwickeln sich immer zu einem ziemlich bitteren Machtkampf um das Herz. Es entwickelt sich immer zu einem Geschäft, und für einen der Partner ist es immer ein schlechtes Geschäft. Es führt mit Sicherheit zur Verbitterung und Verbitterung zieht neue Verbitterung an. Eine neue Zwickmühle ...

Dazu sagen muss ich auch noch, dass einer, der sich z.B. durch Eifersucht (ein anderes Wort für Sicherheitsdenken) so sehr einengen lässt, in Wirklichkeit etwas ganz anderes sucht. Dieses Festgehaltenwerden (durch den zu sicheren und oft ziemlich eifersüchtigen Partner) ist in den meisten Fällen nur ein Ersatz für den elterlichen (fehlenden) Halt.

Liebling, ich mach dich glücklich

In diesem Zusammenhang höre ich von Müttern und Väter immer und immer wieder, dass es den Kindern gut (oder gar *viel besser*) gehen soll ... oder dass die Kinder sogar das Wichtigste in der Familie sind. Das ist ja grundsätzlich ein sehr schöner Gedanke und hört sich so toll an, aber er funktioniert leider nicht!

Was haben wir Eltern denn schon Großartiges zu geben, wenn wir gefühlsmäßig und energetisch pleite sind, wenn wir nicht unser eigenes Leben leben, wenn wir nicht an unserem Platz stehen, wenn wir vom falschen Pflichtgefühl und vom Aufopfern (falsch verstandene und vorgetäuschte Liebe) und vom Rackern, vom Funktionieren und vom Vergleichen total frustriert und erschöpft sind (eine weit verbreitete Krankheit), wenn wir so ein seichtes, vorsichtiges, durchschnittliches, risikoloses, dahinplätscherndes, abgesichertes, erstarrtes, kraftloses und reduziertes Leben führen, wenn wir nicht wirklich glücklich sind und wenn wir feststellen, dass es dieses perfekte Leben nicht gibt und dass wir nichts planen können? Kinder lernen nur durch das Zusehen und sie machen es einfach nach! Und was sollen sie denn schon Großartiges von uns bekommen, wenn wir Lebenslust eingetauscht haben gegen Sensationslust ... wenn wir Visionen eingetauscht haben gegen Sicherheitsdenken und wenn wir ihnen vorzeigen, wie man am vollen Tisch verhungert?

Zu seinen Kindern zu sagen „Ich mach dich glücklich“, hört sich ja so schön und so toll und so verantwortungsbewusst an - und doch funktioniert es einfach nicht, und doch beschweren sich so viele Kinder, nichts oder viel zu wenig bekommen zu haben, obwohl genau diese Eltern rackern und rackern und geben und eh schon total ausgepowert sind und alles getan haben und noch viel mehr. Das ist ein Phänomen, aber wenn man genau hinsieht, leicht verständlich. Kinder erhalten nur das, was ihre Eltern selbst haben, fühlen und was sie selbst leben. Wenn wir also unseren Kindern schaden möchten, dann müssen wir nur versuchen, sie glücklich zu machen. Denn das eine zu sagen, aber etwas ganz anderes zu fühlen, macht uns selbst krank und unsere Kinder verwirrt es total! Es kommen auch so viele Paare, bei denen nur noch eine gewaltige Explosion weiterhelfen würde, weil sie total feststecken im Irrgarten von nicht erfüllbaren Garantien und Versprechungen: Liebling, ich mach dich glücklich.

Dein Rackern wird immer zu wenig sein

Und wo beginnt nur dieses aussichtslose Rackern und Bezahlen für ein bisschen Liebe und Anerkennung, wo wir dann frustriert und erschöpft feststellen, dass unser Rackern und Funktionieren ohnehin niemals genug war und niemals ausreichen wird und uns höchstens krank und depressiv macht. Ich bin ja als Tochter oder Sohn oder Partner oder Vater oder als Mutter schon so gut und so klug und so vernünftig und so brav und so seriös und so fleißig und so ideal ... und es reicht noch immer nicht, und ich fühle mich noch immer nicht geliebt und wertvoll, und ich habe noch immer nicht das Gefühl, satt zu sein! Es ist eine endlose Spirale, und es wird ständig neue Forderungen geben: Ein guter Papa, Partner, Sohn bist du nur dann, wenn du das und das auch noch tust. Ja, in dieser Energiespirale wird unser Rackern und Kämpfen (um Liebe und Anerkennung) immer zu wenig sein, und wir frieren weiter!

Um Liebe kämpfen zu müssen ist mühsam. Ich kenne das selbst ja sehr gut. Und ja, dieses Für-Liebe-Kämpfen-und-Bezahlen (sich Liebe verdienen zu müssen) wird tatsächlich niemals genug sein. Es beginnt schon in unserer Kindheit: Wenn du brav bist, dann wirst du belohnt. In Wirklichkeit heißt dieser Satz: Für Liebe musst du bezahlen. Schon als Kind hören wir diese Idee und sie entsteht in der Weit-weg-vom-Feuer-Energie. Es ist kein Fehler unserer Eltern, denn sie haben es ja ebenso erlebt. Ja, unser Rackern wird niemals ausreichen. Das was wir dringend brauchen, werden wir in dieser Weit-weg-vom-Feuer-Energie *niemals* erhalten. Und das Dumme daran ist auch, dass wir, weit weg vom Feuer, leider wieder nur Menschen treffen, die eben auch weit weg vom Feuer sind, und noch unangenehmer ist es, dass wir (wenn wir in dieser Weit-weg-vom-Feuer-Energie bleiben) Menschen, die bereit und fähig sind, uns Liebe, Wärme und Wertschätzung zu geben, weit weg schicken, weil wir uns (viel zu lange eingeübt) in Wirklichkeit vor dem Feuer und vor der Liebe fürchten und sie gar nicht ertragen! Ich weiß, das ist zum Weinen, und es ist eine fürchterliche Spirale, eine Zwickmühle, aus der sehr schwer herauszukommen ist. Auch ich habe viele Jahre darin gelebt und endlos gerackert und lange dafür gebraucht, herauszutreten aus diesem Energiefeld „Weit weg vom Feuer“. Dieses Bild „Weit weg vom Feuer“ beginnt bei unseren Eltern. Wenn wir es schaffen, diese Nähe zu unseren Eltern wieder zu spüren, dann gelingen auch wieder unsere Beziehungen.

Weit weg vom Feuer ...

Unsere Liebe zu uns selbst – die Basis für jede Beziehung – beginnt (auch wenn uns das nicht passt) bei der Liebe zu unseren Eltern. Und wenn wir es schaffen, uns selbst zu lieben, dann erst sind wir befähigt, Liebe zu ertragen! Es gibt also einen Weg heraus aus dieser fürchterlichen Energiespirale, für Liebe kämpfen und bezahlen zu müssen. Öffne dein Herz und hab Vertrauen in das Leben.

Und ich habe (besonders in meiner Arbeit) immer wieder beobachtet, dass diese teure Illusion „Liebe kostet etwas" an den falschen Plätzen entsteht. Ja, sie entsteht dort, wo wir unsere Geschichte (unsere Eltern) noch nicht angenommen haben, uns noch dagegen wehren und wir mit dem Leben noch hadern. Das sind unsere falschen Plätze und sie sind eben sehr weit weg vom Feuer, vom Feuer der Liebe, und genau dort beginnt unser aussichtsloses Rackern und Bezahlen für Liebe. Dort beginnt die Idee, dass wir uns Liebe verdienen müssen. Und du kannst dir sicher sein, dass unser Rackern immer zu wenig sein wird.

Diese Illusion „Liebe kostet etwas", beginnt dort, wo wir noch immer um eine längst zerbrochene ideale Welt kämpfen, wo wir noch immer ein/e ideale/r Sohn oder Tochter sein wollen. Es beginnt dort, wo wir eine längst zerbrochene Harmonie am Leben halten wollen - und oft tun wir das ein ganzes Leben lang.

Unsere nicht angenommenen Geschichten können uns aber auch ruinieren. Mit unserem Dagegenwehren werden die Energien unserer Vorfahren nicht nur unwirksam, sondern manchmal auch sehr gefährlich. Das Leben sucht halt verzweifelt einen Weg, uns an das Nichtgenommene, an unsere Geschichte zu erinnern, mit dem einzigen Ziel, wieder Nähe herzustellen. Und das tut halt manchmal sehr weh, weil wir uns so sehr dagegen wehren.

Und es ist tatsächlich auch bei so vielen Menschen so schön und wunderbar zu sehen, dass dieses bittere Gefühl „Ich muss für Liebe kämpfen und bezahlen" wieder verschwindet, sobald sie ihre Geschichte angenommen haben und ihre Eltern lieben und Nähe zu ihnen spüren und damit ihren eigenen Platz in ihrem Leben gefunden haben. Aber das wirklich Interessante daran ist: Wenn wir diesen Platz finden, dann stellen wir fest, dass es schon immer unser Platz war, dass es unser Geburtsrecht ist.

Wirkliche Liebe kostet nichts

Ja, unseren Platz haben wir schon, ganz egal, ob wir fleißig oder faul sind, ganz egal, ob wir entsprechen oder ob wir nicht entsprechen. Das Leben und unsere Eltern haben uns bereits sehr geliebt (es war immer die höchste Form ihrer Liebe) und uns unseren Platz und unser Leben gegeben. Und dafür müssen wir nichts tun und nichts bezahlen! Wirkliche Liebe kostet nichts!

Dazu fällt mir immer die schöne Geschichte von Eddie ein. Eddie ist ein Obdachloser, ein Sandler, wie man so schön sagt. Ein Freund bei der Caritas hatte Claudia und mich vor vielen Jahren einmal gebeten, Eddie in den Wintermonaten kurz bei uns aufzunehmen. Eddie hat dann eine kurze Zeit bei uns gewohnt. Er war wirklich ein ganz liebenswerter Mensch und er hatte viele Geschichten zu erzählen ... er war lustig und die Kinder haben ihn geliebt. Sie haben ihn ungeniert einfach alles gefragt. Er war ein eigener Typ und er führte ein Leben, so wie es ihm halt gefiel. Er konnte nie sehr lange an einem Platz bleiben und musste ständig in Bewegung und auf Reisen sein, einmal hier und einmal dort.

Eddie war liebenswert, aber er war kein idealer Sohn. Sein Vater hat immer ziemlich mit ihm geschimpft und ihm sogar gesagt, dass er nicht mehr sein Sohn sei. Eddie hatte einen ständigen, treuen Freund und Begleiter: den Alkohol. Und sein Vater war darüber sehr unglücklich. Vater hatte sich seinen Sohn ganz anders und viel idealer vorgestellt. Ich bin mit Eddie zu seinem Vater ans Sterbebett gegangen, denn er wollte sich von ihm verabschieden. Vater hat geweint und Eddie hat geweint. Sein Vater hat ihn noch am Sterbebett ordentlich beschimpft und Eddie sagte, dass es ihm leid tue, dass er aber nicht anders gekonnt hätte. Eddie war nie ein idealer Sohn und sein Vater war nicht sehr glücklich über ihn.

Aber als Eddies Vater starb (es war die Nacht nach seinem Besuch), hat Eddie sehr viel Geld von ihm geerbt. Eddie hatte zwar nie größere Geldprobleme, aber plötzlich war er vielfacher Millionär. Es war Eddies Geburtsrecht, für das er nie etwas tun musste, das ihm niemand nehmen konnte. Hier geht es zwar um Geld, aber es sind Energien, und es macht deutlich sichtbar, dass Liebe und unser Platz im Leben einfach nichts kostet. Wir müssen dafür nichts tun! Diesen Platz kann uns niemand wegnehmen. Dieser Platz hat uns schon immer gehört!

Es genügt, wenn wir unsere Eltern lieben

Und bei meinen Seminaren höre ich ziemlich oft, dass sich viele Menschen von ihren Eltern nicht oder nicht genug geliebt fühlen. Ja, viele Menschen fragen sich oft ihr ganzes Leben lang, ob sie von ihren Eltern denn überhaupt geliebt werden oder genug geliebt wurden und ob es denn nicht noch mehr Liebe und Anerkennung von den Eltern gibt und sie wehren sich noch dazu gegen das Gegebene und sie haben immer den Dauereindruck, dass es viel zu wenig Liebe ist. Diese Suche wird dann leider zu einer Lebenseinstellung, der Dauersuche. Und wir rackern und rackern und rennen, um noch etwas mehr Liebe (von den Eltern) zu bekommen. Aber unser Rackern und Rennen wird immer zu wenig sein und uns niemals ans Ziel bringen.

Und ich muss dir sagen, dass diese Frage, ob uns unsere Eltern geliebt haben oder ob sie uns lieben oder ob wir denn nicht noch ein bisschen mehr Liebe bekommen, absolut nicht zählt! Diese Frage hat keinen Wert und sie führt zu nichts. Wenn man so etwas hört, muss man sich ganz einfach umdrehen, weil schon alleine die Idee eine Sackgasse ist. Diese endlose Frage und diese endlose Suche nach Liebe wird uns niemals satt machen, und sie wird uns an kein Ziel bringen, und sie schützt uns letztendlich auch vor der Fülle und es ist aus meiner Sicht sogar eine dumme Frage und ein Machtspiel (wir wollen, dass alles nach unseren Vorstellungen verläuft), und es ist ein endloses, aussichtsloses Hadern mit dem Schicksal, und sie ist der Beweis, dass wir einfach nicht genau genug hinsehen.

Aber wenn wir genau genug hinsehen, erkennen wir, dass es genügt, zu seinen Eltern zu sagen: „Ich liebe dich“, und es ihnen auch zu zeigen! Ja, es reicht für unser Glück, für unsere Mitte, für unser Leben, wenn wir unsere Eltern lieben! Mit diesem Erkennen und mit diesem Satz wirst du deine Eltern hinter dir spüren (egal ob sie noch leben) und du wirst dich plötzlich im Leben geliebt und geborgen fühlen, weil du endlich anerkennst, was ist und was schon längst (im Überfluss) gegeben wurde. Unsere Eltern haben ihre Liebe schon längst gegeben, nämlich unser Leben und noch viel mehr ... du musst auf nichts mehr warten und musst nicht einmal mehr beten und bitten, denn es ist alles schon gegeben, es ist alles schon da. Glaub mir, es war immer die höchste Form ihrer Liebe, denn es war immer das meiste, das ihnen möglich war.

Meistens sind wir zu groß für die Liebe

Ja, es war die höchste Form ihrer Liebe! Selbst wenn wir Unfälle sind und nicht geplant und nicht gewollt waren und vieles nicht ideal war (oder nicht so wie wir es halt gerne gehabt hätten), war es immer die höchste Form ihrer Liebe. Glaub es mir. Unfälle sind auch der beste Beweis dafür, dass das Leben immer siegt und unser Planen und unser Verstand viel zu klein sind für Schöpfungsakte. Als nicht gewollter Unfall kann man schließlich voller Stolz behaupten: „Ich bin ein Kind der Freude, der Lust und der Liebe." Was gibt es Schöneres?

Und dieses Warten und Suchen nach längst gegebener Liebe und unsere Vorbehalte und dieses endlose aber sinnlose Hadern (nichts bindet unsere Energien so sehr, wie unser endloses Hadern und Jammern) mit dem Schicksal und unser endloses Wehren (es entsteht dadurch leider auch sehr viel Verwirrung in uns und in unserem Leben) sind die beste Produktionsstätte für viele Gespenster, Ängste, Illusionen und viele Probleme. Und schließlich sind wir mit unserem Hadern auch viel zu groß für die Liebe. Ja, für die Liebe müssen wir viel kleiner und weicher werden. Für die Liebe müssen wir lernen, zu scheitern und uns tief zu verbeugen. Zu große Menschen können keine Liebe annehmen und frieren auch leicht. Sie sind weit entfernt vom Lagerfeuer (ihren Eltern und Ahnen), aber sie beschweren sich beim Leben, dass sie frieren.

Bei genauer Betrachtung wird unser Warten selbst zu einem sehr großen Problem und es zerstört Erfahrungen. Wenn wir es lange genug praktizieren (und die meisten von uns machen das lebenslang), auf die Liebe unserer Eltern zu warten, dann hat dieses Warten irgendwann auch eine sehr trennende Wirkung. Ja, unser Warten blockiert und bindet einen Großteil unserer Energien. Es ist für mich auch ein Akt des Erwachsenwerdens, das Warten auf das, was wir längst haben, zu beenden. Wir müssen nur genau hinsehen und feststellen, dass alles bereits gegeben wurde und es die höchste Form der Liebe war. Es gibt keinen Nachschlag.

Und wenn wir unser Dauer-Warten (auf das, was wir schon immer haben) beenden, dann erst spüren wir die liebevolle Umarmung und die Nähe und die Wärme unserer Eltern, und wir brauchen keinen (oft bitteren) Ersatz mehr. Wenn wir das erkennen, dann fällt jeder Ersatz einfach von uns ab. Alles dreht sich darum, dass wir die Liebe zu unseren Eltern finden und unser Warten beenden.

Unser Warten produziert bittere Enttäuschungen

Das große Problem beim Warten ist, dass es eine Grundhaltung (Lebenseinstellung) wird und uns – ein Leben lang – im Warten bindet und gefangen hält. Unser Warten (auf längst gegebene Liebe) erzeugt diese Haltung der Erwartung und Hoffnung! Mit Erwartungen warten wir ein Leben lang! Es ist eine Haltung, die einen niemals ans Ziel bringt, denn diese Haltung geht davon aus, dass es etwas im Leben gibt, das wir noch nicht haben und noch erreichen müssen. Dieser Irrtum bindet und schwächt uns enorm – oft ein Leben lang. Mit Erwartungen können wir bitter enttäuscht werden und gleichzeitig an Kraft verlieren.

Wenn du hingegen ein Ziel hast, kannst du niemals enttäuscht werden. Diese Energie des Ziels ist bei Menschen zu sehen, die alles bei sich haben, die auf nichts mehr warten, weil sie wissen, dass sie es schon längst haben. Ja, wenn du ein Ziel hast, dann kannst du feststellen, dass du es noch nicht erreicht hast, aber das wird dich nicht schwächen, sondern stärken. Du wirst damit auch am Boden liegen und wieder aufstehen. Auch ich habe schon sehr oft am Boden und im Dreck gelegen, aber ich habe mir dann immer die Schuhe geputzt und bin aufgestanden und habe mit neuer Kraft weitergearbeitet ... an meinem Ziel. Ich kenne ja selbst auch diese ermüdende Haltung der Erwartungen und auch ich habe bittere Enttäuschungen damit erlebt, doch sie ist von selbst verschwunden, als ich mein Warten beendete, weil ich entdeckt habe, dass ich alles (auch die Liebe meiner Eltern) schon längst erhalten habe. Nach diesem Erkennen bin ich ebenso oft gefallen und gescheitert, doch ich bin immer wieder aufgestanden. Ja, unser Warten produziert bittere Enttäuschungen!

Am deutlichsten sieht man diese Zielenergie bei einem Kind. Ein Kind bewertet noch nicht und hat noch nicht dieses unsinnige und falsche Gefühl, etwas nicht zu haben. Ein Kind wartet nicht. Ein Kind macht etwas, und es gelingt meistens nicht beim ersten Versuch und es macht einfach weiter, und diesen Vorgang kann es Hunderte Male machen ... so lange, bis es ihm gelingt. Ja, diese Zielenergie ist die Energie eines Kindes. Diese Energie kennt kein Bewerten, kein Wehren und kein Warten. Erwartungen sind bitter und sie schwächen uns, und Ziele sind süß und sie stärken uns, auch wenn wir sie nicht oder nicht gleich erreichen.

Wenn wir Partei ergreifen, sind wir verloren

Und unsere nicht geliebten (und somit nicht angenommenen) Eltern klopfen ständig bei unseren Herzen an und bieten ihre Nähe an, obwohl sie sich selbst niemals von uns entfernt haben. Nähe gibt es jedoch nur ohne Zensur. Nähe gewinnen wir mit dem Satz: „Ich liebe dich." Das beinhaltet keine Zensur, keine Frage, ob es noch etwas mehr Liebe gibt, keinen Vorwurf, dass es zu wenig Liebe war, und damit auch kein Mangeldenken. Und irgendwann bekommen unsere nicht geliebten Eltern auch einen anderen Namen. Sie tauchen in unserem Leben (in neuen Gestalten und Rollen) immer wieder auf, und wir nennen sie dann Probleme. Das Leben sucht sich immer einen Weg zum Erinnern und um die Verbindung wieder herzustellen – Verbindung zwischen Kindern und Eltern – Verbindung zwischen Gedanken, Worten und Taten – Verbindung zwischen Völkern und Völkern – Verbindung zwischen Zellen und Zellen (das ist dann meistens die letzte Station beim Verbindungsmangel - Krankheit). Das was wir bei unseren Eltern nicht nehmen, zwickt und erinnert uns dann von hinten im Leben, und wir nennen es dann Problem oder Blockade oder so ähnlich.

Eines ist mir noch eingefallen, das es so unglaublich schwer macht, unsere beiden Eltern zu lieben, so wie sie sind. Auch das muss ich immer wieder beobachten. Wenn wir Partei ergreifen (zwischen den Eltern), dann sind wir nicht nur verwirrt, sondern oft verloren. Es ist eine der furchtbarsten Dynamiken im Leben, wenn wir uns (besonders bei unseren Eltern) auf eine Seite stellen und uns gegen die andere Seite richten und vielleicht noch Krieg führen. Dadurch entsteht der große Irrtum der Opfer Täter Spirale, denn wir bekommen das falsche Bild, dass einer nur gibt und der andere nur nimmt, dass einer schuldig ist und der andere unschuldig und dass einer ein Täter ist und ein anderer nur Opfer. Es beginnt damit die größte Verwirrung und Zerrissenheit unseres Lebens und es sind die bittersten Angriffe auf uns selbst. Ich weiß sehr wohl aus meiner eigenen Geschichte, dass es als Kind oft nicht anders geht als die Meinung von Mama oder Papa einfach ungeprüft anzunehmen. Auch ich habe lange auf Mamas Seite im Krieg gegen Papa gestanden. Es war kein Fehler meiner Mutter und keine böse Absicht. Sie war einfach nur sehr verletzt. Aber irgendwann sollten wir die Partei verlassen und in die Mitte gehen und dieses Bild in uns neutralisieren und heilen, denn es ist schließlich das Bild über uns selbst!

Kinder brauchen glückliche Eltern

Und dieser Satz „Ich mach dich glücklich" hört sich so toll und so einfach an! Aber unsere Kinder und unsere Partner erreicht eben nur das, *was da ist*, nur das, was wir selbst fühlen und bei uns haben. Anders funktioniert das einfach nicht. Wir können nichts geben, was wir selbst nicht bei uns haben und fühlen. Kinder brauchen glückliche Eltern, die an ihrem Platz stehen!

Und aus meiner Sicht ist es gar nicht unser Job, einen Menschen glücklich zu machen, denn unser Glücklichsein und unser Weg dorthin ist ja immer mit unseren Lernprozessen, mit unserer Herzens- und Bewusstseinsbildung verbunden. Es hat keinen Wert, wenn es nicht selbst (oft mit vielen Mühen) erarbeitet ist. Und wir müssen oft die andere, schwere Seite spüren, um die Seite des Glücks finden und vor allem halten und schätzen zu können.

Unsere Kinder sagen uns zwar mit Worten: „Bitte erfülle alle meine Wünsche", aber mit dem Herzen sagen sie uns: „Bitte bleib stark, bitte gib mir nicht nach, bitte versuche nicht, mich glücklich zu machen, bitte rolle mir keinen roten Teppich aus, bitte setze mir Grenzen und lass es mich selber lernen, glücklich zu sein. Es hat nur einen Wert, wenn es aus mir heraus wächst. Bitte nimm mir nichts weg. Bitte bleib ein starker König und widerstehe den meisten meiner Wünsche denn wenn ich Schutz suche, brauche ich einen starken König, der Nein sagen kann und bei dem ich mich anlehnen kann."

Aus meiner Sicht ist es auch nicht nötig, dass uns unsere Kinder lieben. Ja, ich glaube, das Leben hatte eine andere Idee. Ich glaube, es ist nicht unser elterlicher Job, uns so zu verhalten und das zu tun, was sie wollen, damit sie uns lieben. Es hört sich zwar so schön an und ist sicher sehr angenehm für uns Eltern, aber ich erlebe in meiner Arbeit dann immer die bitteren Resultate, wenn Grenzen und Linien gefehlt haben ... weil die Eltern alles getan haben, damit sie von ihren Kinder geliebt wurden. Wenn wir Eltern (oder Großeltern) von diesem Gedanken und dem Wunsch beseelt sind, dass uns unsere Kinder lieben (vielleicht als Ersatz), dann läuft vieles daneben und falsch und in Wirklichkeit schaden wir unseren Kindern damit. Das kann zu einer teuflischen Ich-meine-es-ja-so-gut-Spirale werden. Unsere Kinder müssen uns nicht lieben, aber sie werden es tun, wenn wir glücklich sind!

Es wird von einem anderen Konto abgebucht

Wir benutzen sie damit auch ein bisschen, denn meistens und eigentlich wünschen wir uns diese Liebe und Wertschätzung von einem (oder mehreren) ganz anderen Menschen. Und die Bitternis der liebenden Eltern ist ja dann danach (wenn die Kinder erwachsen sind), weil sie von genau diesen übergeliebten Kindern, denen sie doch alles gegeben haben, keinen Dank für ihre (zu) große Tat bekommen.

Und wenn wir genau hinsehen, dann stellen wir auch schnell fest, dass uns unsere Kinder dafür gar nicht danken können, weil ihre Seele ihnen deutlich sagt, dass sie bestohlen und beraubt wurden (und manchmal rächen sie sich auch dafür) und dass sie keinen Halt im Leben spüren und finden, weil sie keine oder viel zu wenige Grenzen bekommen und erfahren haben und hinter sich niemanden spüren. Eine gut gemeinte Zwickmühle ... ich weiß!

Und noch etwas muss ich dazu sagen (wenn wir schon mal dabei sind). Wenn Eltern den Kindern geben und sie fördern – und das ist ja auch etwas sehr Schönes –, dann gibt es für dieses Geben und Fördern auch einmal (vom Leben vorgesehen) ein natürliches Ende – eine ganz natürliche Grenze. Wenn aber dieses Geben und Fördern dann noch weiter läuft (Hotel Mama oder so), weil wir ja so gute und liebe und tolle Eltern sind (und sie werden uns doch sicher auch dafür lieben), entsteht bei unseren Kindern in Wirklichkeit ein dickes Minus auf ihrem energetischen Konto des Lebens. Es wird dann von einem ganz anderen Lebenskonto abgebucht. Das sind die energetischen Bewegungen!

Ja, wenn unser elterliches Geben und Fördern die natürlichen Grenzen des Lebens überschreitet, dann belastet es unsere Kinder! Das Leben hat dann, wenn die Kinder erwachsen sind und es ja auch nicht mehr unsere Pflicht ist, ihre Wäsche zu waschen und ihre Rechnungen zu bezahlen, die Idee, dass unser Geben (im Sinne von Geben und Nehmen) etwas kostet. Es rückt dann auf die Beziehungsebene von Geben und Nehmen. Das ist ja o.k., aber wenn Kinder dann noch immer nehmen und Eltern noch immer geben (und alles selbstverständlicher Alltag ist), dann bezahlen die Kinder auf eine andere Art und Weise, auch wenn Eltern nichts dafür verlangen! Man braucht nicht meinen, dass das gratis wäre.

Mama, sind 50% von mir wirklich wertlos?

Ja, die meisten Bewegungen und auch Botschaften sind im energetischen Bereich. Sie sind für unsere Augen nicht zu sehen und für unsere Ohren nicht zu hören, und doch sind sie da und wirken! Ja, sie wirken sogar viel mehr als das, was wir mit den Ohren hören und mit den Augen sehen. Die Botschaften des Herzens sind viel mächtiger als die Botschaften des Verstandes und der Worte. Das ist so, wie wenn eine Mami zu ihrem Sohn sagt, dass sie ihn liebe, aber sein Papa sei ein Versager und wertlos. Die wahre Botschaft an ihren Sohn lautet: Mein Sohn, ich liebe dich, aber 50% von dir sind ein Versager und wertlos. Das ist die Botschaft, die den Sohn tatsächlich erreicht und auf den Sohn tatsächlich wirkt und sich in seinem Leben entfalten wird. Der Sohn hört mit seinem Herzen nur diese Botschaft. Und ein bisschen nimmt Mami damit ihrem Sohn seinen Papa weg. Mamis Ausgleichszahlungen dafür sind zwar enorm, aber werden nicht reichen. Nichts von Papa ist ersetzbar!

Es ist mir bewusst, dass das viele Väter und Mütter nicht gerne hören. Sie wurden ja von ihrem Ex-Partner verletzt, und es ist nicht leicht, über genau diesen Menschen etwas Gutes zu sagen. Aber den Energien und unseren Kindern ist das egal. Verbindungen (besonders von Eltern) bleiben bestehen und sie kennen kein Verstehen. Das ist für viele eine Zwickmühle ... ich weiß. Sie sind ja verwundet und wollen andererseits für ihre gemeinsamen Kinder nur das Beste. Über seinen Ex-Partner schlecht zu reden, schafft außerdem viele Probleme in der neuen Beziehung! Diese Energien werden einfach mitgenommen. Liebe fließt nicht nur direkt von uns zu unseren Kindern, sondern zu 50% immer über den anderen Elternteil. Kinder erinnern uns ja auch ständig an den anderen Elternteil. Wir brauchen sie nur anzusehen. Und wenn wir diesen Vater oder diese Mutter eben nicht mehr achten, dann achten wir eben auch einen Teil in unseren Kindern nicht. Für die Achtung braucht es vor dem anderen Elternteil ja gar keine Liebe (es ist zwar schön), aber wir benötigen dafür nur das Mindestmaß an menschlicher Begegnung ... und das ist die Achtung. Und wenn wir uns nur ein paar Jahre zurückerinnern, dann war es ja nicht immer so, wie es halt jetzt gerade ist. Es war ja auch einmal Liebe, und aus dieser Energie sind unsere Kinder zu uns gekommen. Mit diesem Erinnern an die schönen Zeiten wird vielleicht keine Wunde geheilt, aber unsere Kinder können ihren Platz in ihrer Geschichte leichter einnehmen.

Die geborgte Ehre ist eine Beleidigung für mich

Und du kannst mir glauben, über seinen Ex-Partner schlecht zu reden, schafft tatsächlich viele Probleme in der neuen Beziehung! Viele glauben das nicht, aber für jedes schlechte Wort über den Ex-Partner bezahlen die neuen Partner die Zeche. Sie können es sich ja auch ausrechnen, in wie vielen Jahren über sie so liebevoll gesprochen werden könnte und sie selbst an diesem Platz eines verbannten und ungeliebten Ex-Partners stehen könnten.

Viele wollen genau das nicht hören, aber liebende Verbindungen bleiben bestehen (besonders wenn es gemeinsame Kinder gibt), und für jede versuchte Auflösung dieser inneren Verbindung bezahlt irgendjemand die Zeche. Zumindest Achtung hat der Ex-Partner verdient, auch wenn es lange vorbei ist und auch wenn es mit Schmerzen endete. Es war ja nicht immer so. Und schließlich hat der Ex-Partner ja diesen Menschen vorbereitet, und das neue Glück ist immer ein bisschen auf seine Kosten. Bitte sprich auch du kein schlechtes Wort über deinen Karl (er ist ja auch gar kein Ex), es wäre für mich ein Alarmsignal (gib acht, wenn jemand über seinen Ex schimpft) und eine geborgte oder gar gestohlene Ehre, und es wäre für mich sogar eine schwere Beleidigung.

Ich nehme etwas Liebe von da weg und gebe sie dir, ist ein sehr verbreiteter Unsinn. Ich höre diesen Irrtum sehr oft, aber ich kann immer nur feststellen, dass es eine geborgte Liebe ist und manchmal auch ein Diebstahl. Würdest du dich wirklich geehrt und geliebt fühlen, wenn du bei einem Sportwettkampf den ersten Platz bekommst, nur weil die drei vor dir wegen einem Fehler disqualifiziert wurden? Du würdest immer wissen, dass diese drei vor dir da waren, und du wirst dich immer als Vierter fühlen. Diese Energien lassen sich durch unsere verkrüppelten Ideen nicht täuschen. Der Ex-Partner war vor dir da, und er hat es verdient, zumindest geachtet zu werden. Und selbst ihn zu lieben ist möglich. Warum sollte es denn nicht erlaubt sein, wenn man seinen Ex-Partner noch liebt? Dadurch bekommt doch der neue Partner nicht weniger Liebe. Liebe vervielfältigt sich. Damit geizig umzugehen, ist nicht nur eine Lebensverschwendung, sondern du wirst auch feststellen, dass du sie verlieren wirst. Alles, was du in deinem Herzen einsperrst, wirst du für immer verlieren, und alles, was du verschwendest, wirst du vielfach gewinnen.

Mein Glück wird dich nur streifen

Es ist im Prinzip ganz einfach - wenn eine Mami auf den Boden blickt, weil sie sich wertlos fühlt, dann stellen sich ihre Kinder energetisch ebenso dorthin, um Nähe zur Mami zu haben. Das ist aus der Sicht der Kinder nicht einmal ein Fehler. Sie machen es uns nach. Und wenn Mami glücklich und in ihrer Kraft ist, dann wird sich ihr Blick heben und ihren Kindern zeigen, wie das geht und ihre Kinder werden sich an den neuen Platz stellen und es Mami nachmachen. Mamis Glücklichsein wird die Kinder und den Partner nur streifen. Kinder brauchen glückliche Eltern in ihrer Kraft und dieses Glücklichsein und diese Mitte nenne ich Verantwortungsbewusstsein. Und Glücklichsein heißt kraftvoll sein. Ein seichtes Leben ohne Kraft und Schwung macht uns nie und nimmer glücklich!

Wir schwächen unsere Kinder und unsere Partner und wir nehmen ihnen ihre Erfahrungen, wenn wir sie glücklich machen wollen. Sehr oft rächen sie sich dafür, weil sie sich bestohlen fühlen. Unsere neue Frage könnte sein: „Wie bin ich glücklich und in meiner Kraft (und unsere Kinder und Partner wird dieses Glück nur streifen)?“, anstatt: „Wie kann ich meinen Kindern und meinem Partner mehr geben, als ich selber habe und fühle?“ Gestern hatte ich zu diesem Thema ein sehr interessantes Gespräch. Eine Frau hatte große Beziehungsprobleme und sie fragte mich, warum das bei ihr nicht funktioniert und sie immer so schlecht behandelt wird, und ich fragte sie, was sie denn dafür tun würde, damit das wieder funktioniert. Sie sagte mir, dass sie *alles* dafür tun würde. Und ich musste ihr antworten: „Siehst du, deshalb funktioniert es nicht. Du gibst mehr, als du hast, und von dir selbst ist nichts zu spüren.“

Kinder brauchen glückliche Eltern, und sie brauchen Eltern, die ihnen etwas zumuten! Etwas zumuten stärkt und Mitleid schwächt! Dieses Zumuten ist ein sehr wesentlicher Punkt und erinnert an die Eigenverantwortung. Irgendwann können wir unsere Kinder nicht mehr über die Straße begleiten und die Umsicht muss aus ihnen selbst kommen. Dieses Zumuten und Zutrauen ist das, was unsere Kinder und unsere Partner am meisten stärkt! Und es ist der sanfte Rückzug von dem, was wir Eltern ohnehin nicht für sie tragen und erfahren können! Unsere Kinder haben seit ihrer Geburt ihr eigenes Schicksal. Es ist geformt aus den Schicksalen der Eltern und aus dem, was diese Seele spielen, leben, lernen und tragen möchte.

Unsere Kinder brauchen ihre eigenen Lernprozesse

Auch als Eltern bleibt uns nichts anderes übrig, als das zu achten. Unsere Kinder haben ihre eigenen Lernprozesse, die sie schließlich ja auch selbst gewählt haben, die sie nur selbst durchgehen können. Und sie müssen ihre eigenen Erfahrungen machen, aus denen sie selbst gestärkt hervorgehen können.

Dazu fällt mir immer das wunderschöne und mächtige Beispiel vom Humus ein. Ich habe mich vor einiger Zeit sehr intensiv damit beschäftigt und einige Vorträge darüber besucht. Verzeih, ich erzähle halt so gerne schöne Geschichten und kleine Beispiele. Ich finde, wenn wir dieses lebenswichtige Prinzip vom Humus einmal verstehen, dann verstehen wir so vieles im Leben und im geistigen Bereich, in dieser Gesellschaft und mit unseren Kindern und in Beziehungen. Ja, es klingt vielleicht komisch, aber damit können wir verstehen, warum Kinder ihre Lernprozesse nur selbst tragen und meistern können. Ich glaube, dass wir mit diesem geistigen Prinzip vom Humus das gesamte Leben verstehen können! Man kann es wirklich auf so vieles anwenden und übersetzen. Damit verstehen wir alles! Lass mich versuchen, es kurz darzustellen und zu erzählen.

Wusstest du, dass eine Handvoll Erde – sprich Humus – mehr lebende Organismen (Mikroben) enthält, als es Menschen auf dieser Erde gibt? Sie werden das Plankton des Bodens genannt und leben in innigem Zusammenwirken, in Symbiose, mit den feinsten Wurzelhaaren der Pflanze. Die Nahrung der Pflanzen ist der Humus. Und Humus ist die gesamte Masse der verrotteten organischen Substanzen (tote Pflanzen und tote Tiere usw). Wer weiß schon, dass von diesen 30 Zentimetern Humus das Schicksal der Menschheit abhängt? Ohne Humus und ohne Mikroorganismen (Mikroben) gäbe es keine Verrottung und somit kein Leben!

In Versuchen mit Hydrokultur wurde schon vor etwa 70 Jahren stolz festgestellt, dass Pflanzen auch ohne Humus, nur mit chemischen Nährsalzen wachsen. Damals war das eine unwahrscheinlich große Errungenschaft der neuen Agrarzeit. So entstand die Mineralstofftheorie, die besagt, dass es genügt, die von den Pflanzen dem Boden entzogenen Nährstoffe durch mineralische Düngestoffe zu ersetzen.

Ohne Humus gäbe es kein Leben

Der Boden wurde seit dieser neuen Feststellung als eine Art Nährstoffbehälter betrachtet, und bis auf den heutigen Tag hält man im großen Umfang an diesem sehr dummen Bild der toten Erde fest. Die gesamte Landwirtschaft und die große Kunstdüngemittel-Industrie wurden auf dieser Theorie und dieser Idee begründet und es symbolisiert für mich auch die neue, kurzsichtige Gesellschaftsordnung und die krankmachende Konsumations-Denkweise unserer Zeit. Aber es ist ein sehr großer Irrtum und eine ziemliche Sackgasse. Die Natur hatte eine völlig andere Idee.

Für einige wenige Agraringenieure war diese Nährstoffbehälter theorie des toten Bodens eine starke Herausforderung. Sie haben diese Theorie von Anfang an schwer bezweifelt und angegriffen und schon vor 60 Jahren mit Untersuchungen und Aufklärungsarbeiten begonnen (natürlich mit sehr großen und mächtigen Widerständen der Industrie), um diese falsche Theorie und dieses Denkmuster zu widerlegen und zu einem Umdenken zu bewegen.

Mit diesen langjährigen, wissenschaftlichen Untersuchungen konnte bewiesen werden, dass dem Boden künstlich zugeführte Nährstoffe und Mineralien die Pflanze nicht (bzw. nur sehr minimal) erreichen! Stell dir das einmal vor! Über diesen einen Satz habe ich sehr lange nachgedacht und immer wieder meditiert. Das musst du dir mal wirklich gründlich überlegen, was das bedeutet! Also ich habe damit begriffen, dass so vieles in unserer Welt auf einem riesengroßen Irrtum aufgebaut ist.

Diese Agrarpioniere und Wissenschaftler haben damit bewiesen, dass der Boden nicht tot und eben kein Nährstoffbehälter ist, in den wir etwas hineinschütten können, damit er es dann an die Pflanzen wieder abgibt.

Es funktioniert einfach (bei den Pflanzen und auch bei den Menschen) nicht! Die Pflanze wächst zwar, aber sie enthält fast keine wertvollen Mineralstoffe, sondern nur Füllstoffe und sie sieht halt schön (und groß) aus. Ja, sie ist groß und schön, aber inhaltlich total hohl und leer, so wie sehr viele von uns Menschen auch.

Eine liebende Idee des Lebens

Es wurde mit diesen Untersuchungen auch deutlich gezeigt und bewiesen, dass die Pflanzen nur Nährstoffe und Mineralien vom Humus, also nur vom *lebendigen* Boden, aufnehmen können! Humus, die einzige Basis für gesunde Pflanzen, wird von den vielen kleinen Mikroorganismen sozusagen erarbeitet und selbst produziert. Das ist ein mächtiger Beweis und zeigt, wie klein wir doch in Wirklichkeit sind. Wir Menschen können nicht einmal Pflanzen erzeugen und Nährstoffe ersetzen. Eine tolle Erkenntnis!

Es ist ein so schöner und wesentlicher Umwandlungsprozess der Natur. Und nur diese selbst produzierten Nährstoffe (Humus) und Mineralien können an die Pflanzen abgegeben werden! Stell dir das einmal vor! Damit ist eigentlich alles gesagt und damit versteht man das ganze Leben. Es ist ein so wunderbarer und deutlicher Vorgang in der Natur, der bei uns Menschen auch nicht anders funktioniert.

Wusstest du übrigens, dass sich in gesunder Erde – sprich Humus – Penicillin in reinster Form befindet, welches von der Pflanze über die Wurzeln aufgenommen wird? Die Pflanze braucht – von der Natur aus vorgesehen – Penicillin in dieser kleinen Dosis, um immun gegen Angriffe von Insekten und verschiedenen Krankheitserregern zu sein. Das ist eine wunderbare Vorsorge der Natur, die wir Menschen mit keiner Agrartechnik ersetzen können.

Ich will dir ja nun keinen Vortrag über Humus halten, aber erkennst du schon diese schöne und liebende Idee des Lebens? Verstehst du schon, was ich dir damit sagen möchte und was das mit uns Menschen zu tun hat? In der Natur ist diese Idee mit dem Nährstoffbehälter eine ziemliche Sackgasse und symbolisiert ein Gesellschafts-Konsumations-Denkmuster, das leider in fast allen Bereichen unseres Lebens zu finden ist.

In der Landwirtschaft müssen wir uns von der kranken Vorstellung befreien, der Boden sei tot und ein Nährstoffbehälter und die Pflanze könnte man von außen ernähren und düngen. Die richtige Betrachtung heißt: Wir können maximal den Boden beleben, und es ist lebensnotwendig, die Humusschicht der Erde mit ihren Mikroorganismen zu erhalten. Mehr können wir nämlich nicht tun!

Komm, ich schütte dir ein wenig Wissen hinein

Bei uns Menschen müssen wir uns von der kranken Vorstellung befreien, dass wir Wissen, Weisheit und die Fähigkeit, das Leben zu meistern, von außen (nach dem Nährstoffbehälterprinzip) in uns *hineinschütten* können. Dieses Nährstoffbehälterprinzip finden wir in fast allen Bereichen unseres Lebens. In der Landwirtschaft und auch in der Medizin, in der Bildung, in der Erziehung, in der Religion und in Beziehungen. Überall dort rennen wir dem Wahn nach, dass es etwas von außen gibt. All dieses angesammelte Wissen ist eher ein Zeichen von gutem Gedächtnis (Expertenwahn) und sagt kaum etwas über wirkliches Wissen und Begabungen und Fähigkeiten aus. Dieses hineingeschüttete Wissen ist wie der Kunstdünger in der Landwirtschaft, und es erreicht nicht das Herz (das eigentliche Ziel jedes Wissens, die Erweiterung des Herzens) und es macht uns kein bisschen satt - so wie die Pflanze kein bisschen von den künstlich zugeführten Nährstoffen erreicht wird! Das ist aus meiner Sicht unsere größte Erkrankung, unser größtes Problem.

Unsere Kinder brauchen nicht unsere gar so klugen Ratschläge, sondern unser Glücklichsein! Sie machen es nach! Unsere Kinder brauchen auch keinen roten Teppich, den wir vor ihnen ausrollen, um ihnen den Weg zu ebnen. Sie brauchen auch keine Ich-mach-dich-glücklich-und-du-sollst-es-viel-besser-haben-als-ich-Ideen, sondern sie brauchen, so wie ein gesunder Boden, ihre eigenen und wichtigen Herzenserfahrungen und Lernprozesse und vor allem Umwandlungsprozesse! Ja, auch bei uns Menschen haben nur unsere eigenen Umwandlungsprozesse (Herzenserfahrungen) einen wirklichen und bleibenden Wert!

Und selbst wenn wir durch ein gutes Buch, ein Seminar, durch Beobachtung oder ein gutes Gespräch einen wertvollen Impuls für unser Leben bekommen, muss darauf ein nächster Schritt folgen, das wirkliche eigene Erkennen, und dann der nächste Schritt, die eigene Tat und dann die eigene Erfahrung. Diese Erfahrung muss dann ja nicht mehr so bitter sein, wie z.B. bei unseren Vorfahren. Wir können ja dazulernen und Erfahrungen von anderen für uns verwenden, aber es muss in irgendeiner Form diese *eigene* und lebendige Erfahrung, dieses eigene Erleben geben (wie bei der Humusproduktion durch die vielen Mikroorganismen), sonst fehlt uns einfach etwas sehr Wesentliches - so wie der Pflanze ohne lebendigen Humus.

Die Königswege zum Glücklichsein

Unsere Ideen und Konzepte verstoßen meist gegen die Ordnung des Lebens. Es ist auch immer die Frage, was war zuerst. Und wenn Kinder wichtiger werden als die Partner (ohne die es ja keine Kinder gäbe), dann ist die Basis - nämlich die Partnerschaft-sehr gestört und sehr gefährdet und geschwächt, und die Kinder bekommen noch viel weniger von uns, als wir glauben.

Bei mir selbst und auch in meiner Arbeit habe ich immer wieder beobachtet, dass es einen schmalen Pfad, einen Königsweg, zum Glücklichsein gibt. Menschen sind glücklich, wenn sie einen Weg gefunden haben, ihre Liebe zu zeigen, die Grenzen der Familie zu sprengen und ihr Herz darüber hinaus zu erweitern. Kindern reicht die eigene Familie ja auch nicht. Erinnere dich, was du mir kürzlich von deiner Tochter erzählt hast. Kinder brauchen viele liebende Mütter, viele liebende Väter, viele Großeltern, viele Geschwister, viele Freunde. Sie brauchen ein ganzes Dorf zum Aufwachsen und zum Lernen, und wie will man das im engen Familien-Glücks-Kasterl denn ersetzen? Und Menschen sind auch glücklich, wenn sie einen Weg gefunden haben, sich nicht mehr verstellen zu müssen. Wenn man sich lange genug verleugnet und ablehnt und verstellt, dann vergisst man auch einmal, wie man wirklich ist.

Menschen sind ganz besonders glücklich, wenn sie im Einklang leben, wenn ihre Gedanken, Worte und Taten übereinstimmen. Wenn es diese Übereinkunft von Gedanken, Worten und Taten nicht gibt, entstehen Zwischenwelten. Jeder Gedanke setzt eine enorme Energie frei, und das Leben sagt zu diesem Gedanken oder Gefühl: Erreiche dein Ziel, das Wort und die Tat. Was ist aber, wenn diese freigesetzten Energien ihr Ziel nicht erreichen? Viele meinen, dass sie dann halt weg sind oder sich auflösen. Das ist ein großer Irrtum. Nichts geht verloren in dieser Welt. Diese freigesetzte Energie schafft eine Zwischenwelt, wird stärker und richtet sich schließlich auch gegen uns selbst. Das nennt man dann halt Krankheit oder Ängste oder Probleme oder Vom-Abgesichertsein-versteinert oder Auf-der-Strecke-Geblieben. Und ganz besonders wichtig zum Glücklichsein ist unsere eigene Erlaubnis! Es fällt uns sehr schwer, glücklich zu sein, ohne dass wir uns schuldig fühlen, ohne dass wir auf eine Strafe warten. Aber wenn wir lernen, das Glück zu ertragen, werden wir Meister des Lebens!

Ich sehe dahinter immer die Schönheit

Meine Seminararbeit ist kein Arbeiten mit Problemen! Du hast das kürzlich mal erwähnt, und ich will es dir gerne erklären. Es ist auch absolut keine Technik, sondern ganz gezielte Liebesenergie. Ich sehe immer direkt ins Herz und interessiere mich nicht sehr für die Worte. Sie sagen meist nichts aus, sind nicht im Einklang. Wenn sie im Einklang wären, dann bräuchte dieser Mensch keine Hilfe. Ich bin und fühle mich als König und ich sehe mit diesem Königs-Blick hinter diesen Menschen und hinter diesem so genannten Problem immer den König und seine Größe, seine Reinheit, seine Schönheit, seine Möglichkeiten, seine Quelle und auch die mögliche Lösung für seine Probleme - manchmal in klaren Bildern und schönen Farben. Ich glaube, dass ich nur durch mein Sehen und Erkennen, und dadurch, dass ich ein König bin so vielen Menschen schon helfen durfte. Mein Job ist es, diesen König an seine vergessenen Schätze zu erinnern. Es ist mein wesentlichster Auftrag, in diesem Menschen all das Schöne und Starke zu erkennen und zu sehen. Ich sehe immer nur ganz kurz zu dem so genannten Problem (dem Schatten) und drehe mich dann sehr bald zur Lösung (zur Sonne) hin.

Dieses Sehen und Erkennen darfst du nicht unterschätzen. Es ist ein wesentlicher und ziemlich mächtiger zwischenmenschlicher Vorgang. Wenn du einen kranken Menschen vor dir hast, dann ist es ihm die größte Hilfe, wenn du nur ganz kurz zu seiner Krankheit hinsiehst und vielmehr seine Gesundheit und seine Ganzheit und seine Kraft erkennst und siehst und sie damit ans Licht zwingst! Ja, lustig formuliert kannst du einen Menschen gesund sehen. Dieser Blick und dieses Erkennen braucht viel Bewusstsein und viel Kraft, aber es ist wie ein mächtiger Pfeil, der mitten ins Herz trifft und hilft, alles Verborgene ans Licht zu bringen. Ich schaue also immer nur kurz – so lange es nötig ist – zur geschwächten Stelle, zur Wunde hin. Wenn wir das Schwache zu lange beachten und sehen, dann fördern wir das Schwache in einem Menschen, und das Starke zu sehen, fördert die starke Seite in einem Menschen. Wir brauchen für gute Lösungen aber immer beides! Wir brauchen den Blick zur Verstrickung und den Blick zur Lösung. Wenn wir nur zur Lösung blicken und nur positiv denken, dann bleiben sehr oft die Energien (meist in unserer Geschichte) gebunden und vieles bleibt uns verborgen. Und wenn wir nur zur Verstrickung – also zum Problem – hinsehen, erkennen wir die Lösung nicht.

Manchmal heißt die Lösung ignorieren

Ich gehe immer davon aus, dass Gesundheit und Stärke und Klarheit und Reinheit unser ureigenstes Wesen sind und dass sich alle Probleme im Wesentlichen nur im Geiste abspielen. Vor vielen Jahren habe ich in meinem vegetarischen Restaurant mit Ibrahim zusammengearbeitet, der mir schon beim Vorstellungsgespräch erklärte, dass er an Epilepsie leide. Ich hatte damals nicht sehr viel Zeit und kannte diese Krankheit nicht und habe mich dafür auch gar nicht interessiert. So sagte ich Ibrahim, dass mir das egal sei, wenn er einen Anfall habe und dass er bei mir arbeiten könne. Ich habe ihn nur gefragt, was wir tun müssen, wenn er einen Anfall bekäme. Und er sagte mir ganz klar, dass wir nichts tun müssen und bitte keinen Arzt rufen sollen und dass es von selbst vorbeigeht (er nahm ja auch Medikamente) und dass wir ihn nur zudecken und auf die Seite schieben sollen. Damit war das für mich geklärt. Das ist auch heute noch so, dass ich mir eine Krankheit einfach nicht vorstellen kann. Auch wenn dieser Mensch vor mir steht, glaube ich immer an einen Scherz und kann es nicht ganz glauben. Tut mir sehr leid, aber ich sehe einfach nur den gesunden Menschen.

Jedenfalls begann Ibrahim bei mir in der Küche zu arbeiten, und eines Tages hatte er so einen Anfall und er lag am Boden. Es war zur Mittagszeit, das Restaurant war brechend voll - und die Köche standen mit offenen Mund vor ihm und wussten nicht, was sie tun sollten. So legte ich liebevoll einen Polster unter Ibrahims Kopf, deckte ihn zu, schob ihn beiseite, beruhigte alle und sagte ihnen, dass sie weiterarbeiten sollten, dass alles o.k. sei und wir alles richtig machten, genauso wie es uns klar aufgetragen worden war. So arbeiteten wir weiter, stiegen über ihn drüber und sein Anfall ging auch vorbei. Wir hatten einfach keine Zeit, ihn zu sehr zu beachten. Am nächsten Tag sagte mir Ibrahim, dass ihn unsere Reaktion sehr gestärkt hätte. Obwohl er es immer ganz klar erklärt hatte, hatte ihn noch nie jemand ernst genommen und noch niemand hatte sich an das gehalten, was er wollte. Alle hatten immer panisch reagiert und einen Arzt gerufen, obwohl er genau das nicht wollte! Viele Jahre danach erzählte mir Ibrahim, dass er nach diesem Vorfall in der Küche nie mehr einen epileptischen Anfall hatte! Das ist für mich ein schönes Beispiel dafür, dass es manchmal besser ist, ein Problem zu ignorieren, als es zu wichtig zu nehmen und zu nähren, und dass es enorm wichtig ist, einen Menschen ernst zu nehmen!

Die Bäckersfrau-Methode

Meine Arbeit funktioniert auch nur dann, wenn ich das Herz tief berühre. Ohne das Herz zu berühren, gäbe es keine Lösungen. Die Energien sind ja auch im Herzen gebunden. Was will da der Verstand schon lösen können? Eine Verstandesarbeit würde ich auch nicht tun. Wir haben ohnehin schon so viele Verstandesprobleme. Ich liebe meine Arbeit (aber nicht nur wegen der vielen Frauen), und es macht mich sehr glücklich, Menschen in ihre Kraft und zu ihrer Quelle begleiten zu dürfen. An der Quelle zu sein heißt, den Zustand des Glücklichseins auszuhalten und zu ertragen. Und glaube mir, das ist gar nicht so einfach, wie es sich anhört. Das ist sehr harte Arbeit an sich selbst. Ich spüre an mir selbst, wie es diesem Menschen geht und was zu tun ist. Das bei mir zu spüren, ist der Einstieg und meistens auch der direkte Pfad zur Lösung. Und Lösungen sind immer einfach. Sie sind auch niemals neu, denn sie sind vom Leben schon geschrieben, und sie warten nur darauf, endlich gesehen und endlich genommen zu werden. Wenn ich mit einem Menschen arbeite, dann fühle ich mich manchmal wie auf der Flucht, manchmal habe ich den Eindruck, dass ich hart kämpfen muss, und manchmal werde ich ziemlich müde. Damit weiß ich, wie es diesem Menschen geht und was zu tun ist.

Bei meiner Arbeit gebe ich in Wirklichkeit nur mächtige Impulse. Man könnte sagen, es ist die Bäckersfrau-Methode. Klingt lustig, gell? Ich will es dir gleich erklären, was ich damit meine. Vor einiger Zeit musste ich jeden Morgen sehr früh zum Bäcker, um frisches Brot für die Kinder zu kaufen. Dort war eine sehr liebe Bäckerin, und die lachte mich jeden Morgen ganz herzlich an. Ich war damals ein kleiner Morgenmuffel und sicher manchmal nicht sehr freundlich. Doch diese Bäckerin hat es wirklich jedesmal geschafft, mir ein Lächeln ins Gesicht zu zaubern. Ich habe es versucht, aber ich konnte mich dieser hohen Energie niemals entziehen. Bei genauer Betrachtung sandte diese Bäckerin einen mächtigen Impuls aus und zwang mich zum Reagieren, nämlich zum Lachen. Das praktizieren wir alle jeden Tag, und das ist auch bei meiner Arbeit der wesentlichste Punkt. Ein neuer, mächtiger, liebender Impuls trifft ganz tief und mitten ins Herz und lässt uns unsere Mitte finden. Und wenn ein Mensch durch so einen mächtigen Impuls in seine Mitte findet, dann sendet er in der Welt (z.B. in seiner Familie) auch einen mächtigen Impuls aus, dem sich niemand entziehen kann.

Jetzt ist die Zeit, Tabus zu brechen

Du hast mich letztens sehr viel über meine Arbeit gefragt, und ich will dir gerne darüber erzählen. Bei meinen Seminaren muss ich viele Tabus brechen. Das ist mein wichtigster Auftrag. Jetzt ist die Zeit, Tabus zu brechen und alles ans Licht zu bringen, die Dinge beim Namen zu nennen. Jedes Tabu stellt eine große Blockade in uns dar und ein Hemmnis zum Glücklichsein. „Das sagt man nicht" wirft auch die Frage auf, was denn passiert, wenn ich es trotzdem sage? In der Kindheit hat uns diese Frage den Kopf einziehen lassen, und wir haben still gehalten und gewartet, was denn passiert. Aber es ist nichts passiert, es sind nur Schatten und Gespenster. Die meisten von uns glauben das nicht und ziehen ein ganzes Leben lang den Kopf ein und halten still. Ja, meistens geht es nur darum, die Dinge klar, deutlich und schonungslos beim Namen zu nennen, alles auszusprechen. Etwas wieder benennen zu können, befreit uns, lässt uns wieder klar werden, lässt uns Hilfen und Wege erkennen und es erweitert unser Vorstellungsvermögen.

Meistens suche ich in meiner Arbeit für etwas, das Problem genannt wird, nur den richtigen Platz. Ich nehme diese Energie und diese Gefühle (der Ohnmacht, der Schwäche usw) liebevoll an der Hand, und suche den richtigen Platz dafür. Wenn ein Mensch so ein Gefühl hat, und es Problem nennt, dann muss es einen Platz dafür geben. Und wenn dieses Gefühl am richtigen Platz ist, dann wird aus Schwäche Stärke und aus Ohnmacht wird Macht. Das Leben muss uns schließlich nicht mehr erinnern, dass es da einen Platz zum Schwachsein gibt ... gegen den wir uns schon ziemlich lange wehren. Oh, du kannst mir glauben, es gibt einen Platz, an dem das Leben von uns Ohnmacht oder Schwäche verlangt. Wenn diese Gefühle an den richtigen Platz kommen, wenn wir uns z.B. vor unseren Eltern tief verneigen, und am richtigen Platz unsere göttliche Ohnmacht und Schwäche spüren, dann kann das Leben seine Adjutanten entlassen und muss uns nicht mehr in die Knie zwingen. So einfach ist das.

Meine Aussagen machen viele Menschen zornig, und sie nennen mich frech und unverschämt, weil ich alles einfach beim Namen nenne und auf den Punkt bringe. Sie spüren und wissen, dass es stimmt, denn was sollte sie denn sonst so zornig machen. Etwas berührt und ärgert sie, weil es ein Volltreffer ist, sonst könnten sie meine Worte einfach als meine Meinung hören und akzeptieren.

Ohne Verbindung ist der Sinn im Leben weg

Das Vorstellungsvermögen zu erweitern, ist fast der wichtigste Teil meiner Seminararbeit. Wenn wir uns etwas nicht mehr vorstellen können, dann sitzen wir in der Tinte. Und wenn man sich (z.B. bei einem Seminar) zumindest zwei Tage lang etwas wieder klar und kraftvoll vorstellen konnte und es einem vor einer Gruppe gelungen ist, das zu sagen, was wir fühlen, dann bringen wir vieles im Leben in Bewegung, und wir stellen eine der wichtigsten Verbindung wieder her: die Verbindung zwischen unseren Gedanken, Worten und Taten. Ja, ein sehr wesentlicher Teil meiner Arbeit ist es, Verbindungen wieder herzustellen. Damit lösen sich Zwischenwelten wieder auf. In ihnen entstehen viele Ängste, viele Krankheiten und alle anderen Gespenster, die wir nicht einmal bekämpfen müssen. Sie verschwinden ganz von selbst, wenn es wieder Verbindung gibt und Zwischenwelten sich auflösen. Verbindungen (und Nähe) zwischen unseren Eltern und uns und zwischen unseren Gedanken, Worten und Taten. Ein Mangel an Verbindung ist für mich die Hauptursache von unseren vielen Krankheiten und Depressionen. Ohne Verbindung ist auch der Sinn im Leben weg. Das ist so, wie wenn wir vergessen haben, warum wir eine Reise machen - wo wir gestartet sind und wohin wir überhaupt wollen.

Bei meiner Arbeit habe ich auch sehr viel mit Müttern und Vätern zu tun, die ihre Kinder alleine erziehen. Das ist ein sehr heikles Thema und ohne es zu bewerten, scheint es eine Erscheinung dieser Zeit zu sein. Bei meinen Seminaren sehe ich meine wichtigste Aufgabe darin, das Bild des Betreffenden, besonders im Interesse der gemeinsamen Kinder wieder zu neutralisieren und Frieden und Verbindung wieder herzustellen. Kinder leiden unter Trennungen, aber am meisten leiden sie unter dem Bild des schuldigen und bösen anderen Elternteils, der ja zu 50 Prozent schließlich auch ein Teil von ihnen selbst ist. Dieses Bild ist für Kinder wie ein Verbot den bösen Papa oder die Mama zu lieben (er hat ja schließlich die Mama verletzt) und so zu sein wie er. Das Dumme daran ist aber, dass Kinder eben so sind wie ihre Eltern und dass sie ihre Eltern ja auch selbst gewählt haben. Mit diesem Verbot entsteht ein bitterer Weg des Verstellens. Söhne müssen dann z.B. den wichtigsten Teil – nämlich ihre Männlichkeit-vor Mama verstecken, um ihre Liebe nicht zu verlieren, um nur nicht an Papa zu erinnern und nur nicht so zu sein wie Papa. Oh, es ist die Geburt von vielen Gespenstern, Ängsten und Aggressionen.

Dieser Mensch ist mir viel zu teuer

Nähe und Verbindungen (zu beiden Elternteilen) müssen durch eine Trennung nicht verloren gehen, aber sie gehen ganz sicher durch unsere Bewertungen und Beschimpfungen verloren. Und später sagen Kinder, dass sie sehr unter der Trennung ihrer Eltern gelitten haben, aber das größte Problem war nicht die Trennung, sondern die verlorengegangene Nähe. Sie ist auch hauptverantwortlich für die fehlende Stabilität im Leben.

Auch weitere Beziehungen der getrennten Mütter und Väter sind natürlich sehr belastet, weil alte Geschichten nur sehr dürftig abgeschlossen - nämlich meistens unter den Teppich gekehrt – werden. Bei meinen Seminaren geht es hauptsächlich darum, wieder einen bewertungsfreien und neutralen Blick und Raum zu finden. Manchmal ist das natürlich enorm schwierig, weil es ja oft sehr viele Verletzungen gab, aber wenn es gelingt, dann hilft es den Müttern, den Vätern und ganz besonders den Kindern. Wenn wir mit unseren Ex-Partnern nicht im Reinen und ausgesöhnt sind, ziehen wir diese Energie mit in die nächste Beziehung, ob wir das wollen oder nicht. Wenn wir nicht im Reinen sind, dann tragen wir eine Leuchttafel der Angst auf unserer Stirn (in unserem Herzen), mit der wir zu einem neuen Partner schon ab der ersten Sekunde sagen: „Du darfst mich niemals verletzen und niemals verlassen." Aber wem sollen wir mit so einem inneren Signal denn schon begegnen? Ein Mensch sieht uns damit an und sagt zu sich: „Dieser Mensch ist mir viel zu teuer." So eine Wunde ist ja meistens eine sehr alte Wunde, und so eine Wunde unter den Teppich kehren zu wollen, ist an einen neuen Menschen und möglichen Partner ja fast wie ein Auftrag: „Bitte verletze und verlasse mich."

Wen sollen wir denn schon anziehen und sehen und treffen, wenn wir ein Bild von Männern oder Frauen haben, die uns sowieso nur verletzen. Wir sehen nur durch unsere Brille – unsere Sichtweise – und werden nur das finden, wovor wir uns so sehr fürchten. Und auch wenn wir einen völlig anderen (und viel lieberen) Menschen treffen, wird dieser sich an diesen Platz hinbewegen müssen, wo unsere stärkste Energie ist, nämlich dort, wo wir nicht hinsehen wollen. Bei meinen Seminaren versuchen wir die Brille, also die Sichtweise zu tauschen. Es ist nicht einfach, aber aus meiner Sicht der einzige Weg zu einer neuen und glücklichen Beziehung.

Nicht gezeigte Gefühle versteinern uns

Mir ist die Praxis im Alltag sehr wichtig und die Frage, was mache ich im Alltag mit meinen Erkenntnissen. Keine Bewusstseinsarbeit ist hilfreich, wenn es zum Schluss nicht den stärkenden Satz gibt: Ich habe dieses Leben gewählt und ich trage die Verantwortung. Ich führe Menschen dorthin, ihre Hindernisse zu beseitigen und die wichtigsten Dinge (Herzensangelegenheiten und den Zugang zu unserem Herzen) im Leben klar zu erkennen. Es gibt ja auch bei Begegnungen Wichtiges und Unwichtiges. Was weiß ich schon von dir, wenn ich nur dein Alter, deinen Beruf, deine Schuhgröße und deine Herkunft kenne. Das alleine kann ziemlich in die Irre führen. Manchmal wissen wir über einen Menschen erst dann etwas, wenn wir ihn erleben, wenn er wütend ist und weint und verzweifelt ist, wenn er verlegen ist und seine Fassung verliert, wenn er sich am Kopf kratzt, wenn wir sein bezauberndes Lächeln sehen, wenn wir ihn riechen und wissen, wie es ist, in seinen Haaren zu wühlen.

Meine Arbeit ist eine Begleitung zu den innersten Gefühlen – sie auszusprechen, zu zeigen und zu leben. Gefühle müssen gezeigt, ausgesprochen und gelebt werden, damit sie uns zur Lebendigkeit dienlich sind. Die Welt muss es sehen, erst dann kann diese Energie zu uns zurückkommen und uns dienlich sein. Stell dir einen Maler vor, der zwar viele Ideen hat, aber nie ein Bild malt. Die Welt wird seine Werke nie sehen dürfen. Und was sollte denn zu ihm zurückkommen? Aber die Welt hat ein Anrecht auf seine Bilder! Hat sie diesem Maler doch auch Impulse und Energien gegeben. Gefühle nur zu haben, ist nutzlos, wenn sie keinen Ausdruck finden, wenn sie nicht gelebt werden. Und Gefühle können uns auch zerreißen, wenn sie nicht gelebt und gezeigt werden. Sie richten sich dann gegen uns (auch gegen unser physisches Herz), dessen kannst du dir sicher sein. Gefühle zu haben, sie aber nicht zu zeigen, versteinert uns. Gefühle zu haben und sie zu zeigen und zu leben, macht uns lebendig. Ein und dieselbe Energie kann uns zerstören oder befreien. So einfach ist das. Auch ich habe mich zu meiner Arbeit durchgeweint. Ich bin finsteren Anteilen von mir selbst begegnet, und ich habe Räume betreten, von denen ich nicht wusste, dass es sie überhaupt gibt. Alles, was gefühlt und damit bereinigt wird, war nicht umsonst! Und wenn man am Ziel (in der Mitte) ist, dann merkt man das sehr leicht, wenn man über sich selbst, über sein eigenes Leben, seine Vergangenheit und über all seine Probleme herzlich lachen kann.

Sich zu lieben, heißt, seine eigene Macht zu ertragen

Ich bin bei meiner Arbeit oft eine Art Übersetzer. Viele Dinge sind nicht das, wonach sie sich anhören. So ein schönes Wetter ... heißt vielleicht: „Ich fühle mich heute so einsam." Und wird das Wetter denn so bleiben ... heißt vielleicht: „Ich brauche dringend Liebe." Ja, es ist schwer, einen Menschen wirklich zu verstehen und es ist schwer, die Dinge genauso auszusprechen, wie wir sie eigentlich meinen, besonders in diesen kalten, kommunikationsarmen Zeiten. Aber es macht uns frei, das zu können! Es ist ein wesentlicher Teil meiner Arbeit und ein wunderschöner Verwandlungsprozess. Viele kommen als Raupe und gehen als Schmetterling. Ich führe Menschen, die meine Seminare besuchen, dorthin, dass sie dem Glück begegnen können, ohne es besitzen zu wollen. Das ist eine sehr große Kunst im Leben, und es ist die Basis, dass das Glück auch bei uns bleiben kann. Glück und Liebe zu ertragen, ist eine der schwersten Aufgaben, und es gelingt uns nur mit unserer Unverschämtheit, also ohne sich zu schämen, ohne sich schuldig zu fühlen und zu reduzieren. Glück und Liebe zu ertragen, gelingt uns auch nur mit einer großen Portion an Selbstherrlichkeit, also die Herrlichkeit unserer innewohnenden Göttlichkeit zu erkennen. Und glaub mir, es ist so *herrlich*, so ganz bei sich *selbst* zu sein. Dieses Erkennen unserer Selbstherrlichkeit lässt uns spüren, wie mächtig wir sind. Macht (über sein eigenes Leben) ist etwas sehr Wichtiges, aber es ist schwer, sie zu ertragen. Menschen, die gelernt haben, sich selbst zu lieben – und damit auch Liebe von anderen Menschen zu ertragen – sind auch bereit, Macht und damit Verantwortung zu übernehmen, die wir ja ohnehin immer haben. Wir sind viel mächtiger, als wir glauben. Sich selbst zu lieben, ist aber keine Form von Egoismus. Diese wichtige Liebe zu sich selbst entfacht erst die Liebe zu anderen Menschen. Und wenn jemand *nur* an sich denkt und keinen anderen liebt, dann liebt er sich selbst (also seine Göttlichkeit) nicht wirklich und innig.

Bei meinen Seminaren und Begleitungen geht es immer um eine Bewegung, und manchmal ist es egal in welche Richtung. Es geht darum, diese halbherzigen, seichten und lauwarmen Zustände zu beenden. Und meist ist jede Bewegung besser, als weiter stehen zu bleiben. Sogar (kurzfristig) in die falsche Richtung oder sich in die Scheiße zu bewegen ist besser, als sich gar nicht zu bewegen. Es gibt für mich nichts Furchtbareres als ein leises Radio. Es ist so ein halber Zustand, auf den man nicht reagieren kann. Es ist nicht aus, und man hört trotzdem nichts ... und es reicht nicht zum Tanzen.

Gute Priester sind auch gute Therapeuten

Bei meiner Arbeit geht es darum, diese halbherzigen, vorsichtigen, risikofreien und seichten Zustände zu beenden und ein mutiges Heiß auf Heiß daraus zu machen. Alles andere führt nur zum Dauerfrust und zum Leben auf Sparflamme. Ich zeige im Wesentlichen einen Weg, wie man lernt, sich selbst zu lieben so wie man ist und wie man den Ich-muss-mich-ändern-Wahnsinn beendet. Manche sagen Priester zu mir (wollte ich als Kind werden), aber das ist ok. Gute Therapeuten sind auch gute Priester, gute Priester sind gute Therapeuten. Ich habe natürlich auch viele Kritiker und skeptische Teilnehmer, aber ich liebe diese skeptischen Fragen. Manchmal ist es so, dass man erst auf so eine skeptische Frage die Sache auf den Punkt bringen kann.

Sich selbst zu lieben, gelingt uns nur durch die Liebe zu unseren Eltern. Seine Eltern zu lieben und dann hinter sich zu spüren, ist auch das beste Motivationstraining. Das habe ich immer wieder beobachtet. Seine Eltern hinter sich zu spüren, ist unsere wichtigste Verbindung im Leben. Wenn wir in den finsteren Keller müssen, um Problemen zu begegnen und sie zu meistern, ist es leichter, wenn wir nicht alleine sind, sondern unsere Ahnen hinter uns spüren.

Aber im Wesentlichen kann ich Menschen, die mein Seminar besuchen, nur bei dem unterstützen und begleiten, was sie selbst wollen. Ich habe viele Grenzen, und es steht mir nicht zu, einem Menschen zu raten, dass er dieses tun sollte und jenes für ihn gut wäre. Das muss er schon selber herausfinden und sagen. Ich kann ihn nur so lange provozieren, bis er es wieder spürt und es ihm wieder einfällt und er es dann auch wieder klar und deutlich und dringlich aussprechen kann. Wenn ein Mensch sagt, dass er sich das Leben nehmen möchte, kann ich ihm nur antworten, dass ich ihn dabei nicht begleiten kann und dass ich ihm dazu nicht einmal einen Tipp geben kann. Dafür gibt es hohe Brücken und sonstige Wege. Es steht mir nicht einmal zu, so etwas zu bewerten. Und ich habe keine Intuition in mir, jemandem etwas auszureden, was er gerade tun will, und in ihm dadurch vielleicht den Eindruck zu erwecken, dass ich seine Verantwortung für ihn übernehme – was ja doch niemand kann. Ich frage auch immer, *wozu* denn jemand z.B. gesund werden möchte und was er dann mit seiner neuen Gesundheit macht. Das ist meine berechtigte Lieblingsfrage, denn das Leben hat sich ja schließlich nicht geirrt.

An Problemen habe ich kein Interesse

Das klingt für viele sehr hart, aber diese Last kann und will ich nicht tragen. Dafür bin ich zu klein. Wenn aber jemand zu mir sagt, dass er einen Weg sucht, um ganz glücklich zu sein, dann kann ich ihm vielleicht ein kleines bisschen dabei helfen und ihn begleiten. Ja, ich kann einfach nur das unterstützen, was jemand will. Es zählt einfach nicht, was gut wäre oder was man tun sollte. All das hat einfach keine Kraft und führt uns nur in neue Sackgassen.

Und mit dem, was du bei mir siehst und mir gestern gesagt hast, kannst du natürlich auch vollkommen Recht haben. Aber ich habe auch keine Ahnung über solche Sachen, und ich kümmere mich auch gar nicht darum. Es würde mir nichts helfen, wenn ich meine Probleme kenne. Ich könnte mit diesem Wissen nichts anfangen, wenn ich weiß, dass ich ein Problem habe und dieses falsch mache oder jenes besser machen könnte? Wenn ich Fehler habe und verstrickt bin, dann bin ich es, und dann sollte ich es auch genießen. Das Leben ist ohnehin stärker als ich. Ein wirkliches und noch viel größeres Problem wäre meine Reaktion: Hilfe, ich muss mich ändern und bessern.

Mein Blick, wenn ich bei meinen Seminaren zu einem Menschen sehe, kümmert sich auch nicht um Probleme. So etwas interessiert mich gar nicht, und die Beschäftigung damit kann einen ziemlich hinunterziehen. Es ist mir viel zu mühsam, und es ist aus meiner Sicht auch nicht wichtig, das alles zu wissen, und damit sieht man nichts sehr Wesentliches von einem Menschen, halt nur seine Probleme. Ich könnte damit nichts anfangen, und es ist keine Basis für meine Arbeit. Und selbst wenn ich dazu irgendeinen gescheiten Satz sage (den ich vorher vielleicht gelesen und auswendig gelernt habe) oder mit einer tollen Regel auftauche (die es ohnehin nicht gibt), ist es dem anderen keine Hilfe! Und meistens sehen wir überhaupt nichts, wenn wir etwas im Sinne einer Analyse sehen und versuchen, es zu verstehen. Meine Arbeit zu tun, macht es auch niemals nötig, zu wissen, welche Probleme jemand hat, ob dieser Mensch sich gegen etwas sehr wehrt oder ob jemand Angst vor Nähe hat oder ob er sonst etwas richtig oder falsch macht. Da gibt es ganze Listen und viele kluge Bücher über solche Themen und so genannte Probleme und (scheinbare) Regeln, was man *dagegen* tun sollte. Sie interessieren mich alle nicht. Sie sind aus meiner Sicht unbrauchbar und führen zu nichts!

Jede ungebetene Hilfe schwächt uns

Wenn ich z.B. an einem Obdachlosen vorbeigehe, und er sagt mir nicht, dass er ein Problem hat, und er bittet mich um nichts, dann hat er für mich kein Problem. Das ist nicht herzlos, sondern es ist eine hohe Form meiner Achtung. Es steht mir gar nicht zu, über einen Menschen – oder eine Dritte Welt-zu sagen, dass er ein Problem hat. Jede ungebetene Hilfe schwächt den anderen und auch uns selbst! Mein Bild (für eine mögliche Hilfe) entsteht erst dann, wenn es dafür eine Notwendigkeit gibt, wenn jemand Hilfe braucht, wenn mich jemand dringlich wie nun du danach fragt, wenn ein Mensch mich anspricht und um Hilfe bittet, etwas von mir will, so wie bei meinen Seminaren. Dann erst gibt es eine Notwendigkeit für meine Blicke (tief in sein Herz), dann erst haben sie einen Sinn, und dann erst tauchen meine Bilder auf. Und das sind alle möglichen Bilder, nur nicht die, die ich verstehe oder die mein Verstand zum Dampfablassen oder zum Aufblähen oder zum Wichtigsein oder zur Fremdwörterprofilierung braucht.

Manchmal in der Straßenbahn, beim Spazieren oder im Cafehaus sehe ich sehr wohl diese Bilder (ohne dass mich jemand darum bittet), aber das geht nur in einem total meditativen Zustand, und ohne meinen Wunsch, etwas zu sehen oder gar zu helfen. Sobald man etwas sehen will, ist man meistens blind. Sobald sich der Verstand und der Wunsch, etwas zu verstehen, vor deinen inneren Herzensblick schiebt, siehst du nicht viel von einem Menschen ... nur halt seine Probleme. Aber diese zu sehen, ist viel zu wenig, um ihm zu helfen und ihm zu dienen! Natürlich sehe auch ich (besonders dann, wenn mich ein Mensch um meine Hilfe bittet) Probleme, aber wenn es ein wirklicher innerer Blick ist, sehe ich auch immer das Werkzeug – und die mögliche Lösung – dazu. Das Leben hat zu Problemen (es sind ja unsere Lernprozesse) auch *immer* das Werkzeug beigegeben. Menschen mit vielen Problemen sind für mich Menschen mit hohen Qualitäten und ihr einziges Problem ist, dass sie diese vergessen haben. Wenn es bei meinen Blicken und Bildern keine Bilder der Lösungen (und eben kein Werkzeug) gibt, dann verwerfe ich diese Bilder sofort, weil sie Verstandeskrämpfe und damit unbrauchbar sind. Jeder Künstler verwirft den Großteil seiner Arbeit und verwendet letztendlich nur einen kleinen Teil. Und das Brauchbare vom Unbrauchbaren unterscheiden zu können, ist seine große Kunst! Das ist auch ein Teil meiner Kunst, meiner Arbeit. Ich umarme dich ganz herzlich.

Was habe ich nur gemacht?

Süße, was hab ich nur gemacht, dass du so überreagierst? Wir hatten zwar schon mehrere Weltuntergänge, das kenne ich also schon von und mit dir – das ist dein Feuer,-aber was ist eigentlich geschehen? Mit mir ist mein Temperament, mein Feuer durchgegangen, aber ich habe keinen Hut geworfen! Mit meinem Ausspruch, den Hut zu werfen, wollte ich nur ausdrücken, wie sehr ich dich liebe und brauche – und es ist mir nicht zu viel Mühe! Ehrlich gesagt hätte ich auch den Hut längst geworfen, wenn die Liebe zu dir nicht so groß wäre.

Es hat eigentlich schon gestern Nachmittag begonnen mit deiner Erzählung, dass du dreimal pro Woche auf einen Kaffee zum Kurt gehst. Da hab ich schon ziemlich geschluckt, und es ist mir unser knappes Zeitpensum eingefallen, aber ich habe damit kein Problem. Als ich dann am Bahnhof diese wunderschönen und weltbewegenden (leider nur) achteinhalb (oder waren es gar neuneinhalb) Minuten mit dir verbringen durfte und vom Küssen meine Knie ziemlich weich wurden und du mir sagtest, dass du es bis zu den Zehen spürst, und du mir dann gesagt hast, dass du nicht nach Salzburg mitfahren kannst, und du mir dann in mein Ohr hineingeflüstert hast, dass du mich so liebst (und du hast dabei ganz kurz geweint) und du mit mir im Paradies sein möchtest, dann ist mir dazwischen halt wieder der Drei-mal-pro-Woche-Kaffee-trink-Kurt eingefallen, und dann ist mir halt einfach der Kragen geplatzt, und ich hab mich im Auto sehr lautstark gefragt: „Na, wenn mich meine Süße so sehr liebt, wie sie immer sagt und mir zeigt, warum kann sie dann kaum Zeit für mich finden?“

Ja, aber ist das denn nicht normal? Mir ist halt einmal der Kragen geplatzt, und das musste ich am Telefon halt loswerden! So etwas ist doch normal unter Freunden, unter Liebenden. Und wir sind doch keine Mimosen. Und ich bin ja auch nur ein Mensch und noch dazu ein Mann mit ziemlich viel Feuer und Leidenschaft. Bitte, lass mir doch manchmal den Kragen platzen. Es wird wieder mal sein. Bitte, halte das doch aus und beende bitte nicht immer gleich alles! Wäre dir denn nicht auch der Kragen geplatzt, wenn ich dir sage, dass ich dich sehr liebe und mit dir im Paradies sein möchte, dich aber z.B. nicht im Geschäft besuchen würde, wenn ich in der Stadt bin? Würde es dich denn nicht auch tief verletzen?

Du lässt das wirklich vorbeiziehen?

Was ist denn so schlimm daran? Auch ich habe doch deine Tränen ausgehalten und mich daran sogar erfreut (und ich werde es auch in Zukunft tun), und nun ging es eben mir mal ziemlich schlecht. Aber das hält doch eine Liebe, eine Freundschaft aus. Das wird es auch wieder mal geben. Das ist ein Teil des Feuers.

Gibt's halt keine gemeinsame Fahrt nach Wien oder Salzburg. Ich habe ohnehin keine Illusionen mehr. Ich gehe sowieso davon aus, dass du sehr viel in Bewegung bringen wirst, wenn die Sehnsucht zu leben, was dir gut tut und was du brauchst, größer ist als deine Ängste (wovor auch immer).

Du scheinst eine ziemlich große Liebe meines Lebens zu sein, auch wenn du niemals mit mir schlafen würdest (hey, da versäumen du und dein Kätzchen aber was ziemlich Schönes – hehe), also nichts, was man so leichtfertig gehen lassen kann! Zumindest kann ich mich nicht mehr erinnern, dass ich nach jemandem so verrückt war, dass ich an jemanden so viel denken musste und ich kaum schlafen konnte, wenn was nicht *gepasst* hat. Ich kann mich nicht erinnern, dass ich den Duft von jemandem den ganzen Tag in der Nase hatte, dass ich fast jede Nacht von diesem Menschen träumte, dass das Küssen so unglaublich schön war und dass ich mich wie ein kleiner Junge auf einen Anruf freute. Ich kann mir nicht vorstellen, deine Liebe, deine Nähe, deine Freundschaft zu verlieren. Es würde mir ziemlich weh tun. Es ist zu wertvoll, egal was daraus noch wird. Ich würde viel verlieren. Das geht einfach nicht! Bitte, lass uns darüber reden, immer wieder und immer wieder. Da musst du doch nicht gleich das ganze Bad samt dem Kind ausschütten! Das muss doch kein Ganz-oder-garnichts sein!

Und ich kann es einfach nicht glauben, dass du dir so eine Begegnung einfach so wegschneidest, einfach so vorbeiziehen lässt, so ganz locker, weil mir ab und zu der Kragen platzt. Das ist bei temperamentvollen Menschen (mit viel Feuer) eben so. Und glaubst du wirklich, dass solche Begegnungen alltäglich sind? Glaubst du, dass sich jemand wirklich so schnell wieder so für uns ins Zeug wirft?

Ist das wirklich Alltag?

Das sind doch keine Begegnungen, die uns wöchentlich passieren können. Du selbst hast kürzlich mal gesagt, dass die meisten Menschen so etwas ihr ganzes Leben nicht erleben dürfen. Ja, das sind deine Worte. Glaubst du, dass das wirklich Alltag ist, dass sich jemand für dich und wegen dir stundenlang hinsetzt und dir (solche heißen) Briefe schreibt, der wegen dir Herzflattern und weiche Knie bekommt, der wegen dir nicht mehr schlafen und nicht mehr essen kann und zu stottern beginnt? Ist das wirklich Alltag?

Du sagst mir, du willst mit mir im Paradies sein, und kurz darauf bist du wegen ein paar kleinen Missverständnissen froh, dass du noch nicht mit mir geschlafen hast. Das schmerzt mich aber sehr und das kann doch nicht stimmen. Das kannst du doch nicht ernst meinen. Bitte, nimm das wieder zurück! Keiner hat dich bisher so geküsst, keiner hat dich so geliebt, keiner schreibt dir solche Briefe, keiner hat dich je so berührt (ja, das sind nur deine Worte). Ist das jetzt alles vergessen? Wenn dir das wirklich gelingt, bin ich schwer beeindruckt von deiner Herzamputationskunst!

Ich sehe ja deine Ängste (ich kenn dich ja eh schon gut), und auch wenn es mich schmerzt (weil ich ja gleichzeitig deine sehnsüchtigen Rufe höre und spüre), habe ich kein wirkliches Problem damit. Es tut mir nur sehr leid, dass du noch lange brauchen willst, das zu leben, was dir gut tut und was du liebst und brauchst. Ich sehe die Verletzungen wie im Traum und dass ich es nicht schaffe, zu dir zu kommen. Ich sehe auch, dass du dich wirklich nicht traust, mit mir zu schlafen, diesem Feuer zu begegnen, obwohl du es dir ziemlich sehnsüchtig wünschst. Aber das weiß ich schon die ganze Zeit (von Anfang an), und ich lieb dich trotzdem und bin trotzdem ziemlich verrückt nach dir, und ich bin trotzdem dein Freund und größter Fan! Und ich bin für dich da! Ich bin dir ein Geliebter und ein Freund und was du willst, auch wenn du dir nicht vorstellen kannst, mit mir zu schlafen. Das war kein Druck, den ich ausüben wollte, nur ein wenig Ärger wegen der wenigen Zeit mit dir! Freunde teilen doch ihre Freuden, ihre Tränen und ihren Ärger. Das hast du oft getan, und das hab nun eben ich getan. Bitte, gib mir auch in Zukunft Raum dafür. Auch du wirst ganz sicher wieder einmal eine Krise haben und dich bei mir ausweinen wollen.

Ich brauche nichts und niemanden

Und mit meinem Satz, dass der Ball nun bei dir liegt, ist doch auch nichts Schlimmes gesagt. Da brauchst du dich doch nicht gleich so italienisch aufzuregen. Aber ich liebe dich so sehr, wenn du dich so aufregst, da bist du so süß! Du weißt eh selber, dass das so ist und dass im Leben viel möglich ist, wenn wir beide es am Leben halten. Ich alleine kann das nicht. Du brauchst auch nur sagen: „Liebster, ich hab fünf Stunden Zeit und die will ich nur mit dir verbringen." Das ist doch ganz einfach. Bisher habe ich etwas vorgeschlagen, und du hattest leider keine Zeit ...

Und ja, es stimmt, wenn es einseitig ist (so wie derzeit), dann ist das mit der Zeit sehr ermüdend und löscht irgendwann jedes Feuer aus – das war ja auch schon mal anders. Da liegt einfach der Ball nun bei dir. Das kann ich selbst mit tausend Briefen nicht ändern. Wenn du diese Flamme am Brennen halten willst, wenn du diese Liebe brauchst und willst, dann musst du dafür etwas tun! Das ist nicht meine Erfindung und das ist für jeden Menschen so. Und das kann ich dir auch nicht abnehmen. Das sind Energien des Lebens, die sich eben auch wieder zurückziehen, wenn es einseitig ist. Da ist nichts Böses oder Gemeines dabei. Musst einfach auch etwas riskieren und aussprechen ... dass du etwas im Leben brauchst.

Ich weiß ja selbst, dass es ein sehr weit verbreitetes Problem ist. Es ist schon ziemlich schwer, einen lebenden Menschen zu treffen, der eben zugibt, etwas zu brauchen und der ein gefühlsmäßiges Risiko eingeht. Erst damit sind wir lebendig. Die ganze westliche Welt versinkt derzeit in dem traurigen Satz: „Ich brauche nichts und niemanden!" Es ist ja fast eine Schande, etwas zu brauchen, und es gibt wenige Menschen, die es zugeben. Sie weinen lieber leise. Ach, welch ein bitterer Irrtum! Aber auch ich bin lange mit diesem überheblichen Satz durchs Leben gestolpert und wollte damit meine Wunden verstecken. In Wirklichkeit habe ich die, die es zugegeben haben, etwas dringend zu brauchen, geschwächt. Doch das Leben war gütig und hat mich immer in die Knie gezwungen und mir gezeigt, dass ich sehr viel brauche und bedürftig bin, und dafür die Verantwortung übernehmen sollte. Das große Problem dabei ist ja, dass wir mit diesem Ich-brauche-nichts-Wahn irgendwann verlernen zu formulieren, was uns fehlt und was wir brauchen. Das ist dann bitter, denn dann kommt auch nichts zurück. Wir sagen damit ja der ganzen Welt: „Ich brauche nichts und niemanden." Süße, ich umarme dich.

Ich finde, wir sollten es tun

Grüß dich, meine Süße! Das ist ein sehr lustiges Spiel. Du outest dich so lieb, bist so mutig, sagst und zeigst mir deine tiefen Gefühle und deine Liebe, sagst mir so unglaublich schöne Sachen (und weinst manchmal dabei), die mir bisher noch keine Frau gesagt hat, und sofort danach ziehst du dich wieder zurück in Sicherheit und hast Sorgen und Ängste, dass ich damit etwas von dir erwarte oder von dir will oder du mir zuviel gesagt hast. Kannst es eh spielen, aber ist das nicht sehr anstrengend für dich? Wie lange möchtest du dieses Spiel noch spielen? Das ist genau das Pendeln, wovon wir letztens gesprochen haben. Es machen zwar sehr viele Menschen genau so, aber es verbraucht halt sehr viel Energien.

Du könntest mir auch etwas ganz Liebes und Süßes sagen und schreiben und dann einfach dazu stehen. Hey, da freue ich mich darauf. Wir beide sind ja keine Kinder mehr, wir sind Erwachsene, und da könnten wir aufhören, um den „heißen Brei“ zu reden. Ich bin ein feuriger, temperamentvoller Mann (das gefällt dir ja auch sehr), ich habe tiefe Gefühle und ich stehe voll auf dich, das weißt und spürst du auch. Ich hab mich in dich total verliebt (du ja auch in mich), und natürlich will ich mit dir auch schlafen. Dieses Wort gefällt mir nicht, weil ich dabei alles andere als schlafen will. Ich bin ja ein Mensch, ein Mann und ich finde sogar, wir sollten es tun. Ja, ich finde, wir sollten bald miteinander schlafen, wir sollten uns das gönnen und es genießen. Und ich bitte dich sogar darum, bald mit mir zu schlafen! Ich kann es schon gar nicht mehr erwarten. Und ich weiß auch, dass du mich sehr liebst und dass du dich ziemlich danach sehnst, mich ganz und tief in dir zu spüren, dass du mit mir ins Bett möchtest, dass du mein zärtliches Feuer spüren möchtest. Daran ist nichts Schlechtes, das ist menschlich und die schönste und natürlichste Sache der Welt.

Ja, ich finde, wir sollten es tun, uns sehr bald mal ein Hotelzimmer nehmen und uns so richtig lange und ganz gut und so richtig gründlich kennen lernen, miteinander schmusen, uns berühren, uns streicheln, uns beißen, uns lieben, miteinander baden ... Ich trau mich, das zu sagen, weil ich weiß, dass wir beide diese Gedanken haben. Ist ja kein Geheimnis. Es lacht ja auch schon dir aus den Augen. Wir beide wollen uns spüren, uns riechen, uns genießen und uns aneinander erfreuen und gegenseitig beschenken. Na und?

Das Leben wartet nicht auf uns

Und ja, die Zeit vergeht, wir werden auch nicht jünger, und das Leben wartet nicht auf uns, bis wir das leben, was uns wichtig ist. Das ist kein Druck, sondern nur meine Meinung, und dazu stehe ich auch. Also nun weißt du, was ich mir wünsche, wovon ich träume, und ich stehe dazu (war eh sicher nix Neues für dich), und ich nehme das Risiko auf mich, dass du Nein sagst! Jetzt ist es herraussen! Ich hab dich sogar darum gebeten, und ich würde mich wahnsinnig freuen, wenn du einfach Ja sagst, obwohl ich momentan nicht glaube, dass das in diesem Leben sein wird. Und ich muss dir noch sagen, wenn ich nur an dich denke, wirds oft in meiner Hose ziemlich hart und eng. Na und?

Und was jetzt? Bei all dem sehe ich noch immer kein Problem! Ich habe dir alles gesagt – ist auch legitim und ich fühle mich nicht schlecht dabei. Ich habe mich „geoutet", du bist erwachsen und du kannst (egal, ob ich mir was wünsche, etwas erwarte oder will von und mit dir) einfach Ja oder Nein sagen. Ich stehe zu meinen Wünschen, und ich achte es trotzdem, wenn du Nein sagst (egal aus welchen Gründen), und ich halte es auch aus! Ich bin kein Grabscher, und ich könnte auch niemals aufdringlich sein. Das war ich noch nie, und dazu bin ich auch gar nicht der Typ. Du brauchst keine Angst zu haben. Bin ein Mann der alten Schule, einer, der die Seite wechselt, damit die Frau nicht direkt an der Straße gehen muss und der gerne in den Mantel hilft.

Wovor hast du also Angst? Ich achte dich und deine Wünsche und Ängste, und ein einfaches Nein genügt mir, ohne dass du mir etwas erklären müsstest. Ich bin keiner, der anbaggert oder überreden will. Das habe ich auch noch nie getan! Ich wäre gar nicht interessiert, und ich würde nur mit einer Frau ins Bett gehen, die wirklich und ganz und gar und total verrückt nach mir ist und die mich innig liebt. Alles andere will ich nicht mehr. Auch ich will begehrt und auch ein bisschen erobert werden! Alles andere (und dann noch vielleicht danke sagen, dass ich durfte) interessiert mich nicht! Nein, danke! Und ich weiß, falls du dich einmal traust und du mit mir schlafen willst, dann wirst du mir das einfach sagen. So einfach ist das, nichts Gefährliches daran, kein Druck, keine unguten Erwartungen, alles o.k., alles darf sein. Hey, das ist gut, alles klar ausgesprochen zu haben. Ich umarme dich!

Dein enormes Beben und Zittern

Süße, ziemlich viel ist geschehen seit meinem letzten Brief, jetzt wird's wieder mal Zeit, sonst zerplatzt irgendwas bei mir. Heute weiß ich gar nicht, wo ich anfangen soll, denn es gibt so vieles, wozu ich etwas sagen möchte, wozu ich dir einfach meine Gedanken schreiben möchte. Könnte also ein längerer Brief werden. Wird wie immer ein ganz offener Brief – ohne Blatt vor dem Mund –, kannst ihn ja verbrennen.

Es sind schon wieder zwei ganze Wochen vergangen seit unserer ersten gemeinsamen, wunderschönen, zärtlichen und weltbewegenden und so süßen Nacht im Hotel. Deine große Anspannung, dein enormes Zittern und Beben - es war wie kurz vor einem Vulkanausbruch oder einem Erdbeben, deine Ängste und deine großen Blockaden brauchen dir kein bisschen peinlich zu sein oder leid zu tun. Ich weiß, unter welcher Anspannung du gestanden hast und welchen Konflikt und welch schlechtes Gewissen und welche großen Schuldgefühle du in dir hattest.

Süße, setze dich bitte nicht unter Druck! Ich habe und hatte ja gar keine bestimmten Erwartungen! Es war so unglaublich schön und natürlich und erfrischend mit dir, als würden wir uns schon ewig kennen. Es war so schön, dich so ganz und so tief und zart und so fest zu berühren und zu spüren und mit dir zu baden, zu blödeln und so viel zu lachen und bis um 6 Uhr morgens zu reden und zu schmusen und uns zu streicheln und zu zwicken und zu beißen. Süße, davon träume ich noch immer und davon werde ich sehr lange zehren können! Diese wunderschöne (und lustige) Nacht mit dir hat mich so richtig satt gemacht!

Und zu unserem Gespräch gestern am Telefon – ob man sich das alles denn auch einbilden kann – möchte ich noch Folgendes sagen: Energien fließen immer in beide Richtungen. Wenn einer sehr tief fühlt, dann ist das auch immer ein Zeichen, dass es beim anderen auch die Resonanz dafür gibt, dass es dem anderen ebenso geht, selbst wenn er es anders benennt. Alleine könnte man so ein *Fließen* und *Fühlen* nicht erzeugen und auch nicht aufrechterhalten! Wenn es wirklich einseitig wäre, dann würde es schnell zerfließen und sich mit der Zeit wieder auflösen. Energien ziehen sich auch wieder zurück, wenn sie nicht mehr fließen und nicht mehr gebraucht werden.

Ich spüre noch die Nadeln vom Waldausflug

Zu den Gefühlswechselbädern, zu dieser enormen Bewegung zwischen uns, zu diesem Fließen muss ich schon auch sagen, dass mir das ja sehr gefällt. Alles andere ist mir ja eigentlich viel zu langweilig! Ich bin nur gerade dabei zu lernen, damit umzugehen. Muss dir aber auch gestehen, dass ich nicht viel anders bin als du und auch sehr wechselhaft und launisch sein kann. Gestern ist mir eingefallen, dass mir das auch schon viele Leute gesagt haben. Es ist ja vielleicht eine Form des Feuers.

Ich hätte so vieles zu sagen, könnte dich jeden Tag treffen und mit dir über dies und das reden. Muss mich aber auf das Wesentliche, auf die aktuellen Themen, die so in der Luft liegen, beschränken.

Deine Nur-Freundschaft-Aktion und dein Umwandlungsversuch (von Liebe in *nur* Freundschaft) haben mich natürlich die letzten Tage am meisten beschäftigt, das wirst du dir sicher denken können. Wollte dir dazu einen langen Brief schreiben und hab damit auch schon begonnen. Habe das Ganze dann wieder verbrannt (waren schon fünf Seiten) und davon Abstand genommen, weil ich keinesfalls den Eindruck erwecken wollte, dass ich dich zu einer anderen Entscheidung (mich doch zu küssen und mit mir doch wieder zu schlafen - sniiief!) überreden wollte. Es soll alleine deine Entscheidung sein und bleiben. Doch deine (für mich sehr seltsame) Entscheidung hat mich schon sehr überrascht und natürlich auch total geschüttelt. Es war für mich wieder einmal so unvorhersehbar. Es war ja wirklich so ganz kurz nach unserem wunderschönen und erotischen Waldausflug. Den werde ich lange nicht vergessen. Viele träumen nur von so etwas.

Ja, das war für mich ein ziemlich heftiges Kneipp-Wechselbad der Gefühle. Ich habe die Nadeln und die Blätter des Waldes noch an meinem Hinterteil gespürt, und die Decke habe ich immer noch nicht ganz davon befreien können, und sie riecht auch noch nach dir. Ja, deinen süßen Duft hatte ich noch immer in meiner Nase und von deinen Wahnsinnsküssen stand ich noch unter Strom, dein Lächeln und deine Grübchen sah ich noch vor mir, dein wunderbares Stöhnen hörte ich noch immer und ich war noch ganz von deinen Berührungen und Bissen verzaubert – als deine Nachricht kam.

Die Geburt der Nur-Freundschafts-Regel

Einerseits verstehe ich deine Entscheidung natürlich und achte sie und möchte daran auch gar nichts rütteln, aber ich bin natürlich in vielen Punkten nicht deiner Meinung und habe dazu auch in meiner Seminararbeit ganz andere Beobachtungen gemacht. Das meiste dazu hab ich dir aber eh schon in meinen bisherigen Briefen geschrieben.

Grundsätzlich zweifle ich daran, dass deine Nur-Freundschafts-Aktion und dein Umwandlungsversuch (von großer Liebe in nur Freundschaft) überhaupt funktionieren und Sinn machen. Es bringt mich ein bisschen zum Lachen. Man kann verstandesmäßig zwar viele Regeln (z.B. die Nur-Freundschafts-Regel) erstellen, aber das Herz sagt und will auch weiterhin doch etwas ganz anderes (stimmts?) und lässt sich nicht wirklich reglementieren.

Ich habe auch bei meiner Arbeit immer wieder sehr deutlich beobachtet, dass diese Was-will-ich-Konflikte durch diese Zwänge und Regeln nur noch stärker werden und keinesfalls gelöst. Etwas, das wir ablehnen, reglementieren, kontrollieren oder aussperren, obwohl das Herz eine deutliche Sprache spricht, wird naturgemäß noch viel interessanter und größer und wirkt eher verstärkend als beruhigend. Das ist genauso, wie wenn du einem Kind etwas verbietest oder wegnehmen willst, das es sehr liebt. Das alles wird durch dein Verbot noch viel interessanter. Du selbst hast mir das kürzlich von deiner Tochter erzählt. Kinder sind unsere größten Lehrmeister, und wir sollten sie auch viel genauer beobachten und uns vieles von ihnen abschauen.

Wir Menschen können uns ja Dinge vornehmen, planen und Regeln erstellen, aber egal, ob das bequem ist oder nicht, das Herz sucht sich immer (oft lange und ziemlich verzweifelt) einen Weg, diesen Auftrag des Herzens zu erfüllen. Das ist in so vielen Geschichten des Lebens deutlich zu sehen – musst dich nur umsehen, das hab nicht ich erfunden.

„Der Weg durch die Wüste ist kein Umweg. Wer nicht das Leere erlitt, händigt auch nicht die Fülle. Wer nie die Straße verlor, würdigt den Wegweiser nicht.“

Die Ich-folge-nicht-der-Stimme-meines-Herzens-Folgen

Und nun zu deiner Frage, was dann mit all diesen Menschen ist, die nicht der Stimme ihres Herzens folgen. Ach, davon gibt es ja so viele! Ja, es gibt so viele Menschen (brauchst dich nur umzusehen), die nicht den Beruf ausüben, den sie eigentlich möchten, die nicht dort leben, wo sie eigentlich wollen, die nicht den Partner haben, den sie eigentlich lieben, die nicht in dem Umfeld sind, das ihnen eigentlich gut tut, die nicht die Liebe leben, die sie so dringend bräuchten, die nicht ihr eigenes Leben leben und die sich selber alles Mögliche vormachen und die alles Mögliche nicht verwirklichen. Dazu höre ich immer das seltsame Argument, dass man doch vernünftig sein muss und dass man doch nicht alles im Leben haben kann. Das stimmt ja auch, aber Menschen, die das sagen, haben es meistens gar nicht probiert (es ist für mich eine faule Ausrede), und wenn wir schon mit so wenig zufrieden sind, dann werden wir noch ein bisschen weniger erhalten. Hinter diesem Argument steht meist nur die Feigheit.

Ja, das ist ein sehr wichtiges Thema, und sehr viele Leute kommen in meine Praxis und zu meinen Seminaren und beschweren sich eigentlich über diese Ich-folge-nicht-der-Stimme-meines-Herzens-Folgen. Es ist eine böse Verstandes- und Vernunftkrankheit.

Was ist nun, wenn wir unserem Herzen nicht folgen? Es ist sehr einfach, es tauchen Differenzen auf, und sie werden immer größer. Differenzen zwischen dem, was unser Herz sagt, und dem, was wir dann tatsächlich leben. Und wenn es zu lange Differenzen gibt und sie zu groß werden, dann tauchen Aggressionen auf. Aber diese Aggressionsenergien sind im Grunde göttlich. Sie erinnern uns, als oft letzte Instanz an unser innerstes Leuchten und Lieben und Sehnen. Sie helfen uns, entweder diesem Herzenspfad (egal in welchem Bereich ...) zu folgen, oder wenn wir uns lange genug und erfolgreich dagegen wehren, richten sich diese Aggressionsenergien einfach gegen uns selbst. Grundsätzlich bin ich auch der Meinung, dass man seinem Herzen nicht immer gleich und sofort folgen muss. Ich glaube nicht, dass wir alles liegen und stehen lassen müssen. Unser Herz vergisst ohnehin nicht, was es braucht und welchen Auftrag es im Leben hat. Es drängt drauf und sucht einen Weg zur Verwirklichung, und es wird nicht locker lassen. Also lass dir Zeit, aber nicht zu viel!

O.k., dann suche ich mir einen anderen Weg

Mit diesen Über-Regeln stellt man sich wieder einmal und mit Nachdruck gegen diese starke Stimme des Herzens. Das heißt ja nicht, dass man gleich alles hinschmeißt. Und das Herz (die Seele) gibt zur Antwort (Kinder reagieren auch genau so): „O.k., dann suche ich mir eben einen anderen Weg."

Die andere Seite ist natürlich, dass diese Regeln sehr wohl eine Wirkung haben. Sie verletzen ja auch, schaffen Entfernung, und es zerfließt auch wieder etwas, das oft über lange Zeit (oft auch über viele Generationen und Leben) aufgebaut wurde. Es kann zarte Pflänzlein (z.B. zwischen uns) auch kaputt machen. Es geht damit eine Energie, vielleicht eine Gelegenheit wieder verloren. Ja, Energien ziehen sich auch wieder zurück, wenn sie nicht mehr benötigt werden.

Das hört sich vielleicht alles sehr komisch an, weil es ja von mir geschrieben und gefärbt ist, und man meinen könnte, dass ich dich zu einer anderen Entscheidung, doch wieder mit mir zu schlafen, überreden will. Du weißt, dass das nicht so ist. Das hätte auch keinen Wert für mich.

Viele fragen sich, was denn die Stimme des Herzens eigentlich ist und was sie denn sagt und was sie denn will. Das höre ich so oft und immer wieder. Diese Fragestellung selbst ist schon traurig und zeigt uns unverblümt, wo wir stehen. Das ist natürlich auf direktem Wege (in unserem Zeitalter des ziemlich getrübten Blickes) sehr schwer zu beantworten, und das muss jeder selbst herausfinden.

Am leichtesten kann man es am Lebensende feststellen, wenn man zurückblickt. Da erinnert man sich nämlich nicht an das, was einem Sicherheit gab, sondern an das, was das Herz wollte und gelebt hat oder eben nicht gelebt hat. Ich habe vor langer Zeit in einem Altersheim gearbeitet und habe viele Menschen kennen gelernt, die kurz vor ihrem Tode standen. Das war entweder der Himmel oder auch die Hölle. Aber es war nie etwas anderes als das, was diese Menschen gelebt oder nicht gelebt haben. Es waren nur Themen des Herzens. Es war immer einfach die Summe. Ja, kurz vor dem Tode ist der Blick nicht getrübt. Da sieht man das alles sehr klar.

Getrübt von den Garantien und Sicherheiten

Grundsätzlich kann ich dazu nur sagen, dass unser Blick des Herzens naturgemäß ja immer klar ist! Verschwommen und getrübt und blockiert werden unsere Gefühle und Blicke nur durch unsere Ängste, unser übergroßes Sicherheitsdenken, das vermeintliche Abgesichertsein, unser oft falsches Pflichtgefühl, unsere übergroße Opferbereitschaft (das ist lediglich vorgetäuschte Liebe), unsere Schuldgefühle und die Garantien, die es nicht wirklich gibt.

Tief im Herzen weiß jeder Mensch genau, was er will und welchen Auftrag sein Herz bereithält. Und Entscheidungsprobleme sind in Wirklichkeit nur Probleme eines getrübten Blickes. Getrübt von den scheinbaren und viel zu teuren Garantien und Sicherheiten. Und das Interessante ist, dass unser Herz zumeist gar nicht *das* oder *das* sagt! Das oder das sagen nur unser Verstand und die Moral. Also, um zu wissen, was man denn wirklich will, was das Herz sagt und will, ist es unumgänglich, den Blick zu klären und von Ängsten und Schuldgefühlen zu befreien. Das, was dann übrig bleibt, ist die reine und klare Sprache des Herzens. Das Leben schickt dann immer sogleich die passenden Menschen und Situationen und Gelegenheiten, die wir dann natürlich auch erkennen müssen. Das gelingt uns wiederum nur mit einem geklärten Blick. Unser Blick wird hauptsächlich dadurch geklärt, dass wir unseren Gedanken wieder Kraft verleihen, indem unsere Gedanken und Herzensideen auch ihr Ziel, nämlich das Wort und die Tat, erreichen.

Aber bitte glaube mir, wir setzen mit unserem Fühlen und Denken eine enorme Energie frei. Wohin soll diese Energie jedoch gehen, wenn sie ihr Ziel, das Leben, nicht erreicht? Es entstehen die so genannten Zwischenwelten, und das, was sich dort ansammelt, richtet sich dann gegen uns. Diese Zwischenwelten tragen viele seltsame Namen. Manchmal nennen wir sie Angst oder Krankheit, Frust, auch Schizophrenie (Unglück entsteht hier auch), Aggression oder Depression und manchmal nennen wir sie die Ich-weiß-nicht-was-ich-will-Krankheit (eine sehr gefährliche und ansteckende und ziemlich verbreitete Seuche). Für mich sind alle Krankheiten in Wirklichkeit nur Kommunikationsprobleme, ein großer Mangel an Verbindung! Es ist eine unterbrochene Kommunikation zwischen Gedanken, Worten und Taten, zwischen Menschen, zwischen Herz und Verstand und dann zwischen Zellen.

Wir hatten ein paar kleine Anlaufschwierigkeiten

Liebes, ich muss dir schon sagen, dass die körperliche Begegnung (der Sex) mit dir schon eine unglaublich schöne, liebreizende Sache ist. Es ist für mich eine enorme Wucht, mit dir zu schlafen - ich höre noch immer deine so süßen Geräusche! Wenn ich nur daran denke, wird es hart und eng in meiner Hose. Das ist für mich wirklich sehr schön, und du besitzt eine unglaubliche Anziehung auf mich! Besonders das Küssen mit dir ist für mich, wie unter Strom zu stehen. Ich glaube, ich habe noch mit niemandem so schön und leidenschaftlich küssen können. Schon alleine dafür bin ich glücklich, dich zu kennen.

Und deine liebevollen Berührungen tun mir so gut, und ich fühle mich dabei so geliebt, so geschätzt, so begehrt und so geehrt. Ich hatte es schon vergessen wie sich das anfühlt, so gesehen und so berührt zu werden bzw. habe ich noch nie solche tiefen Berührungen gespürt. Das ist kein Scherz!

Ich weiß schon, wir hatten ein paar kleine und süße Stolpersteine und Anlaufschwierigkeiten bei unseren ersten und zärtlichen Begegnungen, bei unserer ersten Liebesnacht im Hotel, weil du dich nicht voll entspannen und ganz öffnen konntest (am ganzen Körper hast du gezittert) wegen deiner Konflikte und Schuldgefühle. Schätzchen, das macht aber nichts!

Und trotz dieser Blockaden und Anlaufschwierigkeiten fließt so viel zwischen uns. Das ist enorm! Es ist zwischen uns so viel in Bewegung, so viel Energie! Wir beide müssen aneinander so viel denken, und energetisch sind wir manchmal miteinander mehr zusammen wie mit unseren Partnern, denn dort, wo unsere Gedanken sind, dort sind wir. Deshalb hat mich dein heutiges Statement: „Du musst überhaupt nichts mitmachen, ich tue ja auch nichts mit dir und mach dir auch keine Hoffnungen", völlig überrascht und verblüfft und auch ziemlich verletzt.

Wenn ich nach all den Geschehnissen der letzten Monate dieses Statement von dir lese, dann frage ich mich schon, ob ich das alles nur träume, ob das denn nun einseitig ist, ob das nur ich spüre, ob das nur meine Liebe zu dir ist, ob ich mir das alles nur einbilde, ob ich lauter Wunschgebilde aufgebaut habe, oder ob du schon beim Denken einen Rückzieher machst?

Warum stehst du nicht dazu?

Wenn ich das von dir lese (und ja auch fühle), dann weiß ich, warum du sagst: „Ich weiß nicht, was ich will." Ich frage mich dann, was das zwischen uns denn für dich eigentlich ist. Ich frage mich dann, was und wer ich für dich bin? Ich mache doch so viel mit dir mit. Wie ist das denn aus deiner Sicht, wenn du etwas mit mir tust? Wir tun und fühlen doch so viel miteinander!

Du schreibst und sagst mir so unglaublich schöne Sachen, dass du deine letzte Lebenswoche mit mir verbringen möchtest (das hast du wahrscheinlich schon zwanzigmal bereut), dass du dir zu deinem Geburtstag eine gemeinsame Wohnung mit mir wünschst (das hast du sicher auch schon oft bereut), dass du mit mir im Paradies sein möchtest, und du musst oft weinen, weil du mich so sehr vermisst, und kurz darauf kommt eine so eisige Meldung von dir, als würdest du nichts im Leben brauchen und als würdest du dich an mich gar nicht mehr erinnern. Mit diesen Meldungen kehrst du zum glatten, polierten und keimfreien Leben (in dem man scheinbar unabhängig ist und keine Liebe mehr braucht, weil man ja alles bei sich selbst hat – so ein Schwachsinn) zurück und brauchst nichts mehr und bereust dann scheinbar alles, was du zu mir gesagt hast. Süße, ich will es heute nicht verstehen, sondern nur beleidigt sein!

Meinst du das, was du mir sagst, nicht so? Oder meinst du es schon so und willst nicht dazu stehen? Auch wenn wir nicht mehr miteinander schlafen, frage ich mich immer nur, warum du das tust. Du verletzt mich und dich so unglaublich tief! Warum stehst du nicht einfach zu dem, was du sagst und denkst und fühlst? Das sind ja keine Versprechen an mich, das sind deine Gefühle und möglicherweise ja auch die deutlichste Sprache deines Herzens. Oder stimmen diese Worte nicht, die du sprichst? Du sagst mir oft, dass es schwierig für dich ist, herauszufinden, was du willst. Das ist aus meiner Sicht ein völliger Unsinn! Ich glaube, du weißt sehr wohl, was du willst und brauchst, aber du hast nicht den Mut, dafür die Verantwortung zu übernehmen, und du fürchtest, an deine Wunden erinnert zu werden. Du scheinst ziemlich feige und im Sicherheitsdenken gefangen zu sein. Mit dem Nichtaussprechen unserer Wünsche versuchen wir, die Verantwortung abzugeben an die Menschen, die etwas brauchen (und wir schwächen sie damit) und die auch dazu stehen und es auch aussprechen.

Wie gehst du nur mit dir um?

Und da geht es doch gar nicht alleine um mich. Nein, da geht es viel mehr um dich selbst! Mädchen, wie gehst du nur mit dir und deinem Herzen und deinen Gefühlen um? Wie gehst du nur mit deiner Seele um? Das ist ja wie eine Vergewaltigung! Unsere Gefühle und unsere Herzenssprache sind doch das Wertvollste, was wir Menschen haben. Und du killst deine Gefühle ständig, sobald sie sich zeigen, sobald sie leben und sich entfalten möchten. Das ist zwar sehr verbreitet – die meisten Menschen machen das genauso wie du–und es ist wahrscheinlich ganz normaler Alltagswahnsinn, aber trotzdem ziemlich deprimierend.

Versuche es doch bitte einmal, dass du die Verantwortung übernimmst für das, was du fühlst, denkst und sagst, und dass du einfach einmal dazu stehst. Sei doch endlich mutig und ehrlich zu dir. Das ist ja eine einzige und riesengroße Lebenslüge! Und ganz sicher versteckt sich in all deinen Wünschen, Gedanken, Worten, Sehnsüchten sehr deutlich die Sprache deines Herzens. Vielleicht musst du ja gar nicht mehr danach suchen. Ganz sicher ist die Sprache deines Herzens ständig da und gar nicht so weit entfernt von dir, wie du immer glaubst.

Ganz sicher weißt du viel genauer, was du willst, wenn du endlich zu dem stehst, was du denkst und sagst! Was tust du nur, wenn du mir einen Brief schreibst, und da steht etwas drinnen, das du dann bereust und zurücknehmen möchtest? Da bekommst du ja schon die Krise, bevor du mir diesen Brief überhaupt gibst. Du machst dir dein so kurzes Leben schon ziemlich schwer.

Und vielleicht wirst du dir nun ja auch wünschen, dass dir das mit mir niemals passiert wäre. Aber was ist wirklich geschehen? Nichts ist nach Plan verlaufen, und es ist der lebendige Beweis, dass das Leben einfach immer siegt. Das Leben ist nicht nach deinem Plan verlaufen, und das solltest du eigentlich feiern! Jawohl, nichts ist nach deinem Plan verlaufen, denn das wäre wirklich tragisch. Umarme dich und hab dich lieb

Unsere Bereitschaft herauszufinden, welches Gefühl von einem Konflikt verdeckt wird, eröffnet eine bedeutende Gelegenheit zur Entwicklung.

Ich stehe vor der Klippe

Liebes, danke für deinen lieben Anruf und das klärende Gespräch. Ich danke dir auch für deine Offenheit. Nun muss ich dir aber gleich zu meiner Aussage „Ich stehe vor der Klippe“, ein paar Hintergründe und Zusammenhänge erklären. Es ist ein wichtiges Thema für mich. Zusammenhänge zu erkennen (und zu erklären) ist mir sehr wichtig. Das ist auch mein Beruf geworden. Es ist ein kleiner Blick in die Seele eines Menschen und was sie gerade braucht und welche Lebensperiode damit eingeleitet werden könnte. Es ist auch nur möglich, das zu sehen, wenn man sich selber kennt, wenn bei einem selbst alles zu sehen ist. Alles wird leichter, wenn man das sieht und auch versteht. Das zu sehen, ist meist auch der Beginn einer wundervollen Seminararbeit.

Durch meinen großen Firmenkonkurs im Jahre 1990 habe ich alles Materielle und meine gesamte Existenz verloren. Damit stehe ich seit über vierzehn Jahren vor dem Abgrund. Und du kannst mir glauben, das waren (und sind teilweise noch immer) sehr bittere vierzehn Jahre mit vielen Tränen der Verzweiflung, mit vielen Versuchen wieder Fuß zu fassen – die mich manchmal noch tiefer sinken ließen –, mit vielen unerwiderten Hilferufen und sehr oft wusste ich nicht, woher ich Geld für Miete und Essen bekomme. Viele Menschen können sich das in so einem reichen Land gar nicht vorstellen. Und es war die größte Belastung für die Beziehung mit Claudia. Das schmerzt mich heute noch, aber ich kann es nicht ändern. Die ersten sechs Jahre wohnten wir in Ferienwohnungen und waren im Sommer (mit sechs Kindern)-immer ohne Wohnung – auf Achse und bei Verwandten untergebracht. Damals habe ich mich noch verzweifelt und vergeblich um eine Anstellung bemüht und immer wieder festgestellt, dass man mit einem Konkurs einen Stempel am Hirn trägt. Ich habe in vielen Augen die unüberwindbare Wand gesehen und bitter festgestellt, dass es fast aussichtslos ist, wieder Fuß zu fassen. Wenn man mit einer Einzelfirma keinen Zwangsausgleich schafft (trotz ziemlich reicher Verwandter), dann haftet man persönlich ein Leben lang für seine Schulden (bei mir in siebenstelliger Zahl). Und ich habe es bis heute nicht geschafft, meine Schulden zu regulieren (aber ich kann es mir nun erstmals vorstellen), und ich kann bis heute kein Konto auch nur um einen einzigen Euro überziehen. Ohne ein sehr großes Vorstellungsvermögen (daran arbeite ich seit Jahren) und ein heftiges Wunder spürst du das dein ganzes Leben lang.

Ich würde fallen, wenn ich mich nicht lieben würde

Ich habe die letzten Jahre nicht nur gelernt, nicht von der Klippe zu fallen, also zu überleben, sondern auch meinen Job aus genau dieser Energie zu finden. Von der Klippe weit weg sein werde ich zumindest in diesem Leben wahrscheinlich nicht mehr, doch es wird einen sicheren Boden unter meinen Füßen geben. Es wird leichter werden. Diese neue Zeit für mich, mit dem sicheren Boden (etwas entfernter von der Klippe), beginnt nun. Viele Menschen stehen (auch ohne Konkurs) vor so einer Klippe.

Nicht von der Klippe zu fallen, ist meine schönste Lebenskunst geworden. Es war nur möglich, weil ich die Verantwortung für mein Leben übernommen habe, weil ich mich allen Wunden gestellt und damit in meine Kraft gefunden habe. Ich bin dadurch wieder zum Kind geworden. Das ist das Wesentlichste, was ich meinen Schützlingen bei meinen Seminaren und Ausbildungen zeige und was ich sie lehre: Man kann alle Energien wenden! Und es reicht für ein glückliches Leben niemals aus, ein Problem *nur* zu lösen, sondern du musst daraus einen Gewinn ziehen und dein Gold finden! Das ist es auch, was das Leben von uns verlangt!

Man könnte bei all den Stürmen des Lebens sehr leicht das Gleichgewicht verlieren und fallen. Mein Nichtfallen bedeutet, dass ich mir keine falschen Schritte leisten kann. Falsche Schritte sind Schritte von mir weg und nicht in meiner Mitte zu sein. Wenn ich mich nur einen Tag von mir entfernen würde, mich nur einen Tag nicht lieben würde und mich nicht wertvoll fühlen würde, wenn ich nur einen Tag Schuldgefühle hätte, wenn ich mich nur einen Tag entferne von dem, was meine Seele braucht, wenn ich Kompromisse zu lange mittrage, wenn ich nur einen Tag nicht klar sehen würde, dann würde ich von der Klippe fallen, glaube es mir! Das nennt man dann Autounfall (das lag in der Luft und hat sich schon sehr deutlich angekündigt), Krankheit, Depression – ein Absturz in irgendeiner Form. Verstehst du das nun? Aber wem wäre ich von Nutzen, wenn ich von der Klippe falle? Wäre ich meinen Kindern von Nutzen, wenn ich total unglücklich bin und wenn ich aus der Antierfolgsenergie-Spirale nicht mehr herauskomme? Was haben sie davon, wenn man über mich sagt: „Er war treu und brav und hat bis zum Schluss gekämpft, aber er ist leider tot." Mit meiner Position vor der Klippe zwinge ich mich selbst (tief von der Seele aus) zu einer ständigen Entwicklung!

Ich habe es ja gleich gewusst ...

Ich muss ständig in mir in Bewegung bleiben. Ich zwinge mich sozusagen dazu, dass ich immer zu mir stehe, dass ich immer in meiner Kraft und damit glücklich bin, dass ich mich immer liebe und mich wertvoll fühle, dass ich immer in meiner Mitte (meiner Quelle) bin und aus ihr heraus handle, dass ich immer Vertrauen zu mir und in das Leben habe, dass ich immer zu meinen Gefühlen stehe, dass ich aus meinen Gaben etwas mache, dass ich zu allem stehe, was mir wichtig ist, dass ich die Verantwortung für mich und mein Leben trage, dass ich mein Feuer am Brennen halte, dass meine Liebe immer fließt, dass ich immer in meiner Kraft bin, dass ich mein Licht in dieser Welt verschwende und verteile und nichts von meiner Liebe zurückhalte!

Dazu beobachte ich immer wieder ein geistiges Gesetz. Wenn ein Mensch seinen Platz im Leben findet und in seine Kraft und in seine Mitte findet und damit seinen Durchbruch schafft, dann ist wirklich alles (auch wenn es so genannte Fehler waren), was er bisher in seinem Leben gemacht hat, plötzlich richtig gewesen, dann sieht man plötzlich den ganzen Sinn des Weges und die Tragödien als Entwicklung! Man hört das dann auch immer sehr deutlich in den Rückmeldungen: „Ich hab es ja damals schon gewusst."

Ja, ganz egal was dieser Mensch bisher gemacht hat – ja, selbst wenn er gescheitert (zu scheitern sehe ich nicht als Fehler) und hingefallen ist oder es so genannte Fehler gab, plötzlich hat die gesamte Vergangenheit einen Sinn und wird damit geheiligt (natürlich auch die Eltern und die Geschichte). Wir können also auch rückwirkend mit unserem Handeln aus der Mitte und unserem Erfolg und unserem segenbringenden Wirken alles Bisherige in unserem Leben heiligen und segnen. Es ist natürlich auch das schönste Geschenk an unsere Eltern, wenn wir wirklich glücklich und in unserer Kraft sind und wenn wir einen Weg gefunden haben, unsere so genannten Probleme in Gold zu verwandeln und sie uns zu Diensten wirken und für uns arbeiten lassen zu können. Eltern haben immer sehr viel gegeben (auch wenn wir das lange nicht wahrhaben wollen), und sie haben oft ihre Freiheit, ihre Karriere, ihre Beweglichkeit, ihre Eigenständigkeit, ihre Unabhängigkeit und ihre Jugend aufgegeben. Es war immer die höchste Form ihrer Liebe, und es war niemals zu wenig Liebe.

Hat sich mein Einsatz gelohnt?

Eltern blicken immer auf ihre Kinder mit der Frage im Herzen: „Haben sich mein Einsatz, mein hoher Preis, mein Verzicht und meine Liebe auch gelohnt? Ist mein Kind glücklich, und hat es etwas aus seinem Leben gemacht?" Und Eltern sind überglücklich und fühlen sich geehrt und beschenkt, wenn sie sehen, dass ihre Kinder etwas daraus gemacht haben und in ihrer Kraft sind. Sie sind glücklich, wenn sie sehen, dass sich ihr hoher Einsatz gelohnt hat.

Und Eltern sind frustriert und beleidigt, wenn ihre Kinder nichts oder zu wenig daraus gemacht haben. Das sind dann die großen Spannungen zwischen Eltern und erwachsenen Kindern, denn dann bleibt im Herzen der Eltern – übertrieben ausgedrückt – das bittere Gefühl: Es hat sich leider nicht gelohnt.

Und für mich ist das Faszinierendste daran, seinen Platz zu finden und seine Geschichte anzunehmen, dass z.B. in der Kindheit erlebte Schmerzen und Tränen plötzlich keine Schmerzen und Tränen mehr sind. Es beeindruckt mich immer wieder, dass wir damit sozusagen im Nachhinein die Qualität unserer Geschichte und Eindrücke verwandeln können und z.B. Schläge und Schmerzen nicht mehr als Schläge und Schmerzen empfunden werden. Wir sehen hin und sehen hin und halten die Erinnerungen und die Bilder aus und sehen noch immer hin und halten die Feuerprobe und den Schmerz aus, und plötzlich erkennen wir dahinter unser Gold. Unsere Bindungen und Geschichten lösen sich mit unserem Annehmen nicht in Luft auf, sondern erhalten einfach eine neue, uns dienliche Qualität. Das ist Heilung, das ist höchste Alchemie!

Das kann man sich am leichtesten mit einem Rucksack vorstellen. Unser Rucksack, den wir durch das Leben tragen, ist gefüllt mit Steinen unserer Geschichte. Und manchmal haben wir schwer zu tragen. Und viele Menschen kommen zu einem Seminar mit der Idee, ob man denn diesen Rucksack nicht erleichtern kann, ob man denn keinen der schweren Steine herausnehmen kann – aber das kann man nicht. Aber wenn man einem Menschen bewusst macht, dass diese schweren Steine in seinem Rucksack Gold und Edelsteine sind, dann wirst du in seinem Gesicht plötzlich ein entzücktes Lächeln vorfinden und plötzlich findet er alle Kraft, diesen schweren Rucksack voller Gold und Diamanten zu tragen.

Sogar deine Tragödien kannst du zum Leuchten bringen

Und natürlich können wir rückwirkend vieles in unserem Leben auch vergiften und entehren und entwürdigen. Das klingt hart, aber jeder von uns kann das selbst immer wieder beobachten und nachvollziehen. Es zählt im Wesentlichen nur das Resultat.

Wir können noch so viel Tolles und Gescheites und Gutes tun (zumindest in einer guten Absicht) oder getan haben, wenn wir uns mit unseren Geschichten nicht ausgesöhnt haben, wenn wir im Leben unseren Platz nicht finden und unsere Wunden nicht geheilt sind, wenn wir die Verantwortung für unser Leben nicht übernehmen, wenn wir nicht leuchten, wenn wir keinen Erfolg haben und damit unseren Durchbruch nicht schaffen (das sieht für jeden Menschen natürlich ganz anders aus), wenn wir unsere Quelle nicht finden, dann waren alle Energien und Taten und Ereignisse davor plötzlich kraftlos oder manchmal sogar wertlos. Man hört auch darüber viele Rückmeldungen: Ich hab es ja damals schon gewusst. Wir sehen zu den Lebensstationen, und sie haben wenig Kraft, so wie ein Wort, das die Tat nicht erreicht.

Ja, es ist ein Phänomen! Das gleiche Tun, die gleiche Vergangenheit, die gleiche Geschichte und die gleiche Tragödie ist einmal heilig und einmal leider kraftlos, wertlos oder manchmal sogar verflucht. Es hängt wirklich nur davon ab, was wir aus unserer Geschichte machen, ob wir unsere kraftvollen nächsten Schritte gehen, die das Leben immer von uns verlangt. Es hängt immer davon ab, wie eine Geschichte ausgeht.

Ja – auch wenn es sich arg anhört –, alles hängt davon ab, ob wir unseren Platz im Leben finden, ob wir mit unseren Gaben erfolgreich sind, ob wir unser eigenes Leben leben, ob wir einen Weg gefunden haben, unsere Liebe zu zeigen, zu verteilen und zu verschwenden, ob wir es geschafft haben, *unverschämt* und somit glücklich zu sein, ob wir unseren Punkt im Leben erreichen, ob wir leuchten und ob wir unseren Durchbruch schaffen.

Genau dort an diesem Punkt drehen sich Energien einfach um. Dort entscheiden wir, ob unsere Geschichte, unsere Tragödien und unsere Wunden und Tränen und unser Handeln und jede einzelne Station unseres Lebens leuchten und einen Sinn hatten.

In der Bewegung entstehen unsere großen Werke

Diese Formulierung „im Leben seinen Platz zu finden" verwirrt vielleicht ein wenig. Man könnte es ein bisschen so verstehen, als ob es nur darum ginge, im Leben ein bestimmtes Ziel zu erreichen und seinen Platz zu finden. Natürlich geht es um ein Ziel, und natürlich geht es darum, seinen Platz zu finden. Aber niemals geht es nur um das Ziel und nur um diesen Platz. Nein, es geht darum, den Platz zu finden, und um die Bewegung dorthin. Ich glaube, da gibt es so einen schönen Spruch, dass der Weg das Ziel ist ... oder so. Ich weiß gar nicht, von wem der ist. So belesen bin ich leider nicht.

Bei meinem Geigenstudium hatte ich einen sehr lieben Professor aus Spanien, der es liebte (so zwischendurch), vom Mozart Wolferl zu erzählen. Er liebte Mozart und seine göttliche Musik.

Mozart hatte gar kein ideales Leben, sondern sehr viele Probleme. Mit vielen Dingen konnte er nicht umgehen, und am Ende seines kurzen Lebens hatte er kaum noch Freunde. Mozart bewegte sich von der Dunkelheit zum Licht und vom Chaos zur Ordnung. Und dazwischen lagen seine großen Werke, mit denen er die ganze Welt so sehr beschenkte. Das war sein Lebensthema, sich vom Chaos zum Licht zu bewegen. Es geht im Leben immer um diese Bewegungen vom Chaos zur Ordnung. Daraus entstehen unsere großen Werke, nicht wenn man am Ziel ist. Ja, Mozart weinte viele Tränen, und sein Leben war alles andere als ideal. Am Abend war ihm vielleicht bitterkalt und er fühlte sich einsam, und er war vielleicht tief verzweifelt und am nächsten Tag schrieb er ein großes Werk. Wenn wir genau hinsehen, dann erkennen wir, dass das die Bewegungen jedes einzelnen Mensch sind. Jeder Mensch hat eine nicht ganz ideale oder chaotische Geschichte oder Ausgangssituation und strebt (und bewegt sich) sein ganzes Leben lang zur Ordnung, zum Licht. Und genau in dieser Hinbewegung entsteht unser großes Leuchten und unser Lebenswerk!

Und ob wir unseren Platz im Leben finden – und uns dort hinbewegen können –, hängt entscheidend davon ab, in welchem Maße wir unsere Eltern, unsere Geschichte und dann natürlich auch uns selbst annehmen. Wenn ein Mensch leuchtet und an seinem Platz ist und sein Leben lebt, dann leuchten auch seine Geschichte, seine Tragödien, sein Scheitern, denn all das hat ihn so geformt und genau dorthin gebracht.

Wurzeln zu gießen kostet sehr viel Mühe

Aus meiner eigenen Geschichte und aus meiner Arbeit weiß ich sehr wohl, dass es meist sehr schwierig ist, seine Geschichte und seine Eltern so ganz einfach anzunehmen. Das hört sich einfacher an, als es tatsächlich ist. Denn unsere Eltern sind ja meist keine idealen Eltern ... so wie wir sie uns vorstellen und gerne hätten. Es sind meist Geschichten mit Ecken und Kanten, so wie sie das Leben halt schreibt. Doch es sind auch immer die besten Geschichten, denn es sind unsere! Auch wenn wir uns dagegen wehren, machen wir uns in unserer Kindheit ein geistiges Bild (es ist in unseren Zellen gespeichert), und dann drehen wir uns um und suchen die Menschen, die in unsere Bilder hineinpassen.

Dieses Annehmen unserer Eltern und Ahnen ist bei sehr vielen Völkern dieser Erde ganz selbstverständlich (in Indien habe ich das beobachtet), aber wir haben es ganz einfach verlernt. Aber ich kann dir versichern, dass mit unserem Annehmen unsere vielen „Sichabmühen“ im Leben weniger werden. Das Mühen ist meist nur ein Mangel an Verbindung zu unseren Eltern und Ahnen. Besonders in meiner Arbeit beobachte ich bei sehr vielen Menschen (ich selbst habe es früher ja auch nicht anders gemacht), dass ihre Gaben und Geschichten bei ihnen noch nicht sichtbar sind. Sie sind noch nicht sichtbar und wirksam, weil es eben noch keine Verbindung zu den Ahnen gibt, weil es eben noch dieses enorme Wehren gibt.

Dazu fällt mir immer eine Pflanze ein, die wir ein ganzes Leben pflegen. Aber ohne Verbindung zu unseren Ahnen ist das so, wie wenn wir diese Pflanze weit weg von der Erde in unseren Händen halten und ihre Wurzeln mit viel Mühe gießen und versorgen. Diese Pflanzen haben es schwer, und sie verdorren sehr leicht. Wir brauchen auch alle Kraft, unsere Pflanze mit Nährstoffen und Wasser (Liebe und Energie) zu versorgen. Die Pflanze ist wie unser Leben, und die Erde sind unsere Ahnen, unsere Eltern. Und es wäre so einfach, wenn wir diese Pflanze (unser Leben) einfach mit der Erde verbinden. Dann geht alles von selbst, und wir müssen nicht jede einzelne Wurzel so *mühsam* gießen und mit Nährstoffen versorgen. Ja, viele Menschen machen diesen Job ihr ganzes Leben lang und beschweren sich, dass alles so mühsam ist. Wenn wir gegen unsere Wurzeln kämpfen, dann werden wir immer schwach sein und das Glück nicht finden können.

Väter sind Könige und dürfen gegen uns nicht verlieren

Das größte Hindernis beim Annehmen unserer Eltern sind die vielen Vorbehalte und Zensuren. Aber wenn wir genau hinsehen, erkennen wir, dass unsere Eltern glänzende und mächtige Könige sind, an denen wir nichts verändern können. Wir können uns nur an sie anlehnen und sonst nichts. Sie sind Könige und dürfen auch nicht verhandeln. Ja, und selbst, wenn sie wollten, können sie uns nicht anbieten, dass sie uns nur die schönen und angenehmen Seiten ihrer Geschichte zeigen und übergeben. Sie können ihre Geschichte und ihre Tragödien – das ist die Basis für unsere selbst gewählten Lernprozesse, – vor uns niemals verbergen. Und Könige sind uns nicht einmal ebenbürtig. Sie stehen mit uns nicht auf einer Ebene! Mit unseren Partnern stehen wir auf einer Ebene und können verhandeln und kämpfen, aber nicht mit unseren Eltern. Zwischen Partnern gibt es ein Geben und ein Nehmen, bei unseren Eltern ist das eine Einbahnstraße. Eltern geben und Kinder nehmen.

Und wenn Väter keine Könige sein dürfen und sie nicht mächtig, groß und unverrückbar hinter uns stehen dürfen und wenn wir uns mächtiger und besser und größer fühlen als unsere Väter (und Mütter), dann produzieren wir in unserem Leben auch Gewalt und viele Illusionen. Aber es ist nur Papas Ersatzmacht. Ja, diese Dynamik habe ich schon sehr oft beobachtet. Die wichtigsten und vor allem mächtigsten Männer in unserem Leben sind unsere Väter, und sie müssen es auch bleiben. Wenn man sieht, wie fern unsere Väter uns sind und wie wenig Nähe wir zu ihnen haben, dann sehen wir gleichzeitig, wie unerreichbar fern in unserem Leben unsere Ideen und Wünsche sind. Sie sind dann irgendwann Illusionen, und sie werden es auch bleiben. Und der Versuch, einen Vater zu ersetzen (viele Männer versuchen das), schafft bittere Gewalt – dafür gibt es viele Formen –, denn die Energie des Vaters, die Energie unserer Ahnen sucht sich immer einen Weg ans Licht, um gewürdigt und geachtet zu werden. Und nebenbei gesagt, unsere Eltern zu achten, heißt ja nicht, das zu tun, was sie wollen.

Wir fühlen uns ohne diese mächtigen Väter hinter uns dann aber auch leider nicht geborgen und gehalten. Und dafür müssen unsere Väter keine idealen Väter sein, so wie wir sie uns vorstellen. Sie können auch gescheitert sein, so wie eben ihre Geschichte war. Ihre Macht ist vielmehr ihre Unverrückbarkeit.

Väter ersetzen zu wollen produziert Gewalt

Dieses Ersetzen-Wollen von Vätern endet in Beziehungen meistens in einem sehr engen Festgehaltenwerden (durch den sicheren Partner und Ersatzpapa). Es ist ein fehlgeschlagener Ersatz für den elterlichen Halt. Väter (und auch Mütter) ersetzen zu wollen, produziert Gewalt und viele Machtkämpfe. Die glücklichsten Beziehungen sind die, in denen wir ganz bewusst sagen, dass wir einen Partner suchen, der so ist (oder so sein darf) wie Papa oder Mama. Ja, das hört sich sicher seltsam an – und vieles wehrt sich dabei in uns, aber du kannst dir sicher sein, dass das Leben immer versucht, genau das zu tun! All das was wir hinter uns nicht annehmen, finden wir vor uns, und das wird uns auch vor die Füße geworfen. Ja, es ist die Geburt unserer schärfsten Vorwürfe. Es ist der Versuch des Lebens, wieder Nähe und Verbindung zu unseren Eltern und zu unseren Wurzeln herzustellen, und das heißt nicht, dass wir uns mit unseren Eltern gut vertragen müssen. Das funktioniert auch dann, wenn sie schon gestorben sind. Es ist eine innere Haltung.

Wir können an unseren Eltern und an ihren Geschichten nichts verändern und schon der kleinste Versuch und unsere Bewertung behindern unser Nehmen! Und das Leben hat vorgesehen, dass diese Könige in den Kriegen, die wir oft gegen sie führen (in denen wir besser als sie sein wollen und wir alles Mögliche an ihnen ablehnen), nicht verlieren dürfen! Die Ordnung wäre gestört. Ich höre sehr oft: „Wenn meine Mama sich bessert oder etwas lernt, dann geht es mir besser." Das ist ein großer Unsinn. Sie können bleiben, wie sie sind! Es ist alles immer eine Frage der Ordnung und der Mächte. Und wir werden dankbar sein, wenn unsere Eltern so mächtig und so unverrückbar hinter uns stehen.

In meinen Seminaren erzähle ich zu diesem Thema sehr gerne folgenden Witz. Ein großer Ozeandampfer empfängt ein Funksignal: „Achtung, nur noch 10 Meilen, ändern Sie Ihren Kurs!" Der Kapitän des Dampfers ist verärgert und lässt seinen Offizier funken: „Hier ist die Queen Elisabeth, ändern Sie Ihren Kurs!" Prompt kommt die Antwort: „Achtung, nur noch sieben Meilen, bitte ändern Sie Ihren Kurs!" Der Kapitän wird wütend und antwortet persönlich: „Hier ist der Kapitän der Queen Elisabeth, ändern Sie Ihren Kurs!" Prompt kommt die letzte Antwort: „Achtung, nur noch fünf Meilen! Bitte ändern Sie sofort Ihren Kurs! Hier spricht der Leuchtturm!" Alles klar, Süße?

Energien unserer Ahnen sind stärker als unser Verstand

Ja, diese Geschichte ist lustig, und sie zeigt sehr deutlich, dass die Energien unserer Ahnen viel stärker sind als unser Verstand. Unsere Ahnen und ihre Geschichten wollen gewürdigt, geachtet und auch geliebt werden. Alles, was wir unter den Teppich kehren und vielleicht Schande nennen, sucht sich einen Weg ans Licht.

Da erinnere ich mich an eine wunderschöne Seminararbeit (mit vielen Tränen), die ich vor einigen Jahren in den USA hatte. Da gab es eine Frau, die sehr lange zögerte, uns ihr Problem zu erzählen. Es war nicht ganz einfach für sie. Doch es kam auch für sie der Moment, wo sie allen Mut zusammennahm und damit herausrückte. Sie erzählte uns, dass sie eine 25-jährige Tochter hat, die seit ihrer Schulzeit sehr viel stiehlt. Sie stahl alles Mögliche und fast zu jeder Gelegenheit, und sie hatte damit natürlich viele Probleme, und ihre Eltern hatten alle Hände voll zu tun, dass alles wieder geglättet wurde und nicht vor Gericht kam. Das Besondere daran war ja, dass diese Tochter in einem sehr reichen Haus lebte und natürlich keine Not spürte und auch nicht stehlen musste.

Ich wollte natürlich noch mehr über diese Geschichte und über die Hintergründe wissen, aber es war wieder Funkstille. Erst am nächsten Tag rückte sie mit dem Rest der Geschichte heraus. Es fiel ihr nicht so ganz leicht und war ihr ziemlich peinlich, weil sie es eben als Schande empfand. Es ist aber eine sehr schöne Geschichte. Die Eltern dieser Seminarteilnehmerin waren sehr arme Zigeuner und Artisten aus Ungarn, die in die USA ausgewandert waren. Und diese Eltern waren aber nicht nur Artisten, sondern sie haben aus Not und berufsmäßig und bei fast jeder Gelegenheit gestohlen, und sie haben davon gelebt. Die Tochter dieser Zigeuner war jedenfalls unsere Seminarteilnehmerin. Und als diese Tochter vier Jahre alt war, sind ihre Eltern in den USA tödlich verunglückt, und sie wurde von einer reichen amerikanischen Familie adoptiert.

Ja, die Energien unserer Ahnen sind viel stärker als unser Verstand. Diese Tochter stiehlt nun übrigens nicht mehr. Wir haben alles in ihrer Geschichte deutlich sichtbar gemacht, und alles in ihrer Geschichte wurde gewürdigt und geachtet und hat einen guten Platz im Herzen der Tochter erhalten, und es gibt damit keine Notwendigkeit mehr – auf diese Weise – daran zu erinnern.

Kinder kann man niemals gleich behandeln

So mächtig und so wichtig sind diese Energien und Ideen unserer Eltern, und so viele Energien können wir verschwenden, wenn wir uns dagegen wehren. Dazu tauchen immer wieder Fragen von Kindern und Eltern auf, wie man Kinder denn gleich behandeln und gleich lieben kann. Aus meiner Sicht geht das nicht, weil eben jedes Kind in einer eigenen Energie bzw. Idee gekommen ist. Und diese Energien sind sehr wichtig, denn sie sind unser Auftrag und Pfad für dieses Leben. Es wäre ein Unsinn, sich dagegen zu wehren, denn darin liegen auch unsere höchsten Qualitäten. Das sind keine Gemeinheiten des Lebens, sondern es passt perfekt zu dieser Seele und zu dem, was sie leben, spielen und lernen will.

Dazu fällt mir eine sehr schöne Seminararbeit mit einem Ehepaar aus Bosnien ein. Sie hatten drei Kinder. Das erste Kind, ein Sohn, kam zu einer Zeit des Friedens und im Wohlstand zu ihnen. Das zweite Kind, eine Tochter, kam zu ihnen, als der Krieg ausbrach, als sie ihren großen Wohlstand verloren hatten und als sie auf der Flucht waren und bittere Not und Angst erlebten. Sie haben auf der Flucht das erste Mal in ihrem Leben (aus Hunger) gestohlen. Und das dritte Kind, ebenfalls eine Tochter, kam in Österreich zu ihnen, als sich alles wieder beruhigt hatte und die Not vorbei war.

Ahnst du schon, was ich dir sagen will? Keines der Kinder kann gleich behandelt werden, und jedes Mal, wenn diese Eltern zum ersten Sohn hinsehen, dann erinnern sie sich (das spielt sich vor den Gedanken und im Unbewusstsein ab) an diese Energien des Wohlstandes und Friedens. Und jedes Mal, wenn diese Eltern ihre zweite Tochter ansehen, dann werden sie sich an den Krieg, an die Flucht und an die Not erinnern. Keines der Kinder kann gleich gesehen, gleich geliebt und gleich behandelt werden. Jedes dieser drei Kinder trägt eine andere Perlenkette (seine Qualitäten und Aufgaben) um den Hals und kam in einer anderen Energie und einer anderen Idee. Das ist ja nicht weniger Liebe, es ist nur eine andere Liebe. Und du kannst dir sicher sein, dass du z.B. bei der zweiten Tochter immer ein bisschen die Kriegerin sehen wirst, und vielleicht wird sie sogar einen Beruf wählen, mit dem sie immer unterwegs und auf Achse ist (so wie ihre Eltern damals). Aber all das ist ja kein Schaden, und es wäre verrückt, sich dagegen zu wehren. Wenn sie es annimmt, dann wird es ihr Gold sein.

Unsere Ablehnung ist die beste Genmanipulation

In den USA treffe ich immer sehr interessante Menschen, und kürzlich hatte ich ein Gespräch mit Mike, einem Kollegen in New York. Er erzählte mir von wissenschaftlichen Entdeckungen, die mich ziemlich schockiert haben. Bei unserem Gespräch ging es um die Frage, was sich in unserem Leben und in unserem Körper alles verändert, wenn wir unsere Eltern und unsere Ahnen nicht annehmen und ablehnen. Und er erzählte mir von einem Bericht (er erfuhr davon von einem Freund, einem Wissenschaftler), in dem festgestellt wurde, dass unser Körper Stoffe, Erbsubstanzen, abstößt, wenn wir uns lange genug gegen einen (oder beide) unserer Eltern wehren und uns vor ihnen nicht verneigen. Weißt du, was das bedeutet? Unser Körper stößt Erbsubstanzen ab! Da fehlt uns dann tatsächlich ziemlich viel, und es verändert unsere Gene, und das ist der beste Weg zur Krankheit und zum Tode! Unsere Ablehnung ist die beste Genmanipulation!

Ich demonstriere das bei meinen Seminaren sehr gerne mit einem Geldschein, den ich in der Mitte auseinander reiße. Mein Banker wundert sich schon darüber, aber er klebt sie immer wieder freundlich zusammen. Die zwei Geldscheinhälften symbolisieren die energetischen Gaben unserer Eltern. Sehr oft nehmen wir von einer Seite (z.B. von der Mutter) eben eine Hälfte unserer elterlichen Energien an und wehren uns gegen die der anderen Seite, weil es z.B. kein idealer oder kein guter oder ein schlechter Papa ist. Aber auch zu einem nicht idealen oder gar bösen Papa (es gibt außerdem nur gute Eltern) brauchen wir dringend Nähe und Verbindung. Der Geldschein beweist es. Denn wenn wir einen halben Geldschein – z.B. 100 Euro – in unseren Händen halten, dann können wir nicht gerade behaupten, dass wir 50 Euro haben und sie auch ausgeben können. Diese Hälfte ist wertlos ohne die andere Hälfte. Ohne Nähe zu beiden Eltern sind wir pleite!

Eltern sind Könige, und sie dürfen nicht mit uns verhandeln, und sie dürfen sich auch keinen Millimeter auf uns zu bewegen, um es den Kindern recht zu machen und vor ihnen den roten Teppich auszurollen. Wir haben nur die Chance, sie zu nehmen – so wie sie sind –, und wir können an ihnen nichts verändern. Schon alleine der Versuch (und unser Ablehnen unserer Geschichte) lässt uns im ständigen Mangel leben. Dann fehlt uns im Leben ziemlich viel.

Wenn du abhauen kannst, dann bist du frei

Und ich muss zu diesem Thema auch noch einmal sagen, dass das Annehmen seiner Geschichte, seiner Eltern keinesfalls bedeutet, dass wir uns mit unseren Eltern gut vertragen. Es ist ja sehr schön, wenn das funktioniert, aber das ist nicht immer so. Und unsere Geschichte anzunehmen und uns mit ihr auszusöhnen, geht ja auch dann, wenn unsere Eltern schon gestorben sind.

Es ist ein Prozess in uns, von dem unsere Eltern nicht einmal etwas wissen müssen. Söhne dich halt nur nicht deshalb aus, um jemand anderen zu ändern. Das funktioniert nicht und führt dich nur in eine neue Falle! Söhne dich nur deinetwegen mit deiner Geschichte aus. Mach es nicht wegen deiner Kinder, nicht wegen deine Partners, sondern mach es nur für dich. Wenn du dadurch an deinem Platz stehst, dann wirst du leuchten und in deiner Kraft sein, und alle rund um dich werden etwas davon haben. Und versöhne dich keinesfalls deshalb, um für deine Eltern etwas zu tun! Das kann sehr leicht in eine Anmaßung wechseln.

Und deine Ahnen und Geschichten und Eltern zu achten und zu lieben bedeutet nicht, mit ihnen Kaffee zu trinken, mit ihnen in Urlaub zu fahren, sie regelmäßig zu besuchen, ihre Wünsche und Forderungen zu erfüllen und ihr Jammern anzuhören. Wenn du deine Eltern und deine Geschichte wirklich angenommen hast und dich mit ihr ausgesöhnt hast, dann wird man das sehr schnell an deiner klaren Ausstrahlung sehen. Und wenn du mit deiner Geschichte ausgesöhnt bist, dann wirst du das auch daran erkennen, dass du dich auch umdrehen und abhauen kannst (wenn du das willst). Dein Abhauen ist das deutlichste Zeichen deiner Achtung, und unser falsches Mitleid ist oft das deutlichste Zeichen unserer Missachtung. Dein Abhauen ist auch das deutlichste Zeichen, dass du frei bist und dass du mit deinem Annehmen und Verbeugen all deine sinnlosen Jobs und Liebesgeschäfte in deiner Ursprungsfamilie beendet hast! Du hast damit erkannt, dass du keine heile Welt bei deinen Eltern herstellen kannst und dass es nicht dein Job ist, der Hüter der Harmonie zu sein. Du hast damit auch erkannt, dass dein endloses Rackern um Harmonie und um die heile Welt und Friede und Anerkennung und Lob und Liebe und Wertschätzung nie etwas bewegt hat! Unser Rackern hat nie gereicht und wird auch niemals ausreichen!

Aus Liebe zu dir steige ich nicht in deine Grube

Ja, Mitleid ist die größte Schwächung und oft auch ein Zeichen unserer Missachtung. Sehr oft muss ich beobachten, dass kranke Menschen benutzt werden: Benutzt für das Gutsein, benutzt für einen neuen Heiligenschein oder benutzt für Macht. Bei kranken Menschen fallen mir immer die Delphine ein. Ein kranker Delphin schwimmt, um gesund zu werden – neben dem gesündesten und stärksten Delphin der Gruppe (so lange es halt nötig ist). Er schwimmt nicht neben einem gesunden Delphin, sondern er sucht sich den gesündesten Delphin, die gesündeste Umgebung aus!

Bei einem kranken Menschen geht es meistens nur um die Frage, wie er denn wieder in seine volle Kraft kommt und an sich selbst glauben kann und wie er damit seine Selbstheilungskräfte in sich aktivieren kann. Sein mangelnder Mut ist ja zumeist sein größtes Problem und falsches Helfen zieht den Kranken meist noch mehr in die Tiefe, weil er den Eindruck bekommt, dass etwas Äußeres ihn heilen kann. In einer Umgebung mit kranken und geschwächten Menschen (z.B. in einem Krankenhaus) wird das aber sehr schwer möglich sein. Mitleid und falsche Hilfe kann für einen kranken Menschen der letzte Todesstoß sein, denn wenn wir Mitleid haben, sind wir geschwächt, denn wir leiden (sinnlos) mit. In so einer Situation sollte man eigentlich sagen: „Aus Liebe zu dir steige ich nicht in deine Grube." Mit Grube ist das Energiefeld gemeint. Das Beste, das du für einen kranken Menschen tun kannst, ist deine Kraft und deine Gesundheit und deine Mitte. Wenn du das nicht schaffst, dann ist es besser, du ziehst dich ein wenig zurück und zeigst deine Liebe eben anders. Ein Delphin sucht sich auch die gesündeste und stärkste Umgebung aus, um selbst wieder gesund zu werden. Er erinnert damit seine Zellen an das Gesundsein. Seine eigenen Zellen haben es vielleicht kurz vergessen.

Eine sehr hohe Form der Liebe und des Mitgefühles ist es, wenn man einen kranken Menschen verlässt. Es ist oft die letzte Chance, in seine Kraft zu gehen. Keine Sorge, das ist nicht herzlos, und so schlimm, wie es sich anhört, ist es auch nicht. Das ist so wie in einem Sumpf, in dem sich zwei Sinkende gegenseitig retten wollen. Da muss einer aus dem Sumpf heraussteigen und wieder festen und gesunden Boden unter seinen Beinen spüren. Erst dann kann er dem anderen helfen und ihm, vor allem mit seinem Vorbild und mit seiner Gesundheit, die Hand reichen und ihm heraushelfen.

Einen kranken Menschen solltest du verlassen

Ich weiß, dieses Wort „verlassen“ klingt besonders bei kranken Menschen sehr herzlos, aber das ist es nicht. Du musst auch nur beobachten, was das Leben tut. Ein Mensch, der diesen Kampf z.B. gegen eine Krankheit verliert, der verlässt uns. Er verlässt uns spätestens mit dem Tode, und wenn er gestorben ist, dann werden wir wissen, dass er uns schon viel früher verlassen hat: als er sich aufgegeben hat und als ihn sein Mut, sein Glaube, seine Kraft, seine Selbstverantwortung verlassen haben. Mit einer Krankheit liegt einfach das Thema des Verlassens in der Luft. Und wenn etwas in der Luft liegt, dann ist es ein geistiges Gesetz, dass es in irgendeiner Form geschehen muss, dass es hier beim Thema Verlassen irgendein Verlassen geben muss! Wenn wir früh genug dran sind mit dem Verlassen, dann können wir sogar die Form des Verlassens wählen. Aber irgendwie sollten wir darauf reagieren, sonst tut es das Leben, so wie es will! Und glaub mir, da gibt es so viele Formen des Verlassens. Das heißt ja nicht, dass du dich von einem kranken Menschen trennen musst oder ihm nicht beistehen sollst. Da gibt es ja auch sehr edle Formen des Verlassens. Es muss nur irgendein Verlassen sein. Am schönsten ist natürlich ein Verlassen, mit dem wir den anderen (den Kranken) an seine eigene Kraft und an seine Selbstverantwortung erinnern. Es muss nur ein Rückzug sein von dem, was wir ohnehin nicht tun können, und von dem, was den anderen schwächt und ihm womöglich seine Würde nimmt. Einen anderen Weg zur wirklichen Gesundheit gibt es für mich nicht. Gesund zu sein bedeutet ja nicht, gerade noch am Leben zu bleiben.

Einen Menschen zu verlassen kann im schönsten Fall bedeuten, zu ihm zu sagen: „Ich ziehe mich zurück vom falschen Helfen, und ich erinnere dich damit an deine innewohnende Kraft, und ich werde dir zeigen, wie man gesund ist, und ich sehe, dass du von Natur aus gesund bist, und ich sehe voller Achtung, dass nur du selbst dich heilen kannst, und ich sehe, dass du sehr gestärkt daraus hervorgehen wirst.“ Ich kenne aber auch Situationen, wo ein Verlassen schon sehr heftig ausfallen musste, um den klaren Anstoß zur Selbstheilung zu geben. Ich kenne eine Geschichte von einem Mann (das ist schon über 20 Jahre her), dem die Ärzte nur noch wenige Wochen zum Leben gaben! Sein Nachbar im Krankenzimmer bekam Besuch, der sich den Sessel von seinem Bett holte und dabei taktlos sagte: „Der Trottel kratzt eh bald ab und bekommt sowieso keinen Besuch mehr.“

Deine Seele hat nach Heilung gesucht

Der freche Besucher dachte, dass der andere schläft und das nicht hört. Aber dieser Patient hat es gehört, und dieser Satz war seine Heilung! Er wurde so wütend, und er ließ sich das nicht gefallen, und er lebt heute noch und ist gesund!

Bin ich wieder zu sehr abgeschweift? Ich erzähle halt so gerne Geschichten und kleine Beispiele, und außerdem lache ich gerne. Und nun ist auch die Zeit, dir den Zusammenhang zu erklären, warum ich glaube, dass du dich gerade in einen Mann so sehr verliebt hast, der vor der Klippe steht, der im Leben schon lange Zeit vor dem Abgrund steht. Du hast nach mir schon sehr viele Jahre Ausschau gehalten (das wusste ich schon bei unserem ersten Treffen), aber nicht nur, um zu lieben, sondern auch, um vieles aufzulösen und auszuheilen. Auch dein Vater stand vor einer Klippe, und er ist gefallen, er hat sich das Leben genommen. Und glaube mir, ich stand in besonders aussichtslosen Situationen (der letzten vierzehn Jahre) auch sehr oft vor dieser Frage. Ich verurteile niemanden, der sich das Leben nimmt. Ich kann es sehr gut verstehen, und für mich war es immer ein tröstlicher Gedanke!

Du hast bisher Männer gesehen, gewählt und angezogen, die weit weg von jeglicher Klippe standen. Sie waren und sind zwar ohne Feuer (ist keine Bewertung), an einem sicheren Platz, weit weg von der Klippe, weit weg von genau dieser Sturzgefahr, die du von deinem Vater kennst und in deinem Herzen als Gefahr und großen Schmerz trägst. Du liebst mich nicht nur, weil ich genau dein Typ bin, weil dir mein Feuer so gut gefällt, weil ich dir sehr gefalle, weil du mich gerne riechst, weil du mich gerne spürst, weil dich meine Küsse so elektrisieren, weil mein Blick deine Knie weich werden lässt, weil ich auf dich total erotisch wirke, weil der Sex mit mir so schön ist, weil du so verrückt nach mir bist und weil ich so verrückt nach dir bin, weil du mich schon immer gesucht hast, sondern auch, weil deine Seele nach Heilung sucht (das ist bei jedem Menschen so) und sie hier auch finden kann. Dieses Bild von deinem Vater auszuheilen bedeutet für dich, einen Mann zu finden, der ebenso vor einer Klippe steht und nicht fällt und lebendig bleibt. Du kannst mir glauben, manchmal ist das eine Lebenskunst! Erstmals lässt du dich darauf ein und riskierst. Das ist toll! Und genau das dreht die Energien um und heilt deine tiefen Wunden. Es ist eine perfekte Konstruktion des Lebens!

Die Basis für eine Beziehung ist die Ebenbürtigkeit

Umgekehrt symbolisierst du wiederum für mich diesen sicheren Boden und etwas entfernt von der Klippe zu stehen. Du kannst wiederum mir sehr viel helfen (das tust du mit deiner Liebe und Begeisterung für mich auch schon), und Teile in mir heilen bereits. Das sind keine Erwartungen, aber du bist für mich eine Frau (die ich gesucht habe), bei der ich spüre, dass ich um Liebe nicht kämpfen muss, die von mir etwas will, die mich meinetwegen liebt, bei der ich alles aussprechen darf, bei der ich mich ebenbürtig fühle, bei der ich so viel Bedürftigkeit nach Liebe, Zärtlichkeit und Feuer spüre, wo ich aber gleichzeitig genau so sein kann, wie ich bin, und ich mich kein bisschen ändern muss, mich kein bisschen verstellen muss! Da fühle ich mich geborgen und geliebt, so wie ich halt bin. Und du bist eine Frau, die mich erkennt! Das ist der sichere Boden für mich, der Boden für Heilung.

Hört sich seltsam an, da wir uns (in diesem Leben) noch nicht so lange kennen, ist aber so. Vielleicht bin ich ja in einem früheren Leben an deiner Seite von der Klippe gefallen. Erinnere mich an deinen Traum, in dem ich neben dir getötet wurde. Für diese liebenden Heilfunktionen des Lebens gibt es natürlich nicht nur einen einzigen Menschen, aber sie sind sehr rar, und es ist ein Glück, sie auch zu treffen und zu erkennen. Es sind für uns beide echte Geschenke und einzigartige Gelegenheiten des Lebens, für die wir sehr dankbar sein sollten. Es ist nicht selbstverständlich.

Wenn es diese Ebenbürtigkeit in einer Beziehung nicht gibt, dann entstehen bittere Machtkämpfe und Kriege. Viele glauben nach den kräfteraubenden Beziehungskämpfen dann oft nicht mehr an eine schöne, gegenseitig bereichernde, beflügelnde Beziehung, an den richtigen Partner (oh ja, den gibt es) und sie resignieren. Das ist dann so, wie wenn man das Radfahren aufgibt, weil man gestürzt ist. Das ist sehr schade, denn diese schönen Beziehungen gibt es sehr wohl. Ich hatte sie selbst (die Dauer einer Beziehung ist ja schließlich kein Qualitätsgütesiegel), und ich glaube an eine schöne, sich ergänzende Beziehung, aber es bedeutet harte Bewusstseinsarbeit. Gute und aufbauende Beziehungen brauchen aber zuerst unser eigenes Wertgefühl. Das kann der andere nicht ersetzen. Und gute Beziehungen brauchen zuerst unser Glücklichsein und vor allem die Ebenbürtigkeit. Das ist die wichtigste Basis!

Es gibt nichts Schöneres, als erkannt zu werden

Wenn man einen Menschen trifft und sich in ihn verliebt, dann erkennt, berührt und erweckt man in diesem Menschen etwas oft sehr tief Verborgenes, und man beflügelt und hebt ihn damit. Das macht man natürlich immer gegenseitig. Sehr oft ist es aber so, dass nach einer gewissen Zeit einer der beiden Beflügelten glaubt, dass er nun mehr gibt als der andere. Das ist ein alltägliches Szenario. Wenn wir aber genauer hinsehen, dann stellen wir sehr schnell fest, dass der, der nun beflügelt ist und damit nun auch sehr viel geben kann, der wahre Beschenkte und Erlöste ist!

Und er wäre auch sehr arm dran, wenn es niemanden gäbe, der ihn erkennt und beflügelt und ihm das alles mit seinem Erkennen entlockt und in ihm erweckt. Er wäre auch bitterarm dran, wenn er niemanden mit seinem neuen Leuchten beschenken könnte. Ja, in einer schönen Begegnung und Beziehung spricht man mit seinem Erkennen in diesem Menschen oft tief verborgene Seiten an und erinnert ihn daran und bringt ihn damit zum Schwingen und zum Leuchten. Man berührt diesen Menschen dann sehr tief und erweckt damit in ihm Seiten, die er vorher noch nicht spürte und die noch nicht leben durften, obwohl diese Seiten natürlich schon immer da waren. Ja, so sehr brauchen wir uns gegenseitig! Ach, Süße, es gibt nichts Schöneres, als erkannt und damit erlöst zu werden! Dieser göttliche Vorgang, des sich gegenseitig das Gold und die Schönheit zu entlocken, ist für mich die Definition für Liebe.

Eine Beziehung, wo einer glaubt, dass er mehr gibt als der andere und dann auch meistens so tut, als würde er mehr geben als der andere, und in der man oft hört, „dass du es ja nur durch meine Hilfe geschafft hast", ist viel mehr ein böser Machtkampf und Kriegsschauplatz als eine Beziehung. Und wenn ein Mensch z.B. ein großes Wissen hat, dann braucht er jemanden, der an ihn glaubt und dem er es auch erzählen kann (darf) und der ihm zuhört. Wer ist also dann bitte der Beschenkte? Immer beide sind beschenkt, und es ist ein großer Irrtum, dass einer nur gibt und der andere nur nimmt! Denn wenn z.B. der Gebende und Wissende niemanden gegenüber hat, der es ihm durch sein Interesse und durch seinen Glauben und sein Vertrauen entlockt und dem er das Viele geben kann, dann kann er dieses Wissen gar nicht entfalten und auch nicht zum Ausdruck bringen. Sein Wissen und sein Geben haben auch erst dann einen Sinn, wenn es den gibt, dem er es schenken kann, dem es hilfreich ist.

Sehen versetzt Berge

Ich erlebe das immer sehr klar und deutlich in meiner Seminararbeit. Wenn ich mit jemandem arbeite, der an mich glaubt und großes Vertrauen in mich hat, dann beflügelt und beschenkt er mich damit sehr, und er berührt und erweckt in mir Seiten und Wissen und Qualitäten. Damit tauchen in mir wunderbare und dringend benötigte Bilder, Ideen und Impulse auf, die dann genau diesem Menschen sehr helfen, der an mich so glaubt und das alles in mir erweckt und mich dadurch beschenkt. Es ist immer ein Wechselspiel der Energien. Und diese Energien kommen erst dann ins Fließen, wenn sie auch wirklich benötigt werden. Genau so funktioniert das letztendlich auch in einer Beziehung!

Jeder von uns kennt ja diese Redewendung, dass Glaube Berge versetzen kann. Ja, das ist auch so. Das habe ich selbst sehr oft erlebt. Eine große Vorstellungskraft und ein starker Glaube können tatsächlich sehr vieles im Leben bewegen und manchmal auch wirklich Berge versetzen. Ich erlebe und glaube aber auch, dass unser Sehen Berge versetzen kann. Wenn wir etwas Bestimmtes in einem Menschen erkennen und sehen, dann ist das wie ein mächtiger Pfeil der Liebe, der den anderen mitten in sein Herz trifft. Unser klarer und liebender Blick erweckt dann bei diesem Menschen oft tief verborgene Seiten und Qualitäten. Mit unserem Blick werden diese Qualitäten erlöst! Das ist ein so wunderbarer und mächtiger Vorgang (jeder von uns kennt ihn aus vielen Märchen), den wir am deutlichsten in einer Liebesbeziehung erleben können. Und wenn du einen Menschen gesund siehst oder dein Kind fähig siehst (und das auch sagst), dann zwingst du sie in diese Richtung. Man darf das nicht unterschätzen. Unser Blick und unser Erkennen sind ein unglaublich mächtiges Werkzeug!

Süße, ich bin dir wirklich sehr dankbar, dass du mich so liebst, dass du mich so fähig siehst, dass du mich so achtest, dass du so an mich glaubst, dass du mich so erkennst, dass du mich so sehr inspirierst und dass du mich so sehr beflügelst! Genau das ist die funkensprühende Energie der Liebe und der Gegensätze! Ich bin dir unglaublich dankbar, dass ich dir solche Briefe schreiben darf, dass du mir so vieles entlockst, dass du so vieles in mir erweckst. Ich danke dir so sehr für deine Liebe. Sie ist es, die mich beflügelt, dir diese Liebesbriefe zu schreiben.

Sich benutzt zu fühlen sind versteckte Wünsche

Wie sehr dich ein Mensch liebt und wie sehr die Liebe fließt, merkst du am deutlichsten an dir selbst. Du merkst es an dem, was du plötzlich befähigt bist zu tun und zu fühlen. Du merkst es daran, dass du plötzlich schweben, tanzen, singen und zaubern kannst, dass du plötzlich Dinge aussprechen und tun kannst, die du schon vergessen hast. Unser Geliebter berührt verborgene Qualitäten in uns, die wir alleine nicht berühren und erwecken können. Was ein Mensch in uns erweckt, zeigt uns aber auch, wie er selbst ist ... das was wir bei uns spüren, führt uns ganz direkt zu seinem Herzen.

Und sich in einer Beziehung dieser Ebenbürtigkeit und dieser Bedürftigkeit bewusst zu sein, ist die große Kunst der Liebenden! Es sind immer beide beschenkt, und es sind immer beide bedürftig. Nie gibt einer mehr als der andere, auch wenn es manchmal so aussieht. Glaube also bitte niemals mehr, dass du nur nimmst, wenn dir ein anderer nur gibt. Das ist ein großer Irrtum und führt zu vielen Machtkämpfen, denn die Seele weiß um diese geistigen Gesetze. Beide geben (vielleicht auf verschiedenen Ebenen) im gleichen Maße, und beide brauchen sich gegenseitig, auch wenn einer so tut, als wäre er weniger bedürftig (damit schwächt und verletzt er den anderen enorm), und auch wenn einer so tut, als würde er mehr geben als der andere. Das Leben hatte ja auch niemals die Idee, dass wir einander nicht brauchen sollen.

Der, der z.B. Geld, Weisheit und Liebe geben darf, ist also ebenso beschenkt, wie der, der es hört und empfängt. Das Leben sucht in jeder Begegnung immer diese Bewegung, diese Ebenbürtigkeit und den Ausgleich. Und wenn einer so tut, als wurde er dir mehr geben und weniger von dir nehmen, dann benutzt er in Wirklichkeit dein ganzes Nehmen für sein halbes Nichtgebenkönnen. Damit beginnt ein böses Machtspiel. Eine Spirale, die sich nur nach unten dreht. Eine Beziehung braucht immer ein Geben und ein Nehmen und sie braucht Ebenbürtigkeit und Bedürftigkeit im gleichen Maße. In jeder Begegnung gibt es also ein Geben und Nehmen, aber sehr oft findet es auf verschiedenen Ebenen statt! Es ist immer ein Geben und Nehmen da, und du kannst darauf vertrauen, dass das Leben immer alles ausgleicht. Ein Ausnutzen oder Benutzen (so wie viele das gerne sagen) gibt es aus meiner Sicht nicht! Wenn einer sich benutzt oder ausgenutzt fühlt, dann hat er seine Wünsche und Vorstellungen gut versteckt, getarnt und nicht klar deklariert.

Wir sehen nur das, was wir selber sind

Und wenn wir genau hinsehen, dann stellen wir auch fest, dass wir einem anderen Menschen nichts geben und sagen können, das er nicht schon hat. Wir können ihn lediglich daran erinnern, und das ist ohnehin ziemlich viel. Wenn es dieses – oft sehr weltbewegende – Aha-Erlebnis gibt, dann wird nur etwas in uns berührt und erweckt. Ja, es ist der Beweis, dass dieses innere Wissen schon immer vorhanden sein muss, ähnlich wie bei einem Computer. Wir werden nur das ansprechen und aufrufen können, was auch gespeichert ist und wofür es auch eine Resonanz gibt. Diese so genannten Manipulationen sind daher auch nicht möglich. Und was wir selbst nicht haben, das werden wir nicht finden und nicht verstehen können. Und was wir selbst nicht haben, werden wir bei einem anderen Menschen auch nicht erkennen und entdecken können. Wir sehen und erkennen nur das, was wir selber sind.

Bin ich wieder sehr abgeschweift? Zum Thema „nehmen“ muss ich noch hinzufügen, dass es sehr schwierig ist, das Viele zu nehmen. Da schwirrt in unseren Köpfen und Herzen noch immer diese komische Idee herum, dass wir nicht würdig sind, oder es nicht wert sind, geliebt und geachtet zu werden. Nehmen zu lernen ist viel schwieriger als zu geben, aber es ist ein sehr wesentlicher Prozess am Weg zu einer wirklich glücklichen, aufbauenden und freien Beziehung. Nehmen zu können bedeutet auch, Verantwortung für seine Bedürftigkeit und sein Leben übernommen zu haben! Und ein Mensch, der nicht nehmen kann, hat seine Wünsche gut versteckt und will meistens noch viel mehr.

Bitte glaube daran, dass es diese Beziehungen gibt und es sich lohnt, auch dieses Ziel zu verfolgen. Nun ist es spät geworden (meine Briefe an dich entstehen alle in den Morgenstunden), und ich werde schlafen gehen. Ja, uns selbst zu lieben ist eine der schwierigsten Aufgaben, aber es ist die wichtigste Basis für eine glückliche Beziehung. Es ist die Basis dafür, einen anderen Menschen lieben zu können! Und das, was wir von einem anderen Menschen erfahren (Wertschätzung, Liebe, Missachtung usw.), ist immer eine Stufe unter dem, was wir selbst von uns halten. Ich werde mein Brieferl gemeinsam mit einer Rose wieder an deine Geschäftstüre stecken. Ich hoffe, du bist mir nicht böse, weil es vielleicht die Nachbarn (neidisch) sehen könnten. Umarmung!

Suchst du noch immer Heilmittel?

Süße, was tut dir nur so sehr weh? Warum hast du gestern nur so bitterlich geweint? Was bedrückt dich so sehr in deiner Seele, dass du nicht mehr essen und nicht mehr schlafen kannst und so sehr weinen musst? Bitte sag es mir, bitte sprich mit mir darüber! Bitte lass es uns gemeinsam benennen und fühlen und ansehen und ordnen. Bitte lass mich daran teilhaben und vielleicht mit dir gemeinsam weinen.

Und wie bist du bisher damit umgegangen, mit deinen Wunden und Schmerzen? Wohin bist du gerannt, wenn du das gespürt hast, was dir weh tut? Du hast bisher vielleicht Heilmittel, Ablenkungen und schnelle Verstandeslösungen gesucht, damit es nicht mehr so weh tut. Du hast bisher vielleicht immer noch größere Regeln erstellt und Mauern errichtet, um dich davor zu schützen. Das ist auch gut so, manchmal braucht man das zum Überleben.

Doch heute könntest du lernen, es auszuhalten, was dir so weh tut. Heute könntest du lernen, im Schmerz zu bleiben (ich weiß, das ist eine Feuerprobe), so lange, bis die Energien sich umdrehen, so lange, bis deutlich sichtbar wird, was sich hinter deinem Schmerz, hinter deiner Wunde verbirgt. Es ist meistens eine wunderschöne Botschaft des Lebens, ein Leuchten, eine Qualität oder sogar dein Gold. Wunden werden niemals berührt, um uns zu verletzen oder uns zu schaden, sondern nur, um sie ans Licht zu bringen und zu heilen und uns wie ein Phönix aus der Asche emporsteigen zu lassen! Das ist die liebende Grundidee des Lebens, bitte glaube daran!

Und wenn es dir schlecht geht, dann mach es wie die Delphine, sie schwimmen einfach eine Zeit lang neben einem gesunden, einem starken und glücklichen Delphin. Jeder Mensch braucht gute Freunde um sich, mit denen er reden kann. Bei einem chaotischen Menschen wirst du an dein eigenes Chaos erinnert, und bei einem klaren Menschen wirst du an deine eigene Klarheit erinnert, und bei einem weisen Menschen wirst du an deine innewohnende Weisheit erinnert. Das alles wird in uns berührt, wenn wir mit diesen Menschen, mit diesen Energien zusammenkommen. Das sind absolut keine Bewertungen – eingeteilt nach gut und böse. Nein, aber es ist enorm wichtig, mit welchen Menschen wir zu welcher Zeit zusammen sind.

Ein guter Freund ist wie eine Medizin

Du kannst es auch ganz gezielt einsetzen – fast wie eine Medizin – und in der richtigen Dosis! Manchmal suche ich chaotische Menschen und brauche ihre Nähe und ihre feurigen Energien, und manchmal meide ich sie. Manchmal suche ich sanfte und gütige Menschen und ihre Energien, und manchmal will ich sie nicht hören und sehen. Manchmal suche ich oberflächliche Menschen und erfreue mich an ihnen. Manchmal suche ich sehr zielgerichtete Menschen und ihre Energien, und manchmal meide ich sie total. Ich versuche meine Kontakte und Treffen möglichst so einzusetzen wie eine Medizin, wie ich es brauche. Das solltest du auch tun. Das hört sich vielleicht alles sehr komisch an, aber im Wesentlichen will ich damit sagen, dass ich nur die Menschen treffe, die mir halt gut tun, und das verändert sich von Zeit zu Zeit, und es kommt halt auch darauf an, in welcher Entwicklung, in welcher Zeit ich mich selber gerade befinde.

Und das sind ja keine Verstandesentscheidungen, sondern es zieht mich einfach magisch zu einem bestimmten Menschen und seinen Energien hin, und dann treffe ich ihn auch. Und interessant ist ja auch, wenn man diesen Impulsen folgt, dann ist das ein sehr schönes Geben und Nehmen. Die Energien fließen dann in beide Richtungen sehr schön und aufbauend. Und natürlich prüfe ich mit meinem Herzen auch immer, ob es mir gut tut oder nicht – ob es mich schwächt oder stärkt. Wenn mich etwas schwächt, dann ist das aber kein schlechter oder böser Mensch, und dann muss ich ihn auch in keine Schublade stecken, sondern es war vielleicht die falsche Zeit. All diese Seiten und Energien haben wir ja in uns. Und unser wesentliches Wirken ist nicht durch unser Wort, sondern durch unser Bewusstsein, unser Sein.

Und gegen dein Weinen solltest du dich nicht wehren! Ich weiß, wir leben in der Weinverbotszone, aber zu weinen ist Heilung! Wir sind verflucht, wenn wir nicht weinen und nicht fühlen können, wenn wir den Weg zu unserem Herzen nicht mehr finden. Wir fragen einen Menschen, wenn er aufgehört hat zu weinen, ob es ihm nun wieder gut gehe, aber wir sollten ihn das am Beginn des Weinens fragen, denn wenn wir weinen, dann sind wir ganz bei uns, in unserer Mitte. Immer wenn das Make-up die Wangen herunterfließt und direkt in den Mund hinein, dann weiß ich, es ist ein Heilungsprozess, denn unsere Fassaden zerfließen. Bis bald.

Hey, du lebst ja

Meine geliebte Prinzessin! Na, da erfährt man ja echt schöne Sachen von dir, und nun weiß ich auch, warum du dieses Mal so geweint hast. Ja, es sind wirklich schöne Sachen. Es ist ja aus meiner Sicht absolut nichts Schlimmes und nichts Tragisches dabei. Hey, daraus entstehen wunderschöne Filme und Romane. Es sind schöne Geschichten des Lebens, an denen man sich auch erfreuen kann. Das sollte man eigentlich feiern, denn das Leben hat gesiegt! Ja, unser Scheitern und unsere Fettnäpfchen (die liebe ich ganz besonders) sind ein Grund zum Feiern, denn das Leben zeigt damit, dass es immer siegt und unser kleiner Verstand (in diesen Bereichen) nichts im Stande ist zu tun.

Es hat mir natürlich sehr leid getan, dass du so leidest und so weinst. Ich hatte noch keine Ahnung, warum du eigentlich so leidest und warum du dieses Mal so weinst. Als ich dich dann so weinen sah, kam mir der Gedanke, dass das doch keine neue Wunde, kein neuer Schmerz sein kann, dass es da eine alte Geschichte, ein altes Muster, an das du halt nun erinnert wirst, geben muss.

Und dann, als ich alles erfuhr, dachte ich: „Hey schön, diese Frau lebt, denn sie hört auf ihr Herz!" Da musste ich dann sogar lachen. Hast mir halt alles so zizzerlweise erzählt. Macht ja nichts. Alles habe ich dir ohnehin nie geglaubt.

Zuerst war es halt die Mir-geht-es-mit-Karl-ja-soo-gut-Beziehung, und dann war es plötzlich die Na-ja-aber-wie-konnte-ich-mich-dann-in-einen-anderen-Mann-bis-über-beide-Ohren-soo-sehr verlieben Beziehung, und jetzt erkennst du halt die Hilfe-es-verändert-sich-schon-etwas-zu-Karl-Beziehung.

Ja, die heile Welt, das Traumpaar, beginnt halt zu bröckeln. Aber wenn du nur etwas genauer hinsiehst, dann erkennst du, dass es das auch ohne mich tun würde. Nichts bleibt in dieser Welt bestehen, und nur unser Festhalten daran kann man als Problem bezeichnen!

Jemanden lieben, das heißt, ihn zum Leben führen und sein Wachstum herausfordern.

Willst du wirklich ein Leben auf Sparflamme?

Ja, es ist schwer, Dinge aufrechtzuerhalten, die nicht mehr oder schon lange nicht mehr voll stimmen. Unsere Seele kennt keine Kompromisse, sie gibt sich nicht zufrieden! Und es wird mit jedem Tag, der vergeht, noch viel schwerer, diese zerfallenden Dinge loszulassen. Du solltest mal nach Indien reisen. Ein wunderbares Land. Ich war siebenmal dort für insgesamt 18 Monate. Dort gestalten Frauen anlässlich eines Feiertages oder eines Festes mit Blüten im Sand wunderschöne Bilder. Sie arbeiten oft ein bis zwei Wochen daran! Und am Tage des Festes ist es der Höhepunkt, genau dieses Bild wieder zu zerstören. Sie machen das, ohne ein Foto davon zu machen (wir Europäer würden das mit Sicherheit tun), als Zeichen der Vergänglichkeit und als Ausdruck dafür, dass sie nichts festhalten, was ihnen gar nicht gehört, was ihnen nur geborgt ist für eine kurze Periode. Es ist ein sehr weiser Akt, und sie achten damit das Leben und die Bewegungen im Leben, in dem nichts Bestand hat, nichts bleibt (kein Beruf, kein Besitz, kein Gebäude, keine Beziehung), außer unseren Herzenserfahrungen, unseren Herzensbildungen, unserer Liebesfähigkeit und unseren geistigen Qualitäten. Das ist unser wahrer Reichtum, und diesen nehmen wir auch in unser nächstes Leben mit.

Ich will ja keinesfalls die Beziehung mit deinem Karl schlecht machen (das steht mir ja gar nicht zu), aber frage dich doch einfach selber (ich glaube, das tust du ja), was dir denn fehlt, woran es krankt, welche großen Kompromisse du seit vielen Jahren eingehst. Frage dich doch mal, wie du dich selbst und Karl betrügst, und damit meine ich nicht die schöne Sache mit mir. Dieser Aufbruch hat ja nicht nur mit meiner Person zu tun. Das ginge ja gar nicht, wenn es bei dir nicht den großen Mangel, die große Sehnsucht, die große Suche nach einer bestimmten Herzenserfahrung und die innere Bereitschaft dafür gäbe. Aus meiner Sicht ist alles ok. Du hast früher und auch jetzt das gemacht, was jeder lebendige Mensch auch tun würde! Auch ich habe das immer getan. Jeder lebendige Mensch fragt sich, ob denn dieses reduzierte Leben, dieses Leben auf Sparflamme, ausreicht, ob denn das alles im Leben war, ob es denn da nicht noch etwas mehr gibt, dass man schon immer gesucht hat. Jeder lebendige Mensch ist offen dafür, und er blickt sich um, und er hört auf sein Herz! Genau das hast du getan. Mädchen, du lebst!

Es ist eine Geschichte des Lebens

Dein Karl ist sicher ein ganz lieber Mann, und er hat sicher auch hohe Qualitäten, denn dein Blick sieht sicher nur liebe Menschen mit hohen Qualitäten. Aber zu deiner Frage, die du dir ja vor Jahren schon einmal gestellt hast: „Wie konnte das nur passieren, wie konnte ich mich nur in einen anderen Mann so sehr und bis über beide Ohren verlieben?", präsentiert das Leben nun doch sehr deutlich die klare Antwort: Wenn uns etwas tief in der Seele fehlt, wenn wir tief in der Seele etwas suchen, wenn unsere Seele eine bestimmte Herzenserfahrung machen möchte und braucht, dann hilft kein Gelübde dieser Welt, kein Plan dieser Welt, keine Mauer, kein guter Vorsatz, kein Eheversprechen, um uns vor dem Blick über die Mauern zu schützen!

Ja, es ist eine wirklich schöne Geschichte, denn es ist eine Geschichte des Lebens! Es zeigt, dass du fühlst und lebst! Alles andere wäre sehr traurig! Ja, es gibt zu viele Menschen, denen so etwas nicht passiert. Ich freue mich, dass du mir das erzählt hast und dass ich mit dir darüber reden kann. Glaube mir, es ist (rein zufällig natürlich) auch ein Hauptteil deiner Prozessarbeit, alte Wunden endlich zu spüren und zu heilen, indem du sie ans Licht bringst und vor allem, dich nicht mehr dagegen wehrst!

Nun, das tust du gerade. Es wird genau sichtbar, wo deine Wunden sind. Mädchen, es ist alles ok. Das Leben erledigt und bearbeitet ja immer mehrere Sachen und Themen gleichzeitig. So geht es bei einer Begegnung oder einer Freundschaft oder einer Beziehung niemals nur um die Beziehung oder um die Liebe oder um die Freundschaft alleine, sondern auch immer um wichtige Lernprozesse.

Hey, gerade hat mich eine ganz liebe Freundin angerufen. Sie hat uns zusammen in der Stadt gesehen und sie sagte mir soeben am Telefon ganz aufgeregt: „Wahnsinn, ihr beide seid so ein schönes, leuchtendes Paar, eure Bewegungen sind so im Einklang. Eure Augen funkeln so sehr, man sieht eure Liebe und Verbindung von der Ferne, es zwitschern schon die Spatzen von den Dächern, ihr passt so wahnsinnig gut zusammen, ihr beide gehört zusammen!" Danach war ich eine Stunde lang sprachlos, denn ich habe ihr absolut nichts von uns erzählt! Ich wollte es ja geheim halten.

Ohne Lust würden wir nicht mehr existieren

Aus meiner Sicht sind die Lust und die Freude das Göttlichste in unserem Leben! Denn ohne diese Qualitäten wären wir Menschen schon lange ausgestorben. Stell dir nur einmal vor, dass alles immer nach unseren Plänen und unserem Verstand verläuft, auch die Fortpflanzung. Stell dir vor, es gäbe keine Romanzen, keine so genannten Fehltritte und Unfälle und kein Scheitern im Leben. Das wäre eine vermeintlich abgesicherte, sterile und glatte Welt, eine sehr traurige und sterbende Welt.

Ich glaube wirklich, dass es keinen Menschen mehr geben würde. Ich bin überzeugt, dass die unkontrollierbare und feurige Lust eine göttliche Fügung ist und nichts Schlechtes. Das haben nur wir daraus gemacht. Diese Welt besteht aus Unfällen, aus Fehltritten, aus Scheitern, aus Nach-dem-Herzen-gehen. Ja, das Scheitern schadet uns weniger als dieses vermeintliche Abgesichertsein. Und unser Scheitern macht uns noch liebenswerter und vor allem lebendig. Ach, schon wieder diese vielen Sprüche! Ich weiß ja, manchmal ist küssen viel wichtiger als zu reden und Sprüche zu klopfen.

Ja, du leidest, weil du alles ändern wolltest. Viele Menschen haben das schon oft vor dir versucht und sind genau daran gescheitert. Die Idee alleine ist ein Wahnsinn. Auch du hast es halt wieder einmal probiert: allen Prinzipien immer treu zu sein, alle Versprechen zu halten und allen Moralvorstellungen (die sich zwar ständig ändern) treu zu bleiben, wohlgemerkt, ohne unglücklich zu sein. Du wolltest wahrscheinlich einen neuen Maßstab setzen und es erstmals schaffen, alle Menschen um dich glücklich zu machen. Das ist ein sehr verbreiteter, aber harter Job. Also ich möchte in so einer abgesicherten Welt ohne die Möglichkeit, scheitern zu dürfen, nicht leben, denn das wäre eine sehr traurige und kalte Welt.

Ja, du bist im Grunde nur deshalb so unglücklich, weil du genau an diesem Punkt gescheitert bist, weil diese heile Welt gerade zerbricht oder zerbrechen könnte! Aber wer scheitert lebt und sollte das eigentlich feiern. Du solltest eigentlich (möglichst mit mir natürlich, hehe) tanzen und singen: Oh, du herrliches Leben, meine begrenzten Verstandespläne sind nicht aufgegangen, sie haben nicht funktioniert, und du wundervolles und großartiges Leben, hast gesiegt!

Hat man da noch Zeit zum Atmen?

Die Welt dreht sich, und wir Menschen stehen manchmal still. Und genau daraus entstehen unsere Probleme und Schmerzen. Zu viel Mühen kostet es uns, alles heil und aufrechtzuerhalten, und wir beschweren uns beim Leben, dass uns alles aus den Händen gerissen wird. Niemanden darf man verletzen, niemand darf sterben, niemand darf scheitern, niemanden darf man verlassen, bei niemandem darf man zu spät kommen, niemanden darf man vor den Kopf stoßen, vor niemandem darf man ein Geheimnis haben, nichts darf zerbrechen (und wenn doch, dann büßen wir dafür ein Leben lang), alle müssen glücklich sein. Und rundherum sieht man nur total erschöpfte und ausgelaugte Menschen, die kurz vor dem Zusammenbruch (das sind dann manchmal die wunderschönen und erfrischenden Skandale) stehen. Sie sind erschöpft und ausgelaugt vom aussichtslosen Kampf und Wunsch, die heile Welt aufrechtzuerhalten. Aber hat man bei diesem Wahnsinn auch noch Zeit zum Atmen und zum Leben?

Unsere Probleme entstehen nicht daraus, dass Situationen und Dinge sich verändern, dass sich etwas im Leben bewegt, dass etwas zerbricht, dass Zeiten und Beziehungen zu Ende gehen, dass Menschen sterben, dass wir scheitern! Nein, unsere Probleme entstehen und bestehen nur daraus, dass wir an Ideen, an Dingen und an Menschen festhalten, die schon lange vorbei oder gestorben sind, dass wir nicht loslassen können! Aus meiner Sicht ist unser Hauptproblem, dass wir die Dinge nicht sterben lassen wollen und alles Mögliche um uns herum und um jeden Preis (ob ihnen das recht ist oder nicht) retten wollen und oft künstlich am Leben halten, obwohl es schon längst zu spät und zu Ende, also reif, ist. Ein ziemlich anstrengender und aussichtsloser Job. Und mir ist außerdem meine Würde viel lieber, als gerettet zu werden!

Damit verstehe ich nun natürlich auch die Süße, die bei einer schönen Abendrunde mit lieben Freunden im Caféhaus, wie von einer Hornisse gestochen aufspringt und zu Karl eilt, nur um pünktlich zu sein, nur um die heile Welt aufrechtzuhalten, nur um Karl ja nicht zu verletzen und ein bisschen warten zu lassen. Das ist ja fast wie unter Dauerstarkstrom zu stehen. Für diese heile Welt, bezahlst du einen sehr hohen Preis und du wirst sehn, deine Anstrengungen werden nie genug sein!

Das Scheitern macht uns lebendig

Mädchen, bitte schau doch etwas genauer hin und gewinne bitte Klarheit! Du könntest dich ernsthaft fragen, was denn deine Tragödie wirklich ist, was dich denn nun wirklich so leiden lässt. Du hast es ja sehr gut auf den Punkt gebracht: Deine Welt bricht gerade zusammen. Und es ist für dich schon öfter eine Welt zusammengebrochen. Und bei genauerem Hinsehen geht es aber allen Menschen so! Aber ich bin glücklich, weil du es fühlst!

Du bist nun unglücklich, weil alle Mühen, alles Unterdrücken, alles Verdrängen, alles verzerrte Lachen, alles noch so positive Denken (das ist oft der größte lebenslange Selbstbetrug und das größte Hindernis zum Fühlen), alle Pläne und alle Vorhaben nicht ausgereicht haben, um das zu verhindern. Die Quelle der Sehnsucht (das fühlende Herz) hat sich einen Weg durch die Mauern gesucht. Ist das nicht schön? Wir Menschen hoffen und planen und fühlen und scheitern. Das nennt man Leben! Der Versuch, auf Nummer sicher zu gehen, nennt man Erstarren!

Und der zweite Punkt (du hast mir das sehr deutlich geschrieben) ist der, dass du dich für alle und alles verantwortlich fühlst. Eine noch viel schwerere Last! Allen muss es gut gehen, niemand darf wegen dir leiden, und niemandem darf etwas fehlen, sonst bekommst du die Krise. Du bist auf dem besten Wege, eine Heilige zu werden! Die Süße will alle Last dieser Welt auf sich nehmen und alle um sich herum retten. Ja, das ist wahrlich schwer, und der Schmerz ist groß, wenn nicht nur wieder eine heile und sterile Welt zusammenbricht (zumeist waren diese Welten schon lange davor gestorben), sondern wenn man erkennt, dass man all diese Welten, all diese viel zu hohen Ideale oder das schöne Bild des Traumpaares, alle diese zu hoch gesteckten Ideen überhaupt nicht aufrechterhalten kann bzw. es keine Garantien dafür gibt. Und nur der Versuch, es garantieren zu wollen, ist unser dickstes Minus auf unserem Freiheitskonto. Ja, es ist bitter zu sehen, dass solche Dinge selbst mit dem Einsatz seiner Freiheit und sehr vieler Opfer (manchmal seines gesamten Lebens) nicht zu halten sind. Das ist es, was dich so schmerzt - ach schon wieder eine Fehlinvestition. Ja, so geht es sehr vielen Menschen. Hey Süße, du fühlst und du bist so richtig lebendig, denn du kannst auch scheitern! Das ist super, und das sollten wir unbedingt feiern!

Aus Liebe verzichte ich auf das Retten

Und genau bei diesem Thema, dass du alle Last dieser Welt auf dich nehmen willst und alle retten willst, solltest du mal genauer hinsehen. Genau dort ist einst wirklich eine Welt zerbrochen, als dein Vater sich das Leben nahm! Da solltest du immer und immer wieder hinsehen, bis alles am rechten Platz und geheilt ist! Dort beginnt diese Geschichte. Du scheinst die ganze Last alleine zu tragen, und es scheint noch keine Realisation dessen zu geben (besonders von deiner Mutter), dass und wie dein Papa gegangen ist. Das solltest du dir mal genauer ansehen! Es ist die Quelle für dein Lastentragen und für deine Rettungsversuche und für all deine Schuldgefühle, glaube es mir.

Und was das Retten und Helfen betrifft, kann ich dir nur dringend empfehlen, endlich wie ein mächtiger Baum zu werden und auf das Rettenwollen aus Liebe zu verzichten. Das Bittere an diesem Rettenwollen ist ja meistens, dass es auch die Würde des Geretteten nimmt - besonders dann, wenn dieser Mensch gar nicht darum gebeten hat und gar nicht gerettet werden will.

Wenn wir im Leben an unserem Platz stehen, dann werden wir wie ein starker Baum. So ein mächtiger Baum auf einer Wiese spendet vielen Tieren Schatten und Kühle und auch Nahrung und vielleicht rettet er damit so manchem auch das Leben. Viele Tiere reiben sich an ihm ihren Pelz, und andere bauen in seinen mächtigen Ästen ihre Nester. Auch müde Wanderer rasten unter ihm und gehen gestärkt ihren Weg weiter. So ein mächtiger Baum hilft so vielen Tieren und Menschen, und er spürt vieles davon gar nicht. Es ist ihm egal, ob ein Tier darunter liegt oder ob jemand darunter stirbt oder geboren wird oder ob sich ein Reh seinen Rücken an ihm reibt. Und ganz besonders daran ist, dass dieser mächtige Baum für sein großartiges Helfen und Retten keinen einzigen Wunsch und keine einzige Absicht benötigt!

Menschen, die helfen und retten wollen, erscheinen mir immer wie kleine dünne Bäumchen, die auf der Wiese stehen und ihre dünnen Äste in die Höhe strecken und ihr Helfen anbieten und Ausschau halten, ob es denn da niemanden zu retten gibt. Und natürlich kommen auch Tiere und reiben sich an ihnen ihren Pelz und wollen ein wenig Schatten spüren.

Das größte Problem beim Retten ist der Wunsch

Doch der Schatten reicht bei den dünnen Ästen nicht so recht aus, und das Reiben am Bäumchen tut nicht so richtig gut. Und wenn sich zu viele Tiere an ihm reiben, dann könnte dieses dünne Bäumchen auch bald daran zerbrechen. In diesem Helfenwollen ist auch sehr oft unsere eigene nicht genommene Geschichte verzerrt zu erkennen. Ja, wenn wir unsere Eltern und unsere Ahnen annehmen und damit unseren Platz im Leben finden, dann verschwindet mit der Zeit auch der Wunsch zu retten. Das größte Problem am Helfen und Retten ist ja der Wunsch! Mach es wie ein mächtiger Baum. Er braucht keinen Wunsch zum Helfen, und er tut es trotzdem - ganz alleine mit seiner Existenz!

Und wenn wir Lasten tragen, die uns gar nicht gehören, dann nehmen wir auch immer ein bisschen die Würde weg. Alles im Leben dreht sich um die Würde. Ich finde es ja sehr schön zu helfen. Ich habe ja selbst auch einen helfenden Beruf. Aber es ist immer ein schmaler Pfad zwischen Hilfe und Schaden. Hilfe zu geben, ohne dass wir darum gebeten wurden, schafft manchmal auch Kriege, weil wir die Würde verletzen. Zum wirklichen Helfen müssen wir frei werden vom Wunsch und von der Absicht, zu helfen und zu retten. Unser wesentlichstes Helfen ist in Wirklichkeit unser Bewusstsein. Wenn wir an unserem Platz stehen, wenn wir wie ein Baum sind, wenn wir uns selbst lieben und uns als König fühlen und bewegen, dann werden wir alleine mit unserer Präsenz helfen, weil wir einen anderen Menschen an das erinnern, was er ja selbst auch ist: – und nur ein wenig vergessen hat – ein König.

Und bei diesem Retten, Heilen und Helfenwollen, bei diesen mühsamen, aber entwürdigenden Jobs, bei diesem Die-Lasten-der-Anderen-Tragen sind unsere Hände nicht frei für die Perlen unserer Ahnen. Wir haben die Hände voll und sind zu beschäftigt zum Annehmen. Ja, damit ist es schwer, uns vor unseren Eltern zu verneigen und sie vorbehaltlos, ohne Zensuren, einfach nur anzunehmen, um uns dann ins Leben gestärkt umzudrehen. Und wenn wir all diese sinnlosen Retterjobs aufgeben, dann verlieren wir an Wichtigkeit, noch besser gesagt, wir erkennen, dass diese Jobs immer sinnlos waren und niemals geholfen haben. Das ist natürlich eine gar sehr bittere Erfahrung, die wir ein Leben lang meiden und dafür halt viele Lasten tragen, die uns nicht gehören.

Wir sind für das Leben viel zu beschäftigt

Ich weiß, das klingt für viele Menschen seltsam, aber ich habe immer wieder beobachtet, dass Menschen sehr glücklich sind, wenn sie wieder ihre Lasten tragen dürfen, wenn sie ihre Lasten zurückbekommen (sie brauchen sie auch zum Reifen in ihrer Seele). Sie sind glücklich, wenn wir unser meist unbestelltes Retten aufgeben und loslassen und ihnen damit auch die Würde zurückgeben. Unsere Retter-und-Lasten-tragen-Spiele haben ja auch nie wirklich Sinn, ganz besonders nicht bei unseren Eltern. Und mit unseren Retter-und-Lasten-träger-Spielen haben wir auch die Hände voll zu tun, und das fehlt aber unserem Partner, unseren Kindern, unseren neuen Familien. Wir sind damit für eine schöne Beziehung viel zu beschäftigt, und die Plätze für unsere Partner sind damit besetzt. Unsere Hände werden bei unseren neuen Familien benötigt, und der Rücken ist bei unseren Eltern. Sie stehen hinter uns. Sie haben gegeben - und wir haben genommen. Und wir machen es ebenso mit unseren Kindern.

Und unser Festhalten an Menschen und an Dingen, die schon längst gestorben oder vorbei sind, unsere entwürdigenden Retterjobs, unsere sinnlosen Kameldienste (die Lasten der anderen zu tragen) und unser ständiges Vergleichen (ob es den anderen hoffentlich nicht besser geht), um unsere heile Welt künstlich am Leben zu erhalten und auch unser enormes Wehren und dagegen Ankämpfen gegen alle möglichen Vorwürfe (Versager, hässlich, verantwortungslos, Verschwender, Luder, Diva, usw.), die uns eben vor- und nachgeworfen werden, lässt uns einfach Jahr für Jahr mehr erstarren und lebloser werden. Wir dürfen uns nicht wundern und beschweren, wenn das Feuer (besonders in einer Beziehung) damit einmal erlischt. Wir sind zum Leben und zum Lebendigsein meistens einfach viel zu beschäftigt mit sinnlosen Dingen und Jobs!

Und was die vielen Vorwürfe betrifft – die uns so sehr in Angst und Schrecken versetzen –, ein Versager, ein Verschwender oder ein Luder oder ein verantwortungsloser Mensch zu sein (ich will ja nun nicht alle Vorwurfsvarianten aufzählen), kann ich dir nur raten (egal was es ist), einfach Ja dazu zu sagen. Einer, der dir etwas vorwirft, spricht im Prinzip auch nur über sich selbst. Es ist eine sinnlose Aktion, dich dagegen zu wehren. Ich schüttle zu einem Vorwurf auch gerne die Hand und sage dazu: „Ich gratuliere dir, du bist heute der Erste, der das erkannt hat." Probiere es aus, dieses *Ja* entwaffnet jeden.

Unser Sichdagegenwehren produziert neue Vorwürfe

Es ist ja auch immer eine Sache der Betrachtung und meistens ein völlig falsches Urteil, und es hat nicht einmal etwas mit uns zu tun. Und wenn es etwas mit uns zu tun hat, dann können wir trotzdem Ja dazu sagen. Kannst dich also entspannen. Außerdem tauchen sofort neue Gespenster auf, wenn du beginnst, dich dagegen zu wehren und es allen zu beweisen, dass du ja viel besser bist und ganz anders bist, als du genannt wirst. Wenn du beweist (oft mit sehr großem Einsatz), dass du nicht so bist wie dir vorgeworfen wird und du genannt wirst und dieser Mensch dann endlich zufrieden ist (und dir endlich seine Absolution erteilt), dann wird ein neuer Mensch oder eine neue Instanz auftauchen und dir sagen, wo es noch nicht passt. Es wird damit aber auch ein neuer Vorwurf produziert! Ja, du liest richtig! Diese Dynamik muss ich immer wieder beobachten. Es ist eine endlose Energiespirale, und unser Sichwehren und Rackern, um gut dazustehen, produziert neue und noch stärkere Vorwürfe, damit diese Energiespirale auch am Leben bleibt. Unser Dagegenwehren ist der beste Magnet für neue Vorwürfe. Es ist egal, ob wir etwas sehr lieben oder sehr ablehnen und hassen. Es sind Energien, die uns einfach verbinden. Das ist so wie mit den Wünschen von Kindern. Ein erfüllter Wunsch produziert zehn neue Wünsche. Also eine endlose Aktion und eine ziemliche Zeitverschwendung.

Ich möchte aber noch einen Schritt weitergehen. Ich glaube, es reicht noch nicht aus, Ja zu den Vorwürfen zu sagen. Einerseits haben sie zwar mit uns nichts zu tun, andererseits glaube ich, dass es hinter jedem Vorwurf eine eindeutige und klare Botschaft des Lebens gibt. Vielleicht will das Leben ja auch nur sagen: „Schau nur mal hin und bewerte es nicht und wehre dich nicht und höre es dir nur mal an und lass das Luder, den Versager, den Verschwender, die Diva, den Egoisten und den Fliehenden doch einfach auf dich wirken." Ich glaube, das Furchtbarste sind die halben und mittelmäßigen Zustände, wenn wir zwischen zwei Sesseln sitzen und uns noch wehren – nicht ganz da und nicht ganz hier. Ich glaube, es gibt bei all diesen Vorwürfen immer einen klaren Auftrag des Lebens. Ich glaube, das Leben fordert uns mit diesen Vorwürfen auf, endlich das Sichwehren zu beenden und endlich Ja dazu zu sagen und dann zu sehen, welchen Auftrag uns das Leben damit erteilt, welche Botschaft dahinter liegt und welche Wunde denn endlich ans Licht gebracht und geheilt werden möchte.

Auf der Flucht entdeckte ich die Liebe zu meinem Papa

Mir wurde auch immer vorgeworfen, dass ich genau so wie mein Papa bin und immer fliehe, wenn es schwierig und eng wird (und ich habe das als Beleidigung empfunden), und ich habe mich dagegen gewehrt, und ich wollte es der ganzen Welt beweisen, dass ich viel besser bin und dass ich nicht fliehe, obwohl ich diese Energien des Fliehens schon lange in mir gespürt habe. Und dieses Wehren hat mich irre viel Kraft gekostet und meine Liebe total gebunden, und es war natürlich auch ein aussichtsloses Wehren.

Bis ich eines Tages nur noch hingesehen habe und völlig erschöpft einfach nur noch Ja dazu gesagt habe. Ich habe an diesem Tage verstanden, dass etwas, das uns vorgeworfen und angedroht wird, schon längst geschehen ist und längst schon existiert. Ich habe an diesem Tage alle meine Ängste überwunden, und ich war bereit, hinter diesem Vorwurf die Botschaft und den klaren Auftrag des Lebens zu sehen. Mir blieb dann nur noch der mächtige Satz: „Ja, ich habe es nun oft genug gehört, und ich habe mich lange genug dagegen gewehrt, und ich habe nun den Auftrag des Lebens endlich klar und deutlich verstanden, und ich werde nun fliehen, und ich mache es nun einmal ordentlich und ganz und ohne Stress und ohne mich schlecht und schuldig zu fühlen."

Und ich habe es mir mit ganzer Freude und mit ganzer Lust ganz bewusst und ohne jegliche Anspannung und ganz ohne jedes Schuldgefühl und ganz ohne jeglichen Stress einfach erlaubt! Ich habe einfach vollen Herzens Ja dazu gesagt und die Botschaft verstanden und sie als Auftrag angenommen, und ich bin mit wehenden Fahnen und voller Stolz geflohen, und ich habe mich sogar gut dabei gefühlt! Und plötzlich saß ich mit meinem feigen Fliehen nicht mehr zwischen zwei Sesseln, zwischen zwei Energien. Das war unglaublich toll und entspannend und befreiend! Dieses Gefühl kann ich keinem Menschen beschreiben. Es ist höchste Alchemie des Lebens! Erstmals in meinem Leben spürte ich diesen enormen Stress und dieses enorme Wehren nicht mehr, die es ohnehin nicht möglich machten, etwas in meinem Leben zu ändern. Ich habe der Welt gesagt: „Ich bin wie mein Papa!" Endlich fühlte ich mich frei! Und weißt du was ich damit Schönes und Wertvolles gefunden habe? Ich habe auf der Flucht die volle Liebe und Nähe zu meinem Papa entdeckt und seine Schönheit gesehen! Es war mein mächtigster Schritt in meinem Leben!

Solange wir uns wehren, können wir nicht wählen

Mein Papa musste als Kind (im Krieg) fliehen. Und so ein *Davonlaufen* ist aber nicht beendet, nur weil der Krieg aus ist. Für meinen Papa wurde das Fliehen zum Lebensthema. Er spricht nicht sehr gerne darüber und man muss nicht hellsichtig sein, um zu ahnen, dass seine Eltern einen ganz bestimmten *Pass* nicht hatten. Innerhalb weniger Stunden mussten sie *verschwinden*. Und sein Fliehen hat ihm damals sicher sein Leben gerettet. Er ist 1930 geboren, und er musste siebenundzwanzig Mal die Pflichtschule wechseln, und er hatte sehr viel Not und sehr viel Hunger, und er spricht nicht sehr gerne darüber. Sein Fliehen war damals sicher sein größter Segen und er hat damit auch mir mein Leben geschenkt. Warum sollte Fliehen dann denn etwas Schlechtes sein, das wir ablehnen und wegsperren müssen?

Mit diesem Erkennen habe ich entdeckt, dass ich nicht nur fliehen, sondern auch bleiben kann. Ich kann nun (nach meinem Annehmen) wählen. Wenn man sich gegen etwas wehrt, dann kann man nicht wählen. Dann macht es das Leben, so wie es will. Unser Sichwehren ist übrigens die beste Produktionsstätte für unsere Depressionen. Sichwehren ist eine enge Bindung mit dem, wogegen wir uns wehren und es zwingt uns in genau diese Rollen, die wir nicht spielen wollen. Mit meiner Entdeckung wusste ich, dass ich mich sehr lange nicht nur gegen das Fliehen, sondern auch gegen die Liebe und gegen die wärmende Nähe (zu meinem Papa) und gegen sehr viele Qualitäten – die mir nun auch für meine Arbeit dienlich sind – gewehrt habe. Fliehen ist mit meinem Papa und mit seiner Geschichte (im Krieg) für mich natürlich ein Lebensthema. Auch ich musste immer wieder fliehen und wurde damit immer wieder an Papas Geschichte erinnert, um sie ganz zu würdigen und zu lieben. Und ich habe nun meine Insel (in mir) gefunden, und ich habe die Nähe zu meinen Eltern gefunden, und damit kann ich mich nun lieben, so wie ich bin, und damit kann ich auch Liebe geben und sie verschwenden, und damit habe ich gelernt, auch Liebe anzunehmen. Und ich empfange auch andere Fliehende auf meiner Insel (bei meinen Seminaren), und ich gewähre ihnen Zuflucht und zeige ihnen ein leichteres Leben. Mit unserem vollen Ja und unserer Würdigung dürfen auch die vielen Wiederholungen (oft über viele Generationen) enden, und es entsteht Klarheit in unserem Leben und in unseren Beziehungen. Siehst du, ein mutiges Ja zu den Vorwürfen ist das große Tor zu unseren Ahnen!

Konflikte mit der Schwiegermutter gibt es nicht

Durch unser Sichwehren entsteht viel Verwirrung, und wenn wir von einem Problem sprechen, sehen wir meistens am völlig falschen Platz hin. Unser Blick ist durch unser Sichwehren ziemlich getrübt und verwirrt. Immer wieder erzählen mir Seminarteilnehmer über ihre Konflikte, und immer wieder muss ich ihnen sagen, dass manche ihrer Konflikte nicht existieren. Ja, das ist kein Scherz. Viele Konflikte sind nicht dort, wo wir sie vermuten. So höre ich immer wieder von Konflikten zwischen Partnern und Schwiegereltern, und ich muss dir sagen, dass ich noch niemals festgestellt habe, dass es diese Konflikte gibt. Ich habe immer nur festgestellt, dass es einen Sohn oder eine Tochter gibt, die sich gegen ihre Eltern und gegen ihre Geschichte wehren und auf keinen Fall so sein möchten wie sie. Aber wo sollen sie denn ausgetragen werden, diese wahren Konflikte zwischen den sich wehrenden Kindern und ihren Eltern? Sie suchen sich eine neue Bühne, und das heißt dann sehr oft: Ich habe einen Konflikt mit meiner Schwiegermutter oder Schwiegertochter.

Doch ich kann dir versichern, dass es diesen Konflikt nicht gibt. Wenn jeder der Partner sich vor seiner Geschichte und seinen Eltern tief verneigt und klein wird und alles nimmt und alles dann bei ihm zu sehen ist, dann wird der Konflikt dort sichtbar, wo er hingehört, wo er ist. Und wenn dann bei einem Menschen alles zu sehen ist, dann darf auch der (selbst gewählte) Konflikt zwischen den Partnern klar sichtbar werden. Denn meinst du, dass Konflikte verschwinden, wenn die Schwiegereltern sterben? Nein, meistens werden sie dann mit voller Härte an der richtigen Stelle sichtbar.

Und wenn dir das Luder, der Versager, der Verschwender, der Egoist, der Rücksichtslose, der kleine Feigling, der Fliehende, der Skrupellose und das Helfersyndrom vorgeworfen werden, dann solltest du dich endlich entspannen und diesen Pfeil und Vorwurf (vielleicht ja auch die Berührung einer Wunde) – ohne Bewertung – endlich einmal nur ansehen und dazu stehen und die Botschaft und den Auftrag des Lebens darin klar erkennen und einmal konstruktiv und ganz bewusst fallen oder versagen oder scheitern oder fliehen oder rücksichtslos sein oder feige sein oder verschwenden oder egoistisch sein und wirklich einmal nur an dich denken. Aber mach es bitte ohne Stress und ohne Schuldgefühle und ganz ohne jedes Wehren und ohne besser dastehen zu wollen, und mach es bitte mit Freude!

Vorwürfe an uns, sind in Wirklichkeit Aufträge

Erkenne in den Vorwürfen an dich den Auftrag des Lebens und höre endlich auf, dich dagegen zu wehren! Bleib einfach ruhig und entspanne dich und lass dich vom Leben führen. Es führt dich genau an den richtigen Ort und zum inneren Frieden. Wenn man dir vorwirft, dass du z.B. ein Helfersyndrom hast, dann kannst du dich dagegen wehren und ein Leben lang das Gefühl haben, dass das nicht gut und nicht richtig ist und dass du vielleicht etwas daran ändern solltest. Ja, ändern könntest du schon etwas, nämlich deine Haltung. Du könntest endlich auf dein Sichwehren pfeifen und dich der ganzen Sache stellen. Du könntest voller Freude und Stolz sagen: „Jawohl, ich bin verstrickt, und ich werde es ab heute genießen." Oder du könntest auch sagen: „Jawohl, ich habe ein Helfersyndrom, und ich werde einen Weg finden, richtig zu helfen, denn es ist mein Auftrag." Du könntest alles, was dir vorgeworfen wird, als Auftrag verstehen und etwas daraus machen, indem du dich auf die richtige Seite stellst, anstatt dich dagegen zu wehren. Wir hören in den meisten Situationen einfach nicht genau genug hin – als wären unsere Sinne vernebelt – und stellen unsere Färbung und unsere kleinen Bewertungen noch vor die Botschaft, anstatt einfach ganz neutral nur einmal zuzuhören. Das ist so, wie wenn du einen Brief nur am Kuvert bewertest, ohne den Inhalt zu lesen. Oh, wie geht uns damit Schönes, Großes und Einzigartiges verloren. Wir sind eine Gesellschaft mit so vielen ungeöffneten Briefen ...

Wenn du das nur einmal probierst, zu einem Vorwurf Ja zu sagen, dann wirst du Kräfte und Welten in dir entdecken, die du nicht einmal erträumt hast. Damit steht die Energie, gegen die du dich so sehr gewehrt hast, plötzlich stärkend hinter dir. Du entwaffnest und entmachtest damit auch den Vorwerfenden und entdeckst Bereiche in dir, die dich zu einem Magier machen. Es ist auch der einzige Weg, dich kennen zu lernen. Unser Ja ist der direkte Weg zu uns selbst. Aber Vorwürfe anzunehmen hat auch einen ganz klaren Ablauf und eine penible Reihenfolge! Stelle nicht das Positive und Schöne und das, was du daraus machen kannst, voran, sondern sag zuerst Ja zum Bitteren und Schmutzigen (so wie du es eben empfindest) und erst dann suche und entdecke das Schöne. Zuerst ist unser Ja noch etwas bitter und dann schon neutral und dann schon fröhlicher, und dann wird es eine Begeisterung und zum Schluss unsere Magie. Hab Vertrauen und probiere es einfach mal aus!

Erkenne die Herrlichkeit in dir selbst

Es eröffnet dir Kräfte im Leben, die dich alles erreichen lassen, was du willst. Vorwürfe sind tatsächlich immer ein klarer Auftrag und ein großer Segen, selbst wenn sie nichts mit dir zu tun haben und nicht stimmen! Du kannst völlig entspannt Ja dazu sagen. Wichtig dabei ist ja auch, dass wir damit das Sichwehren beenden, das ohnehin nichts bringt und unser gesamtes Leben blockiert. Wenn jemand zu uns sagt, dass er uns nicht versteht, heißt der Auftrag vielleicht: Gründe deine eigene Sprache. Wenn jemand dir vorwirft, dass du selbstherrlich bist, dann heißt der Auftrag: Erkenne die Herrlichkeit in dir selbst. Und wenn man dir vorwirft, dass du nicht schön bist, dann heißt der Auftrag des Lebens: Lerne dich so zu lieben, wie du bist. Und wenn du hörst, dass deine Arbeit nutzlos ist, dann höre den Auftrag des Lebens und lass endlich den Nutzen los und mach alles nur noch aus Freude. Und wenn jemand zu dir sagt, dass du angriffslustig bist, dann heißt die klare Botschaft vielleicht: Lerne deine Kraft richtig einzusetzen und sei dir deiner Macht bewusst. Jeder Mensch ist schwer bewaffnet und mächtig. Er trägt z.B. immer das Schwert der Sprache mit sich. Mit deiner Zunge kannst du einen Krieg beginnen, und mit deiner klaren Unterscheidungskraft kannst du dein Schwert auch gütig und weise einsetzen. Also kläre deinen Blick. Jeder muss die Aufträge des Lebens selbst herausfinden, dafür gibt es keine Liste. Lerne einfach, klar und deutlich hinzuhören und klar zu sehen.

Eines musst du dabei auch bedenken. Wenn wir einen Vorwurf annehmen und etwas in uns klären und wenn wir uns mit unseren Eltern, Ahnen und unseren Geschichten aussöhnen und gebundene Energien damit befreien, dann bleiben die Energien trotzdem am Leben. Unsere Geschichten haben ja für uns einen tiefen Sinn und eine weise Vorsehung. Wenn wir z.B. ein sehr belastendes Helfenwollen klären und ordnen und es damit auch annehmen, dann ist es zwar irgendwann bereinigt und nicht mehr belastend, aber die Energien bleiben erhalten, und es bleibt für uns ein Thema, ein Auftrag und eine Bewegung für das gesamte Leben. Genau dort sind unsere größten Qualitäten. Es ist ein großer Irrtum, dass diese Themen (entstanden aus unseren Geschichten) sich auflösen und verschwinden und abgehackt werden können (wieder ein Problem gelöst), wenn wir sie geklärt und bereinigt haben – wozu denn auch. Das Leben hat sich ja nicht geirrt und diese Themen suchen nach einem Ausdruck in bereinigter Form!

Mit Nähe ist der Blick entspannt

Es hat mich gestern total berührt, als du sagtest, dass du nun weißt, dass du noch nie eine richtige Beziehung gehabt hast. Natürlich hattest du einige Beziehungen, und du hast ja auch jetzt eine Beziehung, aber (auch bei allen anderen Menschen) wirklich gute Beziehungen sind erst dann möglich, wenn es die innere Nähe und die Verbindung zu beiden Eltern gibt und wenn wir nicht mehr auf das warten, was wir ja schon längst bekommen haben. Unser (oft lebenslanges) Warten auf das, was wir schon immer hatten, ist meistens die größte Blockade selbst in unserem Leben und lässt uns nicht spüren, wie reichlich wir schon beschenkt sind. Unser Warten blockiert und bindet unsere gesamte Energie, unser gesamtes Leben und hält uns ziemlich klein.

Möchte noch einmal betonen, dass die Energien (als Lernprozess und Auftrag) ja tatsächlich auch am Leben bleiben. Das heißt, wenn du die Nähe zu deinem früh verstorbenen Papa findest und ihn hinter dir spüren kannst und damit kein Ersatz mehr nötig ist (ein Ersatz ist manchmal auch sehr brutal), dann wirst du im Leben trotzdem nach deinem Vater Ausschau halten und auch einen Mann finden oder sehen, der ihm ähnlich ist. Das heißt, du wirst nach dieser inneren Verbindung zu Papa, dieser inneren Nähe, die du dann zu ihm spürst, noch viel mehr nach deinem Vater suchen. Du wirst vielleicht nach einem weisen oder einen älteren Mann Ausschau halten und wo es diese reine Erinnerung an ihn eben gibt. All das ist dann aber kein Ersatz mehr. Mit Nähe ist der Blick entspannt. Verstehst du das? Das wollte ich eigentlich gestern noch dazusagen, aber dann hab ich es vergessen.

Wenn man sich mit seinen Eltern verbindet (besser gesagt die immer bestehende Verbindung spürt) und Nähe zu ihnen spürt, dann werden neue Energien (die wir meistens noch gar nicht kennen) wirksam. Die Uhren laufen dann meistens anders. Und alles, was in der alten Energie des Sichwehrens und des Kämpfens entstanden ist, sehen wir dann plötzlich mit neuen Augen, und es löst sich wie von selbst von uns ab. Damit wirken aber nicht nur neue Energien, sondern es beginnen meistens auch völlig neue Lebensabschnitte. Dann beginnen die alten Energien sich auch dagegen zu wehren und bäumen sich nochmals heftig auf, und manche Beziehungen (aus der alten Energie) lösen sich dann auch auf.

Mit meinen einstigen Problemen verdiene ich mein Geld

Auch ich habe meine Geschichte einst als Problem benannt und habe darunter sehr gelitten. Ich hatte viele Vorwürfe an meine Eltern und habe viel gehadert. Ich stand in der Mitte zwischen zwei gegensätzlichen Energien, zwischen schweren Feinden, und diese Feinde waren (und sind noch immer) meine Eltern. Ich habe lange Zeit geglaubt, dass ich im falschen Film bin, und ich war davon überzeugt, dass das Leben sich bei mir geirrt hat. Ich hatte lange Zeit das Gefühl, dass es mich zerreißt, und ich spürte keinen Halt in meinem Leben und keinen Boden unter meinen Füßen. Meine Geschichte hat mich fast zerrissen.

Heute sehe ich das natürlich anders. Ich habe mich versöhnt mit meiner Geschichte, und ich habe meinen Platz in meinem Leben gefunden. Heute weiß ich, dass ich die besten Eltern habe und dass das Leben sich nicht geirrt hat und dass ich es selbst gewählt habe. Heute stehe ich noch immer in der Mitte zwischen zwei gegensätzlichen Energien (es ist mein Platz), und ich habe noch immer dieselben Eltern und dieselbe Geschichte, und ich konnte nichts daran ändern, aber (nach näherer Betrachtung) es ist eine tolle Energie, und ich benutze diese Energie – es ist mein Leben, und es ist die beste Basis für meinen Beruf! Ja, das, was ich einst als Problem bezeichnet habe, ist nun mein Gold und meine Qualität, und ich verdiene damit mein Geld. Es ist ein und dieselbe Energie, die mich einst fast zerrissen und zerstört hätte.

Meistens schauen wir einfach nicht genau genug hin. Ich kenne das von mir selbst sehr gut. Wir wehren uns in Wirklichkeit gegen hohe Qualitäten unserer Ahnen. Es ist z.B. eine hohe Gabe, zu fliehen (es ist ja nur eines von vielen Beispielen) und im rechten Moment eine Gefahr zu erkennen oder zu spüren, ob uns etwas schadet oder fördert. Diese Qualität des Fliehens kann ich bei meiner Arbeit sehr gut gebrauchen! Ich kann damit – natürlich auch für andere – sehr klar und präzise unterscheiden, was stärkt und was schwächt, ... was behindert und was zum Ziel führt, was brauchbar und was unbrauchbar ist. Bei meiner Arbeit ist das ein sehr wichtiges Instrument. Ja, all diese hohen Qualitäten bleiben uns aber leider verborgen, wenn wir sie in ein Eck stellen und ablehnen und bewerten. Unser neues Gebet sollte lauten: Oh Herr, bitte hilf mir, dass ich nichts mehr bewerte.

Wenn dein Luder zu sehen ist, dann bist du am Ziel

Kürzlich habe ich bei einem Seminar mit einer Frau gearbeitet, die ihre Eltern u.a. als Luder bezeichnete. Sie hatte eine Menge Vorwürfe an ihre Eltern (hat mich an mich selbst erinnert), und vieles war zu wenig und falsch, und sie hat sich auch nicht geliebt gefühlt, und sie hatte keinen Frieden und kein Glück in ihrem Leben (man sah es schon in ihrem Gesicht), und ihre Hauptbeschäftigung war ein ständiges Hadern. Es wurde zu ihrer Lebensgrundhaltung. Ihr größtes Problem war, dass sie leider ziemlich viel Energie dafür verbrauchte und sie trotzdem (oder gerade deshalb) nicht ans Ziel kam, und sich endlich sicher und geborgen und geliebt fühlte. Die Dinge wollten ihr nicht gelingen, und sie spürte keine Stabilität. Und Bestandteil unserer Arbeit war es natürlich, Nähe und Liebe zu ihren Eltern zu finden. Das ist manchmal gar nicht so leicht, weil es ja unser gar so kluges Bewerten gibt.

Ich habe diese Frau ein halbes Jahr lang begleitet, und unsere Arbeit war vollendet, als das Luder bei ihr zu sehen war. Und ab diesem Zeitpunkt leuchtete sie und spürte Nähe und Stabilität. Sie stellte fest, dass sie das Luder schon immer in sich gespürt hat. Sie hat lediglich ihr Sichwehren beendet und es erlaubt. Wir können auch unsere Vorwürfe an unsere Eltern eins zu eins als Auftrag annehmen und bei uns entdecken. Annehmen heißt, diese Seiten bei sich selbst zu entdecken und zu leben. Da gibt es viele Wege, das zu leben, und ich hab ja keine Ahnung, was denn ein Luder ist. Das weiß jeder Einzelne selbst. Aber angenommene Geschichten sind einfach bei uns zu sehen. Nichts ist mehr versteckt und verboten und muss aus dem Untergrund wirken. Dieses Annehmen klärt auch unseren Blick und damit sehen wir alles im Leben, denn wir kennen uns.

Und wenn wir etwas (z.B. als Vorwurf) lange genug hören und spüren, dann existiert es ohnehin schon. Diese stressfreie und achtsame Haltung ist der Auftrag des Lebens! Werde also mächtig und lebendig und auch unverwundbar, indem du dich, deine Geschichte und deine Wunden endlich vollständig annimmst und liebst! Unsere Geschichten sind dann angenommen, wenn sie von uns – zumindest ein bisschen – auch gelebt werden. Ja, mach was daraus, was immer du halt willst. Trockenschwimmen reicht nicht für das Leben und für Heilungsprozesse! Ja, schau in den Spiegel und entdecke deine Geschichte in dir und bei dir.

Wenn du Scheiße baust, dann mach es bitte mit Freude

Dein ganzes Leben ist davon getragen und bewegt, und nur du alleine siehst es noch nicht. Und du verbrauchst eine Menge an Energien, indem du dich so sehr dagegen wehrst. Das Leben übt schon lange einen Druck aus, und die Vorwürfe werden mehr und unser Sichwehren und unser Stress werden auch mehr, bis wir erschöpft am Boden liegen und nur noch Ja sagen können. Das ist Heilung! Ja, wenn wir es nicht freiwillig tun, dann zwingt uns das Leben dazu, endlich hinzusehen und uns zu beugen. Was wir hinter uns (bei unseren Eltern) nicht annehmen und nicht lieben, wird uns eben (als Vorwurf oder als Problem) vor die Füße geworfen, also vorgeworfen - so lange, bis wir uns (meist erschöpft) dem Leben beugen und nur noch Ja dazu sagen und endlich den Vorwurf als Botschaft und Auftrag zur Nähe und zur Verbindung erkennen! Fliehen kann ja schließlich dein Leben retten.

Die Idee des Lebens ist es ja nicht, dass wir mit diesem Annehmen und diesem Jasagen rücksichtslos oder egoistisch oder böse oder feige werden sollen (obwohl es im entspannten Zustand keine Rolle spielt), sondern dass unser enormer und energieraubender Stress des Sichwehrens endlich endet (der unser gesamtes Leben, unsere Liebe und unsere Freude blockiert) und dass wir endlich die Nähe und die bedingungslose Liebe zu unseren Eltern und unserer Geschichte finden, mit der wir unweigerlich ein Leben lang eng verbunden sind. All diese Vorwürfe an uns sind klare und *wörtliche* Botschaften und Aufträge des Lebens. Wir müssen meist einfach nur ein bisschen genauer hinhören, und das gelingt uns leichter, wenn wir das Sichwehren und Bewerten beenden. Versuch es mal.

Und falls wir etwas in unserem Leben korrigieren wollen, haben wir erst mit diesem Annehmen die Basis dafür. Also wenn du dich dem Leben und deiner Geschichte hingibst (das ist der freiwillige Weg) oder dich das Leben zum Verbeugen zwingt und du dann auch Scheiße bauen musst (um deine Geschichte lieben zu lernen), dann mach es bitte mit Freude. Ganz egal, was du tust, mach es bitte nicht halb, sondern ganz, also mit Freude. Freude ist ja kein Gedanke, sondern unser ureigenstes Wesen. Und immer wenn wir etwas ganz machen, rücken wir uns selbst ein wenig näher. Ein kleines Kind benötigt ja auch keinen bestimmten Anlass, um sich zu freuen. Es freut sich einfach, ganz egal, was es gerade tut. Es ist sein ureigenstes Wesen.

Willst du den Krieger oder das Schuldgefühl?

Immer wieder höre ich (besonders bei meinen Seminaren), dass es bei den Eltern dunkle Geschichten und viele Schatten gibt, und dieser Punkt ist (angeblich) das große Hindernis, sich vor seinen Eltern tief zu verbeugen. Es mag ja sogar stimmen, dass es da dunkle Geschichten und Schatten gibt, aber sobald das jemand zu mir sagt, dann muss ich die Schatten in seinem eigenen Leben suchen. Und du kannst dir sicher sein, sie sind da, diese Schatten. Und jeder hat schließlich die Freiheit, seine Schatten vor sich zu bekämpfen oder hinter sich anzunehmen (und zu leben). Und wenn es einen Schatten gibt, dann entkommst du ihm auch nicht.

Wenn es da einen Täter oder einen Krieger in unserer Geschichte gibt, und wir wehren uns dagegen und bewerten unsere Eltern, dann erleben wir auch den Mangel an Verbindung, Nähe und Liebe. Nähe zu Papa, der einst ein Krieger war, geht niemals ohne den Krieger. Er ist Teil seines Lebens, und er wird auch Teil unseres Lebens sein. Wir müssen uns auch vor den Schatten in unserer Geschichte verbeugen und sie in uns entdecken. Das heißt ja nicht, dass du ein Krieger wirst, und es mag ja sogar sein, dass es schlecht ist, ein Krieger zu sein (hab ja keine Ahnung), aber ich sehe die bitteren Resultate, wenn man sich dagegen – oft ein Leben lang – wehrt und es bewertet und eine Menge Energie dafür verbraucht und gleichzeitig friert, weil man keine Verbindung und keine Nähe zu seinen Eltern spürt. Unsere Zensur lässt es nicht zu. Wenn wir uns gegen den Schatten und den Täter in unserer Geschichte wehren, dann taucht als Ersatz auch sofort das Schuldgefühl auf. Es ist immer schnell zur Stelle, wenn wir uns gegen unsere Ahnen wehren. Und Schuldgefühle (leider ist die gesamte Gesellschaftsordnung darauf aufgebaut) sind noch viel grausamer als jeder Krieg, denn sie lähmen uns bei lebendigem Leibe und hindern unsere Energien am Wirksamwerden.

Bei den Eltern geht es um das Annehmen und um die tiefe Verbeugung. Aber (abgesehen von unseren Eltern) alles, was wir einem anderen Menschen anlasten, verhindert, dass wir uns selbst geliebt fühlen. Und einer, der Vorwürfe hat, der hat schließlich ja auch den Zwang der Rechtfertigung. Und bei unseren Eltern erzeugen unsere vielen Vorwürfe und Bewertungen später unsere vielen Schuldgefühle! Wir können immer wählen. Willst du hinter dir (in deiner Geschichte) den Krieger oder willst du vor dir das Schuldgefühl?

Die Liebe zu uns beginnt bei der Liebe zu unseren Eltern

Und bedenke auch, dass die Liebe zu uns selbst bei der Liebe zu unseren Eltern beginnt. Ohne diese Liebe zu unseren Eltern, ohne unsere tiefe Dankbarkeit und ohne diese innere Nähe zu ihnen werden wir es nie schaffen, uns selbst zu lieben (unseren Selbstwert zu spüren) und glücklich zu sein. Und wenn wir uns selbst nicht lieben, dann können wir auch andere Menschen nicht wirklich und ganz und bedingungslos lieben (auch die Nächstenliebe beginnt bei der Liebe zu uns selbst), und damit können auch andere Menschen uns nicht lieben. Sie spüren das wie ein Verbot. Der Kreislauf der Liebe bleibt damit leider unterbrochen. Eine ziemliche Zwickmühle, ich weiß.

Und ohne diese Liebe zu uns selbst werden wir es leider auch nicht schaffen, die Liebe zu ertragen (einer der schwierigsten Lernprozesse) und sie anzunehmen. Das ist das größte Problem dabei, so wie wenn eine Katze sich in den eigenen Schwanz beisst. Ohne Liebe zu unseren Eltern ist und bleibt uns sehr vieles im Leben einfach versperrt und verborgen. Ohne Dankbarkeit und ohne Liebe zu unseren Eltern kann uns nichts so recht gelingen bzw. nur mit einem irren Kraftaufwand und sehr vielen Mühen. Mühen sind meistens ein Mangel an Verbindung und Liebe. Wenn wir unsere Eltern lieben können, dann haben wir unseren Platz gefunden, und dann beginnt unser Leben und unser Glück!

Und bei der Wahl des Partners geht der Blick immer über die Eltern, auch wenn wir das nicht wahrhaben wollen und uns dagegen wehren. Es ist eine sehr weise Idee, dass in alten Zeiten die Eltern mit dem Partner einverstanden sein mussten. Ohne Segen von den Eltern gelingt uns aber auch heute nichts. Dieser Segen entsteht jedoch ohne Worte. Es ist ihr Gefühl, von uns geachtet und bedingungslos geliebt zu sein. Das ist unser größter Segen. Es ist die Verbindung zu ihnen und unseren Wurzeln. Für unser Glück ist es nicht wichtig, wie sehr uns unsere Eltern lieben (sie haben all ihre Liebe schon gegeben), sondern wie sehr wir sie lieben!

Vor einigen Jahren habe ich meinem Vater bei einem Besuch gesagt, dass mir nichts fehlt und dass er mir genug gegeben hat. Immer gab es bei meinen Besuchen so eine Schwingung des schlechten Gewissens und der Schuldgefühle. Immer dachte er, dass er mir zu wenig gegeben hat und dass er zu wenig für mich da war und dass mir noch immer etwas fehlt.

Unsichtbare Kriege sind die furchtbarsten

Und als ich meinem Papa sagte, dass er dieses Gefühl nicht mehr zu haben braucht, weil ich wirklich alles von ihm bekommen habe und glücklich bin und mir nichts fehlt und es genug war und ich ihm sehr dankbar bin, hat er sich gefreut wie ein kleiner Junge, und er hatte Tränen in seinen Augen, und er war wirklich sehr glücklich. Er hat gestrahlt wie ein 30-Jähriger, und er sagte mir, dass nun eine ziemlich große Last von seinen Schultern genommen ist. Es war auch für mich ein ganz besonderes Geschenk, meinen Papa so glücklich zu sehen. Aber es war für mich ein noch viel größeres Geschenk, als ich dann spürte, welche unglaubliche und starke und schöne Energie mit dieser Verbindung und dieser Liebe zu mir floss. Und noch heute spüre ich diesen Kraftstrom, der von meinen Ahnen zu mir fließt. Das ist das Werkzeug zur Liebe!

Und was das künstliche Aufrechterhalten unserer heilen Welt betrifft, höre ich von Eltern immer wieder: „Wir machen es doch nur für unsere Kinder." Aber glaub mir, für Kinder gibt es nichts Ärgeres als dieses Heile-Welt-Spiel. Und nur ein bisschen unter der Fassade tobt ein heftiger Krieg. Es ist ein dünner Friede. Als wären Kinder so blöd und würden nicht merken, was wirklich los ist. Es ist die Frage, was schlimmer ist, wenn ein Krieg sichtbar oder wenn er unsichtbar ist. Ein Mann aus Jugoslawien sagte mir, dass er froh war über den Kriegsausbruch, denn dann wurde der alte Hass endlich sichtbar, und man konnte darauf reagieren. Wenn ein Krieg sichtbar wird, dann arbeitet er bereits für den Frieden! Wegen unserer Kindern etwas aufrechtzuhalten klingt so schön und so verantwortungsbewusst, aber es ist bitter und teuer, vor allem für die Kinder. Sie bezahlen die Zeche! Und der Schaden von unseren Heile-Welt-Spielen ist meistens viel größer als bei einem sichtbaren Krieg oder einer Trennung der Eltern. Wir trüben damit auch ihre Wahrnehmung. Diese Kinder – ich kenne das aus meiner Arbeit – sind ziemlich verwirrt im Leben, aber nicht durch den Krieg, sondern durch dieses Heile-Welt-Spiel. Sie wissen dann im Leben auch nicht, was stimmt oder was stimmt nicht. Stimmt das, was sie sehen oder das, was sie fühlen. Ja, unser Heile-Welt-Spiel verwirrt sie total, und sie werden es uns schließlich auch nachmachen und auch eine neue (noch viel perfektere) heile Welt mit vielen neuen Spannungen und vielen Differenzen erschaffen. Es sind Differenzen zwischen dem, was wirklich ist und was sie fühlen und dem, was sie zeigen und leben.

Oh Herr, ich bin so würdig

Aber glaube mir, es gibt nichts Energieraubenderes als diese furchtbaren Differenzen, als diese Zwischenwelten. Das sind irre Spannungen mit sehr hohen Rechnungen. Sich ein ganzes Leben lang verstellen zu müssen oder etwas vorzuspielen was schon lange nicht mehr existiert, führt unweigerlich zur Erstarrung.

Bin ich nun wieder zu sehr abgeschweift? Deine Nachricht von gestern Morgen hat mich sehr gefreut, wo du mir sagtest, dass du sehr dankbar bist, das alles spüren und erleben zu können und dass viele Menschen das gar nicht erleben. Ja, vielen Menschen bleibt es verborgen, jemanden wirklich und tief zu lieben und all diese Gefühle in sich zu entdecken und zu spüren und zu zeigen, besonders aber deshalb, weil sie es sich selbst nicht erlauben! Es ist dieses lange eingeübte (und längst überholte) Oh-Herr-ich-bin-nicht-würdig-dass-du-eingehst-unter-mein-Dach-Denken.

Jeder einzelne Mensch möchte geliebt werden und lieben und Gefühle zeigen. Besonders Männer stecken ziemlich fest in alten Traditionen und haben große Sehnsucht, ihre Gefühle zu zeigen und sie auch zu leben. Und aus meiner Sicht ist es die größte Beleidigung Gottes, wenn wir uns nicht wertvoll und nicht würdig fühlen, uns nicht spüren, unsere Gefühle nicht leben können und nicht glücklich sind. Wir brauchen unbedingt das neue Gebet und Bewusstsein: Oh Herr, ich bin so würdig! Es ist das wichtigste Bewusstsein der neuen Zeit. Vieles geht zu Ende und vieles beginnt gerade in diesen Zeiten. Doch die tragendste Energie für diese neue Zeit ist dieses Bewusstsein, dass wir würdig sind!

Ja, es freut und ehrt mich sehr, dass du das so schätzt, dass dir das so viel wert ist. Aber erschrocken hat mich deine Mitteilung, dass dich noch kein Mann so geküsst hat wie ich, dass noch niemand so erotische Gedanken und Gefühle in dir erweckt hat. Also da wusste ich, was dir fehlt, was du suchst und was du so dringend brauchst! Es ist wirklich dieses Feuer! Mädchen, wie nennt man das, was du da gelebt hast? Ist das ein reduziertes Leben oder ein Leben auf Sparflamme? Worauf willst du denn sparen? Wenn du willst, dann koste mich doch einfach – immer wieder – und benutze mich, wenn du willst, und werde so richtig satt von mir und lebe endlich und baue deine komischen Ängste ab!

Kein Zahnarzt kann sich selbst behandeln

Ja, worauf willst du denn noch warten? Nun bist du ja eh schon ein ziemlich großes und erwachsenes Mädchen. Warum denn nur alles so schwer, so tragisch und so kompliziert machen? Du sagst mir, du liebst mich so sehr (und du weinst oft dabei) und es gefällt dir mein Begehren und meine Leidenschaft so sehr. Du sagst mir, dass du meine Küsse so sehr liebst (hängt ja auch mit dir zusammen) und dass dich noch niemand so geküsst hat. Na, das ist ja dem Leben gerade noch rechtzeitig gelungen und wurde mal dringend Zeit! Aber ich habe mit Sicherheit auch sehr viele Fehler und tolle Macken. Du kennst mich noch nicht sehr gut, und vielleicht ist dann alles gleich ganz anders.

Auch wenn ich liebenswert bin, dich sehr tief berühren kann und dir vieles entlocken kann, auch wenn ich ganz tief in dein Herz sehe und es zum Leuchten und Schwingen bringen kann, auch wenn ich eine sehr erotische Wirkung auf dich habe, auch wenn ich hohe Qualitäten habe (deren ich mir voll bewusst bin), auch wenn ich oft zaubere – das sagen manche über mich –, so kann ich mit so vielen Dingen im Leben nicht sehr gut umgehen.

Ich brauche dringend selbst in so vielen Bereichen des Lebens viele Hilfen und viel Beistand. Es gibt ja doch nichts Schöneres, als um Hilfe gebeten zu werden. Ich fühle mich jedesmal sehr geehrt, wenn mich jemand um Hilfe bittet. Und ich brauche selbst auch in so vielen Bereichen meines Lebens viele Salben und viele Küsse und Streicheleinheiten und viele Massagen und viel Unterstützung und viel Wärme und viel Liebe und viele gute Gespräche und eine gute Schulter (oder einen süßen Bauch, hehe) zum Weinen und einen guten Rat und ein gutes Buch und einen guten Zahnarzt (kein Zahnarzt kann sich selbst behandeln) und ein sehr gutes Kaffeehaus, und ich stehe auch voll dazu, dass ich so vieles brauche. Ich kann das alles nicht selber machen, und ich suche auch gar keinen Weg, alles alleine machen zu können und niemanden mehr zu brauchen und alles immer selber lösen zu können und immer alles sofort zu verstehen (unser Verstehen verstärkt oft ein Problem) und alles immer selbst zu wissen und niemals mehr weinen zu müssen und niemals mehr zu scheitern oder alle möglichen Probleme zu vermeiden. Nein danke! Diese Bedürftigkeit (und dass ich dazu stehe) ist vielleicht ja meine größte Kompetenz!

Bitte kein ideales Leben

Das wäre ja ein ziemlich trauriges, abgehobenes, einsames und kaltes Leben. Auch meine Seminare haben niemals dieses Ziel. Ganz im Gegenteil! Wir suchen nicht nur den Weg zu unserer Kraft und zu unserer Mitte und zu unserem Glück, sondern auch den Weg zur Authentizität und zu unserer Lebendigkeit und damit den direkten Weg zu unserer Bedürftigkeit (die Erkenntnis, dass wir vieles brauchen) und den Weg zum konstruktiven Scheitern und uns so zu lieben, wie wir sind! Erst mit diesem konstruktiven Hinfallen und Scheitern finden wir auch den Weg zum Wiederauf(er)stehen!

Ich weiß, das ist so ein weit verbreitetes und hoch gestecktes Ziel und erstrebenswertes Ideal von so vielen Menschen und Ideen und Organisationen und sogar von geistigen Entwicklungen und einigen esoterischen Wegen. Aber für mich ist diese Idee, unberührbar, abgehoben, euphorisch und nur positiv zu sein (nimm dich in Acht vor nur positiv denkenden und euphorischen Menschen) und niemanden mehr zu brauchen und alles selber und viel besser zu wissen und sogar autark zu sein und nach dem idealen Leben zu streben sehr realitätsfremd und in Wirklichkeit die Idee eines angsterfüllten kleinen Geistes und ein Anspruch auf Macht. Die wahren Bedürfnisse in uns werden damit (fast) perfekt versteckt, und der Isolationsvorgang schreitet mit noch größeren Schritten voran. Ich halte es für einen großen Fehler. Es macht uns auch auf keinen Fall satt oder gar glücklich oder kompetent, und es ist ein Weg zur Einsamkeit und zur Erstarrung!

Und ich suche (zum Glück) nicht mehr nach meinem idealen Leben und danach, perfekt zu sein, und ich will mich auch nicht schützen (eine sehr heimtückische Form der Selbstablehnung), und ich trage auch kein Amulett gegen böse Geister um meinen Hals. Süße, ich muss dir gestehen, ich liebe mich so, wie ich bin, und ich liebe meine Macken und Fehler und mein Scheitern, und es ist mir egal, wie ich dafür genannt werde, und ich will mich nicht ändern! Ich bin kein idealer Partner für eine neue heile Welt und keinesfalls will ich gerettet werden. Ich glaube, das ist für jeden Mann ein rotes Tuch. Es gibt mich einfach nur in dieser Ausführung! Also falls es einmal eine fixe Beziehung zwischen uns gibt, wirst du mich vielleicht ganz neu kennen lernen müssen. Ich brauche sehr viel Freiheit, aber ich leide, wenn ich keine Nähe und keine Liebe spüre, und ich will das gar nicht ändern. Ich will es einfach leben.

Koste und probiere mich doch ganz einfach

Ich liebe es, wenn mein Partner fest auf seinen eigenen Beinen steht, aber ich würde dich jede Nacht ganz nah spüren wollen und zumeist noch viel mehr. Wer den geraden Weg sucht, den schleudert es in den Kurven. Ein blöder Spruch, gell? Ich bin auch deiner Meinung. Er ergibt keinen Sinn, denn den geraden (also den idealen) Weg, den gibt es einfach nicht. Hey, wir haben ja schon wieder einen Grund zum Feiern! Das alles mit uns ist auch für mich sehr schön und einzigartig, und nichts ging für mich zu schnell, aber es braucht trotzdem seine Zeit. Sei einfach meine liebe Freundin (bist du ja schon), nimm diese Gelegenheit wahr und überwinde deine Ängste. Über mehr sollten und müssen wir uns derzeit gar keine Gedanken machen. Wir müssen nichts planen, und wir müssen nicht einmal wissen, wie es in einem Monat oder in einem Jahr aussieht.

Und wenn du willst, dann koste und probiere mich doch ganz einfach aus und spiele mit mir und benutze mich doch. Ja, probier mich so ganz und gar aus und so lange du willst. Das meine ich ernst. Erlaube es dir! Ja, das tut doch gut, etwas ausprobieren und kosten und sogar benutzen zu dürfen. Wenn wir zu unseren Wünschen stehen und sie ganz offen zeigen und aussprechen und nichts davon verstecken, dann ist das auch möglich. Wir können im Leben immer probieren, kosten, spielen und wählen. Ich weiß, das ist für viele Menschen ein heikles Thema, weil das Gespenst vom Benutzen sogleich auftaucht.

Für mich ist dieses Sichbenutztfühlen eine andere Bezeichnung für: voll im Nebel zu leben. Es ist der Versuch, seine Wünsche und Sehnsüchte (im Nebel) zu verbergen und die Verantwortung abzugeben. Das geht ja dann ziemlich leicht. Ich muss nicht sagen, was ich will, und der andere ist dann der Schuldige. Wenn nichts versteckt ist und alles sichtbar gemacht und auch ausgesprochen wird und wir damit auch die Verantwortung übernehmen, dann gibt es dieses Gefühl benutzt zu werden nicht! Dann können wir kosten und probieren und auch bewusst benutzen. Warum sollten wir denn etwas nicht probieren und benutzen dürfen, noch dazu, wenn es uns angeboten wird? Vielleicht brauchst du mich ja nur ein kleines bisschen (das kann ein ganzes Leben lang dauern), oder vielleicht brauchst du ja nur einen kleinen Teil von mir.

Niemals hatte ich eine falsche Beziehung

Liebste, alles ist im Leben möglich, wenn wir es uns nur erlauben. Und wegen einer Wurstsemmel kaufst du ja auch nicht gleich den ganzen Supermarkt. Auch in Beziehungen gibt es nicht nur ganz oder gar nicht – es gibt so vieles dazwischen, und du kannst im Leben alles kennen lernen und kosten und probieren und sogar benutzen. Musst es nur offen auf den Tisch legen, was du willst und klar aussprechen und dazu stehen. Dann ist das alles kein Problem.

Auch ich habe eine bewegte und schöne Vergangenheit. Ich habe mit Claudia nun die sechste Beziehung, und ich bin nun das dritte Mal verheiratet. Ich hatte aber noch niemals einen Seitensprung. Du bist sozusagen nun mein erster. Und auch bei mir ist vieles zu Ende gegangen, manche sagen dazu schief gegangen. Ich sehe das nicht so. Nichts ist schief gegangen, und es war auch niemals eine falsche Beziehung, es war immer der richtige Partner, und in keiner Beziehung fühle ich ein Scheitern. Es war jedes Mal ein sehr wertvoller Lebensabschnitt und ein wesentlicher Lernprozess, und er ging halt zu Ende. Wir sind ja auch nicht gescheitert, weil unsere Jugend zu Ende ging – sie ging halt einfach zu Ende.

Und ich frage mich auch immer, wo denn das ideale Alter eines Menschen liegt, zu dem man nach seinem Tode sagt: „Sein Leben war vollendet.“ Ist es mit 50 oder mit 70 oder mit 90 oder müssen wir über 100 werden, damit wir ein vollendetes Leben geführt haben? Kann ein Leben nicht auch vollendet sein, wenn es nur 39 Jahre dauerte? Kann eine Beziehung nicht auch vollendet sein, wenn sie nur vier Jahre dauerte und sie eben vorbei ist? Warum müssen wir die Zeitperioden so festhalten und in ein so kleines Kasterl (nach unseren Vorstellungen) einsperren? Alles geht doch zu Ende, auch die schönste Beziehung, spätestens ja doch mit dem Tode. Ich bin sozusagen auch ziemlich beziehungsgeprüft, auch ich bin ein vom Leben ziemlich beschriebenes Blatt. Aber ich fühle mich sehr gut damit, und ich bereue nichts! Ich stehe voll dazu, und ich konnte auch kein bisschen anders. Auch ich habe natürlich verletzt, es war niemals beabsichtigt, aber ich konnte es auch nicht vermeiden. Aber ich habe keine Schuldgefühle! Es waren alles wichtige Stationen meines Lebens. Ich habe auch mit fast allen Verflossenen ein gutes Verhältnis. Ich muss heute sagen, dass alles so gekommen ist, wie ich das eigentlich wollte.

Wir haben es selbst bestellt

Das Problem ist ja nur, dass wir meistens vergessen, wie wir es wollten und dass wir es selbst bestellt haben. Aber wenn wir ganz genau hinsehen, dann können wir auch nicht leugnen, dass es unsere Kreationen und Bestellungen sind. Ich habe insgesamt auch zehn Kinder (sechs waren in meinem Familienverband mit Claudia), und ich bin sehr glücklich und stolz darüber! Alles hat seinen Platz und alles hat seine Ordnung. Es ist alles gut, wie es gelaufen ist, und es sind so tolle Kinder geworden, die ich alle sehr liebe. Aber auch hier muss ich gestehen, dass ich mir immer viele Kinder gewünscht habe! Manchmal ist die Last groß, aber da gibt es keine Fehler und kein bisschen Bereuen. Und wem würde es auch helfen? Ich habe es selbst gewählt und selbst bestellt, auch wenn ich mich nicht mehr daran erinnern würde.

Ach, meine Süße, warum machst du dir dieses schöne und doch sehr kurze Leben mit Schuldgefühlen, Ängsten, Sichschlechtfühlen, die Lasten der anderen tragen nur so schwer? Warum nur? Nimm doch das ganze Leben (und auch die Liebe) nicht ganz so ernst und lebe es doch einfach! Mach es dir doch nicht so schwer. Diese Schwere der Schuldgefühle ist wie ein schweres Denkmal. Einen Fehler können wir leicht korrigieren, aber Schuld ist sehr schwer und muss gesühnt werden.

Und zum Thema Zeit möchte ich dir noch kurz etwas erzählen. Die meisten Menschen meinen ja, dass sie ewig Zeit haben. In den USA habe ich drei Jahre lang mit Monica gearbeitet. Und immer wieder habe ich Monica gefragt, was denn das Wichtigste, das Wesentlichste für sie in ihrem kurzen und wertvollen Leben sei. Und bei jedem Seminar hat Monica ziemlich um den heißen Brei geredet und diese Frage nicht klar beantworten können oder wollen. Und nun hat Monica Krebs, und es geht ihr gar nicht gut, und sie lebt in Mailand (in der Stadt ihrer Eltern). Und als sie mich anrief, um mir davon zu erzählen und um mich nach Mailand einzuladen, sagte sie mir in nur fünf Minuten viel Wesentlicheres und Schöneres und Kraftvolleres als bei den drei großen Seminaren in den USA. Sie sagte mir am Telefon, was das Wichtigste für sie im Leben ist. Aber was ist nur geschehen mit ihr? Monica hat nur begriffen, dass sie nicht ewig Zeit hat! Hab dich lieb – freu mich, bald wieder von dir zu hören.

Hast du auch schon ein Schlauchboot?

Liebste, es war so schön, dass wir uns gestern kurz getroffen haben, und ich muss dir gleich ein Brieferl schreiben. Weiß ja nicht, ob wir uns so bald wiedersehen. Wir beide haben immer sehr intensive und schöne Gespräche und ich muss dir gleich was dazu sagen.

Ich bin überzeugt davon, dass jeder einzelne Mensch eine wunderbare Herzensidee in sich trägt und dass wir auch genau dorthin steuern. Dann vergessen wir in den Mühlen des Alltags diese Herzensideen. Aber das Herz vergisst seine Idee nie und nimmer. Dann kommt die Zeit, wo uns das Leben liebevoll daran erinnert und dazu zwingt, diesen selbst bestellten Pfad endlich zu gehen. Es legt uns liebevoll Hindernisse in den Weg, damit wir unseren Verstandespfad verlassen. Aber wir sagen: „Böses Leben", und „ungerechtes Leben", und manche verfluchen es sogar, und wir wehren uns dagegen. Aber mit unserem Sichwehren steigt auch der Druck des Herzens (und des Lebens) und damit steigt auch wieder unser Sichwehren. Dieser Kreislauf dreht sich und dreht sich, solange bis wir erkennen, dass es lediglich unsere eigenen Herzensideen sind, gegen die wir uns so wehren, dass es unser eigener Lebenspfad ist, auf den wir liebevoll gezwungen werden, dass es unsere eigenen Bestellungen beim Leben waren – die wir halt vergessen haben. Leider kann man sich auch erfolgreich dagegen wehren. Wenn man sich lange genug wehrt, kann man sehr wohl an seiner selbst bestellten Herzensidee vorbeileben und sie verraten.

Aber wie viel Zeit haben wir denn für unser Leben wirklich? Viele Probleme entstehen, weil wir glauben, ewig Zeit zu haben – weil wir vergessen, dass der Tod ständig hinter uns steht. Und es ist eigentlich ein absoluter Wahnsinn und eine Beleidigung an die Schöpfung und eine totale Lebensverschwendung, in diesem engen Kasterl-Denken zu leben und zu verharren (besonders, weil wir doch ganz andere Ufer im Leben erreichen könnten) und zu erstarren und im Neid und im Vergleichen („Ist mein lieber Nachbar denn hoffentlich nicht glücklicher als ich?") zu versinken und als Lebenshöhepunkt vielleicht ein neues Schlauchboot, ein neues Auto oder die sichere Pension zu sehen. Viele von uns meinen leider, wir hätten unser Leben gemeistert, wenn wir finanziell abgesichert sind und mit 35 schon wissen, wie viel Pension wir mit 65 bekommen. Das ist eine Beleidigung des Lebens!

Es ist eine Lebensverschwendung

Ja, ich finde, es ist eine Lebensverschwendung, sich ein ganzes Leben lang verstellen zu müssen, entsprechen zu müssen, im Abgesichertsein zu erstarren, die heile Welt am Leben halten zu müssen und seine großen Visionen zu verraten, nur weil wir Angst haben, ein bisschen Wertschätzung und Liebe zu verlieren. Wir setzen oft ein Leben lang auf das falsche Pferd. Viele sind eigentlich ganz anders, aber sie haben nie Zeit dafür.

Süße, jetzt ist einfach die Zeit zum Glücklichsein! Die Zeiten zum reinen Versorgen und Versorgtsein sind vorbei! Wir leben im unglaublichen Luxus, dass wir uns nicht mehr so ums Überleben sorgen müssen, sondern uns auch die Frage stellen können: Wie können wir wirklich glücklich sein? Ich muss beobachten, dass das besonders für Frauen eine neue Idee ist! Sie haben eigene Berufe, einen Führerschein und auch schon lange das Wahlrecht! Aber viele Frauen leben noch in der alten Energie vom Versorgtsein. Ja, die Zeiten haben sich total geändert! Und es macht uns Männer auch nicht wirklich glücklich, mit einer Frau zusammenzusein, die nicht auf ihren selbstbewussten Beinen steht, die nicht glücklich ist, die nicht stark ist und die nicht ihr Wahlrecht (für ihr eigenes Leben in Liebe, Lust, Kraft und Freude) gebraucht.

Die so genannte Gesellschaft erlaubt das nicht, und *man* darf das nicht tun, und das geht auch nicht. Diesen Schwachsinn höre ich immer wieder. Aber wer ist denn bitte diese Gesellschaft? Sie ist für mich wie ein Vorstand eines großen Betriebes, der die Geschehnisse im Betrieb gestaltet, entscheidet und lenkt. Aber wenn wir genauer hinsehen, ist jeder Einzelne von uns so ein Vorstandsmitglied mit Aktienanteilen und kann mitgestalten und mitreden und mitentscheiden. Das ist die Realität!

Ja, wir müssen die Scheiße (wo wir wirklich stehen) zuerst so richtig spüren. Ich glaube, es ist kein Fehler, sich auch so richtig beschissen zu fühlen, um klar zu wissen, wo wir denn überhaupt stehen, und um überhaupt Korrekturen in unserem Leben vornehmen können. Wenn wir nicht wissen, wo wir stehen, wenn wir keine klare Diagnose machen können und wenn wir keine Differenzen spüren, wenn wir noch immer glauben, dass eh alles in Ordnung ist, was wollen wir dann korrigieren?

In der Scheiße zu sitzen ist ein Segen

In der Scheiße zu sitzen, bezeichnen viele Menschen als großes Problem. Aber das stimmt nicht! Es ist mit so einem Makel behaftet, und wir meinen manchmal sogar, dass es so etwas wie eine Strafe des Lebens sei. Das schon sagen zu können (Probleme zu haben oder in der Scheiße zu sitzen), ist in Wirklichkeit ein sehr großer Segen. Es ist ein Signal, dass der Heilungsprozess schon begonnen hat. Es ist ein anderer Ausdruck für „ich bin dem Ziel schon sehr nahe." Ja, wir machen uns meistens um die falschen Menschen Sorgen! Zu meinen und zu glauben, dass nichts los ist, ist ein viel größeres Problem. Wir können es noch nicht behandeln und nicht korrigieren. Es ist so ein halber und wirklich beschissener Zustand ohne jede Korrekturmöglichkeit. In der Scheiße zu sitzen – und das schon klar zu spüren – ist das Zeichen dafür, dass das Leben schon mächtig versucht, etwas zu korrigieren und zu heilen. Leider stoppen wir meistens diese Prozesse (weil wir meinen, dass sie schlecht sind oder uns nur schaden wollen) und suchen schnelle Lösungen, Ablenkungen, und wir wehren uns sehr dagegen und begeben uns wieder in diese seichten, halben und mittelmäßigen Zustände, die nur zur Erstarrung und zur Ignoranz führen.

Auch auf der körperlichen Ebene ist das so. Wenn wir etwas schon klar als Krankheit benennen können, dann sind wir schon am Ziel. Wir müssen es nur noch aushalten. Das, was wir Problem oder Krankheit nennen, ist in Wirklichkeit schon der Heilungsprozess. Du kannst Vertrauen in das Leben haben. Es versucht von sich aus immer alles sichtbar zu machen und zu korrigieren und zu heilen, und wir erhalten zu jedem Problem auch immer das Werkzeug und die Fähigkeiten zum Lösen! Wenn ein Problem sichtbar und fühlbar wird, dann arbeitet es bereits schon für die Lösung (sonst hieße es ja Kontra-blem). Und wenn ein Krieg sichtbar wird, dann arbeitet er bereits für den Frieden. Sei also glücklich, wenn etwas sichtbar wird, wenn du schon feststellst, ein Problem zu haben oder in der Scheiße zu sitzen. Dann fordert dich das Leben auf, alles noch klarer zu fühlen und alles auch klar zu formulieren. Das ist der geforderte nächste Schritt und unser wesentlichstes Tun. Es ist eher ein Zulassen als ein Tun. Mit diesem nächsten Schritt gewinnt dein Gedanke, dein Fühlen und dein Wort an enormer Kraft, und du entfernst dich von diesen furchtbaren Halbheiten und seichten Zuständen, in denen noch nichts los ist.

Begeisterung öffnet das Tor zur Lust

Ja, es ist enorm wichtig, unsere Wünsche und Vorstellungen klar zu formulieren (manchmal ist es ja ein Segen, dass sie nicht in Erfüllung gehen). Das stärkt unsere Gestaltungs- und Korrekturkraft enorm, und damit übernehmen wir auch die Verantwortung für unser Leben. Bei einem Gebet reicht es auch nicht zu sagen: „Lieber Gott, bitte hilf mir!" Auch dabei müssen wir schon klar und ziemlich deutlich formulieren, worum wir denn bitten, welche Hilfe wir benötigen. Meistens liegt schon in der klaren und kraftvollen Formulierung die Antwort oder die Lösung für unser Gebet, für unser Problem. Damit werden Teile in uns berührt und aktiviert, die wir dann später als Lösung bezeichnen. Es erinnert mich an den Spruch: Hilf dir selbst, dann hilft dir Gott. Es ist die Kraft der Klarheit (Klarheit ist Heilung) und das Ende der Halbheit. Das Mächtigste an diesem Vorgang ist, dass wir mit diesem sehr kraftvollen und klaren Formulieren auch einen kraftvollen und klaren Blick bekommen und sich unser Herz damit öffnet. Und mit diesem kraftvollen und klaren Blick sind wir erst fähig, die seltenen Gelegenheiten im Leben auch zu erkennen. Und Gelegenheiten können auch bekanntlich an uns vorbeiziehen. Ja, auch wenn das die bittersten Erfahrungen in unserem Leben sind, können schöne Gelegenheiten direkt vor unserer Nase an uns vorbeiziehen.

Und wenn du einmal ein kraftvolles Leben beginnst und damit dein Herz ganz öffnest und damit deine kleinen und ängstlichen Halbheiten beendest, dann wird sich ziemlich viel in deinem Leben bewegen und auch verändern! Und bald wirst du auch feststellen, dass es kein Zurück mehr gibt. Wenn du etwas ganz (anstatt halb) machst, dann folgt darauf vieles! Es beginnt z.B. mit einer ganz harmlosen Anerkennung. Und wenn du das ganz (anstatt halb) machst, dann erweckst und entfachst du damit dein Feuer. Daraus wird sehr schnell Begeisterung, und damit wird das Tor zur Lust geöffnet. Ja, sei darauf vorbereitet, aber fürchte dich nicht davor. Das ist immer so im Leben, wenn wir etwas *ganz* machen, dann erwecken wir vieles, und wenn wir etwas erwecken, dann ist es eben wach und aktiv, und dann folgt eines nach dem anderen und ist nicht mehr aufzuhalten. Es kann natürlich auch ein unbequemer Weg sein, wenn wir nicht mehr in unser graues Mauseloch hineinpassen, weil uns Flügel gewachsen sind. Dann verändert sich so manches in unserem Leben.

Ich erlaube mir, arrogant zu sein

Und ich weiß, mein letzter Brief über das Ja zu dem, was uns vorgeworfen wird, hat dich sehr erzürnt. Ich möchte mit dem Ja (worüber wir gestern gesprochen haben) aber noch einen Schritt weiter gehen, zu einer noch tieferen Ebene, zu dem, was wir selbst als schlecht bezeichnen und uns selbst vorwerfen. Nun kann ich es sagen, denn du bist bereit. Dein Zorn und dein Wehren sind nun groß genug, es hat dich ausreichend berührt und damit bist du offen. Zorn öffnet (oft als letzte Instanz) unser Herz. Du entlockst es mir nun förmlich. Es geht nämlich genau um das, was du nun selbst so spürst und was dich so zornig macht. Zornig macht uns nur das, was eben auf den Punkt trifft. Alles was sich in uns so sehr wehrt (egal wogegen), bezeichne ich nicht einmal als ein Problem! Ja, obwohl uns nichts das Leben so schwer macht wie dieses Sichwehren, ist es aus einer bestimmten Sicht gar kein Problem, sondern eine göttliche Einrichtung zu uns selbst. Wenn du diesen Mechanismus einmal genauer ansichst und die feinen Fäden des Lebens erkennen kannst, dann wirst du wissen, wie perfekt das Leben ist, und dann bist du vielleicht auch bereit für eine ziemlich mächtige Übung. Diese Übung (ich glaube wir haben schon einmal darüber gesprochen) habe ich natürlich zuerst bei mir selbst ausprobiert und ich nenne sie: „Das große Tor zu uns selbst."

Beginne einfach zu dir selbst zu sagen: „Ja, ich erlaube mir zu scheitern, ich erlaube mir, schwach zu sein, ich erlaube mir, mich schlecht zu fühlen, ich erlaube mir, Fehler zu machen, ich erlaube mir, arrogant zu sein, ich erlaube mir, zu fallen." All diese Qualitäten sind ja eine rein subjektive Betrachtung (ist ja auch die Frage, ob sie stimmen) und ich hab ja keine Ahnung, wo denn die Schwelle zur Arroganz ist, und ab wann man denn nicht mehr egoistisch ist. Es sind die Denkmuster aus unserer Geschichte, die bei jedem anders sind, und die von uns durchbrochen und aufgelöst werden wollen. Diese Angst zu scheitern oder „ich darf nicht selbstherrlich sein" oder „ich darf nicht schwach sein" oder „ich darf mich nicht wertlos fühlen", haben eine enorme Wirkung, weil es eben unsere Gefühle sind, und sie blockieren in dieser Form den Zugang zu uns selbst. Du hast es selbst erlebt. Jedes Mal wenn sie auftauchen, diese „bösen Sätze" und dann die Vorwürfe an uns selbst, zucken wir innerlich zusammen – so darf ich auf keinen Fall sein – und versperren so ziemlich alle Tore in uns und zu uns. Diese Blockade führt dazu, dass wir nicht mehr wissen, wer wir sind, wofür wir da sind, welche Ziele wir verfolgen sollen. Sie führt zur Sinnlosigkeit.

Das große Tor zu uns selbst

Und diese Blockade trübt vor allem unsere Wahrnehmung, sie blockiert unser Sehen, weil wir wichtige Anteile von uns selbst nur verzerrt, also als Selbstvorwurf, wahrnehmen. Es verbaut uns sehr viel im Leben und wir werden genau durch diesen Vorgang des Wehrens blind. Ich empfehle dir diese Übung, aber ich weiß selbst, dass sie nicht leicht ist. Sie wird dich an diese blockierenden Gefühle endlich einmal heranführen, es dich einmal wirklich fühlen lassen und durch dein volles Ja gleichzeitig auch entschärfen. Das Dumme an unserem Sichwehren – egal wogegen – ist ja, dass es viel mehr verhindert und blockiert, als die Sache (ein Gespenst) selbst, vor der wir glauben, uns schützen und wehren zu müssen.

Gleichzeitig sind eben genau diese Gefühle, die dann heftig auftauchen, wenn wir uns unverschämt oder selbstherrlich fühlen und diese enormen Widerstände „das große Tor zu uns selbst." Diese negativen Gefühle – ganz egal welche – zu überwinden und Ja zu ihnen sagen zu können, ist das Tor zur Mitte. Du wirst erleben, wie befreiend es wirkt, wenn du diesen Stress des Sichwehrens hinter dir lassen kannst. Du musst dann nicht mehr gut da stehen, du musst dich kein bisschen mehr verstellen, du darfst auch scheitern (was ja kein Mensch vermeiden kann) und du musst kein bestimmtes Bild von dir aufrecht erhalten, das die Gesellschaft von dir verlangt ... oder von dem du glaubst, dass es von dir verlangt wird. Dein Leben wird sich erhellen und verwandeln, und es ist der direkte Weg zu dir selbst und auch zur Fülle. Dein Unbewusstsein wird diese mächtigen Sätze als Belohnung empfinden, und du wirst dich plötzlich wertvoll fühlen wie nie zuvor ... nicht weil du etwas Neues machst, sondern nur weil dein wahres Wesen sichtbar werden darf. Es ist so, wie wenn eine dunkle Wolke sich auflöst und plötzlich die Sonne sichtbar wird. Such dir die ärgsten Sätze, die dir von dir selbst und auch von anderen vorgeworfen werden, die dich am meisten erschrecken, bei denen du den größten Stress hast und erlaube es dir, Ja dazu zu sagen. Mach diese Übung über einige Monate und du wirst dich danach nicht mehr kennen. Du springst damit über alle deine Schatten – es ist das große Tor zu uns selbst, und damit werden alle Hindernisse zu dir selbst beseitigt. Wenn Hindernisse und unser Wehren weg sind, dann bleibt einfach etwas übrig, und das ist unser wahres Wesen – und dieses sieht alles. Plötzlich wird alles (was immer schon da war) auch bei dir sichtbar. Auch unsere Ziele werden plötzlich sichtbar - waren sie doch schon immer da. Hab dich lieb.

Geh doch einfach deinen nächsten Schritt

Liebes! Von so vielen Geschichten des Lebens (meinen eigenen und den von vielen anderen) weiß ich, dass prinzipiell alles einfach ist und einfach sein kann, dass nichts kompliziert sein muss. Auch unsere Freundschaft, unsere tiefe Liebe, unsere schöne Herzensbegegnung kann und darf einfach und bereichernd sein. Es ist unsere schönste Lebenskunst, unsere Begegnungen und Beziehungen für sich dienlich, fördernd und bereichernd werden zu lassen.

Anfangs scheint vieles kompliziert, und man muss es erst genauer ansehen und klären und ordnen, und irgendwann ist es geklärt und geordnet. Das braucht auch Zeit, und das darf alles sein. Das geht aber nur, wenn jeder seine Entwicklungsschritte geht, wenn jeder seine Ängste ansieht, bearbeitet und loslässt, wenn jeder seine Bedürftigkeit zeigt und lebt. Wenn diese Schritte nicht gegangen werden (egal in welcher Form der Beziehung, egal ob wir gebunden sind oder nicht), oder nur einer der beiden diese Schritte geht, dann bleibt oder wird es einseitig und kompliziert. Und alles, was kompliziert ist und bleibt, das wirkt belastend und ermüdend.

Und am Beginn einer jeden Beziehung steht der Satz: Ich habe dich ganz besonders lieb, und deshalb zeige ich dir meine Schwächen und Mängel. Am Beginn einer jeden Beziehung steht immer die Bedürftigkeit. Beziehungen beginnen damit, dass wir unserem Geliebten etwas schenken möchten, damit Liebe ins Fließen kommt. Wenn der aber alles hat und nichts braucht (oder zumindest so tut) und keine Schwächen hat und nicht verwundbar ist und alles selber machen kann und alles selber weiß (weil er vielleicht glaubt, dass er sonst weniger wertvoll ist), dann kommt nichts zum Fließen. Aber es ist auch der direkte Weg zur Einsamkeit.

Also egal, welchen Weg du gehst, egal ob du mit mir noch einmal schlafen wirst oder nicht, egal ob du mich als Freund oder als Geliebten willst, lass es nicht kompliziert werden, lass es fließen. Es würde uns sehr ermüden und all die schöne, aufbauende Energie würde wieder zerfließen (wie in sehr vielen Begegnungen und Beziehungen), und sie könnte sich sogar gegen uns richten. Das Leben bewegt sich, bewege auch du dich mit. Gehe deine nächsten Schritte - sie geben dir Kraft und sie heiligen dein Leben!

Was ist der große Auftrag in unseren Tragödien?

Es ist aber auch unsere schönste Lebenskunst, unsere Tragödien, Probleme und auch unsere schlimmsten Ängste für sich dienlich, fördernd und bereichernd werden zu lassen. Das hat aber nichts mit dem Alles-ist-für-etwas-gut-positiv-Denken zu tun, das meistens nur unser Fühlen verhindert. Ich halte nicht sehr viel von der Idee, uns von diesen Dingen (die wir als Problem bezeichnen) einfach *nur* zu befreien. Sie haben ja meistens auch mit unseren früheren Leben zu tun, aber wenn es ein *nur* Abtragen ist, wenn dadurch nicht etwas Neues und Großartiges entsteht, dann war es bis zu einem bestimmten Grad auch umsonst. Für das Leben genügt es einfach nicht, ein Problem *nur* zu lösen oder es gar vielleicht zu amputieren, dann beginnen meist die wirklichen Tragödien: am Lebensziel vorbei gegangen. Das Leben verlangt von uns, herauszufinden, was denn der Auftrag in unseren Problemen ist und welche besondere Qualität und Fähigkeit daraus erwächst und schließlich auch zu unseren Aufgaben im Leben perfekt dazupasst und uns heilt und erlöst und in ein höheres Bewusstsein führt. Wir stehen immer am richtigen Platz im Leben. Es ist auch ein Hauptbestandteil meiner Arbeit, immer herauszufinden, was denn die Chance und das Gold hinter einem Problem sind.

So gibt es selbst für unsere schlimmsten Tragödien (Selbstmord, Unfall, Krankheit oder sonstige Schicksale) eine wunderbare und goldene Seite, etwas, das genau dieser Mensch mit seiner tragischen Geschichte ganz besonders gut kann und sonst niemand! So habe ich z.B. bei Menschen, die Suizid in ihrer Geschichte haben (so wie bei dir dein Papa) oder dies selbst erwogen und versucht haben, nicht nur die Seite des Schreckens und des Problemlösens gesehen, sondern auch (nach der Bereinigung, nach dem Fühlen und nach dem Ordnen) die Frage: Wozu soll das denn gut sein? Und das ist aus meiner Sicht eine der wichtigsten Fragen im Leben. Wenn wir davon ausgehen, dass das Leben sich nicht irrt und dass wir keine armen Würmer sind, die so rein zufällig, halt als Laune des Lebens, in eine bestimmte Familie mit einer tragischen Geschichte hineingeboren wurden, sondern es eben unsere selbst gewählten Lernprozesse sind, dann ist es eine der wichtigsten Fragen, wozu das alles gut ist und was ich damit anfangen kann, wozu ich es benutzen kann. Das ist eine der wichtigsten Betrachtungen im Leben. Jede Schattenseite hat auch eine große Gabe.

Ich werde eingeladen von dieser Seele

Nun lass es dir erklären, was ich damit meine. Schätzchen, du bist die Erste. Ja, ich habe das noch niemandem erzählt, ich hatte noch nicht den Mut dazu. Alles beginnt meistens mit einer sehr komischen Handbewegung. Beobachter sagten mir das so, ich selbst merke das nicht. Es ist ein guter, ein ganz besonderer Tag darüber zu sprechen. Die Himmelstore sind heute weit geöffnet, und mein Herz ist bereit, dir dies zu zeigen und dir zu sagen, wie gesegnet du mit deiner tragischen Geschichte in Wirklichkeit bist, sobald du vollen Herzens Ja dazu sagst und dich kein bisschen mehr dagegen wehrst und alles als *deines* erkennst.

Es ist für mich die schönste Magie des Lebens, und es war auch meine mächtigste Entwicklung, das zu entdecken. Grundsätzlich ist es ja so, dass es die Botschaften des Verstandes (also das, was ein Mensch zu dir sagt) gibt, und es gibt die Botschaften der Seele. Die meisten von uns sind sich dessen nicht bewusst und leben lange Zeit daran vorbei. Die meisten von uns können das, was die Seele will und braucht, oder das eigentliche Problem, gar nicht aussprechen und formulieren. Und meistens gibt es sehr große Differenzen zwischen Verstand und Seele. Das hat mich schon sehr oft in einen großen Konflikt gebracht, und ich habe lange Zeit nicht gewusst, wie ich damit umgehen soll.

Ja, meistens beginnt es mit einer komischen Handbewegung (es zuckt dann auch in meinem Zeigefinger), zumindest ist es das, was für den anderen dabei zu sehen ist. Für mich beginnt es damit, dass ich zu einem Menschen Verbindung und Liebesenergie spüre und es den dringlichen Ruf seiner Seele gibt, aber dieser Mensch etwas ganz anderes sagt. Wenige Menschen können das sagen, was ihre Seele will und dringend braucht. Wenn diese große Differenz (zwischen Verstand und Seele) auftaucht, dann muss ich praktisch darauf reagieren. Dann rieche ich kurz an diesem Menschen (in meiner Arbeit oder im Autobus oder im Kaffeehaus) und lasse mich ganz auf ihn ein und fühle kurz seine Aura (dann sehen die anderen meist meine komische Handbewegung), und dann trete ich in seine Welt ein und besuche seine Seele. Das ist ein wunderschöner Vorgang, und das ist bei jedem Menschen möglich. Ich werde eingeladen von dieser Seele, sonst wäre es gar nicht möglich. Ich trete ein in diese Seele, in diese Welt und sehe dann alles, wie es wirklich ist.

Manchmal sehe ich lahme Flügel

Ich sehe dann alle großen und kleinen Wunden, das Weinen des kleinen Buben, weil sein Papa gestorben ist, alle Mauern und Blockaden, alle Qualitäten, die ganze Schönheit und ich verstehe dann alles und sehe alle Zusammenhänge. Mein größter Gewinn dabei: Ich habe durch diese Besuche mein Bewerten komplett verlernt. Und plötzlich (wenn ich will) verstehe ich nicht nur seine Sprache, sondern ich kann sie dann auch sprechen. Es dauert nur wenige Sekunden, dann spreche ich die Sprache dieses Generaldirektors. Er glaubt dann, ich sei ebenfalls ein Generaldirektor, und er gewährt mir jeden Zutritt seiner Seele. Und ich spreche dann die Sprache dieses Bettlers, er hält mich dann für einen Kumpel, und die Tore in seine Seele sind weit geöffnet. Und ich spreche dann die Sprache dieses Kriegers, und er hält mich dann für seinesgleichen, und ich spreche dann die Sprache dieses kranken Menschen, und er erlebt mich dann in seiner Welt, zeigt mir alles und hält mich für einen Leidensgefährten. Und wenn ich will, dann steige ich einfach wieder aus und gehe zurück in meine Welt.

Ich besuche diese Seelen sehr oft auch in meinen Träumen, aber ich besuche sie nicht einfach nur so zum Spaß, sondern nur dann, wenn es wirklich dringend ist, wenn dieser Menschen z.B. keinen Zugang zu seiner Seele mehr hat (klingt komisch, aber leider sind die meisten von uns damit geplagt) und weil diese Seelen rufen. Diesen Vorgang des Besuchens kann ich nicht mehr stoppen, es geht schon automatisch. Ich besuche achtsam diese Seele und habe Zutritt zu allen Räumen. Dort sehe ich die Fäden und darf sie sanft berühren und aktivieren. Manchmal sehe ich lahme Flügel und darf sie streicheln, manchmal tröste ich ein weinendes Kind, und das alles ist nur möglich, weil diese Seele danach ruft und dies alles auch erlaubt. Sonst ginge das gar nicht. Besprechen kannst du das mit niemandem. Die Seele dieses Menschen kann damit in seinem Leben wieder ungehindert wirken. Ich helfe damit diesem Menschen zu seinem nächsten Schritt und erinnere ihn (ohne Worte) an seine Größe, an seine Gaben, an seine Aufträge, an seine Schönheit und an seine unerschöpfliche Liebesfähigkeit, an seine Kraft und an seine wunderschöne und vollkommene Seele. Und dieses Helfen beinhaltet nicht einmal meine Absicht, es zieht mich einfach hin und lässt mich so manches berühren, und meist merkt dieser Mensch meinen Besuch gar nicht, er strahlt nur.

Ich kann dich nur mit deiner Sprache erreichen

Dort in diese Welt, in diese Seele (ich nenne es auch manchmal das Herz) gelangst du nur ohne dein Rückgrat, ohne jegliche Starrheit, ohne deine Moral, ohne deinen Standpunkt, ohne dein Bewerten, ohne dein eigenes Denken. Das alles musst du am Tor zu dieser Seele abgeben und zurücklassen, wie ein Schauspieler oder wie ein Narr, der sich einfach zur Verfügung stellt. Natürlich habe ich ein Rückgrat, und eine eigene Meinung, und ich stehe dazu, aber für diesen Dienst, für diesen Besuch (wo ich nur Gast bin und mich unterordnen muss) muss ich sie zurücklassen in meiner Welt. Aber auch wenn wir keine Seele besuchen, um dort etwas ganz in der Tiefe zu berühren und zum Schwingen zu bringen, ist das ein sehr wichtiger Vorgang, denn wir können einen Menschen nicht einmal verstehen, geschweige denn ihm helfen, wenn wir unser Bewerten, unsere Moral und unseren Standpunkt, unser Rückgrat nicht wenigstens für fünf Minuten zurücklassen.

Diese Qualität – andere Welten und Seelen zu besuchen – hat jeder Mensch in sich. Jeder Mensch kann das entwickeln, aber ganz besonders ist es die große Gabe von Menschen (das habe ich sehr oft beobachtet), die eben mit Suizid zu tun haben, die ein Schicksal vorfinden, wo das ein Thema ist. Bei ihnen ist es ein klarer Auftrag der Seele. In irgendeiner Form wird so ein Mensch auch daraus etwas machen, in irgendeiner Form wird er ein Mittler zwischen zwei (oder mehreren) Welten sein, ein Mittler zwischen Leben und Tod, zwischen Spiritualität und Alltag. Erkennst du es schon bei dir? Man wird zwar damit zum Narren, aber man hat damit den Schlüssel zu jedem einzelnen Herzen, zu jeder Seele, zu jedem Menschen. Du kannst einen Menschen nur mit seinen eigenen Worten, mit seiner eigenen Sprache erreichen und tief berühren. Du wirst damit ein Bindeglied zwischen Himmel und Erde, zwischen Seele und Verstand und zwischen den Welten.

Nichts im Leben müssen wir ins böse Eck stellen, nicht einmal eine Tragödie. Irgendwann wird jeder darin das Gold entdecken, und unser Bewerten ist nur ein Zeichen von Unwissenheit. Mit jeder Tragödie (Selbstmord, Krankheit oder anderen Schicksalen) will unsere Seele ja auch eine Bewusstseinserweiterung. Wenn es diese aber nicht gibt und es eben nur ein mageres Problemlösen oder gar ein Amputieren war, dann bleibt eine große Frage offen („Wozu das alles?“) und erst dann entstehen die wahren Tragödien – leider das Lebensziel verfehlt zu haben.

Ich will mich nicht verbeugen

Noch etwas ist mir zu diesem Thema eingefallen: Bei manchen Menschen ist es ziemlich schwer, ihr Herz zu berühren, ihre Seele zu besuchen, auch wenn es schon lange einen lauten Schrei der Seele gibt. Bei einer ganz lieben Freundin habe ich viele Monate gebraucht, sie zu erreichen, ihr Herz zu berühren. Man kam fast nicht an sie heran, man konnte fast nicht ihr Herz und ihre Wunden berühren, obwohl ich es gar nicht beabsichtigte, dorthin zu kommen. Man durfte die Süße kein bisschen berühren, sie war sehr gut geschützt. Aber auch hier ist es mir gelungen, sie zu erreichen, ihr Herz tief zu berühren, ihre Seele zu besuchen und ihren Rücken ganz sanft zu streicheln. Sie hatte große Rückenprobleme und Angst vor Schlangen. Sie wollte sich nicht verbeugen, und sie wollte nichts und niemanden brauchen. Ich kenne das ja von mir selbst, und das Leben hat auch mich in die Knie gezwungen. Es ist aber gar nicht meine Absicht, ein Herz zu berühren, nein, es drängt sich einfach auf, und es gibt den dringlichen Ruf der Seele. Das, was die Leute so sagen, interessiert mich schon lange nicht mehr, außer es ist in Übereinstimmung mit dem, was die Seele will, und das ist äußerst selten.

Ich habe dieser Freundin jedenfalls eines Tages mitgeteilt, dass ich endlich einen Weg gefunden habe, ihr Herz ganz tief zu berühren, und dass ich nun weiß, wie ich etwas für sie und ihren Rücken tun kann und dass es mein Geheimnis ist. Es war nur dieser eine Satz, den ich ausgesprochen habe und in Wirklichkeit wusste ich nichts Neues. Es war mein *Jackpot-Trick*. Der Schlüssel zu ihrem Herzen war dieser eine Satz selbst (und auch ihre große Neugierde) und das, was er eben in ihr auslöste. Ich brauchte es nur auszusprechen – dass ich nun weiß, wie ich ihr Herz erreiche, und ich aber nicht dazu gesagt habe, wie ich das machen werde! Alleine dieses Wissen, dieser Satz machte die Süße ziemlich nervös und sie fühlte sich total ohnmächtig und ausgeliefert. Sie zappelte, und es war ihr sehr unangenehm, dass ich etwas weiß und sie selbst nicht. Und in diesem Moment, wo sie sich dagegen so sehr wehrte und es damit für sie selbst fühlbar wurde, dass sie nun *scheinbar* in den Händen eines anderen Menschen ist (das war ja genau ihre Wunde) und etwas braucht, das sie selber nicht hatte, wurde ihre Wunde sichtbar, und ich konnte sie liebevoll und ganz tief berühren, konnte ihre Seele besuchen (ja, das selbst war schon der Besuch der Seele) und ihr Herz tief berühren und ihren Rücken sanft streicheln.

Das ist die Verbeugung vor dem Leben

Dieses Wissen um ihre Ohnmacht hat sie zappeln und toben lassen, und ich hab mich gefreut wie ein kleiner Junge, weil ein großer und alter Stein ins Rollen kam. Sie hat sich gewehrt, und ihre Rückenschmerzen wurden so schlimm wie nie zuvor und dann, als sie sich dem Leben hingab und kapitulierte, machte es sie selbst und ihren Rücken weich. Ihr Rückenproblem (begleitet von sehr großen Ängsten) war ja nicht das eigentliche Problem. Noch viel schlimmer sind ja die Verhärtungen im Herzen, die im Rücken und ihren Ängsten nur als letzte Konsequenz sichtbar wurden. Aber der Prozess, wo eine Verbeugung möglich war und sie selbst und ihr Rücken weicher wurden, war der wundervollste Heilungsbeginn. Heute hat sie keine Rückenschmerzen und keine Angst vor Schlangen mehr. Ohne Liebe nehmen zu können und ohne sich zu verbeugen, ist nicht nur unser Herz (und manchmal unser Rücken) verhärtet, sondern wir sind auch weit weg vom Feuer.

Ich habe der Süßen auch gesagt, dass sie irgendwann, wenn sie sich vor Schmerzen nicht mehr rühren kann, gezwungen sein wird, Hilfe anzunehmen, aber dann wird sie auch darum bitten müssen. Das Leben zwingt uns so lange in die Knie (manchmal sagt man eben Rückenschmerzen dazu), bis wir ganz laut schreien: „Hilfe, ich brauche andere Menschen, ich brauche Wärme und Liebe und ein freundliches Lächeln, und ich brauche Unterstützung und Hilfe!" Das ist die Verbeugung vor dem Leben. Und weit weg vom Feuer können wir auch nicht wählen – dort gibt es kein Gestalten. Die bösen Ersatzmacht-Umstände (ein schmerzender Rücken oder die Angst vor Schlangen oder eine beschissene Beziehung usw.) müssen dann die Macht über unser Leben ergreifen und uns in die Knie zwingen. Das Leben (mit Hilfe dieser vielen bösen Umstände) zwingt uns dann so lange in die Knie, bis wir uns tief verbeugen und unseren Hochmut aufgeben. Weit weg vom Feuer kann das Eisen unseres Lebens leider auch nicht geschmiedet und gestaltet werden. Weit weg vom Feuer entsteht auch die Illusion, dass die ganze Welt an unserem Unglück schuld ist. Ja, das Leben (und unsere Eltern) sind mächtiger als wir, und sie müssen es auch sein dürfen, sonst sucht das Leben eben eine Ersatzmacht und das sind dann die vielen bösen Umstände, die wir nicht lenken und gestalten können. Unsere Umstände können wir auch nur vom richtigen Platz aus, von *unserem* Platz aus (wo wir uns dem Leben vollständig ergeben und unsere Bedürftigkeit zeigen, dort wo die Gestaltungskraft entsteht) lenken und gestalten.

Ohne diesen Platz hättest du mich niemals entdeckt

Wenn du irgendwann kapituliert hast und dich dem Leben vollkommen hingibst, und damit an deinem Platz, am richtigen Platz stehst, und damit hinter dir deine Eltern und deine Ahnen und ihre Geschichten und alle Tragödien spürst, dann tauchen vor dir alle Stationen deines Lebens, deine Begabungen, deine Kinder, deine Berufung, deine Ziele, dein Spielzeug, deine Partner, deine Freunde auf und sie alle sagen dann zu dir: „Ohne diese Geschichte, die wir mächtig hinter dir sehen, ohne diese Energie, ohne diese Eltern, ohne diese Tragödien, ohne diesen deinen Platz, hättest du uns nie und nimmer entdeckt."

Ich kann nicht genug betonen, welch wichtiger Vorgang es ist, sich vor dem Leben tief zu verneigen. Wir alle sind vom Leben geschüttelt und doch so gesegnet. Wir beschweren uns beim Leben, doch es gibt nichts zu beschweren. Wir hören nicht genau genug hin und setzen vor das Hören und vor die Erfahrung unser ängstliches Bewerten. Wir werden die Botschaften und Aufträge des Lebens, und wozu wir überhaupt da sind, niemals erfahren, solange wir uns wehren und alles bewerten. Geh in die Stille und höre ganz genau hin! Es ist so klar, was uns das Leben ständig sagt – höre und schaue nur einmal richtig hin! Öffne dein Herz und versuche, die nächsten zehn Minuten nichts zu bewerten.

„Nimm deinen Platz ein, hörst du! Ja, geh an deinen Platz, anstatt mich verstehen zu wollen. Verneige dich blind vor mir, ohne zu prüfen, und beende dein Wehren! Es ist sinnlos, die Macht liegt in meinen Händen. Ich kann tun was ich will. Los, im Laufschritt ... Beende deine Halbheiten, dein übertriebenes Sicherheitsdenken, dein Gar-so-seichtes-Leben und dein Dahinplätschern! Lebe oder stirb! Die Zeiten haben sich geändert. Ich dulde sie nicht mehr, diese lauwarmen, abgesicherten, halben und langweiligen Existenzen auf Sparflamme! Es genügt mir nicht,dass du existierst, ich will dich leben sehen – ich will dich in voller Blüte sehen! Ich will, dass du zugibst, dass du mein Wasser, mein Lächeln, meine Liebe, meine Zärtlichkeit, mein Feuer, meine Musik und vieles mehr dringend brauchst! Ich will, dass du spürst, wie angewiesen du auf die nebensächlichsten Freundlichkeiten bist. Ich will, dass du deine Bedürftigkeit zeigst und die ganze Welt muss sie sehn! Ich will dein offenes Herz und ich will damit machen, was ich will, und ich will auch deine Wunden berühren.

Ich verlange deine vollständige Kapitulation

Ich habe dir alles gegeben, was du brauchst und ich *mute* dir zu, dass du deine Geschichte verwandelst und daraus etwas machst. Ich habe mich in keinem Punkt geirrt und alles ist am richtigen Platz. Höre endlich auf, mich in Gut und Böse einzuteilen. Es ist mir zu wenig, dass du deine lächerlichen Probleme *nur* löst. Ich will dich jubeln hören, dass du eine großartige Geschichte hast. Ich will, dass du endlich in deine volle Kraft gehst und die Verantwortung für dein Leben übernimmst. Ich will von dir hören, dass du alleine diese Eltern, dieses Land und dieses Leben – mit allen Tragödien – gewählt hast! Ich will dich – besonders zu diesen Zeiten der Wende – glücklich, heil, stark und rein sehen! Ich will, dass du aus deinen Gaben etwas machst, dass du dein Leben veredelst! Ich will, dass du deine Probleme in Gold verwandelst. Morgen früh werde ich kommen und kassieren und auch am nächsten Morgen und auch am nächsten ... Ich will, dass du dein Schämen und dein Bewerten beendest ... Es ist eine neue Zeit und es ist das Zeichen der neuen Zeit ohne Schämen, ohne Bewerten und ohne Schuldgefühle, die ohnehin niemandem dienlich sind, zu leben. Ich will deine tiefste Verneigung! Ich verlange deine vollständige Kapitulation.

Alle anderen muss ich in die Knie zwingen und zu meinen Sklaven machen! Wenn du dich gegen mich wehrst, dann muss ich auch dich lähmen. Ich werde Kriege, Krankheiten, Tragödien und bittere Alpträume erschaffen. Ich werde dir das Liebste nehmen – ich werde dir deine Beziehung zerstören und wenn ich will, dann lasse ich dich verbluten oder erfrieren. Wenn ich will, werde ich dich von hinten anfallen, wenn du es am wenigsten ahnst. Ich werde dich zuerst aus deinem Haus jagen und es dann anzünden und ich werde tun, was ich will und wann ich es will, und bei alledem verlange ich von dir, dass du mich bedingungslos liebst! Ich will deine Verneigung oder ich muss dich vernichten! Und all das wird mein größter Triumph und gleichzeitig meine größte Gnade sein. Ich kann nur ganz *für* dich sein oder ganz *gegen* dich. Es gibt mich nur ganz oder gar nicht. Es ist das Wesen der Wende, dass ich alles Halbe und Seichte beende! Ich will, dass du an meine Wunder glaubst und mich endlich aus deinen engen und finsteren Vorstellungen befreist! Ich will, dass du deine Eltern, deine Wurzeln und dich selbst *bedingungslos* liebst! Die besten Schüler mit den größten Aufgaben bekommen die schwersten Prüfungen. Ich verlange von dir, dass du hinter den Schleier siehst.

Dein Bewerten ist dein einziges Problem

Ich will dein größtes Vorstellungsvermögen und ich will dich unverschämt glücklich sehen! Ich will dich voller Begeisterung in Flammen sehen und ich warte schon sehr lange darauf, dir alles zu geben, was du willst.

Ich will, dass du endlich genau hinhörst, was ich dir zu sagen habe. Ich will, dass du dich nicht mehr beschwerst! Ich kann dein Jammern nicht mehr ertragen und ich verlange von dir, dass du dein lächerliches Bewerten beendest! Es ist dein einziges Problem. Ich will, dass du genau hinhörst, was ich dir zu sagen habe! All die vielen Jahre schon versuche ich es dir zu sagen! Ich habe schon so viele meiner Diener und Soldaten geschickt und du wehrst dich noch immer! Höre einmal in deinem Leben genau hin!

Ich will deine *vollständige Kapitulation* feiern, ich will mich an deinem Scheitern erfreuen, ich will dich vor mir am Boden liegen sehn, mit dem Gesicht nach unten, ich will deine Ängste, deine lächerlichen Zweifel, dein Hadern, dein kleines und energiefressendes Wehren, deine vielen Zensuren und Vorbehalte, deinen aufgeblähten und zum Stolpern verurteilten Verstand, deine Schuldgefühle, dein Schämen und deinen Hochmut sehen und ich will sie mit meinen Füßen treten. Ich will auf dein Sparen und auf dein kleinkariertes und ängstliches Denken spucken. Ich will dich wehrlos, ohne Sicherheiten, aber auch ohne Bescheidenheit sehen! Ich will dein errötetes Gesicht bewundern und mich an all deinen Blamagen erfreuen, ich will dein bitterstes Weinen sehen!

Und dann, wenn ich dich so sehe und ich der triumphierende Sieger sein darf, wenn ich mit meinen Dienern und Soldaten und mit wehenden Fahnen durch deine finsteren und engen Gassen ziehen darf, wenn ich deine kleinen Häuser und deine vermoderte Tradition niederreißen darf, wenn ich deine sicheren Lager voller alter Gewohnheiten verbrennen darf, dann werde ich vor Glück erstrahlen und deine finsteren Gassen erhellen. Und dann werde ich dich liebevoll aufheben und dich auf deine Beine stellen, dann werde ich deine Tränen trocknen, dann werde ich dir mein schönstes Lied singen, dann werde ich dir mein reinstes Wasser geben, dann werde ich dir die schönsten Blumen schenken, dann werde ich dir mein wundervollstes Lächeln zeigen, dann werde ich dich liebevoll berühren, dann werde ich all deine kleinen und großen Wunden heilen.

Dann ist sie vollzogen, die große Wende

Und dann werde *ich* mich ganz tief vor dir verneigen, dann werde ich vor dir am Boden liegen – mit dem Gesicht nach unten – und dir jeden deiner Wünsche erfüllen und du wirst mich nur ein einziges Mal darum bitten müssen, dann gehört sie dir, diese wundervolle Welt, dieses wundervolle und so reiche Leben, dann bist du frei und du wirst deine Lebendigkeit spüren, dann wirst du wahre Sicherheit und Vertrauen spüren, dann bin *ich* dein ergebendster Diener und selbst von der Finsternis und von engen und alten Zeiten erlöst ... dann ist sie vollzogen, die große *Wende*!

In tiefer Liebe, zu dir sprach *das Leben*!"

Du hast das nur deshalb zu Ende lesen können, weil du während des Lesens dein Urteilen und dein Bewerten abgebaut hast. Nur so kommt man zur Auflösung, nur so kann man es verstehen. Ich habe diese Worte oft in meinem Leben gehört, ich habe oft am Boden gelegen, mit dem Gesicht nach unten, und anfangs war es auch für mich nicht leicht, sie zu verstehen und mein Wehren zu beenden. Ich musste auch mein Bewerten beenden und lernen, nur hinzuhören. Natürlich kann man beim zweiten Absatz stehen bleiben und beim Bewerten verharren. Ich habe diesen Aufsatz absichtlich so heftig geschrieben (ich habe diese Worte noch viel heftiger gehört), damit es eben diese Hürde gibt. Im Leben ist es ebenso. Keiner von uns kann behaupten, dass das Leben keine Tragödien schickt und kein Einziger kann sich darauf vorbereiten. Ja, wir alle können beim Beurteilen einer Tragödie, einer Situation, oder eines Menschen stehen bleiben. Genau das nennt man irgendwann Intoleranz und im extremsten Fall ist es Rassismus und der Beginn von neuen Kriegen. Wir alle können beim Bewerten einer Tragödie oder eines Menschen stehen bleiben und wir können in einer bestimmten Sichtweise ein ganzes Leben lang verharren. Aber auf diesem Wege werden wir nie erfahren, was das Leben denn für eine schöne Botschaft bereit gehalten hätte und was man denn daraus (trotz Tragödie) hätte machen können. Wenn wir allerdings unser Bewerten hinter uns lassen, gewinnen wir letztendlich wieder Vertrauen in das Leben, erkennen die großen Chancen unserer Tragödien und dass das Leben sich niemals geirrt hat. Erst wenn wir nichts mehr bewerten-werden wir erfahren, dass das Leben – oft als Unglück getarnt, ausschließlich liebende Ideen bereit hält. Das Gold des Lebens erkennen wir nur ohne Bewerten. Diese geistige Haltung und diese tiefe Verneigung vor dem Leben ist das Wesen der neuen Zeit! Ich umarme dich.

Habe ich auch gestottert?

Liebste! Heute Abend hast du den glücklichsten Mann in ganz Linz getroffen! Sei froh, dass ich kein Guthaben auf dem Handy hatte, denn dann hätte es oft gepiepst bei dir. Ich bin noch ganz high, aber nicht von den drei Achterln Wein danach, sondern von der Begegnung mit dir, von deinem Liebreiz, deinem süßen Wesen, deiner Stimme und deinen Worten. Ich musste mich heute sehr beherrschen, meine Freude über unser Treffen und dass wir wieder miteinander reden im Zaum zu halten! Ich wollte dich natürlich unglaublich gerne küssen, aber ich werd mich auch weiterhin zurückhalten. Ich weiß und achte, dass du Zeit brauchst. Süße, die hast du! Du bestimmst das Tempo. Ich Hitzkopf bin meistens viel zu schnell. Hauptsache, ich kann dich wieder sehen, hören, riechen, umarmen und sprechen. Bitte rufe mich bald an.

Ich hab heute sicher ziemlich viel gestottert und viel konfusen Blödsinn geredet. Mein Herz hat mir bis zum Halse geschlagen, und heute hatte ich auch (so wie du) feuchte Hände vor lauter Aufregung und Freude. Und dem Café „Lebensfreude“ bin ich nun sicher ein wenig suspekt, weil ich nach deinem Gehen (im Gastgarten) aus Freude in die Luft gesprungen bin. Mädchen, das ist so schön, dass ich wieder dein Lachen und deine Grübchen sehen kann, dass ich dir in die Augen sehen kann! Ich erfreue mich so sehr an deinem erfrischenden und süßen und liebreizenden Wesen, und deinen guten Duft habe ich auch noch in meiner Nase.

Ich bin so glücklich, dass es nach fast zwei Wochen Funkstille wieder Kommunikation und Blickkontakt zwischen uns gibt und dass ich dich spüren kann! Auch ich würde es nicht aushalten, dich nicht mehr zu sehen. Das war so wunderschön, dass du mir das heute gesagt hast. Und hey, außerdem will ich mit dir ja meinen 43. Geburtstag feiern!

Bitte verzeih mir, die Rose an deiner Geschäftstüre musste einfach sein. Ich weiß, dass du das nicht magst, was sagen nur die Leute! Aber manchmal kann ich nicht anders. Ab und zu muss ich es einfach tun! Mein Spätzchen, ich liebe dich von ganzem Herzen und freu mich so sehr, dass wir uns wieder begegnen. Schick dir eine ganz liebe und herzliche Umarmung!

Heute ist mir ein Licht aufgegangen

Hallo, mein Liebes! In meiner Arbeit bin ich bekannt für meinen klaren Blick und dass ich schnell zum Punkt komme. Doch im privaten Bereich scheine ich manchmal ein blinder Narr zu sein, der so manches einfach nicht sehen und kapieren will. Es ist diese beschissene Hoffnung. Ja, ich habe in einer Illusion und Hoffnung gelebt, und heute bin ich davon schmerzlich aufgewacht. Die Illusion und die Hoffnung sind nun endlich gestorben. Ich habe endlich hingesehen. Es erfüllt mich mit tiefer Trauer und Schmerz, und ich muss es (an der Donau) noch von meiner Seele schreien und schreiben, aber es fühlt sich gleichzeitig so gut und befreiend an, weil es die Realität ist.

Heute ist mir ein Licht aufgegangen! Ich habe heute den ganzen Tag sehr deutlich gespürt, dass du dich innerlich von mir wegbewegst und auch schon weit weg bist. Das zu fühlen, hat mir heute ziemlich weh getan (Liebeskummer), aber mich auch sehr beeindruckt, denn ich dachte mir, dass das aber sehr schnell geht bei dir. Dann wurde mir klar, dass du schon längst alles in dir geklärt hast, aber ich es nicht wahrhaben wollte! Du warst heute für mich nicht mehr zu finden, und ich spürte, dass es dir gut geht und dass du längst schon ganz klar weißt, was du im Leben willst, und längst schon deinen Weg gehst, aber eben ohne mich.

Nach anfänglichem Zweifeln an meinen Gefühlen und an meiner Wahrnehmung habe ich mich dann aber beschämt daran erinnert, dass du mir das ja auch schon sehr deutlich und auch mehrmals gesagt und geschrieben hast, dass du mich zwar sehr liebst (das spüre ich ja auch deutlich), aber trotzdem nur eine Freundschaft (dein Freund bleibe ich auch) mit mir willst und mit Karl (ich hoffe, er liebt dich so wie ich und schätzt das auch) dieses Leben, mit dem dir wichtigen Umfeld, weiterhin führen willst und wirst. Es geht mich ja auch gar nichts an, warum du das willst. Nachdem du mir auch sehr deutlich gesagt hast, dass du dieses Hin und Her (hätte ich mir ja zumindest eine Zeit lang zum noch näheren Kennenlernen vorstellen können) zwischen Karl und mir nicht mehr magst, ist eigentlich (für den, der hören will) wirklich alles gesagt.

Ich hatte noch immer diese beschissene Hoffnung

Auch am Montagabend hast du mir das nochmals sehr deutlich mitgeteilt und ich Narr wollte und wollte es wieder nicht hören, wollte es noch immer nicht wahr haben, hatte noch immer diese beschissene Hoffnung in mir. Die Wahrheit zu sehen, tut halt meist sehr weh, besonders wenn der Wunsch sehr groß ist. Da ist es schon angenehmer, ein paar Wunschgedanken in den anderen hineinzuinterpretieren.

Und ich Idiot habe ganz gescheit noch gemeint, du musst noch was klären in dir, musst noch herausfinden, was du willst im Leben. Ich war scheinbar wirklich blind vor Liebe, vor brennender und zärtlicher Leidenschaft zu dir. Ich wollte dich unbedingt ganz haben, und ich habe damit das Wesentlichste dabei übersehen und überhört. Ich erinnere mich ja auch immer an die unglaublich schönen Dinge, die du mir gesagt und ins Ohr geflüstert und gezeigt hast, und ich dachte mir in meiner Begeisterung und Liebe, dass so eine tiefe Begegnung doch nicht einfach so vorbeiziehen und zerfließen kann. Nun weiß ich, sie kann es – mit deiner großen Amputationskunst scheinbar doch.

Ich weiß ja sehr wohl, dass du mein Feuer für dich, meine Liebe, meine Zärtlichkeit, meine heißen Küsse, meine Männlichkeit, mein Begehren, und dass ich dich beim Sex *überrolle* und verbrenne, sehr liebst, aber du wirst dich auch schon gefragt haben, wann ich nach mehrmaliger und klarer Aufforderung denn das nun endlich kapiere und die Grenzen (deine Entscheidung) sehe und achte. Bitte verzeih, das hat eine Zeit gebraucht und das muss dir auch schon ziemlich auf den Geist, auf die Nerven gegangen sein. Tut mir echt leid, dass ich das nicht und nicht begreifen wollte, dass das so lange gebraucht hat. Und deshalb warst du am Dienstagabend auch sehr erleichtert (anstatt verletzt) über meine Zurückzieh-Nachricht. Ich Idiot!

Ist mir nun echt zu blöd, was ich da aufgeführt habe und einfach nicht kapieren wollte. Ich glaube, so blind und so verfangen in Wunschgedanken und Hineininterpretieren war ich noch nie in meinem Leben! Ich glaube, das ist mir noch nie passiert, dass ich das überhört und übersehen habe, dass der andere das, was er mir gesagt hat, vielleicht ja ganz anders gemeint hat. Ist meine größte Blamage – ist mehr sehr peinlich.

Es wird schon werden

Es ist ganz einfach ziemlich harte Arbeit an sich selbst, das Prinzip Hoffnung hinter sich zu lassen. Es ist ein sehr weit verbreitetes Thema, aber es ist eine Sackgasse und ein großer Irrtum. Ja, es funktioniert einfach nicht! Auch in meiner Arbeit habe ich sehr viel damit zu tun. Da höre ich oft genug dieses so toll klingende Wort Hoffnung und dann noch den grandiosen Beisatz: Es wird schon werden. Für mich ist das ein Brechmittel, denn nichts wird werden, wenn wir es nicht selbst in die Hand nehmen, wenn wir es nicht mit unserer Kraft und unserer Kreativität selber gestalten und mit unserer Liebe füllen und uns selbst erlauben und es klar formulieren und es dringend ersehnen und es auch selber tun! Es stärkt uns ja auch enorm, wenn wir eine schwierige Situation meistern, und das Leben will uns ja mit einer wichtigen Erfahrung und einem errungenen Sieg daraus hervorgehen lassen.

Süße, ich muss das alles einfach niederschreiben, nur damit geht es mir gut. Kürzlich habe ich in einem Altersheim einen ganz lieben 94-jährigen Mann besucht und nach zehn Minuten kam auch seine Enkelin dazu. Sie fragte ihren Opa ganz lieb, wie es ihm denn gehe. Und Opa erzählte ihr ausführlich, dass er schlecht hört, dass er nicht mehr ordentlich gehen kann und dass es mit dem Sex auch nicht mehr so funktioniert. Das war dann die Stelle, wo er mit seinem zahnlosen Mund hämisch lachte. Und seine Enkelin klopfte ihm auf die Schulter und sagte zu ihm: „Opa, nur nicht aufgeben, es wird schon wieder werden und nur die Hoffnung nicht verlieren." Opa überlegte drei Sekunden lang, sah sich kurz um und sagte dann – mit einem weisen, aber verschmitzten Lächeln in seinem Gesicht zu seiner Enkelin: „Anni, du spinnst!" Opa hat den Tatsachen ins Auge gesehen, und das ist kein bisschen traurig. Es ist einfach so.

Ja, obwohl es so hoffnungsvoll klingt, muss ich immer wieder (eben auch bei mir selbst) feststellen, dass das Prinzip Hoffnung nicht funktioniert. Es funktioniert deshalb nicht, weil wir uns damit in eine Energiespirale (wo es schon werden wird) hineinbegeben, die uns Verantwortung abgeben lässt (ist ja nur blöd, dass es da niemanden gibt, der sie uns abnimmt, unsere Verantwortung) und uns am Handeln hindert und die Kraft von uns fern hält und uns auf etwas Äußeres oder Zukünftiges warten lässt und uns damit enorm schwächt und uns am kreativen Gestalten hindert. Alles, was zu uns gehört, aber von uns ferngehalten wird, schwächt uns.

Hast du Hoffnung oder Vertrauen in das Leben?

Das Leben fordert (besonders an schwierigen Stellen) von uns einen nächsten Schritt, eine kreative Idee, ein neues Fühlen, eine neue konstruktive Betrachtung, ein Aufgeben oder ein Kämpfen, und das alles sind ja auch wichtige Entwicklungsschritte für uns. Unser Gebet sollte lauten: Oh Herr, bitte lass mich meine Schritte gehen, lass mich in meine Kraft kommen und bitte schicke mir niemanden, der mich schwächt, der mich bemitleidet, der mich verschont und damit behindert.

Gerade an diesen wichtigen Schnittstellen im Leben bräuchten wir alles ganz nahe bei uns mit dem Satz: Es ist mein Leben, ich habe es gewählt, ich trage die Verantwortung und wenn ich will, dann korrigiere ich das eine oder andere, und wenn ich will, dann gestalte ich mein Schicksal, mein Leben neu. Dazu fällt mir immer ein Spruch ein: Wenn du Buddha triffst, dann töte ihn. Ja, eine äußere, von uns getrennte Instanz (Gott, oder wie auch immer wir sie nennen) gibt es aus meiner Sicht einfach nicht, auf die wir hoffen und warten können. Hilf dir selbst, dann hilft dir Gott, und hab Vertrauen in deine innewohnende Göttlichkeit und gib die Hoffnung auf, dann bist du ganz bei dir und ganz in dir und in deiner Kraft, und damit hältst du deinen wahren Kanal zur höheren innewohnenden Instanz, zu deinem Gott, am Leben. Wenn wir vollstes Vertrauen in das Leben haben, dann wird sich das Prinzip Hoffnung auflösen. Entweder haben wir Hoffnung oder Vertrauen in das Leben. Beides gemeinsam habe ich noch nie entdeckt.

Ja, ich glaube an diese innewohnende Instanz (an Gott, oder wie auch immer wir es nennen wollen), aber ich glaube nicht, dass diese Instanz außerhalb von uns ist. Und wenn wir so etwas wie Gnade erleben und erfahren (habe ich schon oft erfahren dürfen), dann haben wir es auch selbst verdient und selbst erarbeitet. Richte deinen Blick nach innen, und du wirst alles finden: Gott, Teufel, Himmel, Hölle, Dämonen, Engel, Freude oder was du halt willst. Bei einem Seminar hat mich kürzlich eine Dame gefragt, ob man bei einem Seminar einen psychischen Schaden bekommen kann. Und ich musste ihr antworten: „Ja natürlich, wenn du ihn mitgebracht hast, dann kann er dir natürlich auch begegnen." Das, was uns begegnet, muss wohl auch zu unseren Lernthemen und unseren schönen Herausforderungen gehören.

Das Glück wechselt nur sein Gesicht

Wir alle können uns eigentlich entspannen und volles Vertrauen in das Leben haben. Wir können zu jeder Situation im Leben (auch wenn sie noch so weh tut und unverständlich ist) „so ein Glück" sagen. Und außerdem, was können wir denn schon wirklich verlieren? Wir können nur das verlieren, was uns auch gehört. Aber es ist doch alles nur geborgt und zeitlich begrenzt. Und wir leiden so sehr, weil wir diesen wichtigen Umstand scheinbar alle vergessen haben. Wir nehmen diese Welt in Besitz, obwohl wir doch alle wissen, dass sie uns nur geborgt ist und nichts in ihr auf ewig ist. Das ist so, wie wenn ich dich besuche, zehn Minuten auf deinem Sofa sitze und dann behaupte, dass es nun mir gehört. Du würdest dich aufregen und mir sagen, dass es ja nur geborgt ist. Nichts gehört uns auf dieser Welt (und doch sind wir alle im Herzen so reich), und somit können wir nichts verlieren. Und wir selbst können auch nicht verloren gehen, oder kannst du dir einen Zustand ohne „Ich" vorstellen?

Und wenn das Glück von uns geht, dann geht in Wirklichkeit nur die Form des Glücks, aber niemals das Glück selbst von uns! Das Glück wechselt nur das Gesicht und den Namen. Es gibt keinen Zustand ohne Glück und ohne Gnade, und wir müssen für das Glück nicht einmal besonders klug oder schön oder stark sein. Wir können uns einfach entspannen und *sein*.

Ich selbst habe das oft genug im Leben erfahren und bei sehr vielen Menschen beobachtet. Es liegt tatsächlich nur an unserer Betrachtung, an unserer Gabe, das Glück zu erkennen und es zur rechten Zeit auch ziehen zu lassen. Und, das was wir als Problem bezeichnen, ist wirklich nur unser Festhalten am alten Glück. Dadurch entsteht so ein Zustand dazwischen, und der ist das eigentliche Problem und die Wiege für Depressionen und Krankheiten. Es ist wie zwischen zwei Sesseln, zwischen zwei Energien (in einer Zwischenwelt) festzusitzen – nicht ganz hier und nicht ganz dort. Das alte Glück ist vorbei und durfte noch nicht gehen (weil wir es festhalten), und für das neue Glück ist noch kein Platz. Und so entsteht der Eindruck, es gäbe einen Zustand ohne Glück und ohne Gnade. Viele kommen mit dieser Idee zu einem Seminar, und ich kann sie nur darauf hinweisen, dass das ein Irrtum ist und lediglich ihr Blick zwischen zwei Energien (der alten und der neuen Energie) hindurchgeht, und damit leider auch versandet.

In der Fülle darf alles fließen und auch zu Ende gehen

Die Fähigkeit, das alte Glück gehen zu lassen, um für das neue Glück Platz zu machen, lehrt uns auch wieder, die Botschaften und Ankündigungen (alles wird angekündigt) des Lebens zu verstehen und zu achten. Der Zustand zwischen den beiden Energien verwirrt uns nur. Das alte (nicht mehr gebrauchte und abgelaufene) Glück gehen lassen zu können, ist auch der Weg zum Füllebewusstsein. Alles darf fließen und auch zu Ende gehen – das ist die Fülle!

Als ich 1990 (durch meinen Konkurs) meinen Betrieb und meine Existenz verloren habe, dachte ich auch, dass das Glück von mir geht, und ich wollte es mit Gewalt festhalten, und ich habe bitter geweint und mit dem Leben gehadert. Ich fühlte mich verlassen und ungeliebt. Doch heute bin ich glücklich darüber, und ich weiß, dass alles eine große Gnade war, und ich würde alles genau wieder so machen wie damals. Aber was ist der Unterschied zu damals? Heute verstehe ich es und sehe das neue Gesicht des Glücks. Damals wollte ich es nicht verstehen, und das neue Glück konnte noch nicht sichtbar werden, ich habe mich noch sehr dagegen gewehrt – und ich hielt am alten Glück (an alten Ideen) fest und saß viele Jahre zwischen zwei Sesseln und zwei Energien.

Wir können vollstes Vertrauen in das Leben haben, denn das Glück kann niemals von uns gehen. Es ändert sich nur Form und Name, gemäß der vielen Entwicklungen im Leben. Das Glück hat so viele Gesichter. Das Leben verlangt an diesen Stellen – wo es den Wechsel zwischen dem alten und dem neuen Glück gibt – unsere Beweglichkeit und eine Bewusstseinserweiterung und ein kräftiges Voranschreiten! Die Idee, das Glück (Menschen und Situationen) festhalten zu müssen, entsteht, wenn wir unsere Eltern nicht (oder zu wenig) hinter uns spüren und wenn wir zu wenig mit ihnen verbunden sind bzw. uns zu wenig mit ihnen verbunden fühlen. Wenn es diese Nähe zu den Eltern gibt, dann entspannt sich so vieles im Leben, auch die wichtige Begegnung mit dem Glück. Wir spüren mit diesem inneren Bild (zu unseren Eltern), dass wir nichts im Leben verlieren können, und wir gewinnen Vertrauen. Hier an dieser Stelle entstehen unser Füllebewusstsein und unsere Liebesfähigkeit. Unser inneres Bild (zu unseren Eltern), unsere Zensuren, Vorbehalte und Vorwürfe hört schließlich unser Partner und fühlt sich (auch ohne Worte) direkt im Herzen davon angesprochen.

Ich bereue nichts

Nun bin ich wieder einmal ziemlich abgeschweift, aber das ist ein wichtiges Thema. Und von der Hoffnung Abstand zu nehmen, ist keinesfalls eine hoffnungslose Haltung. Ich habe immer nur erlebt, dass diese neue Betrachtung stärkt. Es ist auch mir sehr schwer gefallen, mich und mein großes Feuer für dich zu beruhigen, weil ich scheinbar blind war vor Liebe und Hoffnung und Begeisterung und Verzauberung und weil ich durch deine heißen Küsse und deine Blicke und Berührungen unter Strom stehe, weil ich nicht und nicht hören wollte, was du mir schon längst sehr deutlich gesagt hast. Nun fällt es mir leichter, mich zurückzuziehen und das alles loszulassen, denn nun habe ich diese Hoffnung aufgegeben (alleine kann man es auch nicht aufrecht halten), worum du mich ja auch schon gebeten hast. Ich lasse nun ganz bewusst das Glück ziehen und bin bereit für das neue Glück

Aber all das bereue ich nicht. Und es ist mir nicht peinlich, dass ich mich blamiert und zum Narren gemacht habe! Meine Briefe an dich sind ja ohnehin schonungslose Selbstdemontagen. Ich pfeife auf das Gutdastehenwollen. Das lässt uns höchstens erkalten und erstarren. Dieser Versuch (gut da zu stehen) war ohnehin ein sehr schwerer Stein in meinem Leben. Die ehrliche Blamage ist mir da schon lieber. Und ich würde es ja sogar wieder tun, und wenn ich wieder scheitere, dann kann ich zumindest feststellen, dass ich lebendig geblieben bin. Ich bin einfach ziemlich verrückt nach dir, und solch einem Menschen wie dir begegne ich ja nicht jeden Tag. Solch wichtige und tiefe Herzensbegegnungen sind ja kein Alltag. Es ist eben sehr schwer, so jemanden ziehen zu lassen. So ist es, und ich stehe dazu!

Das ist ja sicher auch normal und menschlich, dass man um so eine Frau wie dich so verzweifelt kämpft und sich bemüht und über diesen bestimmten Punkt hinaus auch hofft und sogar Grenzen übersieht und sich zum Narren macht. Man könnte ruhig sagen, dass ich total verstrickt bin, aber ich werde es genießen, denn das Leben ist ohnehin stärker als ich. Das Verrückte ist ja, dass ich trotz deiner inneren und wachsenden Distanz (ich spüre, dass du dich ein bisschen entlieben willst, um dein gewohntes Leben mit Karl in Ruhe weiterführen zu können) noch immer dein süßes Lächeln und deine Grübchen deutlich vor mir sehe und wie wir Hand in Hand mit einem Rucksack beim Wandern sind, und ich träume ja auch ganz andere und eindeutige Träume mit dir.

Du bist noch immer die Wahnsinnsfrau

Man weiß ja nie, was in einem Monat oder in einem Jahr ist (das ist keine neue Hoffnung), aber nun ist es mir sonnenklar, was du willst und was du nicht mehr willst und du mir ja schon längst klar und deutlich mitgeteilt hast. Wenn du mal was anderes willst, dann wirst (und musst) du es mir schon klar und deutlich sagen. Das ist auch keine neue Hoffnung. Aber nun hab ich die Hoffnung wirklich begraben, und ich lasse das Glück ziehen, es wird nur sein Gesicht wechseln. Du kannst dich entspannen. Ich habe es nun nach langem Wehren kapiert und lasse los und locker.

Jetzt und nun fällt es mir auch leichter, mich und mein Feuer zurückzuziehen, weil ich endlich die Augen geöffnet habe und nun wirklich deinen Wunsch achte. Erst jetzt kann ich dir ein Freund sein. Ich liebe dich noch immer und auch weiterhin sehr, und ich muss sicher noch immer und weiterhin sehr viel an dich denken. Du bist noch immer die Wahnsinnsfrau für mich, mein Feuer brennt noch immer enorm für dich, bin noch immer ziemlich verrückt nach dir und werde es auch nicht so leicht abstellen (geht ja auch gar nicht) können. Es wird schon eine Weile brauchen, um das alles in mir wieder zu beruhigen. Aber erst jetzt kann ich deinen klaren Wunsch, deine Klärung, deine Entscheidung richtig achten und mich daran halten!

Du weißt, manchmal stehe ich ein bisschen auf der Leitung und verstehe so manches einfach nicht und brauche Zeit und muss halt auch nachfragen. Meine süße Tochter Magdalena hat mir kürzlich im Auto erzählt, dass das nun mit ihrem Freund aus ist. Ich war ganz erschrocken über diese absolute Aussage, und ich wollte das schon etwas genauer wissen und habe sie (lästig wie ich bin) gefragt, was das denn nun bedeutet. Manchmal fürchte ich mich richtig vor solchen Sätzen: „Jetzt ist es aus“ – „Jetzt ist es an“ – „Jetzt ist es vorbei.“ Ich fragte sie, ob sie ihn nun nicht mehr lieb hat, ob sie sich nun nicht mehr treffen und ob sie ihm nun aus dem Wege geht (sie gehen ja in die gleiche Klasse). Sie hat mich nur mit ihren großen und wunderschönen Augen angesehen und gesagt: „Na, Papa es ist halt aus.“ Nun bin ich auch nicht klüger. Und was bedeutet das nun bei uns? Muss ich nun die Straßenseite wechseln und die Augen zumachen, wenn ich dich sehe? Ich hab dich lieb, auch wenn wir uns nicht mehr treffen. Ich finde nämlich den Schalter nicht für dieses seltsame „und aus.“ Umarme dich!

Die verrückte Suche nach dem idealeren Leben

Süße, und wiedermal hast du es geschafft, mich mit deinem lieben und sehnsüchtigen Anruf (nach der langen Funkstille) völlig zu überraschen - wow - und mich zu erfreuen – gerade wo ich mich etwas beruhigt habe und ich will dir auch gleich zu unserem sehr intensiven Gespräch etwas schreiben und deine vielen Fragen beantworten ... zumindest will ich es versuchen.

Viele Menschen suchen nach einem idealeren Leben (idealer als ihr eigenes eben scheinbar ist), und sie wollen alles Mögliche an sich selbst verändern oder verbessern. Diese Suche und dieses Verändernwollen an uns ist aus meiner Sicht das allergrößte Problem. Es ist ein Dauerstress und blockiert unsere Spiritualität, unsere Kreativität, unser Glück, unser Wachstum, den Zugang zur Fülle und es funktioniert auch gar nicht, weil wir mit dieser Idee davon ausgehen, dass etwas an uns nicht stimmt, etwas an uns nicht liebenswert wäre und womöglich das Leben sich geirrt hat. Wir spalten mit diesem heftigen Unswehren, Verdrängen und Verändernwollen einen sehr wesentlichen Teil von uns ab. Wir halten damit einen sehr wesentlichen Teil von uns selbst sehr fern und müssen genau damit feststellen, dass es keine Veränderung gibt, dass es sehr schwer ist, den Kurs des Lebensschiffes nur um einen Grad zu verändern. Und wie wollen wir denn nur etwas verändern, das nicht ganz bei uns ist? Mit diesem fern gehaltenen und ungeliebten Anteil von uns können wir nicht einmal tanzen.

Wenn wir etwas bei uns verändern wollen, dann braucht es zuerst dieses wirkliche, liebende Ja zu uns selbst. Dann ist es die Suche nach dem, wie ich wirklich bin, und wie finde ich den Weg, zu mir zu stehen und mich zu lieben, so wie ich bin. Erst dort angelangt, können wir vieles korrigieren. Dort beginnt ein neuer Weg! Und das Interessante ist, dass wir nach dem Annehmen von uns selbst und von unserem Platz (die Basis für jegliche Veränderung) meistens nichts mehr an uns verändern wollen. Wir erkennen damit, dass das Leben sich nicht geirrt hat und dass alles an seinem rechten Platz ist. Hey, hoch spirituelle Menschen erkennst du meist an ihren vielen Lastern und vielen so genannten Fehlern, und sie sind, wie sie wirklich sind. Bei ihnen ist alles an seinem rechten Platz. Und wirkliches Verändern ist inneres Verstehen. Damit verändert sich (wenn es auch von der Seele gewollt ist), vieles ganz von selbst!

Schätzchen, es ist viel zu wenig

Aus meiner Sicht ist unsere Suche nach einem idealeren Leben eine total verrückte Sache, und sie beinhaltet kein bisschen uns selbst so wie wir sind, sondern nur das, wie wir nicht sind. Es ist eine Welt des Mangelbewusstseins. Es geht immer nur darum, so zu sein, wie wir gerade nicht sind, das zu haben, was wir gerade nicht haben, dorthin zu reisen, wo wir gerade nicht sind, und es ist ein ständiges Vergleichen, Konkurrieren und Rennen. So ziemlich alles in unserem Leben ist auf diese Suche und auf dieses Rennen aufgebaut, und wir verbrauchen dafür die meiste Energie.

Es ist der allergrößte Wahn unserer heutigen Zeit, und für mich ist es verschwendete Göttlichkeit. Wir haben die perfekte Es-ist-immer-viel-zu-wenig-Welt erschaffen. Ja, alles ist viel zu wenig, und das ist eine Dauerhaltung und ein Mangelbewusstsein, denn ganz egal was und wie viel wir tun, dieses Gefühl haben wir in dieser Energiespirale ein ganzes Leben. Es ist so erschöpfend, und wenn wir uns umsehen, dann sehen wir auch nur total erschöpfte, herzinfarktgefährdete Menschen mit bleichen Gesichtern. Die Medien sind voll von dieser Hetzjagd nach mehr und mehr und mehr, und auch Beziehungen sind leider hauptsächlich darauf aufgebaut. Auch hier geht es meistens (von Beginn an) um viele Bedingungen, um Leistungsdenken und um lauter Sicherheiten – das ist manifestierte Angst. Auch hier dreht sich so ziemlich alles leider nur um die nie endenden Forderungen: Schätzchen, es ist viel zu wenig, was du tust und gibst – Schätzchen, du musst dich endlich ändern – Schätzchen, du musst dich endlich bessern und du musst noch mehr verdienen – Schätzchen, du musst endlich noch mehr und mehr und mehr und tun und tun und tun.

Täglich werden wir damit bombardiert, dass wir uns alle ändern müssen, dass wir noch fleißiger sein müssen, dass wir noch klüger sein müssen, dass wir noch schöner und noch weiblicher oder männlicher sein müssen, dass wir noch mehr arbeiten müssen, dass wir schlanker sein müssen, dass wir noch schneller rennen müssen, dass wir loslassen und uns stellen müssen, dass wir jung bleiben müssen, dass wir noch mehr wissen und verstehen und noch mehr lernen müssen, dass wir mehr erfinden und noch mehr studieren müssen, dass wir noch mehr sparen müssen, dass wir noch sportlicher sein müssen. Da bleibt einem ja der Atem weg!

Unser Tun ist niemals besser als die Schöpfung

Aber es dreht sich auch leider so ziemlich alles darum, dass wir keine Schwächen zeigen dürfen, dass wir noch bessere Masken haben müssen und dass wir lästige Gefühle möglichst sofort nach dem Auftauchen amputieren müssen. Hauptsache, wir tun und rennen. Auf diesem Wege gibt es viele vereinsamte Menschen und viele lebende Leichen, denn was ist, wenn wir – auf unserer Suche nach Liebe und Wert – nicht mehr entsprechen, wenn wir keine Spitzenleistung mehr bringen können, wenn wir nicht mehr der Beste sein können, wenn wir nicht mehr die Schönste, Jüngste und Idealste sein können. Es ist eine harte Welt, und das größte Problem sehe ich darin, dass sich dieses Leistungssystem auch bis in unsere Beziehungen (der letzten Insel) hineingezogen hat. Wir nennen es Liebe, aber in Wirklichkeit sind es sehr oft Geschäfte. Wir haben den Feind im eigenen Haus, nämlich in unserem kalten Herzen. Stopp! Süße, lass uns endlich eine Bewegung des Nichtstuns gründen, die das Leben achtet, und lehrt, uns so zu lieben, wie wir sind!

Und der größte Wahn bei unserem endlosen Tun ist der, dass wir davon ausgehen, dass unser Tun und Erfinden und Rennen besser ist als die Natur und das Leben. Welch eine Überheblichkeit! Und solange wir besser sein wollen als das Leben, werden wir nie ans Ziel kommen, wir werden nie schön genug sein, nie klug genug sein, nie schnell genug sein, nie sparsam genug sein, nie stark genug sein. Mangelbewusstsein und unser kleiner Selbstwert haben einen Diener und der heißt „rennen.“ Wo wir hinsehen, entdecken wir fast nur noch total erschöpfte, ausgelaugte und überarbeitete Bleichgesichter, die keine Zeit mehr (zum Leben) haben, die nur noch rennen und tun (es behindert unser *Sein*) und denen schon mit dreißig die Lust und der Lebenssaft ausgehen und die ihre Lebensgeister nur im Urlaub fühlen. Leider dauert der Urlaub nur kurz, und am Schluss des Lebens müssen viele von uns zugeben, dass sie jedes Jahr nur für einen Moment (im Urlaub) gelebt haben. Schau dich um! Wir stehen im Dauerstress, und es ist kein Wunder, dass uns die Haare ausgehen. Und werden unsere Probleme mit unserem Rennen und Tun weniger, werden unsere Krankheiten mit noch mehr Krankenhäusern weniger, werden unsere kaputten Beziehungen mit unserem aufgeblähten Verstand besser, werden wir mit all diesem Tun etwa glücklicher? Unser Tun ist dann eine Sackgasse, wenn wir davon ausgehen, dass es besser ist als die Schöpfung!

Nur die Gegenwart hat die Kraft für Korrekturen

Aber wenn du schon etwas korrigieren (das Wort „ändern" gefällt mir gar nicht) willst in deinem Leben, dann erscheint es mir sehr wichtig, den Blick auf die Gegenwart zu richten, denn nur sie hat die Kraft, auch etwas zu korrigieren. Die Vergangenheit ist vorbei, und daran können wir nichts mehr ändern. Und wenn wir in ihr hängen bleiben, dann tauchen sehr leicht Schuldgefühle (und andere Gespenster) auf, und es fehlt damit auch jede Kraft für Korrekturen. Schuldgefühle schwächen uns und helfen niemand anderem. Außerdem ist mit Schuldgefühlen die beste Sperre zur Fülle in uns aktiviert. Damit erlauben wir uns, nicht reich zu sein und in der Fülle zu leben! Schuldgefühle suchen Reduktion und Strafe. Mit Schuldgefühlen verweigern wir unser Recht auf Überfluss! Die Zukunft ist noch nicht spruchreif, und sie wird gestaltet aus der Vergangenheit und aus der Gegenwart. Doch wenn wir zu sehr in der Zukunft leben, dann kann uns leicht die Angst packen (was wird denn dann sein) und natürlich auch ziemlich schwächen. Korrekturen sind oft deshalb so schwer, weil wir unsere Gedanken von der Vergangenheit und der Zukunft nicht lassen können.

Und weißt du, was es wirklich bedeutet, in der Gegenwart zu sein? Es ist der Blick der Weisheit, denn in der Gegenwart bist du dann, wenn du dir gewahr bist, dass du alles schon hast, dass alles bei dir und in dir ist, dass du um nichts mehr bitten musst! Etwas anderes wirst du auch nicht finden, wenn du gefunden hast, was du heute suchst. Heute suchst du deinen Platz, dein Glück, deinen Wert, und du willst herausfinden wer du wirklich bist. Und eines Tages wirst du dann an deinem Platz stehen und deine Mitte, dein Glück und deinen Wert gefunden haben und auch erkennen, wer du wirklich bist. Dann an diesem Tage wirst du aber zurückblicken auf den heutigen Tag und über deine Suche lachen und erkennen, dass es immer da war und du nichts Neues gefunden hast, du niemals darum bitten musstest – es nur noch nicht gesehen hast. Du warst immer schon an deinem Platz, warst immer schon wertvoll und schon immer der, der du bist. Wir könnten nichts im Leben anstreben (und nicht einmal denken), wenn wir es nicht schon längst wären, wenn es nicht unser ureigenstes Wesen wäre. Es ist dein ureigenstes Wesen, wertvoll, glücklich und frei zu sein! Diese klare Betrachtung, dieses innere Wissen ist das Gegenwartsbewusstsein. Mit diesem mächtigen, klaren Bewusstsein haben wir die größte Gestaltungs- und Korrekturkraft in unserem Leben. Damit gewinnst du Macht – über dein Leben.

Ohne Gegenwart ist die Suche das größte Problem

Es wird dein Erwachen sein, im Bewusstsein der Gegenwart zu sein. Richte also deinen Blick, dein Bewusstsein immer mehr auf deine Gegenwart und dass du nicht getrennt vom Göttlichen bist und niemals um dich selbst bitten, betteln und beten musstest. Dieses Bewusstsein (vom Göttlichen niemals getrennt gewesen zu sein) ist die wirkliche Demut und die wahre Hingabe. Wir geben die Illusion hin, getrennt zu sein, und kommen in unsere Mitte, und erst damit endet unser ewiges Vergleichen und Konkurrenzdenken. Es ist unser wahres Wesen, wertvoll und glücklich zu sein. Danach zu suchen, Wünsche und Pläne zu haben, ist zwar wichtig, denn mit dem Formulieren wird es uns erst klar, und wir übernehmen damit die Verantwortung, und unsere Gedanken gewinnen damit an Kraft, aber die meiste Kraft gewinnt unsere Suche nach unserem Glück und unserem Wert und nach uns selbst durch den Blick der Gegenwart. Wenn es diesen Gegenwartsblick nicht gibt und wir nur in der Vergangenheit und in der Zukunft suchen, dann wird unsere Suche selbst das größte Problem. Unser Blick in die Zukunft oder in die Vergangenheit schwächt uns so sehr, weil wir davon ausgehen, dass Glück und Wert außerhalb von uns, in vergänglichen Werten oder in der Vergangenheit oder in der Zukunft liegen.

Und wenn du schon etwas in deinem Leben korrigieren willst, dann mach es bitte nur für dich. Das erscheint mir sehr wichtig. Es wird immer wieder Menschen um uns herum geben, die mit uns (viel zu teure) Liebesgeschäfte machen wollen und die uns ständig sagen, wie wir sein sollen, was wir in unserem Leben alles verändern und verbessern sollen, um eine idealere Mutter oder ein besserer Vater oder ein toller Sohn oder ein besserer Partner zu sein, mit der Aussicht, dann die ersehnte Liebe zu bekommen. Das alles sind ziemlich schlechte Geschäfte, die uns niemals satt machen, die uns niemals ans Ziel kommen lassen, mit denen wir uns niemals wirklich geliebt und heimgekommen fühlen werden. Es ist eine endlose Spirale, *ohne anzukommen*. Es gibt uns einfach nur in dieser Ausführung. Aber wir Narren rennen und rennen (oft ein Leben lang) und wollen aus Liebe alles Mögliche an uns verändern und beschneiden. Aber du wirst feststellen, dass es niemals genug sein wird! Wir werden immer mehr und größere Vorstellungen der anderen erfüllen müssen, bis wir endlich lautstark Stopp sagen und den Hut drauf hauen. Dann sind wir frei!

Es gibt für jeden Menschen den rechten Platz

Ja, alles im Leben ist an seinem rechten Platz, und es gibt auch für jeden einzelnen Menschen einen rechten Platz. Ich habe vor einem Jahr mit einem sehr begabten Musiker in meinen Seminaren gearbeitet, und er kam auch mit der Idee, dass er etwas an sich ändern oder verbessern muss, dass etwas an ihm nicht stimmt.

Er war Trompeter (und ein paar andere Instrumente spielte er auch noch), und er liebte seinen Beruf sehr, und er spielte als Berufsmusiker in einem klassischen Ensemble. Auch sein Vater und sein Großvater waren schon begabte Musiker. Obwohl er die Musik liebte, war er aber nicht sehr glücklich dabei, weil er bei seiner Arbeit seinen Pferdeschwanz verstecken musste, weil er seine Kappe nicht tragen konnte, weil er sich von seinen Kollegen nicht angenommen fühlte und weil er mit seiner freien Art überall aneckte und Probleme hatte. Es war aber sein Beruf, und er lebte davon, und er wollte diesen Beruf auch nicht wechseln.

Bei meinen Seminaren haben wir ganze acht Monate gebraucht, um ihm zu zeigen, dass bei ihm alles stimmt, dass es bei ihm nichts zu verändern gibt, dass er ruhig Vertrauen und Glauben in sich haben kann, dass er alles an sich und seiner Geschichte annehmen kann und damit seinen Platz im Leben finden kann, und dass er sich lieben kann, so wie er eben ist. Es war ziemlich harte Arbeit.

Jetzt ist er noch immer Berufsmusiker, und er spielt bei einer Jazzband. Dort fühlt er sich wohl, dort eckt er nicht an, dort trägt er sein verrücktes Kapperl, und dort kann er seine langen Haare zeigen, und er muss keinen Anzug und keine Krawatte tragen. Er hat nur das Liebes-und-verpflichtet-fühlen-Geschäft mit seinem Vater beendet (das war eines seiner Hindernisse), und er hat an sich selbst nichts verändern müssen. Das geht ja auch gar nicht so leicht. Oft sind wir durch unsere falschen Pflichtgefühle einfach am falschen Platz, in der falschen Umgebung oder im falschen Film. Es gibt für jeden Menschen den rechten Platz. Bei dieser verrückten Ich-muss-mich-ändern-Idee kommt es ja immer darauf an, von wo aus wir sie haben und wünschen. Wenn es von dem Platz aus geschieht, wo wir uns nicht lieben oder sich das Leben vielleicht geirrt hat, kann es niemals gelingen.

Und wir Narren rennen und rennen

Die meisten von uns Menschen suchen Harmonie und Frieden und meist auch um jeden Preis. Die meisten von uns führen eben auch ein etabliertes, aber eingeschlafenes Leben von irgendjemand anderem (nur nicht das eigene) und machen sich selbst und den anderen sehr viel vor, in Wirklichkeit tun wir das nur um ein bisschen Liebe und Anerkennung zu bekommen. Viele von uns machen das ihr ganzes Leben lang und müssen irgendwann die bittere Erfahrung machen, dass es immer ein ziemlich schlechtes Geschäft ist und dass ihr Rackern und Plagen (es entsteht nur am falschen Platz) und Rennen um ein bisschen Liebe, Harmonie und Friede niemals ausreicht!

Und was diese ständige Suche nach unserem Wertgefühl (wo ist es denn nur) betrifft, kann ich nur dazu sagen, dass die Suche aus unserem Mangelbewusstsein entsteht und ein großer Irrtum ist. Wertvoll zu sein, ist unser ureigenstes, göttliches Wesen. Wenn du ins Kino gehst, dann siehst du eine weiße Leinwand vor dir. Die weiße Farbe ist das Wesen der Leinwand. Und dann beginnt der Film. Es wird geschossen, geweint, gelacht und gekämpft. Und dann ist der Film zu Ende, und du siehst wieder diese Leinwand vor dir. Aber siehst du dann auf dieser Leinwand irgendwelche Flecken von den Tränen oder Brandmale vom Feuer oder Wunden vom Krieg? Nein, die Leinwand ist weiß und klar – es ist ihr Wesen. Auch wir sind wie diese Leinwand, immer weiß und rein und unschuldig und wertvoll und klar und unberührt. Auch wir bleiben in Wirklichkeit unberührt und rein vom Film des Lebens.

Es gibt zu dieser Schöpfung, zu diesem Leben nichts hinzuzufügen oder zu verbessern, sondern nur die Hindernisse zu beseitigen, die unseren wahren Wert, unsere Schönheit und Einzigartigkeit, unser Wesen und unsere Größe vor uns selbst verbergen. Und es ist eine unendliche Geschichte, das Gefühl wertvoll zu sein über die Schwächen der anderen oder über Vergängliches wie Beruf oder Besitz oder 22 Ehrenämtern bei 17 Vereinen oder körperliche Schönheit oder über unser Etabliertsein zu beziehen, und es macht uns niemals satt! Denn wenn das wirklich der Weg zum Glücklichsein wäre, dann frage ich mich, warum sind wir dann nicht glücklich? Warum strotzen wir denn nicht vor Glück, wo wir doch so viel Besitz und so viel Wissen um uns herum angesammelt haben und so schön sind und so überbeschäftigt sind?

Wie viel Wert hat ein Krug Wasser?

Und in welche tiefe Grube fallen wir nur hinein, wenn diese Dinge, die uns scheinbar so wertvoll machen, wegfallen, wenn unsere Barbie-Welt zerbricht, unsere Jugend zu Ende geht, wenn wir in Pension gehen müssen und wir nackt sind? Wir können und werden schließlich alles verlieren ... was uns ohnehin nie gehört hat. Alles kann sich über Nacht wenden und jede blühende Blume verwelkt einmal, aber wir bleiben!

Das Problematische an diesen vergänglichen Werten ist ja, dass sie eben vergänglich sind und keinen fixen Wert haben, dass sich ihr Wert praktisch über Nacht verändern kann. Wenn du eine Kiste Gold besitzt, dann wirst du sie in der Wüste sofort gegen einen Krug Wasser eintauschen. Ja, wie viel Wert hat dann ein Krug Wasser? Es kommt immer nur auf die Situation des Lebens an, und er ist nie und nimmer fix und bleibend.

Meine Oma hat mir oft erzählt, dass sie im Krieg mit ihren teuren Schmuckstücken zu den Bauern gereist sind, um sie gegen Fleisch und Brot und Eier einzutauschen. Manchmal hieß es ein ganzes Haus gegen einen Laib Brot. Alles ist immer in Bewegung, und wir Narren meinen, dass es fix ist. Das Problem sehe ich aber nicht an der Veränderung der Werte, sondern an unserem Festhalten und dass wir glauben, dass es fix ist. Das Festhalten macht uns das Leben so schwer, nicht die Bewegungen des Lebens. Es ist wie mit dem Wasser, es muss fließen. Wasser kann uns heute das Leben retten. Wenn wir das gleiche Wasser aber festhalten, dann kann es uns auch töten, denn es verwandelt sich ohne dieses Fließen in giftiges Brackwasser! Wenn Wasser, Leben, die Liebe und unser Herz stehen bleiben und nicht fließen, dann werden sie giftig!

Wenn du großen Reichtum oder Wohlstand redlich verdient und angesammelt hast und du diesen Reichtum in deinen Händen ahnst und du dich damit identifizierst und auch wertvoll fühlst, dann würde ich dir trotzdem raten, dein Gefühl, wertvoll zu sein, nicht daraus zu beziehen, sondern von deinen inneren Werten, denn alles kann sich über Nacht verändern. Und wenn deine kleine Tochter z.B. in deinen Armen stirbt, dann würdest du in diesen Momenten all deinen Besitz und all deinen Wohlstand und all deinen Reichtum gegen das Leben deines Kindes eintauschen. So eine Szene kenne ich aus meiner Familie.

Keiner friert freiwillig und gerne

So schnell kann sich der Wert deines Besitzes verändern und so schnell kann sich auch das Wertgefühl verändern, das du daraus beziehst. Alles kann praktisch von einer Sekunde auf die andere seinen Wert verlieren – besser gesagt, verändern.

Aber das alles heißt für mich natürlich nicht, dass Geld und Materie keinen Wert haben. Bitte versteh das nun nicht falsch! Natürlich hat Geld auch für mich einen Wert, und wir brauchen es ja auch zum Leben. Es ist auch für mich eine sehr wichtige Form der Energie und Ausdruck der Fülle. Problematisch finde ich nur, wenn wir das Wertgefühl daraus – oder ausschließlich daraus – beziehen. Reichtum hat ja nicht nur mit Geld zu tun, und es ist ja nicht immer gleich die Fülle, wenn man viel Geld hat. Die Lernprozesse für reiche Menschen sind auch nicht ohne. Ich kenne einige reiche Leute, und es ist ziemlich schwer, damit nicht in Angst, Gier, Neid und Besitzdenken zu verfallen. Wirklich reich und in der Fülle bist du erst dann, wenn du *angstfrei* reich bist.

Ich halte also nichts von den gar so weisen Sprüchen, dass Geld und Materie keinen Wert haben. Aber am allerwenigsten kann ich so ein Statement von satten, gewärmten und wohlhabenden Menschen hören und vertragen. Das ist dann für mich wie ein Brechmittel und hört sich für einen Menschen in Not, für einen arbeitslosen, einen hungernden oder einen frierenden Menschen wie eine Beleidigung und eine Entwürdigung an.

Keiner friert und hungert freiwillig und gerne! Und keiner hat freiwillig und gerne keinen Job und keiner hat freiwillig und gerne kein Geld in der Tasche (weil das halt so toll ist) und keiner weiß freiwillig und gerne nicht, wie er seine Miete und seinen Strom bezahlen soll, und keiner weiß freiwillig und gerne nicht, wie er seine Kinder ernähren soll, selbst wenn er es selbst verursacht hat.

Es stimmt ja sogar, dass ein Mensch nur selbst die Verantwortung für sein Leben trägt, und es stimmt auch, dass er seine Not und seine missliche Situation meistens nur selbst verursacht hat. Irgendwann befindet man sich eben in so einer Energiespirale (die gibt es in so vielen Bereichen des Lebens) und in einer Sackgasse, aus der es sehr schwierig ist, wieder herauszukommen. Es steht uns aber nicht zu, das zu beurteilen und zu verurteilen.

Weißt du, wie es ist, die Miete nicht bezahlen zu können?

Ich höre von so vielen Menschen dann immer die ziemlich klug klingenden Erklärungen, dass diese Menschen ja alles selbst verursacht haben, dass sie ja nur selber schuld sind und dass sie nun halt nur die Rechnungen für ihre Taten bezahlen. Ja, das ist mit Sicherheit auch alles richtig! Aber es wird halt auch richtig sein, dass wir die Folgen unseres harten und eiskalten und ziemlich engen Herzens und unseres arroganten Wegsehens (bei der Not) und unseres Verurteilens und Bewertens auch einmal selbst zu tragen haben. Dann wird man über uns auch sagen: „Sie haben ihre Not und ihre Bitternis nur selbst verursacht, und sie tragen alleine die Verantwortung für ihr Leben, und sie sind ja nur selber schuld, und es sind lediglich die Folgen für ihre Hartherzigkeit, und sie müssen nun lediglich die Rechnung dafür bezahlen."

Dann werden wir sicher auch von so vielen Menschen die ziemlich klug klingenden Erklärungen hören und ertragen müssen, dass wir ja alles selbst verursacht haben und nun halt nur die Rechnungen für unsere Taten, für unsere Nicht-Taten, für unser kaltes Wegsehen, für unser kaltes und hartes und enges Herz bezahlen. Ja, das ist dann mit Sicherheit auch alles richtig. Unsere Hartherzigkeit und unsere Arroganz sind fast ohne Grenzen, aber die Folgen dafür sind auch fast ohne Grenzen und ziemlich bitter. Und es gibt ja nicht nur die materielle Not, glaube es mir – sie ist oft das kleinste Übel. Mein Schatz, bitte erhalte dir deine wunderbare Herzlichkeit, deine Offenheit, deine Sanftheit und dein weiches und gutes Herz! Das liebe ich so sehr an dir! Damit bleibst du am Leben. Auch wenn du einem Menschen nicht helfen kannst, schenke ihm zumindest dein Mitgefühl, deine Herzlichkeit und ein ganz kurzes Lächeln ... was in so manchen Situationen auch die eleganteste Art ist, die Zähne zu zeigen.

Hartherzigkeit habe ich selbst oft genug (auch von meinen lieben Verwandten) verspürt. Aber ich verurteile sie natürlich nicht, weil ich weiß und sehe, dass dahinter immer ein kleines und weinendes Kind steht ... und eine ziemlich tiefe Wunde, die mit aller Kraft geschützt wird. Und für diesen Schutz brauchen wir manchmal ziemlich hohe Mauern. Eine Form dieser Mauer ist oft die bittere Hartherzigkeit. Und Mauern wachsen auch ganz von selbst ... und sie werden vom Leben mit schönen Pflanzen geschmückt und überwuchert. Den rankenden Pflanzen des Lebens ist es egal, ob sie einen Balkon oder eine Gefängnismauer zieren und schmücken.

Als Schutz benutzen wir so vieles

Aber um dieses Los brauchst du niemanden zu beneiden, denn der Preis, den man für diese Schutzmauern des harten Herzens bezahlt, der ist ziemlich hoch und meist auch schon im Gesicht abzulesen und zu sehen. Je größer die Mauern (in diesem Fall die Hartherzigkeit), desto größer ist dahinter die Wunde, die schon verzweifelt nach Berührung und damit nach Heilung sucht. Wunden werden ja vom Leben nicht aus Gemeinheit oder zu unserem Schaden berührt, sondern nur zum Heilen. Sie werden berührt und ans Licht gebracht, um in diesem Lichte heilen zu können. Das ist die liebende Idee des Lebens!

Aus so vielen Geschichten habe ich immer wieder beobachtet, dass eine tiefe Wunde, wenn wir sie nicht annehmen, immer eine Gegenseite sucht, um sie zu schützen. Als Schutz benutzen wir so vieles. Diese Dynamik sehe ich ja nicht einmal als Fehler oder gar als Problem. Manches Mal tut es einfach zu weh, und dann müssen wir uns schützen, um zu überleben. Das Problem entsteht ja erst dann, wenn dieser Schutz und diese Erstarrung bleiben. Und oft bleiben sie ein ganzes Leben und über viele Generationen. Diese Dynamik ist bei so vielen Menschen und in so vielen Bereichen zu sehen.

Zu diesem Thema fallen mir immer meine alljährlichen Seminare in den USA ein. Die meisten Geschichten drehen sich dort (an der Ostküste) um die verlorene Heimat. Viele Auswanderer sind ja nicht aus freien Stücken ausgewandert, sondern sie mussten aus verschiedenen Gründen ihre Heimat verlassen. Und so einfach wie das heute geht – schnell mal in die Heimat fliegen –, war das ja damals nicht. So eine Schiffsreise dauerte viele Monate und kostete eine Menge Geld. Damals gab es das echte Gefühl, von seiner Heimat abgeschnitten zu sein, seine Heimat verloren zu haben. Und dieses Gefühl, die Heimat verloren zu haben, ist ziemlich bitter und tut verdammt weh!

Und ein Auswanderer, der eben dieses Gefühl in sich trägt, kann zu dieser Wunde hinsehen und zu ihr stehen – das tut eben enorm weh –, oder er kann zum Schutz (damit er es nicht so sehr spürt und damit niemand entdeckt, dass es eben eine Wunde gibt) eine Gegenseite oder eine heile Welt errichten und damit einen erträglichen Umgang finden.

Bist du heimatlos oder wirst du Supermacht?

Für einen einzelnen Menschen heißt das vielleicht, der Beste zu sein. Für ein ganzes Land heißt das ja vielleicht, die Supermacht Nummer Eins zu werden. Diese Dynamik ist bei einzelnen Menschen und natürlich auch bei ganzen Ländern zu sehen. Jeder einzelne Mensch kann zu seinen Wunden stehen (in diesem Fall, die Heimat verloren zu haben), oder er errichtet eben Schutzmauern. Supermacht, Hartherzigkeit, ein aufgeblähter Verstand, ein überdimensionales Körperbewusstsein und so vieles mehr können wir dafür benutzen.

Wenn ein Mensch nur die Freundlichkeit zeigt, dann versteckt sich dahinter vielleicht die große Wut. Wenn ein Mensch (oder ein ganzes Land) nur seine Supermacht zeigt, dann versteckt er dahinter mit Sicherheit seine große Wunde und ein weinendes Kind. Wenn ein Mensch nur die Güte zeigt, dann versteckt er dahinter vielleicht den Zorn, und wenn ein Mensch sich nur als Opfer präsentiert, dann versteckt er dahinter ganz sicher seinen gefährlichsten Täter. Lass dich also nicht täuschen von dem, was Menschen dir zeigen und was du bei ihnen mit den Augen siehst. Ich bin ein grundsätzlicher Menschenliebhaber, aber am liebsten sind mir die Menschen, bei denen ich alles sehen kann, bei denen der Engel und der Wolf zu sehen sind, bei denen die Wunden, die Tränen, die Gaben und die Qualitäten zu sehen sind.

Also diese Statements, dass Geld und Materie keinen Wert haben, von satten und wohlhabenden Menschen zu hören, die keine materiellen Sorgen haben, ist aus meiner Sicht lediglich oberflächliches und hohles Geschwätz. Das redet sich von einem beheizten Haus aus, mit vollem Magen und einem dicken Bankkonto ja auch ganz leicht, dass materielle Werte nicht zählen. Ich drehe mich immer um, wenn ich so etwas höre. Es tut mir viel zu weh.

Dieser Mensch sollte es zuerst einmal selbst erleben, wie es wirklich ist, zu hungern, zu frieren und kein Geld in der Tasche zu haben. Das redet sich sehr leicht, wenn man das nie erlebt hat. Dieses Statement glaube ich erst dann, wenn er selbst kein Geld mehr hat und selbst einmal nicht mehr weiß, wie er Miete und Strom bezahlen soll und wie er seine Kinder ernähren soll. Wenn er dann noch immer dieser Meinung ist, dann glaube ich es ihm.

Die aussichtslose Suche nach dem Wertgefühl

Bin ich nun wieder sehr abgeschweift? Eines musst du auch noch bedenken: Wenn du einem Menschen aus deinem lange eingeübten Ich-bin-nicht-würdig-aber-dafür-bescheiden-und-so-wertlos-Denken heraus oft und lange genug sagst, und ihm signalisierst, dass du eben wertlos oder hässlich oder unfähig oder schuldig bist, dann gibt es dabei leider einen Haken! Dieser Mensch, zu dem du das lange genug sagst und ihm dieses Signal lange genug schickst, wird dir das leider irgendwann glauben und zu dir sagen: „O.k., jetzt habe ich es kapiert! Du bist wertlos und hässlich und unfähig." Wenn ein Mensch sich wertlos fühlt (meistens erkennst du das am vielen Jammern), dann ist das wie ein Verbot, ihn zu lieben! Es gibt auch nichts Ermüdenderes, als einen Menschen, der sich wertlos und schlecht fühlt und sich selbst ständig erniedrigt. Es ist eigentlich ein Auftrag, ihn total zu meiden. Und in einer Beziehung werden wir auch genauso behandelt, wie wir mit uns selbst umgehen! Und solche Gefühle und Selbstbilder gehen noch dazu von Herz zu Herz. Das heißt, du musst deine *Ich-fühle-mich-so-wertlos-Übung* nicht einmal aussprechen, damit sie der andere mit seinen feinen Antennen empfängt und darauf reagiert. Eine neue Zwickmühle, ich weiß!

Und zum Thema Wertgefühl möchte ich dir etwas aus meinem Leben erzählen. Ich war einst ein erfolgreicher und etablierter Geschäftsmann mit vielen Mitarbeitern, und ich hatte ein gutes Einkommen und ein tolles Auto, und ich hatte Partys und viele liebe Freunde und ich spürte viel Respekt und Zuneigung von ihnen. Ich erfuhr von ihnen Liebe, Achtung, Wertschätzung und Freundlichkeit. Nach meinem Konkurs im Jahre 1990 habe ich dann meinen Betrieb, mein Heim, mein Auto, mein Einkommen und vieles mehr verloren. Und seltsamerweise habe ich auch alle meine Freunde und ihre Wertschätzung verloren! Das habe ich auch schon von so vielen anderen Menschen gehört, die gescheitert sind. Ich habe mich damals in meiner Not (als ich an ihre Türen geklopft habe und weggeschickt wurde) immer und immer wieder gefragt, warum sie nun nicht mehr so freundlich zu mir sind, warum sie mich nun denn nicht mehr lieben, warum sie ihre Türen denn nun vor mir verschlossen halten, warum sie plötzlich nichts mehr von mir wissen wollen, warum sie auf der Straße so tun, als würden sie mich nicht kennen, warum sie sich am Telefon verleugnen lassen. Ich war viele Jahre lang verletzt und fühlte mich beschissen und ungeliebt und auch sehr wertlos.

Eines Tages bin ich aufgewacht

Ich hab das alles einfach nicht verstanden. Ich habe darunter sehr gelitten und sehr oft bitter geweint, denn ich hätte damals wirklich sehr dringend Hilfe, Liebe, Freunde, Gespräche, Trost und einen Beistand gebraucht. Ich habe es einfach nicht kapiert, weil ich ja vor und nach meinem Konkurs derselbe Mensch geblieben bin. Es hat sich doch an mir nichts verändert!

Bis ich eines Tages aufgewacht bin und draufkam, dass sie nicht mich gemeint und geliebt haben! Das war wie eine Erleuchtung für mich. Sie haben nicht mich gemeint, und ich habe nichts verloren, weil sie mich und mein wertvolles Wesen sichtlich gar nicht gesehen haben. Sie können es gar nicht gesehen haben, denn sonst hätte sich an ihrer Wertschätzung und Liebe zu mir ja nichts geändert. Sie haben, als ich ein erfolgreicher Geschäftsmann war, nicht mich geliebt und nicht mich geachtet und nicht mich geschätzt, sondern meinen Betrieb, mein Einkommen, mein Heim, mein Auto, meine Partys und meine vergängliche Hülle.

Also konnten sie auch nicht mich gesehen und gemeint haben, als sie (nach meinem Konkurs) plötzlich nicht mehr freundlich zu mir waren, als sie mich nicht mehr liebten, als sie ihre Türen vor mir verschlossen hielten, als sie nichts mehr von mir wissen wollten, als sie auf der Straße so taten, als würden sie mich nicht kennen, als sie sich am Telefon verleugnen ließen, als sie mich im Winter vor ihrer Türe warten und frieren haben lassen. So ging jedes Gefühl von Wertlossein über Nacht (wie ein Gespenst) von mir weg ... als wäre es nie da gewesen! Ich habe mit diesem tiefen Erkennen, es war eine Erleuchtung, einfach ein Hindernis zu mir selbst aufgelöst und übrig blieb mein wahres und wertvolles Wesen.

Das allergrößte Problem und größte Hindernis auf der Suche nach unserem Selbstwert und unserem Wertgefühl ist eben, dass wir es überhaupt suchen und glauben, etwas dafür tun zu müssen. Diese Idee selbst ist die Sackgasse und das größte Hindernis, denn damit richtet sich unser Blick wieder einmal nach außen, in die vergängliche Welt. Wertvoll zu sein, ist kein Verdienst, sondern unser ureigenstes Wesen. Und uns wertvoll zu fühlen, ist sozusagen das Überbleibsel, wenn alle Verstandeshindernisse zu uns selbst beseitigt sind, wenn wir erkennen, wer wir wirklich sind und schon immer waren. Umarme dich, bis bald.

Die Rückkehr in die alte Welt

Hallo, meine Süße! Du willst also keine Aussprache mit mir. Das ist sehr traurig ... aber dann muss ich dir unbedingt noch einmal schreiben. Das geht einfach nicht anders. Das muss ich einfach loswerden, sonst zerreißt es mich noch. Ich muss dir einfach sagen, was mich so verletzt. Bin mir aber nicht sicher, ob du diesen Brief überhaupt noch lesen wirst. Nenne es einen Abschiedsbrief oder sonstwie, aber bitte lese diesen Brief! Ich bitte dich darum.

Deine Rapunzel-Mauern hast du schon so hoch aufgebaut, dass ich dich ohnehin nicht mehr erreichen kann. Und sogar ich begreife das irgendwann, und meine Briefe und Anrufe werden auch schon immer weniger, und bald werde ich es auch schaffen, dich ganz in Ruhe zu lassen, so wie du es dir sicher schon seit einigen Wochen wünschst. Das alles ist sehr traurig und schade und schmerzhaft für mich.

Du versuchst nun mit Gewalt, in deine Beziehung mit Karl und deine heile Welt zurückzukehren und deine Liebe zu mir aus deinem Herzen zu reißen und zu verdrängen. Ja, du hast scheinbar begriffen: Dort, wo unser Herz ist, dort sind wir, und das gefällt dir und deinem Verstand halt gar nicht. Ja, dort wo unser Herz ist, da sind unsere wahren Beziehungen, nicht dort, wo wir leben und gemeldet sind und wo wir frühstücken.

Du warst mit deinem Herzen schon mehr bei mir als bei Karl, ebenso wie ich schon mehr bei dir bin als bei Claudia. Deshalb betrachte ich das als ein Zurückkehren in deine alte Welt, in deine *frühere* Beziehung mit Karl. Das finde ich zwar sehr schmerzhaft, aber es ist ok. Ich kann es nicht ändern. Du hast dich entschieden, und ich finde es ja super für dich, und ich gratuliere dir dazu. Das kann ich auch akzeptieren. Dieses Hin und Her war schon länger sehr schwierig für dich. Ich verstehe deinen Schritt.

Übrigens, es ist mir noch immer ein ziemliches Rätsel, dass dein Karl von unserer Beziehung, von unserer starken Verbindung, von unserem enormen Kraftstrom und von deiner Liebe zu mir noch nichts bemerkt hat. Das ist mir ein Rätsel. Du musst Spitze sein im Verbergen! Wenn man einen Menschen wirklich ansieht und ihn sieht, dann muss man doch so etwas sehen und spüren.

Absolut nichts mehr

Aber wirklich schmerzhaft für mich war die Art und Weise, deine drastischen Gefühlskillermittel – kein Treffen, keine Anrufe, keine Gespräche – die du dafür gewählt hast. Es tut so weh, wie das Ganze geschehen ist. So von einem Tag auf den anderen. Ein Wechselbad der Gefühle, wie ich es noch nie in meinem Leben erlebt habe. Ich weiß, dass dieser Umgang mit Gefühlen für sehr viele Menschen normal ist, dass das sehr viele Menschen genauso wie du machen. Es scheint die alltägliche, verrückte Norm dieser Gesellschaft geworden zu sein. Es ist in meinen Augen aber trotzdem ein Gesellschaftswahnsinn.

Am Abend war noch so viel Nähe zwischen uns – noch so viel Liebe –, da war ich noch dein Traumzigeuner, da hatten wir noch Zukunftspläne, da hast du noch geweint vor Glück und weil du mich so liebst - da war ich noch der Mann, mit dem du dir ein Kind wünschst, da war ich noch der Mann, mit dem du so vieles leben wolltest (will gar nicht alles wiederholen und aufzählen, was du mir gesagt hast), und am nächsten Tag absolut nichts mehr. Das ist wie der Tod. Nein, der Tod ist süßer als diese Qual! Denn ich lebe ja noch und bin ein ziemlich lebendiger Mensch (oh, wie unbequem, bitte verzeih) mit einem Herzen und mit Gefühlen, die ich nicht so einfach ausschalten kann.

Du hast nicht mit mir darüber gesprochen, was eigentlich los ist. Kein Abschied und keine Klärung. Ich habe nur eine Nachricht von dir bekommen, dass du dich zurückziehst und dass ich dir nicht mehr schreiben soll (diesen Wunsch kann ich dir nicht ganz erfüllen), und das war's. Das ist so schmerzhaft für mich und ziemlich entwürdigend. Es fühlt sich für mich nun so an, als wäre die Zeit mit mir für dich nicht schön und nicht wertvoll gewesen. Wenn es eine Aussprache gegeben hätte, dann würde ich mich zumindest geachtet fühlen.

Aber lass dir sagen, ich werde gegen den Strom der Gefühlskillerzeit schwimmen, und ich werde lebendig bleiben. Natürlich ist es sehr schwierig, sich nach einer Verwundung (die Berührung einer alten Wunde und in Wirklichkeit ein Heilungsversuch) nicht gekränkt zurückzuziehen und sich wieder und immer wieder neu einzulassen auf die Liebe, aber es ist das einzige Tor zur Lebendigkeit!

Liebesverbindungen bleiben bestehen

Tanze, als würde dir niemand zusehen, liebe, als wärst du nie verletzt worden. Ich werde zu dieser Wunde stehen, ich werde sie spüren. Ich werde mich nicht vor dieser schmerzlichen Berührung (und der darauf folgenden Heilung) schützen, ich werde mich nicht vor dem Leben schützen, ich werde auch weiterhin keine Mauern errichten und keine Regeln erstellen! Irgendwann kannst du ja vielleicht mal sagen: „Ich will auch leben!"

Und was dieses Absolut-nichts-mehr betrifft, muss ich dir noch sagen, dass es eine ziemlich verrückte Idee ist, besonders deshalb, weil man Verbindungen nicht trennen kann! In meinen Seminaren bin ich mit dieser Ich-will-das-abschließen-Idee auch sehr oft konfrontiert. Man kann eine Beziehung beenden, einen Menschen nicht mehr mögen, ihn nicht mehr treffen, mit ihm nicht mehr telefonieren, aber man kann es nicht wirklich abschließen und die Verbindung durchtrennen. Wenn wir mit einem Menschen einmal in Liebe verbunden waren und ganz besonders dann, wenn wir gemeinsame Kinder haben, dann bleibt diese Verbindung auch bestehen! Sie ist viel stärker als unser Planen und Abwehren. Und die wirklich großen Probleme entstehen, wenn wir an diesen geistigen Energien und Verbindungen rütteln. Viele wollen es nicht wahrhaben, und einige schämen sich, dass sie mit einem bestimmten Menschen einmal in Liebe verbunden waren und eben auch verbunden bleiben. Diese Verbindung sucht sich einen Weg zur vollen Würdigung. Und sobald wir diese Verbindungen achten und anerkennen, kommt alles zur Ruhe, kommt alles an seinen Platz, und auch neue Verbindungen und Beziehungen gelingen leichter.

Süße, heute scheint die Sonne. Stelle dich doch an den Platz in der Sonne. An diesem Platz wirst du merken, dass du gar nicht so viel leiden musst und es viel leichter haben kannst! Lebe die große Kunst des Nehmens! Alles Schwere ist die Energie vom Schatten. Es zerreißt mir fast mein Herz, zu hören, wie sehr du leidest, und nichts tun zu können, und ich spüre es ja auch sehr deutlich, und mein linkes Auge weint und zeigt mir, wie es dir geht. Ich kann es auch nicht verstehen, und manchmal hab ich den Eindruck, dass du Tragödien sehr liebst. Aber manchmal sind sie sinnlos, und wir in unsere Probleme einfach sehr verliebt. Ich kenne das ja auch von mir selbst. Manchmal ist Leiden einfach leichter als Handeln.

Ich bin in meine Probleme so sehr verliebt

Und wenn ich der liebevollste und wertschätzendste Mensch bin, der dir jemals begegnet ist (hab mich so sehr gefreut, wie du mir das kürzlich gesagt hast), dann solltest du mich immer wieder treffen und mich umarmen und deinen Kopf an meine Schulter legen und mit mir alles besprechen. Das Leben ist doch viel zu kurz für dein Leiden ohne Ende. Es ist so verrückt für mich: Der Tisch ist voll, und die Süße will lieber hungern und frieren und leiden. Da kann ich nur mitweinen, aber es ergibt leider keinen Sinn, weil du in deine Probleme sichtlich ziemlich verliebt bist.

Ich hatte heute mit Claudia gute und sogar friedliche Gespräche, und sie hat mir von euren Telefonaten erzählt und dass du ihr gesagt hast, dass es doch keine große Liebe ist zu mir (das hat voll gesessen) und du das Ganze schon längst beenden wolltest und dass du gar nicht weißt, wie das alles passieren konnte. Ich habe Claudia aufgeklärt (ohne ihr Details zu erzählen) und habe ihr in aller Deutlichkeit die Wahrheit gesagt und dass das nicht stimmt, dass du mich sehr liebst, dass ich eine große Liebe und eine sehr wichtige Begegnung für dich bin ... und dass das deine Worte und deine Tränen waren und sind!

Mädchen, warum stehst du denn nicht dazu? Warum verleugnest du denn all deine Gefühle und deine Liebe und leidest lieber? Warum denn nur? Auch das hat mich sehr tief verletzt! Das fühlt sich ja richtig feige an. Bisher dachte ich, dass nur wir Männer feige sind. Warum übernimmst du nicht die Verantwortung für das, was du fühlst und sagst und tust? Du hättest ganz einfach auch die Wahrheit sagen können. Ich stehe zu dem, was ich dir gesagt habe, was ich für dich empfinde, und ich habe Claudia nochmals deutlich gesagt, wie sehr ich dich liebe und dass ich einfach nicht anders kann und dass ich auf dich einfach nicht verzichten kann. Und stell dir vor, sie hat es sogar verstanden und mir gesagt, dass sie es ebenso tun würde. Sie sagte mir, dass sie wegen einer so großen Liebe alles stehen lassen würde und auf jede Bequemlichkeit oder auf jede Gewohnheit verzichten würde und auch die Familie verlassen würde. Sie versteht aber nicht, warum du nicht dazu stehst, und sie hätte dich niemals um deinen Rückzug gebeten, wenn du ausgesprochen hättest, wie es wirklich ist, wie sehr du mich wirklich liebst und brauchst.

Es ist zwar eine weit verbreitete Volkskrankheit ...

Süße, ich kann mir beim besten Willen einfach nicht vorstellen (so gut kenne ich dich schon), dass du – die sich so schwer tut, ihre Gefühle zu zeigen, solche Worte über ihre Lippen zu bekommen – solche intimen, schönen, wichtigen Sachen zu einem Mann sagst, der keine große, wichtige Lebensliebe für dich ist! Ich kann mir einfach nicht vorstellen, dass gerade du so etwas einfach so dahinsagst und es nicht so meinst!

Wie gehst du nur mit dir und deinen Gefühlen um? Es ist zwar eine sehr weit verbreitete Volkskrankheit, so mit seinen Gefühlen umzugehen, aber es entsetzt mich immer wieder. Das ist ja ärger als eine Vergewaltigung. Du scheinst es wie dein Papa zu machen und tötest Liebe und Gefühle in dir. Menschen, die sich das Leben nehmen (wie dein Papa), tun das. Sie töten Liebe und Gefühle. Und für die Tochter ist es ein Weg, wie man sich seinem Vater nahe fühlen kann, indem man es macht wie er, indem man sich immer wieder von Gefühlen abschneidet, immer wieder versucht, seine Gefühle zu töten. Du leidest natürlich sehr darunter und bezahlst einen sehr hohen Preis dafür, aber es ist eine (verkrüppelte) Pseudonähe zu deinem Vater. Du solltest mal eine wirkliche Nähe zu deinem Vater finden, damit diese Pseudonähe nicht mehr notwendig ist. Obwohl es wahrscheinlich aussichtslos ist und ich auch schon ziemlich erschöpft bin von den irre schmerzhaften Gefühlswechselbädern, bin ich noch immer ziemlich verrückt nach dir. Ich bin einfach von dir so begeistert und kann nicht von dir lassen. Ich kann es einfach nicht ändern.

Und ich muss zugeben, dass ich mir noch immer sehr wünsche, dass wir gemeinsam leben, was wir beide so dringend brauchen, was wir uns beide so sehnsüchtig wünschen. Du selbst hast es immer wieder so schön und klar formuliert. Ich bin überzeugt davon, dass es uns beiden sehr viel besser gehen würde als jetzt und wir sehr glücklich sein würden, wenn wir zusammen wären. Wir beide könnten wirklich die Welt neu entdecken, wir könnten einen Stern erschaffen und unsere Hütten bis in den Himmel bauen. Es wäre für uns beide ein enormer Entwicklungsschritt. Diese Liebe zwischen uns besitzt eine Intensität, die es sehr selten gibt, und sie hat uns beide schon sehr verwandelt – wir beide sind zu vollig neuen Menschen geworden. Es ist fur uns beide eine Beziehung des persönlichen Wachstums.

Danke für die unglaublich schöne Zeit

Mädchen, ich kann einfach nicht anders. Ich schaffe es nicht, meine Gefühle, mein Feuer und meine Liebe zu verdrängen und abzustellen oder mir herauszureißen. Das würde mich zugrunde richten. Dieser Preis ist mir einfach zu hoch! Dein Lächeln, deine Grübchen, deine Bewegungen, deine Haare, deine Hüften, deine Berührungen, deine Bisse, deine Worte, dein wunderbares Stöhnen, dein süßes Wesen und deine Küsse, deine Schönheit (bitte halte das nicht für ein falsches Kompliment) und das, was du mir entlockt hast und in mir erweckt hast, und das, was du zu mir gesagt hast, und deine Tränen kann ich (zumindest derzeit) einfach nicht vergessen und beiseite schieben.

Ich erfreue mich sehr an schönen Menschen. Das ist aber keine Norm nach Größe oder Figur. Ich kenne Menschen, die schön wirken, aber wenn z.B. die Angst zu sehen ist, dann wendet sich das Blatt schnell. Es gibt nichts Hässlicheres als einen Menschen, der sich selbst nicht liebt und dir ständig erklärt, dass er nicht schön ist. Es ist auch ermüdend, es ihm immer wieder erklären zu müssen. Das habe ich aufgegeben. Schönheit ist die innere Ausstrahlung. Menschen mit Ausstrahlung (wahre Schönheit) stehen an ihrem Platz. Man erkennt dadurch, dass sie nicht mehr hadern und dass sie ihre Geschichte angenommen haben. Stehe bitte zu deiner Schönheit! Wenn wir Ja zu unserem Leuchten und unserer inneren Schönheit sagen, dann erst erlauben wir einem anderen Menschen unsere Schönheit und unser Leuchten zu sehen! Wenn ein Mensch deine Schönheit erkennt, dann sag einfach Ja dazu – außer es ist ein Kompliment (das kann ja auch eine Lüge sein).

Süße, ich sehe uns noch immer Hand in Hand mit einem Rucksack durchs Land wandern. Wahrscheinlich blamiere ich mich schon längst, aber das ist mir auch schon egal. Die Blümlein kannst du nehmen als was du willst - als Abschied oder als Liebesgrüße oder als meine stille Verehrung oder sonst was. Ich möchte dir auf jeden Fall für die unglaublich schöne Zeit, für deine süße Liebe und deine Herzlichkeit, für dein Lächeln, für deine Berührungen, für deine Worte, für deine Tränen, für deine Wertschätzung und für deine Achtung danken. Es war zwar vieles erst im Entstehen, aber selbst das war schon unglaublich toll! Es war das Leben, das ich mir so sehr wünsche. Du bist zur Zeit das Schönste, was ich kenne, bist meine Traumzigeunerin. Feste Umarmung und sanften Biss.

Meine Segel sind zerrissen

Kätzchen, heute hat mich eine liebe Freundin gefragt, wie es mir geht. Und mit dieser Frage habe ich mir ernsthaft beim Spazieren an der Donau (die musste schon sehr vieles von mir ertragen) überlegt, wie es mir denn wirklich geht. Ich habe darüber lange nachgedacht, und ich habe auch nüchtern herausgefunden, wie es mir wirklich geht.

Oh ja, alles um mich herum brennt lichterloh, und es geht mir beschissen. Meine Segel sind zerrissen, und ich fühle mich wie nach einer heftigen Schlacht. Da ist kein bisschen Selbstmitleid dabei, denn gleichzeitig fühle ich mich wirklich sauwohl, denn ich habe nun endlich mein Kämpfen beendet. Es geht mir richtig gut, weil ich so vieles hinter mir gelassen habe. Es gibt so vieles, was mir nicht gelungen ist, so vieles, was ich verloren habe, so vieles, wo ich gescheitert bin, so vieles, was zu Ende ging und so vieles, das mir anvertraut wurde und in meinen Händen zerbrach - so viele Pflichten, denen ich nicht nachkommen kann.

Ach Süße, wenn du wüsstest, wie vielen – besonders alten – Pflichten ich nicht nachkommen kann und wie demütigend es ist, immer wieder daran erinnert zu werden und Forderungen zu hören, die ich nicht erfüllen kann. Manche Menschen meinen, dass man das zum Spaß oder mit Absicht macht. Es ist eine sehr schwere Rolle, eine große Last, die dich manchmal fast um den Verstand bringt. Diese Rollen rütteln dich so richtig durch und verlangen eine tiefe Verbeugung vor dem Leben. Meistens haben diese Rollen ja auch mit unseren Geschichten zu tun, gegen die wir uns wehren, die dich aber ganz direkt zur Heilung führen, wenn man sie nimmt.

Es ist eine Einbahnstraße, aus der man nur in eine Richtung rauskommt. Und jedes Wehren macht die Sache noch schwieriger. Es entsteht dadurch ein unvorstellbarer Druck, der einen innerlich fast zerreißt. Diese Täterrollen sind um vieles schwerer, als ein Opfer zu sein und zu fordern. Und wenn es deine Rolle ist, dann entkommst du ihr auch nicht. Das Leben verlangt in diesen Rollen unser volles Ja, unser bedingungsloses Annehmen. Diese Energien sind ohnehin viel stärker als unser Wehren. Ich wollte auch immer edlere und angenehmere Rollen spielen (und viel besser dastehen), doch heute gebe ich diesen sinnlosen Kampf und mein Wehren gegen meine Rolle und gegen mein Scheitern auf und ergebe mich.

Bitte glaubt trotzdem an mich

Meine Beziehung mit Claudia (mein Gott, wie sehr habe ich diese Frau geliebt) ging zu Ende. Das schmerzt mich sehr! Meine Kinder vermisse ich sehr, ein paar furchtbare Drohungen wurden mir nachgeworfen, meine älteren Kinder erinnern sich nur noch an die schlechten Zeiten und segnen mich soeben mit den ärgsten Beschimpfungen, mein Zuhause habe ich verloren, und diese sehr wichtige Beziehung und Liebe mit dir ist auch gerade am Zerbrechen. So vieles wird mir vorgeworfen und nachgeworfen, so vieles ging kaputt, so viele Chancen sind vorbeigezogen, so viele Menschen musste ich verletzen und enttäuschen. Ich würde so gerne zu all diesen Menschen sagen: „Bitte glaubt trotzdem an mich und bitte dreht mir nicht den Rücken zu, besonders jetzt bräuchte ich euch doch so sehr, bitte haltet Wache." Aber manchmal ist es einfach zu spät. So vieles kann ich nicht mehr gut machen und reparieren, so viele Rechnungen kann ich nicht begleichen, so vieles kann ich nicht ändern und reparieren. Das alles tut mir sehr weh (ich trage für alles die volle Verantwortung), aber nichts davon war beabsichtigt. Es tut aber auch gut, nun die Fakten zu sehen und klar zu wissen, wo ich stehe! Dieser Tage spüre ich die volle Last meines Lebens, dieser Tage ist sie mir zu schwer, diese Last, und sie droht mich zu erdrücken.

Ich sitze gerade in einem Kaffeehaus und im Eck sitzt eine Frau, die sich darum bemüht, dass niemand ihr Weinen bemerkt. Doch ich sehe es, und ich würde mich sehr gerne zu ihr gesellen und mit ihr weinen. Derzeit spüre ich keinen Boden unter meinen Füßen – alles scheint zusammenzubrechen –, und ich spüre so wenig Kraft und so wenig Lebensgeist in mir. So viele Menschen kamen zu mir und brauchten meine Schulter zum Weinen, und es tut ihnen gut. Und nun brauche ich eine Schulter zum Weinen und es täte mir so gut. Alles in mir ist ziemlich reduziert, und ich bin nach langem Wehren nun bereit, meine Rolle zu spielen. Ich bin bereit, das zu spielen, was das Leben für mich geschrieben hat. Ich bin bereit, ein Guter zu sein, ich bin nun auch bereit, ein Böser zu sein (das sind wir Männer bei Trennungen ohnehin meistens), ich bin bereit, zu siegen und zu verlieren, ich bin bereit, die Dunkelheit zu ertragen (vielleicht bin ich deshalb so gut in meiner Arbeit, weil ich verstehe, wie es in der Dunkelheit ist), und ich bin nun bereit zu fallen. Und wohin sollen wir schon fallen, wenn wir fallen? Wir können nur in die Arme unserer Geschichten und Wunden fallen – mit der Idee der Heilung.

Es ist Zeit, sich dem Leben hinzugeben

Dieses Fallen ist mit so einem Makel behaftet. Immer müssen wir kämpfen, immer müssen wir stark bleiben, immer müssen wir durchhalten, immer alles aushalten und Rückgrat haben, und wir dürfen niemals fallen, und manchmal zerbrechen wir aber genau an diesem eisernen Durchhalten. Es gibt im Leben die Zeit zum Kämpfen, die Zeit zum Aufgeben, die Zeit zum Traurig sein, die Zeit zum Weinen, die Zeit zum Feiern, die Zeit zum Erobern, die Zeit zum Verlieren, die Zeit, sich dem Leben hinzugeben und die Zeit zum Fallen. Und was können wir beim Fallen denn schon verlieren?

Ich beginne meine Arbeit auch immer mit der Energie, was ich denn schon Großes verlieren kann. Mehr als verspotten oder auslachen können mich meine Klienten nicht. Und wenn wir diese Schwelle im Leben überschritten haben und immer wieder überschreiten, dann ist das wie ein Sterben. Und wenn wir diese Schwelle überschritten haben, dann gibt es eben auch den Moment des Zurückblickens, und wir können danach fragen: „Was kann uns denn nun noch passieren, was können wir denn noch verlieren, wohin sollen wir denn schon fallen?"

Und wenn man ganz unten ist, wenn man nur noch akzeptieren kann, wenn man nur noch Ja sagen kann, wenn man sein Scheitern akzeptiert, wenn man aufgehört hat, sich zu wehren und zu hoffen und zu besitzen (ein Gestorbener besitzt nichts mehr), dann entsteht die mächtige Energie vom Phönix, der aus der Asche (oder aus dem Meer) emporsteigt, und diese Energie ist sehr mächtig, und sie birgt viele schöne Überraschungen in sich!

Dort ganz unten ist die Quelle, und sie zwingt dich dazu, alles zu spüren. Es entsteht dort unten ein mächtiger Kraftstrom, und wir würden zu Grunde gehen, wenn wir unser Fühlen noch weiter zurückhalten und uns noch weiter gegen die Tiefe wehren. Darum wehre dich nicht, wenn es mit dir steil bergab geht, wenn es dir beschissen geht, wenn um dich alles brennt und zusammenbricht! Viele Menschen wehren sich dagegen - oft ein Leben lang - und kommen nie ganz unten an. Schade, denn meistens drehen sich erst dort ganz unten die Energien um. Also wenn es bergab geht, dann lass dich hinunterziehen von deinen Gefühlen und vom Sog des Lebens, von deiner Trauer, von deinem Scheitern, deinem Versagen, von deinen Schmerzen und von deinen Tränen.

Die Geburt des Phönix

Bleibe also nicht an der Oberfläche und im Seichten, sondern lass dich, wenn die Zeit dazu da ist, auch ganz hinunterziehen und wehre dich nicht dagegen. Dabei ist es aber sehr wichtig, dass du dich liebst, so wie du bist, und dass du an dich und an das Leben glaubst! Ganz unten wartet dann die Wende auf dich!

Ich muss dir auch sagen, als Scheißkerl oder als Gescheiterter oder als Verstorbener lebt es sich viel leichter, als irgendein Ideal (als Sohn oder Partner oder Vater) erfüllen zu müssen. Das ist manchmal eine sehr schwere Last. Und ehrlich gesagt, ein paar Vorwürfe mehr oder weniger sind mir auch schon egal.

Alles wird leichter, wenn du endlich aufgegeben wurdest, wenn niemand mehr an dich glaubt - außer du selbst natürlich -, wenn alle dich tot glauben und abgeschrieben haben, weil du ihnen aus ihren sicheren Kasterln entsprungen bist, weil du ihre Vorstellungen, Forderungen und endlosen Erwartungen nicht mehr erfüllst. Dann kannst du geschützt am Grunde des Meeres, am Grunde deiner Seele wieder neue Kraft schöpfen. Dort ganz unten, am Grunde deiner Seele, kannst du dann all das, was dir vorgeworfen wird, betrachten und annehmen und das Dich-dagegen-Wehren beenden. Dort unten wartet dein Gold auf dich und du wirst dort den Sinn deines Lebens finden. Dort unten kannst du die Botschaft des Lebens für dich erkennen und auf dich wirken lassen und innehalten. Nur dort unten kannst du die Qualitäten in deinen Tragödien erkennen und dann sogar ein Geschäft, einen Gewinn daraus machen. Dort ganz unten, am Grunde deiner Seele wird die Geburt vorbereitet, die Geburt deines mächtigen Phönix. Von dort aus, wenn alle dich tot glauben, wenn alle dich aufgegeben haben, wenn niemand mehr an dich glaubt und du endlich zum Scheißkerl geworden bist (ohne dies beabsichtigt zu haben), beginnt dann ganz im Verborgenen der Aufstieg des Phönix.

Ja, ich bin und fühle mich nun frei. Frei, jederzeit aus dem Leben zu gehen, jederzeit meine Beziehungen zu ändern und zu beenden, jederzeit das zu tun, was einem Toten gefällt und richtig gut tut. Ich fühle mich machtlos und ohnmächtig wie auf der Intensivstation mit dem Satz auf den Lippen: Ich habe verloren. Es kommen mir Tränen, aber dieser Satz fühlt sich so verdammt gut an, denn nun bin ich frei, nun beginnt das Leben! Umarme dich.

Du hast mich sehr überrascht

Liebes! Danke für deinen lieben Anruf, er hat mich wirklich sehr überrascht und mich ziemlich erfreut. Ich habe absolut nicht damit gerechnet. Ich dachte wieder einmal, dass du nichts mehr von mir wissen willst. Dein Satz, dass du mich so sehr vermisst, hat keine neue Hoffnung erweckt, aber er ist Heilenergie für mein blutendes und trauriges Herz. Danke! Meine Lebensgeister erwachen wieder!

Ich habe nun meine ganze Klarheit und meinen inneren Frieden wiedergefunden. Es könnte auch dir sehr helfen, alles anzusehen, alles zu ordnen und alles zu klären.

Das Schlimmste für mich war, mich so abgehakt und abgestellt und schäbig zu fühlen, und es war verdammt schwer meinen inneren Frieden und meine Klarheit (für mich das Allerwichtigste) wiederzufinden. Ohne inneren Frieden und täglich nur drei bis vier Stunden Schlaf gehe ich kaputt. Das sind keine Vorwürfe an dich! Es ist einfach ein sehr schmerzhafter, aber anscheinend wichtiger Lernprozess für mich, der wahrscheinlich auch zu meinem Stirb- und Werde-Prozess gehört. Es war besonders deshalb so schwierig, weil alles zwischen uns so intensiv und so tief und schön war und eigentlich noch immer ist. Ich spüre dich noch immer sehr stark neben und in mir. Dein Geruch ist noch im Polster und im gelben Handtuch (die wasche ich nie wieder).

Es ist ja schließlich nicht so alltäglich, dass man so eine schöne, bedeutende und wichtige Begegnung hat, die einen so tief berührt und einem so viel entlockt, einen an so vieles in sich erinnert, an die man Tag und Nacht denken muss. Man trifft einen Menschen, und plötzlich entdeckt und spürt man in sich so viel Schönes und Starkes, das man schon längst vergessen hat, wow! Das passiert einfach äußerst selten (manchen Menschen gar nicht) im Leben. Ein Freund hat mir kürzlich sehr neidisch gesagt, dass ihm so etwas Schönes noch nie passiert ist.

Ja, alles wird leichter, wenn man mit dem Herzen versteht, warum es so ist und jemand so handelt, und man es aussprechen oder schreiben kann. Und es fällt auch leichter, etwas loszulassen, wenn man es versteht. Ich habe so etwas noch nie erlebt (das ist kein Vorwurf) – es gab von dir schließlich nur dieses grandiose „Und aus".

Eine grandiose Aussprache

Ich kenne so etwas halt klassisch mit Gesprächen und Klärungen und Tränen und noch einmal Umarmen, und dann tut es zwar weh, aber man fühlt sich nicht so beschissen. Ja, dann fühlt man sich nicht mehr so ungebraucht und abgestellt, sondern zumindest gewürdigt und geachtet. Es fühlt sich noch immer so an, als wäre die Zeit mit mir nicht schön und wertvoll gewesen. Ich habe mich lange sogar gefragt, was ich falsch gemacht habe, und mich auch ein ganz kleines bisschen missachtet gefühlt. Stell dir doch nur mal vor, wie es dir ginge, wenn ich das (nach einem so unglaublichen und wunderschönen Abend) gemacht hätte und dir nichts erklären würde, nicht mit dir sprechen wollte ... einfach Aus. Ich kenne zwar sehr viele Menschen, die es genauso wie du machen, aber wie ginge es denn dir dabei?

Am leichtesten ist so eine Klärung natürlich immer mit einem persönlichen Gespräch. Das versuche ich nun aber gar nicht mehr, denn ich kenne ja deine Kein-Kontakt-Regel. Die Hoffnung ist in mir auch schon so ziemlich abgestorben. Ja, musst mich nicht erinnern, ich weiß ja selbst, dass das mit der Hoffnung so eine hoffnungslose Sache ist.

Unsere grandiose Aussprache im Café „Lebensfreude" am Dienstag hat leider gar nichts für mich geklärt, weil du ja kaum etwas gesagt hast und Riesenmauern um dich aufgebaut hast. Du hast nur bleich und erstarrt vor mir gesessen, und ich habe nur eine ganz klitzekleine und süße Liebesträne in deinen Augen entdeckt. Bei dem kleinen süßen Tränerl ist es dir halt nicht gelungen, es zu unterdrücken. Das kommt schon mal vor.

Also habe ich mich gestern Nacht für fünf Stunden in eine schamanische Trance-Meditation (das mache ich sehr selten) mit Indianergesang und Trommeln begeben - das war unglaublich mächtig -, um meine Klarheit und meinen inneren Frieden wiederzufinden, um dein Handeln zu verstehen, und auch mit der Absicht, dir damit vielleicht sogar zu helfen. Ich habe dir auch Bachblüten zusammengestellt, die haben mir auch sehr geholfen. Ich habe die letzten Tage sehr wohl gemerkt, dass es dir gar nicht gut geht. Und mein Lieblingsbuch (ich habe ja eh nur drei Bücher) möchte ich dir auch borgen. Das hilft mir in Lebenskrisen auch immer sehr.

Das passiert mir aber nicht mehr

Also am Beginn meiner Trance-Meditationsreise sah ich dich zuerst lange gar nicht. Doch plötzlich warst du da, und dann wurde es sehr heftig. Du hast getobt und geschrien und mit Gegenständen um dich geworfen und auch dich selbst verletzt. Ich bin nur in Deckung gegangen. Ich hatte großen Respekt vor deiner Aggression und Wut. Es war richtig zum Fürchten. Dabei hast du mir gesagt, dass dieser Ausbruch zwei Gründe hat. Der erste, weil du das nicht leben kannst, was du willst und der zweite, weil du eine Regel, die du dir selbst erstellt hast, gebrochen hast und du dich nun so schuldig fühlst. Das war auch der große Schock für dich, den du erlebt hast, als Claudia meine Briefe entdeckte und dich dann auch angerufen hat. Das hat dich an etwas erinnert, und nun ist mir auch klar, warum du so rasch die Liebe zu mir verdrängt und verleugnet hast. Jemand anderer könnte dazu sagen, dass das halt eine Geschichte des Lebens ist: ein Partner ist halt drauf gekommen. Darüber werden Romane geschrieben und Filme gemacht. Es sind manchmal die schönsten Geschichten des Lebens. Bei dir ist das leider nicht so einfach, denn bei dir scheint eine heile Welt, ein Prinzip, eine Regel zerbrochen zu sein. Bei dir ist damit eine Erinnerung aufgetaucht. Es scheint da eine ähnliche Geschichte gegeben zu haben in deiner Vergangenheit, wo du dich auch schuldig gefühlt hast und wo du dir selbst als Schutz, um keinen Fehler mehr zu machen, eine Das-passiert-mir-aber-nicht-mehr-Regel auferlegt hast.

Das ist ein üblicher und weit verbreiteter Umgang in solchen Situationen, aber das Interessante ist ja, dass Schuldgefühle neue (so genannte) Schuld erzeugen. Das Schuldgefühl ist schon vor der Situation, mit der wir uns dann schuldig fühlen, da! Ja, man erschafft damit neue Situationen, mit denen man sich sozusagen als Bestätigung, für den alten und lange eingeübten Glaubenssatz immer wieder schuldig macht und sich schuldig fühlt. Ein endloser Vorgang, für den wir bitter – oft ein ganzes Leben lang – bezahlen. Und üblicherweise werden dann nach so einem (scheinbaren) Fehltritt neue und noch größere und mächtigere Regeln aufgestellt. Das ist so wie bei den Medikamenten. Die Dosis reicht irgendwann nicht mehr und muss immer größer werden. Eine deiner neuen Monsterregeln hab ich hautnah gespürt. Das war die gewaltige Kein-Kontakt-Regel, um ja keinen Fehler mehr zu begehen. Viele von uns rühren sich, von Regeln einbetoniert, nicht mehr (oft ein Leben lang), um ja keinen Fehler zu machen.

Eine Regel ist oft ein Ersatz für Vertrauen

Ein höchst dramatischer Prozess, der uns nur noch unglücklicher macht und uns selbst noch weniger spüren lässt. Dieses Regelnaufstellen lässt uns den Glauben an uns selbst verlieren. Diese vielen Regeln, die es nicht einmal in meiner Arbeit gibt (vor einer Regel kommt immer der Mensch, das Herz und die Situation), sind ja schließlich nur deshalb nötig, weil wir kein Vertrauen in uns und in das Leben haben. Wir haben kein Vertrauen, dass wir uns in der jeweiligen zukünftigen Situation richtig entscheiden könnten. Wenn wir dieses Vertrauen in uns selbst nicht mehr haben, dann müssen wir als Vertrauensersatz lebenslähmende Monsterregeln aufstellen, damit uns „so etwas" ja nicht mehr passiert.

Und urplötzlich waren in meiner Trancereise deine Aggression und Wut vorbei und endlich kam die Trauer (die kommt immer gleich nach der Wut), und die volle Größe deiner Schuldgefühle kam zum Vorschein. Ich glaube, das ist dein allergrößtes Problem. Ich habe dich dann umarmt, und du hast gezittert und bitter geweint. Ach, wie liebe ich dich, wenn du so weinst ... (bitte verzeih).

Ich frage dazwischen in meinen Trance-Meditationsreisen immer nach, ob diese Situation der Beginn ist oder ob es noch davor eine Geschichte gibt. Und es war nicht der Beginn. Es kam sofort ein neues Bild, wo ich plötzlich und ganz klar deinen toten Vater sah – kurz nachdem er sich das Leben genommen hatte –, und daneben sah ich die kleine Süße stehen, die dann sofort alle Schuld auf sich genommen hat (ein extrem selbstzerstörerisches Konzept). Und das tut sie heute noch, die Süße. Sie fühlt sich noch immer schuldig für Papas Tod und für alles Mögliche andere in der Welt auch noch gleich dazu. Und das ist der Kernpunkt und die Ausgangssituation für all deine Schuldgefühle. Ich bin mir sicher, dass hier der Selbstzerstörungsmechanismus begann.

Ich mache mir aber keine Sorgen um dich, weil ich auch gesehen habe, wie stark du wirklich bist und wie sehr dich deine Geschichte stärkt und trägt – wenn du deine Lernprozesse durchgehst und nicht kneifst. Ich mute dir das alles zu, und ich weiß, dass du deine Entwicklungsschritte gehst. Bitte wach auf und beende alle lähmenden und selbstzerstörerischen Schuldgefühle.

Jedes Mal, wenn wir jemanden als unschuldig erkennen, befreien wir uns selbst!

Schuldgefühle erzeugen neue Schuld

Schuldgefühl ist ein extrem negatives Gefühl. Und die andere Seite dieser Energie ist die Angst. Angst bezieht sich auf die Zukunft, und Schuldgefühle begründen sich in etwas Vergangenem, aufgrund dessen wir uns schlecht und schuldig fühlen. Wenn wir Schuldgefühle haben, dann lassen wir uns auch immer wieder neue und heimtückische Formen der Selbstbestrafung einfallen. Diese Dynamik liegt mit an der Wurzel so ziemlich aller Probleme oder Opfersituationen. Schuldgefühle schützen uns sozusagen vor dem Voranschreiten und davor, den nächsten Schritt zu tun. Und wir verstärken ihre Existenz, je mehr Beachtung wir ihnen schenken.

Obwohl Schuldgefühle niemandem hilfreich sind, erzeugen sie in uns – nach dem Prinzip: Leiden ist leichter als Handeln - die Illusion, bereits gehandelt zu haben. Seht her, ich fühle mich ja so schuldig. Aber wer soll davon profitieren? Ja, wir gewinnen damit den Eindruck, nicht handeln zu müssen und dass wir damit etwas gut gemacht haben. Und interessant ist auch, dass wir mit Schuldgefühlen entweder anderen gegenüber aggressiv werden, oder wir ziehen uns zurück und richten durch Aufopferung, Minderwertigkeitsgefühle und ein sehr negatives Selbstbild diese Aggressionen gegen uns selbst. Wenn wir Schuldgefühle haben, fühlen wir uns ziemlich schlecht und sie lassen keine Richtigstellung zu, da sie besagen, dass wir eher eine Strafe als eine Berichtigung verdient haben. Schuldgefühle zu haben, ist so ein Platz zwischen Leben und Tod. Nicht ganz lebendig und nicht ganz tot.

Als eine Form des Selbstangriffs gehört das Schuldgefühl zu den extrem selbstzerstörerischen Konzepten, denn es führt dazu, dass wir uns vom Leben und aus Beziehungen immer mehr zurückziehen und vereinsamen. Durch diesen Rückzug können wir natürlich auch keinen Erfolg haben. Schuldgefühle schaffen in jeder Beziehung Distanzen und Probleme. Ein Mensch, der sich schuldig fühlt, hat ein Denkmal für seine Schuld errichtet und er ist auch davon überzeugt, dass er es nicht wert ist, geliebt zu werden. Schuldgefühle zu haben, ist eine Spirale nach unten, denn je mehr wir uns selbst bestrafen, desto schlechter und schuldiger werden wir uns fühlen. Und je schlechter wir uns fühlen, desto mehr werden wir von unserer Schuld überzeugt sein und uns dann noch mehr bestrafen, oder andere dazu benutzen, dies für uns zu tun. Die Bestrafung wird nie genug sein, und diese böse Spirale dreht sich weiter und weiter. Gib sie also auf, deine sinnlosen Schuldgefühle!

Wir spielen immer nur Nebenrollen

Glaub mir, man kann sie auflösen, diese Schuldgefühle. Es ist der wichtigste Prozess im Leben! Dazu muss man nur wissen, wie sie entstehen. In Wirklichkeit sind sie Gespenster und keine sehr große Sache - jedoch mit einer enormen, blockierenden Wirkung -, denn sie entstehen lediglich aus Unwissenheit. Sie sind das deutlichste Zeichen für unseren Ich-Dämonen und sie entstehen am falschen Platz, dort, wo wir uns noch nicht tief und vorbehaltlos vor unseren Eltern und dem Leben verneigt haben. Von dort aus entsteht auch die Illusion, dass wir Hauptrollen spielen, also auch schuldig sind. Schuldgefühle sind eine Anhäufung von Irrtümern, ein peinliches Zeichen unserer modernen Unwissenheit. Diese Erkenntnis alleine, befreit uns aus dem (fast) endlosen Kreislauf der Schuldgefühle.

Und zu deiner selbstmitleidigen Bemerkung, dass du schon so viel kaputtgemacht hast (auch bei mir), muss ich dir sagen, dass du deine Rolle in diesem Spiel überbewertest! Es entsteht aus einem Mangel an Vertrauen - in die Schöpfung. Wenn du das Leben als Ganzes betrachtest und genug Vertrauen in das Leben hast und genau hinsiehst, dann wirst du feststellen, dass diese Dinge (auch ohne dich) geschehen müssen! In Wirklichkeit spielen wir in all den Lebensszenen nur Nebenrollen, und es könnte auch niemals geschehen, wenn der andere nicht die Notwendigkeit mitbringt. Es würde nicht einmal die leiseste Idee auftauchen, wenn es dafür keinen göttlichen Plan gäbe. Wir könnten etwas nicht einmal denken, wenn es nicht vorgesehen wäre!

Claudia hat mir z.B. gestern gesagt, dass sie sehr dankbar für das alles ist, weil sie noch nie so in ihrer Kraft war wie jetzt. Und stell dir vor, sie hat kein Kopfweh, keine Migräne mehr! Diese Trennung hat sie aufgeweckt, hat sie in ihre Kraft gebracht. Was hast du da also bitte schön kaputtgemacht oder angerichtet oder Böses getan? Nichts, was der andere nicht auch gesucht hätte. Ein Mensch hat sein eigenes Schicksal hinter sich stehen und dieses Schicksal ist immer mächtiger als du, und er hat seinen Lernprozess, und ein anderer hilft ihm dabei und spielt nur eine Nebenrolle und stellt sich nur zur Verfügung. Es ist also ziemlich kurzsichtig zu meinen, dass du die Hauptrolle in diesem Lebensdrama gespielt hast, dass du etwas zerstört hast. Du kannst nichts kaputtmachen, was nicht vom Leben schon kaputtgemacht ist. Diese Bewegungen des Lebens brauchen Mitspieler. Und auch du kannst nur mitspielen ... und dafür brauchst du keine Absicht.

Wir wären arm dran, wenn niemand mitspielt

Das ist der Fluss des Lebens, und es ist Unsinn, sich schuldig und damit auch zu wichtig zu fühlen. Und es gibt ja auch Lernprozesse. Also, wenn du jemandem etwas angetan hast, dann nur dir selbst, weil du dich nun so schuldig fühlst und deine Rolle in diesem Spiel überbewertest und du dich nahezu märtyrerhaft herabsetzt und dich nun erniedrigst und neue Monsterregeln erstellst, die dich einbetonieren und dich bald gar nichts mehr spüren lassen!

Mädchen, wir wären echt arm dran, wenn niemand mitspielt bei unseren Dramen und Prozessen. Stell dir nur einmal kurz vor, du hättest dir vor sehr langer Zeit als Seelchen vorgenommen, dich in diesem Leben am Verzeihen zu erfreuen. Das hast du natürlich längst vergessen, aber tatsächlich haben wir uns unsere Spiele und Prozesse und auch unsere Begegnungen irgendwann vor langer Zeit einmal vorgenommen. Stell dir das einmal kurz vor! Und wenn du dir das vorstellst, dann stelle dir auch vor, dass es ein schönes und erfreuliches Vorhaben für dich ist. Und dann kommst du mit diesem schönen Vorhaben – dich am Verzeihen zu erfreuen – in dieses Leben, und du findest niemanden, der mitspielt, du findest niemanden, der dich verletzt und dem du dann verzeihen kannst. Stelle es dir nur kurz vor. Stell dir vor, du bist dann nur von Menschen umgeben (die es so wie du machen), die niemanden verletzen, die niemanden verlassen, die alles immer richtig machen wollen, die sich nicht rühren, um ja nicht als schuldig oder als Sünder bezeichnet zu werden.

Unser Mitspielen müssen wir gar nicht beabsichtigen. Unsere Rollen sind ein absichtsloser Verlauf des Lebens. Dazu müssen wir nicht böse oder gut sein wollen. Vielleicht hast du ja schon viel mehr Menschen verletzt (an ihre Wunden erinnert), als du glaubst, und hast es nicht bemerkt. In Wirklichkeit können wir uns unserem Mitspielen nicht entziehen. Auch mir fällt das manchmal sehr schwer, und auch ich will nicht verletzen. Aber in Wirklichkeit sind unsere vielen Rollen schon geschrieben, und wir können nur versuchen, sie so gut wie nur möglich zu spielen und damit den Regisseur dieser Spiele (wer auch immer das sein mag) dazu bewegen, uns immer schönere Rollen zu geben. Am Beginn einer Beziehung sollte man eigentlich zu seinem Partner sagen: „Du hast mich zum Lieben und zum Mitspielen gewählt, und aus Liebe zu dir werde ich mitspielen, und wenn nötig, werde ich auch deine tiefsten Wunden berühren. Ich will dein Wachsen nicht behindern.“

Ich zwinge dich dazu, mich zu verletzen

Wir entkommen dem Mitspielen nicht. Sobald du das Herz eines Menschen berührst, und das tust du meistens ja schon mit einem Blick, bist du in diesem Energiefeld gefangen, und du musst auch mitspielen, ob du willst oder nicht. Sobald es Herzensberührungen gibt, berührst du auch das Schicksal. Herzen wollen und müssen ja berührt werden, und manchmal berühren wir dabei eine Wunde. Und dafür brauchen wir keine Absicht. Wunden und Verletzungen gibt es wirklich - eben solange wir uns von Gott getrennt fühlen wollen - und sie werden immer nur zum Heilen und Lernen berührt, auch wenn wir uns vehement dagegen wehren ... weil wir meinen, es sei ein Schaden oder eine Gemeinheit des Lebens.

Kürzlich hat mich eine liebe Freundin sehr ausgeschimpft und mir gesagt, dass ich es mir mit dieser Haltung sehr leicht mache im Leben. Kurz darauf habe ich einen Obdachlosen auf der Straße getroffen, und er hat mich angesprochen und um Geld gebeten. Er erzählte mir etwas aus seinem Leben, und ich hörte ihm zu, und ich suchte dieses Mal ganz bewusst einen Weg, diesen Menschen nicht zu verletzen. Seine Herzenswunden trug er offen vor sich her, jeder konnte sie sehen. Es ist schwer, so einen Menschen nicht zu verletzen, seine Wunden nicht zu berühren. Ich sah drei Wege vor mir. Ich hätte bei ihm vorbeigehen können, ohne ihn zu beachten, dann hätte ich ihn sicher verletzt und sein vieles Schimpfen über die böse Menschheit verstärkt. Als zweiten Weg sah ich ein Nein auf seine Bitte. Damit hätte ich ihn auch verletzt. Er hätte sich vielleicht verstoßen gefühlt, und er brauchte dringend Geld. Dann tauchte der dritte Weg auf, und ich gab ihm mit meiner ganzen Liebe und einem Lächeln fünf Euro. Ich fühlte mich toll dabei und glaubte, einen Weg gefunden zu haben, diesen Menschen nicht zu verletzen. Doch dann dankte er mir fünfzigmal und machte sich noch kleiner, als er sich schon fühlte, und ich sah in seinen Augen, dass ich mit meinem Geben seine Würde schwer verletzt hatte.

Vielleicht gibt es ja noch einen anderen Weg, den ich nicht kenne (ich weiß auch nicht, welcher der richtige Weg ist), aber es ist sehr schwer, manchmal unmöglich, nicht mitzuspielen und eine Wunde nicht zu berühren. Besonders in diesem Fall erkannte ich, dass ich machen kann, was ich will. Ich war förmlich dazu gezwungen, sein Herz zu berühren und ihn zu verletzen. Wenn es eine Wunde gibt, dann sucht sie sich einen Weg ans Licht, zur Berührung, wir nennen das dann Verletzung, aber in Wirklichkeit ist es ein Heilungsversuch.

Das war die feige Light-Version von diesem Menschen

Ja, wir entkommen dem Mitspielen und Wundenberühren auch deshalb nicht, weil das Leben (mit unseren Rollen) auch immer einen Ausgleich sucht. Wenn es in einer Sippe ein Übermaß an Güte oder an Ordnung gibt, dann wird einer in dieser Sippe die Rolle übernehmen, den Ausgleich dafür zu schaffen und er wird das Böse oder das Chaos übertreiben, damit alles wieder in die Balance kommt.

Und ich fühle mich Karl gegenüber also auch nicht schuldig! Oder glaubst du, dass du mich gesucht und gefunden hättest, wenn deine Beziehung so toll wäre, wenn du satt wärst und keinen Mangel verspürt hättest? Ich hatte niemals die Hauptrolle in diesem Spiel, sondern nur eine Nebenrolle! Warum sollte ich mich also schuldig fühlen, wenn ich dazu beigetragen habe, diese (sehr belastete) Beziehung zu überprüfen und vielleicht den Stoß zum Ende zu geben? Sagtest du mir nicht, dass es eine Beziehung ist, in der es so leblos ist, in der du kein Feuer spürst (und du es aber so dringend brauchst) und es keine Zukunftsperspektiven gibt? Das alles sind deine Worte, nicht meine! Es ist mir in der Zwischenzeit ja schon egal, wie lange du noch auf Sparflamme leben willst, dich noch selbst verletzen und heile Welt spielen magst. Deine heile Welt mag ich dir gar nicht zerstören. Auf den Grabstein von so manchem Menschen (ach von den meisten Menschen) sollte man schreiben: Das war die feige Light-Version von diesem schönen, wunderbaren, liebenswerten, einzigartigen, vielfältigen, begabten und göttlichen Menschen. Amen. Traurig, traurig, traurig!

Ich habe mich beim Meditieren plötzlich auch erinnert, dass ich am Wochenende vor Claudias Entdeckung (der zwei Briefe an dich) und ihrem Anruf, die Beziehung mit dir dem Universum zum Prüfen übergeben habe. Ja, ich habe das Ganze ins Licht des Lebens gestellt zum Prüfen, ob es auch wirklich tief ist. Nach dem vielen Hin und Her von dir und den Gefühlswechselbädern, wollte ich endlich deutlich wissen, was von deiner Seite wirklich dran ist, ob es von dir aus wirkliche, tiefe Liebe (das Einzige, woran ich wirklich interessiert bin, das Einzige, was in einer Beziehung zählt und satt macht) ist, ob das Ganze denn einen Sinn hat. Denn wenn man am Falschen festhält, dann schwächt es ja auch. Die Prüfung ist prompt nach zwei Tagen erfolgt. Jede Prüfung stellt uns Hürden in den Weg, um zu prüfen, wie wichtig uns etwas ist.

Süße, dann wird dir etwas fehlen

So tritt bei mir nun auch Entspannung ein, und mein Schmerz wird kleiner, und ich sage mir, wenn es auch von deiner Seite aus wirklich tiefe Liebe ist (keine Verliebtheit oder Schwärmerei) – für die jeder Mensch ja bekanntlich viel tut und Mut entwickelt und viel bewegt –, wenn deine Seele in diesem Leben mit mir etwas leben bzw. aus früheren Zeiten fortsetzen will und muss, dann wirst du das sehr bald und sehr heftig in deiner Seele spüren (das kann keiner auf Dauer verdrängen), dann wird dir wirklich etwas im Leben fehlen. Bei vielen Menschen tritt dann auch eine Leere und Sinnlosigkeit ein. Und dann wird es dich zu mir ziehen, dann meldest du dich bei mir (wie schon so oft), und dann gibt es wieder eine Form der Begegnung. Erst dann hätte diese Liebe einen wirklichen Wert für mich. Dann wüsste ich, dass es nicht einseitig ist und einen Sinn hat.

Wenn nur einer macht und macht und kurbelt und der andere beim kleinsten Windstoß umfällt, dann ist es ohnehin einseitig. Und daran hätte ich auch kein Interesse mehr. Dieses Vertrauen und diese innere Ruhe habe ich nun durch meine Trance-Meditationsreise wiedergefunden. Und wenn es keine wirkliche tiefe Liebe von dir aus war und ist, dann ist es auch gut, dass unsere Liebesbeziehung zu Ende geht. Dann hat mich das Universum (durch Claudias Entdeckung meiner Briefe an dich) geschützt, dann wäre es eine einseitige Beziehung geworden, unter der ich ohnehin sehr viel gelitten hätte. Wenn das der Fall ist, dass es keine tiefe Liebe war und ist, dann wird dein und auch mein Gefühl (das ist immer auf beiden Seiten zu merken) schon nach wenigen Tagen oder Wochen wieder abflauen und sich zurückziehen. Das merkt man sehr bald, was da wirklich dran ist. Dann bin ich ja keine Gefahr mehr für deine Beziehung mit Karl, und auch in meinem Leben bist du dann maximal ein Freund für mich wie Teresa. Gestern hat mich Teresa übrigens auf ziemlich gute Marillenknödel eingeladen. Das ist eine sehr schöne Freundschaft.

Süße, wenn ich dann keine Gefahr mehr bin – für deine heile Welt und für deine Beziehung –, dann wünsche ich mir so sehr, dass wir uns auf einer neuen Ebene begegnen. Dann würde ich so gerne einfach dein Freund sein, so wie der Kurt, bei dem du ja oft einen Kaffee trinkst, und ich habe ja auch einen guten Kaffee ...

Bitte lass mich zumindest dein Freund sein

Das wünsche ich mir so sehr und darum bitte ich dich ganz lieb! Das muss doch möglich sein. Du bist mir als Mensch sehr wertvoll, und ich rede so gerne mit dir, und es wäre doch so schade, wenn wir nicht zumindest diesen Kontakt haben könnten. Irgendeinen Kontakt brauche ich bitte einfach mit und zu dir. Mir fehlt sonst etwas im Leben. Ich werde dich darum aber nur einmal bitten. Wenn du darauf auch nicht reagierst, dann wird es mir irgendwann leicht fallen, dich zu vergessen ... ja ich weiß, mein Trotz ist derzeit wie bei einem 13-Jährigen.

Also wenn du irgendwann merkst, da ist nichts mehr (vielleicht sollten wir das ja mal einfach bei einem Treffen und mit einem ausgiebigen Kuss überprüfen ... hehe), dann melde dich bitte. Dann kann das beginnen, wovon wir oft gesprochen haben, was du schon lange wolltest, dann kann eine Nur-Freundschaft (wie du sie auch mit Kurt hast) beginnen.

Und bitte erlaube mir doch endlich, dir wieder Geschenke und Komplimente zu machen und dir meine Liebe zu zeigen! Dafür müsstest du dich wieder gut anstatt schlecht fühlen und dafür müsstest du dich unschuldig anstatt schuldig fühlen, dafür müsstest du dich selbst lieben. Wenn man einem Menschen, der sich schlecht und schuldig fühlt, ein Kompliment oder ein Geschenk macht oder ihm Liebe zeigt, dann kannst du ihn damit verjagen. Ja, er verträgt keine Liebe, keine Komplimente, keine Geschenke und Freundlichkeit. Schließlich zerstörst du damit sein wichtiges Schuldgefühl – ja, mit Schuldgefühlen, fühlt man sich sehr wichtig.

Ach, Mädchen, all diese vielen schönen und klugen Worte, in Wirklichkeit will ich dich küssen und spüren, und in Wirklichkeit sitze ich wie ein kleiner Junge vor diesem Brief und muss bitter weinen, weil ich dich so sehr vermisse und weil ich noch nicht weiß, wie ich ohne diese Liebe überhaupt leben kann. Ich weiß noch nicht, wie es weiter geht. Ich weiß noch nicht, wo ich die Kraft dafür finde. In tiefer Liebe, dein Zigeunerbaron.

Für jeden Menschen kommt eine Zeit, da muss er seinen eigenen Weg gehen. Das ist dann eine Zeit, in der er seine eigenen Träume und Visionen verwirklichen muss, in der er endlich für seine eigenen Überzeugungen eintreten muss.

Diese Wirkung hast nur du auf mich

Du überraschst mich immer wieder aufs Neue. Danke für deinen ziemlich lieben Anruf – gerade als ich dabei war, meinen Kopf zu senken, und bereit war, alles zu akzeptieren, und es war auch so schön, dich kurz zu sehen. Dieser Tag ist gerettet! Ich danke dir auch für deinen Satz, dass du mich (nach dieser langen Pause) so sehr vermisst und mich unbedingt sehen musstest. Das hat mich zutiefst berührt! Wir hatten wieder so ein heißes Gespräch. Und deine Frage - ja, das ist eine der schwierigen Fragen im Leben -, was man denn am anderen so liebt, ist schwierig zu beantworten, denn immer wenn man etwas ausspricht, dann erkennt man, dass es das Eigentliche nicht ganz getroffen hat. Und natürlich hat das auch immer mit einem selbst zu tun, was der andere bei einem anspricht und zum Blühen und zum Schwingen bringen darf. Und Liebe hat zuerst ja immer mit einem selbst zu tun und erst dann mit dem anderen. Wir benutzen einen anderen sozusagen für unsere Liebe. Zu lieben ist niemals ein Fehler (selbst wenn es bitter weh tut) und es entfaltet sehr viel in uns. Es ist immer eine Erlösung, und wir wären bitterarm dran, wenn wir niemanden lieben könnten, wenn unsere Liebe nicht fließen dürfte. Eingesperrt im Herzen, nicht gelebt und nicht gezeigt, ist Liebe nutzlos und erdrückt uns.

Diese wunderbare Wirkung ist wie ein Schlüssel, und die hast eben nur du auf mich. Ein anderer sieht dich ganz anders, sieht genau das eben nicht, weil er die Resonanz, das Schloss (in das der Schlüssel passt) eben nicht hat. Es ist dein bezauberndes Wesen, deine Leichtigkeit zu lachen, dein Wechseln vom Ernsten zum Scherzen, es ist deine Ernsthaftigkeit, deine Begeisterungsfähigkeit und deine sehr positive und lustvolle Einstellung zum Leben. Ich bin total verzaubert und begeistert von deinen Blicken, von deinen Berührungen, von deinen Küssen, von deinen Worten, von deinem Weinen, von deinem Lachen, von deinen Grübchen, die dann wie aus dem Nichts entstehen, von deinem Strahlen und von deiner Schönheit. Du gefällst mir einfach unheimlich gut, und du hast auf mich eine so unglaublich erotische Wirkung, wie ich es selten kenne. Du berührst in mir Qualitäten und Seiten, an die ich schon nicht mehr geglaubt habe. Ich bin begeistert davon, wie du mich siehst, wie du mich erkennst, wie du mich verehrst, wie du weinst, wie du immer wieder voller Sehnsucht kommst und mich suchst und mich brauchst und Distanzen einfach mit einem Lachen wegzauberst und wie du mich berührst, mich küsst und wie du mich liebst und zum Schwingen bringst ... ach, einfach alles!

Die missbrauchte Moral

Und zu deiner Frage mit der Moral, das ist aus meiner Sicht alles immer nur eine Frage der richtigen Zeit. Viele Konzepte und Prinzipien (wie auch die Moral) funktionieren nicht. Sie sind aber nicht unbrauchbar, schlecht, falsch oder wertlos, sondern meist einfach nur an der völlig falschen Stelle und zum völlig falschen Zeitpunkt, mit dem völlig falschen Motiv eingesetzt und zumeist zu einer Regel missbraucht.

Viele Konzepte (wie z.B. auch die Moral oder der Verzicht oder die Verantwortung oder die Opferbereitschaft usw.) sind, zum falschen Zeitpunkt eingesetzt, nicht nur wirkungslos, sondern meist auch selbstzerstörerisch und gefährlich. Zu oft nennen wir etwas Moral und Opfer und Verantwortung, und in Wirklichkeit hat oft nur die passende Gelegenheit gefehlt – in Wirklichkeit ist es oft nur unsere Trägheit, unsere Bequemlichkeit, unsere Feigheit, unser Zittern und lähmendes Sicherheitsdenken. Ach, dieses gar so kleine und so begrenzende Sicherheitsdenken ... eine sehr verbreitete Seuche.

Dabei hätte das Leben so viel mehr zu bieten! Wir begnügen uns lieber mit der schön und sicher glänzenden Schatztruhe, und wir übersehen dabei ganz den Inhalt dieser Truhe, den wahren Schatz dieser Truhe. Das ist zwar Alltag, aber es ist sehr traurig. Wir begnügen uns lieber mit ein paar billigen Gefühlen von Sicherheit und werden damit nie erfahren, was wahre und innere Sicherheit bedeutet und wie reich und frei wir damit eigentlich sind. Innere Sicherheit ist Vertrauen in das Leben, und damit kann dich nichts erschüttern. Ach, wenn du wüsstest, was uns damit entgeht und verborgen bleibt! Die meisten von uns sind Milliardäre, die ihre Kontonummer oder ihr Passwort vergessen haben. So vieles liegt brach und wird nie verwendet. Das ist Reduktion zum Weinen!

Ja, oft steht hinter diesen toll klingenden Gesellschaftswörtern Moral & Co nur ein kleines, weinendes, feiges und noch nicht ganz erwachsenes Kindlein, das sich nicht getraut, sein eigenes Leben zu leben (und sich anstatt hinter den Eltern nun hinter der Moral versteckt), das sich nicht traut, endlich Nein zu seinen Eltern zu sagen und Ja zum Leben und damit sein ganzes schönes Leben reduziert. Wir leben viel lieber ein abgesichertes Leben ... ohne uns selbst. Süße, ich weiß ja selbst, dass ein Schiff im Hafen am sichersten ist, aber dafür wurde es doch niemals gebaut!

Lass uns die Grenzen sprengen

Ja, sehr viele Menschen verstecken sich regelrecht hinter diesen Monsterbegriffen wie Moral und Verantwortung (wir müssen damit meist auch nicht selbstständig denken), und in Wirklichkeit stehen dahinter oft nur der ganz kleine Satz „Hilfe, ich bin noch nicht ganz erwachsen“, und eine Menge Schuldgefühle. Der wichtige Prozess des Erwachsenwerdens bedeutet für mich, die Gesetze seiner Eltern zuerst voll zu achten und sich tief davor zu verbeugen und sie dann – nach dem Nehmen – zu brechen und seine eigenen Gesetze zu erschaffen. Ich bin für dieses Brechen im Alter von vierzehn Jahren nach Frankreich abgehauen. Ich bin damals erwachsen geworden und habe gelernt, dem Leben voll zu vertrauen. Aber es genügt nicht, die Gesetze unserer Eltern zu brechen, wenn wir gleichzeitig für jede Gesetzesüberschreitung (als Ersatz und Ausgleichsversuch) sofort Schuldgefühle in uns erzeugen.

Wir brauchen für diesen Prozess des Erwachsenwerdens dieses wirkliche und zensurlose Annehmen und danach dieses wirkliche Brechen! Ich habe bei so vielen Menschen beobachtet, dass beim Wehren gegen unsere Geschichten und Ahnen und beim Nichtannehmen auch diese furchtbare Schuldgefühlspirale (die stärkste Energiereduktion) entsteht. Unsere Schuldgefühle sind sozusagen ein Handlungsersatz. Umgekehrt endet diese Spirale der Schuldgefühle mit dem wirklichen Erwachsenwerden, also mit dem zensurlosen Annehmen unserer Eltern und dem Brechen ihrer Gesetze. Das ist eine echte Zwickmühle, so wie eine Katze sich in den eigenen Schwanz beißt.

Ich höre immer wieder von der total verrückten Idee, dass wir nur dann glücklich sein können, wenn ein ganz bestimmter Mensch sich ändert. Aber noch viel verrückter erscheint mir die Idee, dass wir nicht gleichzeitig Verantwortung tragen und glücklich sein dürfen, oder dass Moral und Freiheit nicht unter einen Hut passen. Es ist ein uraltes und enges Denkmuster, das wir mal überprüfen und vorzugsweise auch loslassen sollten. Immer wieder tauchen in uns diese komischen und gesichtslosen Gespenster auf, ob man denn glücklich sein darf, ob man denn mehrere Menschen lieben darf, ob man denn denken darf, was man will, ob man denn nicht sündigt, wenn man glücklich ist, und ob wir damit denn keinem Menschen einen Schaden zufügen, wenn wir glücklich sind.

Es geht unsere Partner nichts an, wen wir lieben

Unsere größte Angst und Panik scheint es zu sein, als Egoist oder böse oder undankbar oder als Sünder bezeichnet zu werden. Ich habe keine Ahnung, woher dieses Man-tut-nicht-Gespenst kommt (es lebt in unseren Zwischenwelten), aber ich weiß, dass es ziemlich alt ist. Aber Gespenster lösen sich auf, wenn man sie nach dem Namen fragt. Dann fühlen sie sich erkannt und sie verschwinden.

Dazu fällt mir eine liebe kleine Geschichte ein. Auf einem großen Hochzeitsfest ist ein Mann, den niemand kennt und den auch niemand eingeladen hat. Er ist zu allen sehr freundlich und lässt es sich an nichts fehlen. Die Braut denkt, dass er zum Bräutigam gehört, und der Bräutigam denkt, dass er zur Braut gehört. Und dieser uneingeladene Gast tanzt und scherzt und lacht und isst, bis ihn einer der Brautleute fragt, wer er denn sei und wer ihn eingeladen habe. Das ist dann der Zeitpunkt, wo er schnell verschwindet, weil ihn eben niemand eingeladen hat. Genauso ist es mit unserem Man-tut-nicht-Gespenst. Niemand kennt es, und jeder denkt, dass es der andere kennt.

Und ich muss dir auch sagen, dass es unseren Partner nichts angeht, wen und wie viele Menschen wir lieben und mit wem wir in Beziehung stehen! Wir stehen mit jedem Menschen in Beziehung, den wir lieben und den wir hassen. Und Liebe hat ja immer zuerst mit uns selbst zu tun und erst dann mit einem anderen liebenswerten Menschen. Sonst müssten auf einen bestimmten Menschen ja alle, die diesen Menschen treffen, ganz gleich reagieren. Unsere Gedanken, unser Fühlen, unser Herz und unsere Ideen sind ganz alleine unser Eigentum. Das geht niemandem etwas an, nicht einmal unseren Partner, Geliebten oder Freund. Und ich rate dir, versprich das auch niemals deinem Partner, außer du willst bei irgendsoeinem komischen, aber bitteren Beziehungsgeschäft mitmachen: Wenn du das tust und das aufgibst, dann lieb ich dich.

Und selbst wenn unser Partner weiß, dass wir viele Männer und viele Frauen lieben, können wir es ja nicht einfach abstellen. Der Satz „Bitte entschuldige, Schatzi, ich tue es nicht mehr,“ funktioniert in diesem Gebiet einfach nicht und heißt in Wirklichkeit: „Bitte entschuldige, Schatzi, ab morgen lüge ich dich an!“ So einfach ausschalten können wir das Herz und unsere Gefühle nicht!

Verlieren können wir nur das, was wir besitzen

Es ist ja schon ein Wahnsinn, und der beste Nährboden für unsere vielen Probleme, dass wir versuchen, das Herz zu reglementieren. Wenn es so ist, wie es eben ist, dann ist es eben so.

Und selbst wenn wir damit unseren Partner verletzen, dann ist es eben so. Es ist ja auch gar keine Absicht dabei. Weh tut es ja nur, weil am Besitzanspruch gerüttelt wird. Wir haben Angst, etwas, das wir glauben zu besitzen, zu verlieren. Verlieren können wir aber nur das, was wir besitzen. Ein Mensch, ein Partner ist aber doch kein Besitz, also können wir ihn auch nicht verlieren! Auch in tiefer Liebe hat er uns niemals gehört und niemals hatten wir irgendeinen Anspruch auf sein Herz. Unser Herz können wir auch nicht verschenken, es gehört immer uns! Und wenn wir genau hinsehen und feststellen, dass unser Partner mehrere Menschen liebt – was können wir denn schon verlieren? Liebe ist ja unendlich teilbar und sie wird nicht weniger. Und neben einem Menschen auch einen zweiten zu lieben, muss ja die Liebe zum ersten Menschen nicht minimieren. Und es wäre besser, wenn du einfach ehrlich bist und dazu auch stehst – wo dein Herz ist und was es liebt. Unser Herz ist immer stärker als unser kleiner Monkey-Mind (Verstand). Das Herz lässt sich niemals reglementieren. Zum Glück, muss man dazu sagen. Denn wir Menschen versuchen ja ohnehin schon alles Mögliche zu reglementieren. Das Herz und unser Fühlen kann uns zum Glück niemand wegnehmen. Das gehört alleine uns! Ja, selbst wenn du dafür eingesperrt wirst, kann dir dein Fühlen, dein Herz, dein Denken, deine Ideen und Träume niemand nehmen.

Und mit diesen ständigen Androhungen, uns als Egoist oder als böse oder als undankbar oder als Sünder zu bezeichnen, hält man uns ziemlich klein und gefügig. Damit hält man uns ziemlich in Schach und damit hat man uns schnell im Griff, und da verzichten wir vorsichtshalber und zur Vorbeugung lieber gleich auf unser Glücklichsein. Ich höre so oft, dass man das ja nicht darf und dass sich das ja nicht gehört, und immer wieder wird von diesem „Man", von dieser mächtigen Man-Instanz gesprochen, die scheinbar befähigt ist, unser gesamtes Leben zu gestalten und zu bestimmen. Die ganze Welt spricht davon. Auch von dir höre ich das immer wieder. Aber, Schätzchen, lass uns doch endlich einmal einen Termin vereinbaren mit dieser mächtigen Man-tut-nicht-Instanz. Rufe bitte an und mach dir endlich einen Termin aus.

Auf der Suche nach dem Man-Gespenst

Ja ehrlich, ich gehe mit dir zu dieser Man-tut-nicht-Instanz, von der die ganze Welt spricht, und dann kannst du sie selber fragen, ob du glücklich sein darfst und ob du dein Leben gestalten darfst, so wie du es willst! Ja, ehrlich, ich gehe mit dir hin, und dann reden wir mit ihnen, um alles endlich einmal ganz klar zu stellen und alles ganz klar zu sehen. Und ich werde sie bitten, dir endlich eine vollständige Liste auszuhändigen, was *man* denn alles nicht darf und was *man* denn nicht tun soll. Und ich werde sie auch bitten, uns ganz klar zu sagen, wie *man* denn bestraft wird, wenn *man* trotzdem das tut, was *man* will und was uns glücklich macht und was wir ohnehin nicht anders tun können.

Ach, Schätzchen, du meinst wirklich, dieses Man-Gespenst gibt es gar nicht? Hey, das kann nicht sein. Es muss einfach existieren, denn so viele Menschen reden ständig davon! Ja, jeden Tag höre ich das, und auch du hast das schon so oft gesagt. Von nichts sprechen wir Menschen so viel wie von dieser Man-tut-nicht-Instanz. Diese Instanz muss es einfach geben, die uns dieses erlaubt und jenes verbietet und die sicher auch dann die Verantwortung für unser Leben übernommen hat und bei der wir uns dann auch am Lebensende beschweren können und zehn vergeudete Lebensjahre zurückfordern können, wenn wir total frustriert und unglücklich sind. Und du meinst nun wirklich, dass es diese Man-Instanz gar nicht gibt? Du meinst, dass es ein Hirngespinst von uns selbst ist und niemals existiert hat? Nun bin ich aber schwer enttäuscht, das muss ich nun erst mal verdauen.

Ja, du hast ja völlig recht! Wenn wir zu dieser Man-Instanz ganz genau hinsehen, die uns dies und das alles scheinbar verbietet, dann stellen wir alle fest, dass dieses „Man" kein Gesicht hat und dass es diese Instanz gar nicht gibt, die uns etwas verbietet und die die Verantwortung für unser Leben trägt. Es sind nur wir selbst, die uns in Schach und klein halten. Es sind nur wir selbst, die unser Leben behindern. Und bedenke auch, dass diese Man-Instanz und diese Menschen, die dich ständig an dieses Man-Gespenst erinnern, nicht für dich da sind, wenn es dir beschissen geht und wenn du total frustriert und weinend am Boden liegst. Niemand von diesen guten Man-Ratgebern steht dir dann zur Seite, und niemand von ihnen trägt die Verantwortung für dein Leben, und niemand wird dir irgendetwas Versäumtes ersetzen!

Jack ist ein Dieb ohne Schuldgefühle

Jedesmal wenn du dich nun fragst, ob du etwas darfst, dann erinnere dich bitte, dass es keine Man-Instanz und keinen Gott gibt, der uns verbietet, glücklich zu sein! Es fehlt wirklich nur die Erlaubnis von uns selbst! Das ist die einzige Grenze, die uns am Glücklichsein hindert. Nur diese Grenzen müssen wir sprengen.

Dazu fällt mir immer dieser süße, aber sehr weise Witz ein. Ein Mann kommt von seiner Arbeit sehr müde nach Hause und beschwert sich bei seiner Frau, dass heute so viel Stau war und dass er in einer ganz langen Kolonne gefahren ist. Seine Frau fragt ihn, warum er denn nicht einfach überholt hat. Und der Mann antwortet: „Schatzi, das ging leider nicht, denn ich war ja der Erste." Ja, so geht es jedem Einzelnen von uns! Nur wir selbst können den nächsten Gang einlegen und auf das Gaspedal steigen.

Zu dieser Man-Instanz und der Moral fällt mir auch immer diese sehr schöne Begebenheit aus meiner Jugend ein. Viele Menschen meinen, dass man zum Glücklichsein etwas ganz Bestimmtes tun muss. Aber ich habe immer wieder erfahren und beobachtet, dass es völlig egal ist, was wir tun. Wesentlich ist nur, dass wir es uns erlauben und dass wir es ganz machen, dass wir dazu stehen, und dass wir an unserem Platz stehen, dass wir unsere Rollen einfach gut spielen.

In meiner Jugendzeit lernte ich einen Mann aus den USA kennen – ich habe damals in Salzburg in einer Bar eines sehr guten Hotels gearbeitet –, der mich sehr faszinierte. Dieser Mann hieß Jack und war etwa 45 Jahre alt, sehr attraktiv, reich, sportlich und unglaublich herzlich. Und das ganz Besondere an ihm war, dass er keine Schuldgefühle und keine Angst hatte. Ich konnte das damals noch nicht so klar benennen wie heute, aber Jack besaß eine so unglaublich schöne Ausstrahlung, er konnte jedem Menschen ganz klar und offen in die Augen sehen. Er war an seinem Platz und in seiner Mitte und in seiner Kraft. Ich war fasziniert von Jack. Damals sagte ich zu mir, dass ich einmal so wie dieser Mann werden möchte. Eines Tages erfuhr ich über diesen außergewöhnlichen Jack, dass er ein Dieb wäre. Aber Jack war kein gewöhnlicher Dieb, sondern ein Meisterdieb. Das Besondere war, dass Jack es zugab und dazu stand und einem dabei in die Augen blickte. Jack war ein Dieb, und er hatte trotzdem keine Schuldgefühle und kein kleines bisschen Angst in seinen Augen.

So zerbricht ein Weltbild

Jack stahl viele Millionen Dollar und er lebte davon und er gab es zu, aber ohne die Namen der Bestohlenen zu nennen. Soweit ich mich erinnern kann, war das damals ein großer Skandal in den USA, weil Jack es ganz offen zugab, aber bis heute nicht verhaftet wurde. Denn Jack stahl nur Geld, das nicht existierte, also nur Schwarzgeld. Die Bestohlenen hätten vor dem Finanzamt großen Erklärungsbedarf gehabt, woher sie denn das Geld haben, und es kam niemals zu einer Anzeige. Und wo es keinen Kläger gibt, dort gibt es auch keinen Richter.

Süße, damals ist für mich eine Welt zusammengestürzt. Für viele Jahre war ich sehr verwirrt, weil meine gesamte Wertvorstellung in Frage gestellt wurde. Auf der einen Seite sah ich den Meisterdieb Jack, und er hatte einen klaren Blick. Gelernt habe ich, dass man nicht stehlen darf (ich habe auch nicht vor, ein Dieb zu werden), und mein gesamtes Schwarz/weiß- und Gut/böse-Weltbild begann damit zu wackeln. Ich sah Jack ohne ein einziges Schuldgefühl in seinen Augen, und er war in seiner Mitte und an seinem Platz, und ich bewunderte seine Ausstrahlung, und ich wollte schließlich so wie er in meiner Kraft stehen. Und daneben sah ich meinen Herrn Pfarrer (und noch viele andere Menschen), der gütig war und der kein Dieb war, der einem aber niemals in die Augen sehen konnte, der von Schuldgefühlen zerfressen war und frustriert und buckelig, weit weg von seiner Mitte, durch das Leben wandelte.

Damit begann eine ziemliche Krise für mich, aber auch mein wesentlichster Lernprozess. Damit lernte ich, dass es völlig egal ist, was wir tun. Ja, ohne Schuldgefühle zu leben, und damit glücklich zu sein, hängt niemals davon ab, was wir tun (egal ob du ein Priester oder ein Krieger bist), sondern immer nur, wie wir es tun und ob wir dazu stehen. Das Problem ist immer nur die Distanz zwischen dem, was wir tun (oder tun wollen), und dem, was die Moral oder diese Man-Instanzen dazu sagen. Diese Distanz wirkt wie ein Gummizug und unser Wehren – gegen uns selbst – kostet uns auch enorm viel Energien. Wenn dieses Prinzip „Mach was viel Besseres und sei glücklich" funktionieren würde, dann wären alle fleißigen, guten, braven und gütigen Menschen auch total glücklich und gänzlich ohne Schuldgefühle. Es funktioniert aber nicht, und Schuldgefühle haben niemals etwas mit Schuld zu tun. Jack und mein braver Herr Pfarrer haben es mir bewiesen!

Wenn du brav bist, bekommst du einen Orden

Es gibt so viele Menschen, die alles richtig machen, die niemals scheitern, die nichts stehlen und nur gut sind, die nur rackern und funktionieren, und sie sind trotzdem nicht glücklich, weil sie nicht an ihrem eigenen Platz stehen, weil sie nicht ihr eigenes Leben führen, sondern das von einer nicht existierenden Man-tut-nicht-Instanz oder einem Moralverein, oder weil sie ihr Glück von einem anderen Menschen abhängig machen und vielleicht noch darauf warten, dass dieser Mensch sich ändert, um endlich glücklich sein zu können.

Ich möchte nun keinen Aufruf zum Stehlen machen (ich achte die Gesetze eines Landes sehr), aber es ist ja auch niemals unser Job, einen Menschen zu verurteilen wegen dem, was er tut. Das Leben sucht ohnehin immer einen Ausgleich. Und falls es eine Rechung und ein Karma für unser Handeln im Leben gibt (daran glaube ich ja auch), dann muss Jack selbst dafür bezahlen, und dann geht uns das gar nichts an, was ein Mensch tut. Das Wissen über Karma macht uns ja nicht zu Richtern!

Und diese Rollen, die wir im Leben spielen müssen, können doch niemals schlechte Rollen sein. Ein Krieger, der als Krieger geboren wird, ist eben ein Krieger. Und ein Sohn eines Guerillakämpfers, der mit fünf Jahren schon ein Gewehr in seinen Händen hält, hat doch kein schlechtes oder verfluchtes Leben, weil er der Sohn eines Kriegers ist. Es ist eben sein Platz und sein Leben und darüber zu urteilen steht uns einfach nicht zu! Und wenn du es einem Menschen oder einer Instanz recht machst, glaube mir, dann kommt sofort die nächste Instanz. Ich kann dir garantieren, dass es immer wieder Menschen und Instanzen um dich herum geben wird, die dir sagen, dass du dich bessern und ändern musst, dass du brav sein musst, damit du endlich ihre Anerkennung, ihren Orden und ihre Liebe bekommst. Bei der Moral und diesen Instanzen ist es ja auch immer die Frage, welche Moral und welche Wahrheit wir denn nun nehmen sollen. Es gibt so viele Moral-Instanzen und Wahrheiten. Welche nimmst du? Die von deinen Eltern, die vom Herrn Pfarrer oder von deinen Freunden? Und was ist, wenn sie alle zu dir sagen, dass es nun passt. Bist du dir dann sicher, dass nicht schon am nächsten Tag eine neue Instanz auf die Bildfläche tritt und dir sagt, dass es noch nicht passt und dass du noch etwas ändern musst? Dann wirst du weiterrennen und nie an dein Ziel und nie an deinen Platz ankommen.

Es gibt keine Sünde, sondern sehr viele Irrtümer

Und aus meiner Sicht gibt es auch keine Sünde, sondern nur sehr viele Irrtümer. Wir alle handeln aus dem gut gemeinten Impuls einer schönen Herzensidee heraus, und wir alle wollen nichts anderes als glücklich sein, und wir machen es so gut, wir es eben wissen und wie wir es gelernt haben - so gut wir es eben können.

Und wenn es eine Sünde gibt, dann ist es nur unser Gefühl, wertlos, schlecht, unwürdig, schuldig und unfähig zu sein. Wenn es eine Sünde gibt, dann ist es unsere Illusion, von Gott getrennt zu sein, und dass wir uns als Sünder fühlen. Wenn es eine Sünde gibt, dann ist es unser schäbiger, verachtender Umgang mit uns selbst und mit unseren Gefühlen. Das Ärgste für mich ist, dass wir uns bei all diesen Reduktionsgefühlen noch Christen nennen. Wir alle sind Könige und wir dürfen uns auch ruhig so fühlen, aber sich als Wurm zu benehmen, ist aus meiner Sicht eine echte Sünde, und wenn wir es ein ganzes Leben praktizieren, dann ist es auch eine Beleidigung an die ganze Schöpfung. Wir alle haben unglaubliche Möglichkeiten, aber wenn sich in unserem Leben alles nur noch auf Essen, Arbeiten, Schlafen und auf Absichern reduziert und der Jahreshöhepunkt vielleicht eine neue Anschaffung oder ein Urlaub ist, dann bezeichne ich das als Sünde! Es ist für mich eine Sünde, unsere Gaben, Ressourcen und Begabungen einfach so brach liegen zu lassen und nicht zu nutzen. So schön und liebenswert zu sein, aber mit vierzig festzustellen, dass es noch fast niemand bemerkt hat, das ist eine Sünde!

Ja, immer wieder, wenn wir glücklich sind, dann fragen wir uns sofort, wie uns das Leben denn nun bestrafen wird. Da muss doch nun etwas daher kommen, da muss es doch nun einen Ausgleich geben, da folgt nun sicher etwas ganz Schlimmes. Das ist natürlich der beste Magnet für eine so genannte Strafe. Und damit uns das Leben nicht bestraft, bestrafen wir uns lieber selber und suchen einen vorbeugenden Weg zum Unglücklichsein. Wir übersehen aber dabei, dass diese Strafen (die wir aus der Vergangenheit kennen) schon immer nur ein Produkt unseres eigenen Sündedenkens waren. Es gibt keinen, der uns bestraft, außer wir selbst! Ich kenne diese Ich-bin-so-wertlos-Übung von mir selbst sehr gut. Ich habe lange gebraucht, ohne diese Gespenster und ohne Schuldgefühle und ohne Reduktion zu leben. Auch mich hat ständig die Frage „Darf ich oder darf ich nicht“ beschäftigt.

Lieber reich und gesund als arm und krank

Und das wirklich Interessante dabei ist, dass wir mit diesem Dürfen und Erlauben auch unsere eingesperrte Lebendigkeit und unsere Kreativität und unsere Lust erlauben und befreien!

Kürzlich hatte ich ein sehr interessantes Gespräch mit einer lieben Freundin. Ich habe ihr bei Kaffee und Kuchen erzählt, dass ich in London und in den USA sehr reiche Leute kenne. Und ich habe ihr ausführlich und mit sehr viel Freude erzählt, wie diese Menschen so leben und was sie so alles machen und wo sie essen gehen. Und dann kam von ihr der berühmte Satz: „Aber wahrscheinlich werden sie mit dem vielen Geld auch nicht glücklich sein." Und genau an diesem Satz ist unser jahrhundertealtes Oh-Herr-ich-bin-ja-so-unwürdig-Gebet zu erkennen. Und bitte, warum soll denn ein reicher Mensch nicht glücklich sein können? Welch ein Unsinn!

Das ist ja doch nur eine Bewusstseinssache und eine Frage dessen, was wir uns vorstellen können. Es gibt so viele Menschen, die reich und gesund und glücklich sind. Es gibt ja auch so viele arme Leute, die unglücklich und krank sind. Wo ist denn bitte die Grenze zum Glücklichsein? Die kann doch nicht bei arm und reich liegen. Ich habe bei so vielen Indern dieses Leuchten, dieses Feuer, diesen Reichtum und dieses Leben in den Augen gesehen, auch wenn sie Bettler waren. Und ich habe dieses Leuchten auch bei reichen Menschen gesehen. Ich habe auch frustrierte reiche und frustrierte arme Menschen gesehen. Es ist nur eine Frage des Bewusstseins, und es gibt keine Instanz, die eine Grenze zieht, außer unser eigenes Denken und unser enges und ungeprüftes Wertesystem.

Ja, unsere Moral, unsere Grenzen, unsere Wertvorstellungen, unser Vorstellungsvermögen sind von uns selbst sehr eng abgesteckt, und jedes Mal, wenn wir diese (unsere eigenen) Grenzen erweitern möchten, zieht es uns doch wieder zum sicheren Platz, so wie wir es gelernt haben, zu unseren uralten und verstaubten Glaubenssätzen zurück. Dort kennen wir alles, dort ist alles vertraut und kontrollierbar. So entscheiden wir uns oft, lieber in unserem kleinen, engen Denken und Gefängnis geschützt zu bleiben, statt die Freiheit des großen Vorstellungsvermögens und der Toleranz (das Tor zur Fülle und das Zeichen von wahrem Reichtum) zu leben.

Bist du Maturant oder Nicht-Maturant?

Ich hatte vor einiger Zeit eine Seminararbeit mit einer Dame (ich glaube, sie war so um die 65), und es ging um genau solche tief sitzenden Wertvorstellungen, und sie hatte große Probleme mit Bewertungen und Vorurteilen. Ihr Leben war eingeteilt in Gut und Böse, in Katholiken und Nicht-Katholiken, in Schwarz und Weiß, in Juden und Nicht-Juden, in Maturanten und Nicht-Maturanten, in Doktortitel und Nicht-Doktortitel, in Kästchen und Schablonen, und sie erkannte das alles, und sie hatte enorme Atemnot.

Und sie wollte diese Grenzen und Wertvorstellungen (die ihr zum Gefängnis und natürlich viel zu eng geworden waren) endlich erweitern und sprengen. Sie wollte die Freiheit in vielen Bereichen finden und zumindest spüren. Bei meinem Seminar (nicht umsonst heißen sie „Durchbruch zur Freiheit") wurde dann sehr deutlich sichtbar, dass sie diese Freiheit nur erreichen und leben kann, wenn sie den unerfüllbaren Wunsch aufgibt, es allen recht zu machen, und auch den Preis der unbedingten Toleranz bezahlt.

Toleranz – es ist das Tor zur Fülle – ist für mich einer der schönsten, wertvollsten und edelsten Charakterzüge und eine sehr hohe Form der Liebe. Toleranz und ihre sehr liebevolle Offenheit ist natürlich auch die wichtigste Basis für meine Seminare. Ich bin davon überzeugt, dass jede Bewusstseinsbildung mit der Öffnung unseres Herzens beginnt, mit dem Einstieg in die Wertfrei-Zone. Toleranz finden wir aber relativ schnell, wenn wir uns nur ganz kurz auf den Platz eines Menschen stellen, uns nur kurz in seine Lage versetzen, über den wir sehr schlecht denken und schimpfen und den wir verurteilen. Denn wenn wir nur ganz kurz an diesem Platz stehen und die Geschichte nur ein bisschen kennen und vielleicht sogar verstehen und fühlen, wie es an diesem Platz ist, dann stellen wir sehr schnell fest, dass wir genau so handeln würden wie dieser Mensch (den wir verurteilen), wenn wir diesen Platz hätten!

Aber für den, über den wir fleißig schimpfen und urteilen, über den wir schlecht reden oder den wir auch direkt erniedrigen und beschimpfen, ist das Ganze aber kein wirklicher Schaden, auch wenn wir ihm damit einen Schaden zufügen wollen. Sofern er es nicht annimmt, hat es ja nicht einmal mit ihm etwas zu tun. Er muss sich nicht einmal dagegen wehren.

Mit Feinden wird Erfolg angekündigt

Ich weiß sehr wohl, dass es nicht so einfach ist, unberührt zu bleiben, wenn man beschossen wird. Aber sei dir gewiss, für den, den wir mit unseren peinlichen Halbwahrheiten beschießen, ist das in Wirklichkeit eine ganz tolle Sache, denn je mehr und je größer die Neider, die Feinde und die kurzsichtigen Vorurteile und die Beschimpfungen werden, desto mehr kündigt sich sein nahender Erfolg an. Diebe halten sich nur in der Nähe von großen Schätzen auf, Dämonen verraten immer die Präsenz von Engeln, und Feinde kündigen immer großen Erfolg an. Und in Wirklichkeit fördern wir einen Menschen, über den wir viel schimpfen und Böses sagen und ihn beurteilen und verurteilen ... und schließlich schenken wir ihm eine Menge Gedanken und damit eine Menge Energien. Ja, wir verschenken mit unseren feindschaftlichen und bösen Pfeilen der Vorurteile in Wirklichkeit eine Menge Energie! Energie ist ja zunächst immer neutral. Das ist so wie mit einem Messer. Ich kann damit Leben retten, ich kann damit aber auch töten, und ich kann damit Brot aufschneiden. Ich kann das Messer nun aber nicht heilend nennen, weil es Leben gerettet hat, und ich kann es auch nicht böse nennen, weil es das Werkzeug für den Tod wurde. Das Messer bleibt neutral, und Energien sind auch neutral. Es kommt immer nur auf unser Motiv an, was wir daraus machen.

Aber die andere Seite ist, dass wir natürlich viel zu schnell mit unseren ohnehin immer falschen Urteilen um uns schießen. Natürlich habe ich auch meine Vorlieben und Abneigungen – ich hasse schlechte Manieren und oberflächliche Gespräche. Wir können einen Menschen meiden, wir müssen ihn nicht lieben. Wir können auch direkt mit ihm reden und alles klären, aber wir sollten ihn nicht mit unseren bösen, vernichtenden und falschen Gedanken und Worten und Urteilen beschießen. Das ist wahrlich eine unserer niedrigsten Eigenschaften!

Aber ich weiß, es ist ja auch sehr verlockend, einen Menschen zu verurteilen und über ihn zu schimpfen, denn es lenkt uns so elegant von unseren eigenen Lernprozessen (manches Mal sagen wir Probleme dazu) ab, und für kurze Zeit macht es uns vielleicht sogar ein bisschen mächtig, und für kurze Zeit fühlen wir uns vielleicht sogar ein bisschen besser und wertvoller, weil wir auf die Wunden des anderen draufsteigen und wir uns damit eine kurze Zeit lang erhöhen und größer fühlen. Aber es ist immer ein Selbstbetrug, und wir schaden damit hauptsächlich uns selbst.

Ungeöffnet zurück an den Absender

Ich selbst habe mich mit meinen lächerlichen Urteilen jedenfalls immer getäuscht und ziemlich blamiert! Und wenn wir einen Menschen beurteilen und ihn verurteilen, schlecht über ihn denken und auch sprechen und unsere Halbwahrheiten wie Gift in dieser Welt versprühen, dann hat das natürlich auch auf diesen Menschen eine enorme Wirkung, besonders dann, wenn er es annimmt und wenn er sich nicht davor schützt. Sehr vieles kann sich mit dieser Hetze für ihn verändern. Damit beginnen ja schließlich auch Kriege!

Davor brauchst du dich aber nicht zu fürchten! Nein, vor den bösen und vernichtenden Pfeilen der Neider musst du keine Angst haben. Mit deiner Klarheit und deiner Mitte kannst du dich davor erfolgreich schützen. Klarheit hast du dann, wenn du alles bei dir selbst kennst. Richte deinen klaren Geist immer auf deine Mitte, immer auf das göttlich Unvergängliche in dir, und bleibe einfach ruhig. Damit habe ich schon ziemlich bittere Kriege und Angriffe auf mich völlig unbeschadet überstanden. Ich habe niemals zurückgeschossen (ist auch nicht nötig), ich habe mich auch niemals gewehrt, und ich habe mich niemals geschützt, sondern nur meinen Blick auf die Mitte und auf die Weisheit gerichtet. Das ist der beste Schutz. Es ist wie ein unsichtbarer Schild in deiner Hand, und es wehrt jeden Pfeil auf dich ab. Es ist wie mit einem Brief, den du nicht annimmst. Er geht einfach ungeöffnet zurück an den Absender. Glaube nur nicht, dass diese Pfeile etwas mit dir zu tun haben, und beginne nur nicht an dir zu zweifeln, und begib dich niemals in die Grube der Schuldgefühle! Dort sind wir verloren. Diese Fallgrube richtet uns zugrunde, und erst dann treffen dich die Pfeile deiner Feinde und Neider und erledigen den Rest.

Aber bedenke, wenn wir über einen Menschen sehr schlecht und böse denken und das auch aussprechen und wir dieses Gift dann auch in dieser Welt zum Schaden versprühen, dann wird dieses Gift ja schließlich in unserem Bewusstsein und in unserem eigenen Körper produziert – bevor wir es versprühen! Das solltest du bedenken! Und du solltest auch bedenken, dass dieses Gift, das wir in uns produzieren und dann versprühen, niemals unser Bewusstsein und unseren Körper verlassen wird! Ja, wir machen uns meistens um die falschen Menschen Sorgen.

Es ist immer ein Schuss ins eigene Knie

Viele Menschen lesen das Kleingedruckte nicht und meinen, dass dieses Gift mit dem Versprühen dann weg ist. Aber das ist ein großer Irrtum. Es hat zuerst den vergiftet, der es in sich erzeugt, und der bleibt auch vergiftet! Es ist in unserem Geiste, in unserem Blut und in unseren Genen ... und es ist auch im Gesicht zu sehen. Ja, gemeinsam mit der Angst ist dieses Gift des Verurteilens die wirksamste Genmanipulation! Wir vergiften und verfluchen damit nicht nur uns selbst und unser Leben, sondern – wenn wir es lange genug praktizieren – auch unsere Kinder und viele Generationen nach uns.

Ja, wir schaden einem anderen Menschen mit unserem bösen Wort (und wir tragen damit auch einen Teil seiner Lasten), aber den wirklichen großen Schaden richten wir mit diesem Bewerten und Schimpfen und Verurteilen hauptsächlich bei uns selbst an. Es ist immer ein Schuss ins eigene Knie. Diese Geschosse haben eine Wirkung, aber leider fast nur auf unser eigenes Herz und auf unsere eigene Lebendigkeit. Es erzeugt dieses ermüdende Vergleichen und Konkurrenzdenken – ein Zeichen, nicht in seiner Mitte zu sein. Schau dich nur mal um. Du kannst das alles schon sehr bald in den traurigen und engen Gesichtszügen sehen. Ja, wir machen uns meistens wirklich um die falschen Menschen Sorgen!

Du kannst einem Menschen am besten helfen, indem du dich gleich am Beginn seiner giftigen Schimpfkanonaden (meist über einen anderen nicht anwesenden Menschen) einfach umdrehst und gehst. Ich mache es auch nicht anders. Damit bleibt dir selbst und diesem Menschen sehr viel erspart. Unser Vorurteil und unser böses Wort über oder zu einem Menschen entsteht meist ja auch nur aus unseren eigenen Geschichten und aus unseren eigenen Wunden und ist in Wirklichkeit ein ganz leiser, aber verzweifelter Ruf nach Liebe. Wir sehen schließlich nur das, was wir selber sind! Unsere vernichtenden und bösen Urteile und Worte entstehen aus unserem eigenen Mangeldenken, aus unseren Unsicherheiten, und sie sind meistens nicht nur falsch, sondern auch immer ein direkter Angriff auf uns selbst, auf unser eigenes Herz, auf unsere Lebendigkeit und auf unser Vorstellungsvermögen. In unserem Herzen wird es damit finster und eng, unsere Vorstellungskraft wird kleiner, unsere Lebendigkeit wird geringer, und unsere Herzlichkeit stirbt. Ja, wir beschneiden uns damit nur selbst!

Des Menschen Königsweg bleibt uns damit verborgen

Aber ich kann dir auch sagen, wenn wir uns im Leben an unseren Platz stellen, wenn wir unsere Geschichte angenommen und uns mit ihr ausgesöhnt haben und mit unseren Vorfahren im Reinen sind, dann benötigen wir den ganzen Stress des Beurteilens und Bewertens nicht mehr. Man kann von seinem Platz aus bei sich selbst alles ungetrübt einfach nur ansehen und lieben ... und man kann damit auch einen anderen Menschen ungetrübt einfach nur ansehen und lieben ... sonst nichts.

Unsere ständigen Versuche, einen Menschen so schnell wie nur möglich in eine Schublade zu stecken (sprich ihn zu beurteilen), sind wie Krücken und entspringen meist nur unserer eigenen Angst, und sonst gar nichts! Begegnungen und Situationen werden nicht durch die Verschiedenheiten und die Abläufe so schwer, erschöpfend und ermüdend, sondern meist nur durch unser enges, vorbehaltendes Bewerten, Beurteilen und Abhacken. Und ärgerlich ist es ja auch noch, wenn wir dann nach einer gewissen Zeit feststellen, dass uns dieser Mensch aus unserer Schublade entsprungen ist, weil wir uns mit unserem Urteil getäuscht haben.

Du musst ja eines bedenken, dieses mit-dem-Finger-Zeigen hat ja auch sehr große Symbolkraft. Wenn wir mit einem Finger auf einen Menschen zeigen (und ihn verurteilen), dann sind schließlich vier Finger unserer eigenen Hand auf uns selbst gerichtet. Manche lachen bei diesem Beispiel und manche korrigieren das dann gleich und strecken alle fünf Finger aus. Aber wenn wir die ganze Hand (also alle fünf Finger) auf diesen Menschen richten, dann segnen wir diesen Menschen. So einfach ist das. Und mit unserem sehr begrenzenden, kleinen und vernichtenden Verurteilen, Hetzen und Schimpfen schaden wir hauptsächlich uns selbst! Und bedenke, des Menschen wahrlich schönster Königsweg und die wunderbare Entfaltungsmöglichkeit eines großen, vorbehaltlosen bewertungsfreien, weisen und bedingungslosen Herzens bleibt uns damit leider verborgen! Unser böses, kleines und verurteilendes Wort ist die größte Einschränkung unserer eigenen Lebendigkeit und unseres eigenen kurzen Lebens, und es ist kein Weg zum Großgeist, sondern zum Kleingeist. Ich erinnere mich sehr oft an vergangene Leben und alte Zeiten, wo wir Menschen unsere Feinde mit mehr Würde und Respekt behandelt haben als heute unsere Freunde.

Nur ein Blinder bewertet einen Menschen

Ja, ich habe immer voll danebengetroffen. Ich habe danach immer beschämt und total blamiert feststellen müssen, dass ich mit meinem bisschen Wissen über diesen Menschen und mit meinem klugen Urteil (und sehr oft bösem Wort) immer völlig danebenlag! Oft müssen wir nur ein ganz kleines bisschen besser hinsehen, wir müssen gar nicht alles wissen, damit wir von unseren kleinkarierten Vorurteilen Abstand nehmen. Unsere Urteile sind auch deshalb völlig daneben, weil wir nur einen ganz kleinen Teil der Geschichte kennen. Wir kennen nicht das fertige, ganze Bild.

Es ist so, wie wenn jemand fest behauptet, dass er Amerika kennt, nur weil er für einen einzigen Tag in New York war. Ja, selbst wenn wir jede Stadt von Amerika besucht hätten, würden wir uns kein brauchbares Urteil über dieses Land bilden können, denn wir haben immer nur Ausschnitte gesehen. Ich finde es viel sinnvoller, dass wir uns zuerst selber kennen lernen und unser Leben leben, bevor wir einen anderen Menschen (meistens nur um von unseren eigenen Themen abzulenken) verurteilen und in ein enges Der-ist-so-und-so-Kasterl hineinsperren. Und wenn wir bei einem Menschen lange genug hinsehen und ihn wirklich kennen, dann werden wir ihn nicht mehr bewerten und schon gar nicht verurteilen. Unsere engen Bewertungen und Beurteilungen sind immer ein Zeichen für unsere Unwissenheit und unsere Angst. Und Toleranz heißt ja nicht, dass wir uns mit jedem Menschen einlassen und uns öffnen. Auch mit Toleranz gibt es Sympathie und Antipathie, und man kann ja auch Abstand halten.

Ein großes Problem sehe ich auch im Bewerten von Situationen und Ereignissen. Nein, ich glaube sogar, dass das Bewerten unser einziges Problem ist! Etwas geschenkt zu bekommen, ist sozusagen ein Gewinn, und etwas zu verlieren muss dann doch ein Verlust sein. Aber in Wirklichkeit ist es viel zu früh, dazu ein Urteil abzugeben. In Wirklichkeit sehen wir auch hier immer nur einen winzig kleinen Ausschnitt und versuchen erst gar nicht, das Ganze zu sehen. Deshalb sind wir eigentlich blind und gar nicht in der Lage, etwas wirklich zu bewerten. Etwas, das heute ein Verlust ist, kann sich schon morgen als allergrößter Gewinn deines Lebens herausstellen, und so manches Problem ist vielleicht gar keines! Ein sehender Mensch sieht auch das Dahinter und das Ganze. Er wird sich davor hüten, etwas zu beurteilen und zu bewerten.

Wirklich zu sehen ist der Weg zur Erleuchtung

Wenn wir das Bewerten weglassen, dann erst sehen wir wirklich. Nur ein einziger Tag in deinem Leben genügt, und du bist ein neuer Mensch. Ja, probiere es aus, nur einen einzigen Tag einen Menschen und Situationen nicht zu bewerten. Probiere es aus. Schau Menschen und Situationen nur einmal an, und wenn der Bewertungsmechanismus (unser größtes Hemmnis im Leben) seine vermeintliche Wahrheit zeigen und hochfahren will (übrigens das deutlichste Zeichen unserer großen Angst), dann – genau an dieser mächtigen und schönen Stelle – sag einfach, dass du über diesen Menschen (oder eben über diese Situation) viel zu wenig weißt, um ein Urteil über ihn zu fällen und ihn in ein enges Kasterl zu sperren. Genau das nennt man dann spirituelle Entwicklung und Bewusstseinserweiterung. Jeder einzelne von uns kann es täglich und in jeder kleinsten Situation üben und praktizieren. Es wird dein Leben erneuern, wie du es vielleicht noch gar nicht erahnst. Du wirst dann erst wirklich sehen und du wirst Dinge und Aspekte sehen und erkennen, die dich verwandeln und erleuchten. Nichts trübt unsere Sinne so sehr, wie unser Bewerten. Und wirklich zu sehen, also bewertungsfrei zu sehen, ist der Weg zur Erleuchtung.

Weißt du, was das bedeutet, wirklich zu sehen und frei zu sein von alten Der-ist-so-und-so-Raster-Brillen, die uns ohnehin nur belogen haben und alles in unserem Leben enger werden ließen? Weißt du, was es bedeutet, einen Menschen (oder eine Situation) einfach nur anzusehen, ohne uns von alten Sichtweisen und Bewertungen (die ohnehin nicht unsere eigenen sind) lenken und uns von äußeren Dingen und Gegebenheiten täuschen zu lassen? Dieser Schritt ist einer der mächtigsten, wesentlichsten und schönsten Entwicklungen in unserem Leben. Es ist der Weg zur Toleranz, der Weg zur Freiheit, der Weg zum Herzen, der Weg zur Weisheit! Ein Zeichen, dass wir sehend sind, ist immer, dass wir bei einem Menschen oder einer Situation das Schöne und das Große und das Leuchtende und das Gold sehen und erkennen. Jeder Mensch hat diese Seiten - wir müssen nur lernen zu sehen!

Nun aber zurück zu dieser Frau in meinem Seminar - sie hatte jedenfalls sehr viel Vertrauen in die Gruppe und in mich aufgebaut und die Arbeit mit ihr war für die ganze Gruppe sehr intensiv. Sie hat mich lange beobachtet und geprüft. Sie hat beim Seminar vieles erkannt (sie hat gelernt zu sehen) und losgelassen. Es war eine der berührendsten Arbeiten, die ich bisher gemacht habe.

Bitte leg mich wieder zurück in mein Autowrack

Und ich fragte sie, ob sie glücklich sei und etwas daraus machen könne. Sie strahlte vor Glück, umarmte und küsste mich und sagte aus tiefstem Herzen: „Ja, ich fühle nun die Freiheit, und ich fühle nun diese schöne Toleranz, und ich mach was draus." Nach so einem Seminar beginnt ja die eigentliche und harte Arbeit. Dann sagte ich ihr, dass ich ziemlich schwul bin. Ich wusste, dass das ihre Schwachstelle ist, denn sie hatte einen homosexuellen Sohn. Augenblicklich wurde sie bleich im Gesicht, denn es wurde ihr bewusst, dass sie Vertrauen in einen Mann hatte, der schwul ist. Sie sah mich plötzlich voller Misstrauen an und fühlte sich von mir und von der ganzen Gruppe verraten. Ich bin mit diesem Statement ihren Vertrauensvorstellungen entsprungen, die sie mühsam über viele Monate aufgebaut und erarbeitet hatte.

Ja, sie war tatsächlich dabei, all ihre Herzenserfahrungen der letzten Stunde binnen weniger Sekunden zu zerstören und gegen das Altbekannte einzutauschen, weil sie bereit war, zu ihrem sicheren Platz (so wie sie es kennt), zu ihrem Vorurteil, Schwule sind so und so, zurückzukehren. Sie war dann plötzlich nicht mehr bereit, ein neues Gebiet, dass sie nicht kannte, zu betreten. All diese tief sitzenden Vorurteile zu verlassen, bedeutet natürlich auch, auf Sicherheiten und Kontrolle zu verzichten. Lösungen sind oft deshalb so schwer, weil wir Kontrolle und Wichtigkeit verlieren. Diese Kontrolle ist manchmal auch das Signal von Depressionen. „Ich drücke mich nieder, bevor es das Leben tut, und behalte die Kontrolle." Alle Beteiligten der Gruppe waren von dieser Szene sehr betroffen, aber sahen damit deutlich, wie tief diese Vorurteile und Muster sitzen und wie schwer es tatsächlich ist, sich davon zu lösen. Die ganze harte Arbeit der letzten Stunde war (scheinbar) nun umsonst. Zerstört von wenigen Sekunden Zweifel und Angst.

Ich fragte sie dann, warum denn die Arbeit eines Seminarleiters plötzlich nichts mehr wert sein soll, nur weil er schwul ist. Ich fragte sie, wo denn das mühsam erarbeitete „Ja, ich fühle die Freiheit" geblieben ist. Ich fragte sie auch, was sie denn tun würde, wenn ihr ein Mensch das Leben rettet, sie z.B. nach einem Verkehrsunfall aus dem Wasser zieht ... und dieser Mann so seltsame Streifen mit einer Nummer hat, und sie erfährt, dass dieser Lebensretter ein entflohener Häftling ist. Sagt sie dann zu ihm: „Bitte leg mich wieder zurück in mein sinkendes Autowrack"?

Was wir nicht benutzen, das verkümmert

Ich fragte sie auch, warum soll z.B. die Arbeit eines Zahnarztes plötzlich an Wert verlieren, weil er auf der Autobahn zu schnell gefahren ist oder weil er nicht katholisch ist oder weil er eine Freundin hat oder weil er schwul ist oder weil er ... Was hat das eine mit dem anderen zu tun? Solange seine Vorlieben seine Arbeit nicht beeinträchtigen (und das tut es mit Sicherheit niemals), geht mich das ja gar nichts an und kann mir doch völlig egal sein! Warum muss ich denn einen Menschen danach bewerten? Warum muss ich überhaupt eine Situation bewerten?

Diese Dame wusste keine Antwort, und sie fand dann im Laufe des Tages wieder zu ihrer mühsam erarbeiteten Herzenserfahrung (zu ihrem Sehen) zurück, und die wertvolle Arbeit der Gruppe lohnte sich wieder. Wenn man diese Freiheit der Toleranz einmal gespürt hat, dann will man auch nicht mehr zurück. Ich hab übrigens dieser Frau bis heute nicht gesagt, dass ich nicht schwul bin. Sie glaubt das heute noch. Es war eine liebevolle Notlüge. Das Leben überprüft ja auch ständig unsere Erfahrungen.

Aber die große Chance liegt bei ihr, es zu nehmen, so wie es das Leben eben gibt. Es ist immer die Frage, wohin wir in unserem Leben das Gewicht verlagern. Wenn wir Zähne nicht benutzen, dann verkümmern sie, wenn wir Freundschaften nicht pflegen, dann verkümmern sie auch, und wenn wir Herzenserfahrungen missachten und durch Zweifel zerstören, dann verkümmern sie halt auch. Das mag ja hart klingen, aber es ist einfach so.

Alles, was uns zur Verfügung stehen soll, müssen wir auch fördern und pflegen. Wenn wir zu Träumen oft und immer öfter sagen, dass sie Blödsinn sind, dann zieht sich diese Informationsquelle einfach zurück und wird verkümmern. Viele beschweren sich dann zwar darüber, aber das ist doch normal. Wenn wir unsere Sinne schärfen und gebrauchen wollen, dann sollten wir schleunigst damit beginnen, an sie zu glauben und diese Informationen (Gedankenblitze, Gefühle, Herzenserfahrungen) auch ernst zu nehmen. Das Ernst-Nehmen dieser Informationen nennt man dann irgendwann Herzensbildung. Jeder von uns kennt das: Ach hätte ich doch das getan, was mir als Erstes ganz spontan eingefallen ist. Es ist der direkte Weg zum Herzen!

Ein Doktorat der Herzensbildung

Ich gebe ja zu, es sind ziemlich harte, kalte und feindliche Zeiten, denn Herzensbildung und Herzensqualitäten haben heute kaum einen Wert, und es gibt große Widerstände auf diesem Weg. Und es gibt nicht einmal ein Doktorat der Herzensbildung. Süße, vielleicht sollten wir beide das ja einführen ... hehe. Fast alles ist heute leider auf Verstandesbildung und auf Gedächtnisschulung und Auswendiglernen aufgebaut. Aber es sagt kaum etwas über Wissen oder über die Begabung oder die wahren Qualitäten und über die Herzensbildung eines Menschen aus. Ganze Berufszweige entstehen daraus, und es wird ja auch seine Notwendigkeit haben.

Und, bitte, was soll daran denn schon so besonders und so erstrebenswert sein, wenn wir heute etwas lesen, etwas studieren und emsig auswendiglernen und in uns hineindrücken und morgen geben wir es – gemeinsam mit ein paar gut klingenden und tollen Fremdwörtern (damit uns nur niemand versteht) – möglichst aufgebläht wieder und sagen halt Bildung oder gar Wissen dazu. Was soll daran so besonders sein?

Das ist ja alles notwendig, aber was hat das mit Bildung oder gar mit Wissen oder mit Begabung (die liegt sehr oft auch ganz woanders) zu tun? Es ist doch lediglich das Zeichen für ein gutes Gedächtnis - das brauchen wir ja alle. Aber jeder kann sein Gedächtnis schulen, und dann fügen wir noch ein wenig Geld und Selbstvertrauen hinzu, und du hast einen neuen Doktor. Es ist lediglich das weit verbreitete Nährstoffbehälter-Prinzip (Wissen oben hinein und Wissen unten heraus). Es erreicht kein bisschen unser Herz und ist noch lange kein wirkliches Wissen! Es gibt so viele begabte Menschen (musst nur an Mozart denken), aber sie alle haben diese Begabung und dieses Wissen niemals erlernt (wann hätte der vierjährige Mozart die Zeit dazu gehabt?), sondern nur wiedergefunden und in ihrem Herzen erweckt. Und gleichzeitig können wir uns aber mit diesem Wissen-Zuführ-und-Wiedergabe-Prinzip unseren wahren Zugang zu unserem inneren Wissen und zu unserer Herzensbildung verbauen! Wissen hat absolut nichts mit Gedächtnis zu tun! Und unser gar so gutes Gedächtnis können und werden wir ja auch einmal verlieren, und alles was nicht im Herzen, sondern nur im Verstand ist, das ist dann einfach weg! Was ist dann? Wo ist dann unsere so tolle Bildung?

Herzlichkeit müssen wir manchmal mit der Lupe suchen

Ich hatte in der Schule einen sehr guten Professor, der sprach manchmal von diesem Wissensprinzip, und er sagte uns immer, dass wir unseren Geist, unser Hirn und unser Gedächtnis bitte nicht so belasten und blockieren sollen. Er sagte uns immer eindringlich, dass wir diese geistige Kraft doch für unsere Kreativität frei halten und nicht für das Auswendiglernen missbrauchen sollen und dass wir im Wesentlichen nur das Prinzip einer Sache verstehen müssen und nur wissen müssen, wo (z.B. in welchem Buch) wir das Nötige dazu finden. Ja, wir müssen uns nicht mit Wissen zuschütten und alles in uns blockieren, nur um uns ein bisschen wertvoller zu fühlen und klüger zu klingen. Diese geistige Kraft fehlt uns dann tatsächlich für unsere Kreativität und Herzensbildung.

Ja, unser selbstgestricktes Wertesystem ist ziemlich hart und eng und kalt, und die Herzlichkeit müssen wir meistens mit der Lupe suchen. Aber es ergäbe keinen Sinn, dagegen anzukämpfen oder sich dagegen zu wehren oder sich abzukapseln, und wir brauchen auch diese Welt, und wir brauchen einander. Es ist ja auch kein Widerspruch, voll in dieser Welt zu stehen und trotzdem sein Herz zu bilden und in der Mitte zu sein. Aber man muss manchmal schon ordentlich gegen den Verstandesstrom schwimmen. Es gibt sehr viele Widerstände am Weg zur Herzensbildung, am Weg zum inneren Wissen. Aber glaub mir, es lohnt sich!

Bitte, glaube nun aber nicht, dass Herzensbildung an irgendeine Moral gebunden ist. Das Tor zur Herzensbildung (und zum inneren Wissen) ist aber die Moral selbst, wir sollten durch sie hindurchgehen. Das ist ja nun nichts Unmoralisches, aber für das innere Wissen müssen wir sie hinter uns lassen. Viele bleiben leider ängstlich genau an dieser Schwelle stehen und finden aber leider nicht den Weg zum inneren Wissen. Herzensbildung (der Weg zum inneren Wissen) kennt keine Zeit und keine Moral.

Aus meiner Sicht geht es auch nur um die richtige Balance zwischen Herz und Verstand. Wenn der Verstand gar zu mächtig ist und von viel Verstandeswissen und vielen Fremdwörtern und Titeln begleitet wird , dann wird dahinter meist ein Riesenschatz (ein anderes Wort für Wunde oder Gold) versteckt und geschützt sein. Geschützt natürlich deshalb, weil dieses Dahinter niemand sehen soll, weil es niemand kennen und berühren soll.

Ein zu großer Verstand zeigt oft nur die Not des Herzens

Ein großer und zu mächtiger und aufgeblähter Verstand ist das deutlichste Zeichen von Angst und erinnert mich immer an einen Tresor. Tresore haben ziemlich dicke Schutzwände und Türen. Und eben diese dicken Wände und Türen deuten auf das Dahinter, auf den großen Schatz hin. Wenn es dieses Dahinter, diesen Schatz nicht gäbe, dann wären auch die dicken Wände und der gar so dicke Verstand nicht nötig. Das heißt nun natürlich nicht, dass Menschen ohne Verstandesschutzmauern keine Schätze haben.

Viele von uns bewegen sich durch das Leben mit einem schweren Tresor und beschweren sich über ihre Bewegungslosigkeit. Diese Tresorwände sind zumeist unser mächtiger und allzu aufgeblähter Verstand oder unser gar so fest demonstrierter Besitz oder unser überdimensionales Lachen oder manchmal unsere große Klugheit, unsere Bildung, unsere Titel. Ach, für diesen Schutz benutzen wir alles Mögliche (manchmal spannen wir sogar Gott dafür ein), und man sollte einen Menschen bei der ersten Begegnung eigentlich gleich um den Schlüssel für seinen dicken Tresor bitten, damit man an ihn und an sein Herz herankommt. Hinter einer rauen Schale ist meist ein weicher Kern und hinter einem dicken Tresor ist meistens eine große Wunde (ein großer Schatz). Ja, wir bewachen mit unserem dicken Tresor unsere großen und kleinen Wunden. Aber jede Wunde (jeden Schatz) kannst du zum Heilen sichtbar machen und verwandeln. Auch jeden Schatz in einem Tresor kannst du sichtbar machen und verwandeln. Du kannst diesen Schatz jederzeit z.B. in ein Haus oder ein Grundstück umwandeln. Jeder kann es dann sehen, und keiner muss es mehr bewachen. Kein Tresor ist mehr nötig.

Jedes Mal wenn unser Verstand sich überdimensional meldet und aufbäumt, dann ist das für mich praktisch der Beweis dafür, dass es dahinter ein durstiges und rufendes Herz gibt. Es ruft einerseits danach, dass die Wunden (sie alle sind ja schließlich im Herzen) endlich gesehen und damit geheilt werden, und andererseits ruft es auch nach Leben und Verwirklichung und will an seine Ideen erinnern. Sobald der Verstand sich aufbläht und in den Vordergrund tritt, spricht in Wirklichkeit (oft schon ziemlich verzweifelt) aus dem Hintergrund unser Herz. Je größer unsere Schutzmauern (am besten dafür dient eben unser aufgeblähter Verstand), desto größer ist dahinter der Ruf und die Not des Herzens.

Mit dem Kopf kann man nicht fühlen

Jedes Mal wenn der Verstand sich überdimensional aufbläht (an dieser Stelle bekommen sehr viele Menschen auch ziemliches Kopfweh), deutet es auf den Versuch des Erinnerns hin. Es ist wieder einmal ein neuer Versuch des Herzens, an sich (und seine vielen Ideen und Sehnsüchte und Wunden) zu erinnern und sich zu öffnen. Wozu sonst müsste sich unser Verstand so sehr wehren und aufblähen und so wichtig machen? Sein überdimensionales Erscheinen ist der Beweis für die Herzenssehnsucht im Hintergrund. Wenn wir unser Herz öffnen, dann tut sich schließlich sehr viel in unserem Leben, und vieles will gesehen und bearbeitet und auch gelebt werden, und unser Verstand wehrt sich mit allen Mitteln dagegen, denn er könnte dadurch ja auch schrumpfen und unwichtig werden, und ein unbequemer Weg könnte beginnen, und das tut (manchmal eben auch im Kopf) sehr weh.

Ich kenne viele Menschen, da braucht auch nur etwas zu schön zu sein, und sofort stellt sich der Verstand dazwischen und wehrt sich, und der Kopf brummt eben sehr ... Der Schmerz deutet auf das starke Wehren hin und dass wieder einmal das falsche Werkzeug verwendet wird - mit dem Kopf kann man eben leider nicht fühlen. Ja, diesen schon automatisierten und lebendigkeitshemmenden Mechanismus haben wir lange genug geübt, und es ist harte Bewusstseinsarbeit, diesen Mechanismus in uns zu stoppen.

Aber meistens geht es bei diesem Versuch des Erinnerns gar nicht nur um verborgene Wunden und Sehnsüchte, sondern um diesen sehr wichtigen Prozess des Sichöffnens. Auch ich unterscheide, bei wem ich mich öffne (es ist ja auch ein großes Geschenk an diesen Menschen), aber jeder Einzelne von uns braucht ganz dringend mindestens einen Menschen, dem wir uns voll öffnen können (wir alle würden sonst vertrocknen), dem wir unser Innerstes und unsere Wunden und unsere geheimsten und blühenden Gärten zeigen können. Aber eine Grenze in unserem Herzen können wir beim Öffnen nicht ziehen. Unser Herz ist entweder offen oder eben nicht. Wir können dann in unserem Herzen kein Kämmerlein (z.B. das mit den Wunden) aussperren und zurückhalten. Das ist dann eben kein offenes Herz.

Du wirst dieser Idee restlos verfallen

Aber bedenke, alles Nichtgezeigte und Nichtgelebte und eben Eingesperrte werden wir nicht nur verlieren, sondern es wirkt irgendwann auch einmal gegen uns und lähmt uns bei lebendigem Leibe. Dieser Weg der Herzensöffnung ist einer der wichtigsten Prozesse und das aufregendste Abenteuer in unserem Leben! Natürlich erscheint es vielen von uns als sehr gefährlich, so ein Abenteuer einzugehen, aber wir haben das Leben schon verloren, wenn wir dieses Abenteuer, diesen Weg der Herzensöffnung und Bewusstseinserweiterung nicht gehen, oder zumindest versuchen. Nichts ist auch so schön, wie das Herz zu öffnen und es ständig zu erweitern und damit jedes Gefühl von Enge und Reduktion zu überwinden und hinter sich zu lassen. Worum sonst sollte es denn im Leben gehen? Ein weites Herz ist weich und freundlich und muss auch nicht überdimensional geschützt werden. Oh, wenn du wüsstest, wie schön, erfrischend und lebendig das ist. Probier es mal aus, und du wirst dieser Idee restlos verfallen sein. Du wirst wie ein Süchtiger nur noch Situationen suchen, in denen du dein Herz erweitern und weich klopfen kannst. Dieser Weg der Herzensöffnung, ist ein sehr mutiger Weg und eine Feuerprobe, aber es ist auch der Weg zur Freiheit. Ich höre oft die Ideen, dass es entweder Freiheit oder Geborgenheit gibt. Aber ich habe gesehen, dass beides möglich ist. Wenn wir es schaffen, unser Herz weit zu öffnen, dann sind wir frei, und es verschwinden viele Gespenster, und wir können Liebe und Geborgenheit ertragen.

Und nun aber zurück zum inneren Wissen (ach, immer wieder diese Abschweifungen und Geschichten). Wirkliches inneres Wissen ist absolut keine Verstandesbildung. Inneres Wissen ist vielmehr eine Anbindung an unsere Quelle und der Zugang zu jedem Wissen. Dieses innere Wissen ist immer da und steht uns allen ständig zur Verfügung. Die große Kunst ist ja nur, es auch berühren und abrufen zu können. Man kann es nicht kaufen, nicht konsumieren, nicht studieren und sich nicht anlesen. Es ist ein großer Irrtum unserer Zeit, dass die einzige Quelle zum Wissen, Lesen oder Studieren sein soll. Ich selbst habe nach meiner Schulzeit nur (vielleicht ja manchmal zu meinem Schutz) acht bis zehn gute Bücher gelesen. Natürlich ist Lesen sehr wertvoll und kann auch ein sehr wichtiger Impuls und Zugang zum inneren Wissen sein.

Wissen ist gut, aber es muss verbrannt werden

Wenn wir etwas lesen, dann verlangt das Leben aber immer einen nächsten Schritt, nämlich die Tat. Wenn wir nur lesen und nur studieren und kaum etwas davon verwirklichen (und es nur für uns behalten) oder zu wenig davon umsetzen, dann zieht sich dieses Wissen auch wieder zurück und erreicht nie das Herz - das Ziel jeden Wissens! Ja, wenn wir die nächsten Verwirklichungsschritte nicht gehen - die das Leben immer von uns verlangt -, dann haben auch zehntausend Bücher, hundert Seminare und fünf Doktortitel keinen Sinn und bringen uns kein inneres Wissen und keinen Frieden. Zu viel vom Verstandeswissen kann uns auch den Zugang zu unserer Quelle, zum innerem Wissen versperren! Und sehr oft heißt es Verstehen oder Freude. Ja, zu viel Verstand wirkt gegen die Freude. Brauchst dich nur umsehen.

Zu viel zu lesen und zu studieren - ohne es zu verwirklichen - kann sich tatsächlich gegen uns selbst richten. Es sind Energien, die auch zu viel werden können. Das erinnert mich immer an meine Militärzeit in Salzburg. Da hatten wir im Winter eine Feldübung. Wir nächtigten in Zelten, und es hielt uns nur ein kleiner gusseiserner Ofen ein wenig warm. Ich glaube, es hatte minus fünfzehn Grad draußen, und es trennten uns nur eine dünne Zeltwand und unser dürftiger Militärschlafsack von der bitteren Kälte. Zum Heizen hatten wir Schichtbetrieb. Der Kollege vor mir wollte sich eine Stunde früher wieder schlafen legen und so kam er auf die glorreiche Idee, den Ofen mit Kohlen voll zu füllen. Das Feuer ging natürlich durch die vielen Kohlen aus, und wir alle haben bitter gefroren. Isolation hatten wir ja mit der dünnen Zeltwand keine. Ich musste dann als darauf folgender Heizer den ganzen Ofen ausräumen und alles neu entzünden. Mit einem frierenden Hintern ist das eine ziemlich beschissene Arbeit.

Genauso ergeht es uns mit unserem zu vielen Wissen und Lesen und Studieren. Leider ist in dieser Zeit so ziemlich alles auf diesem Irrtum aufgebaut. Wenn auf unser vieles Lesen (manche suchen ein Leben lang nach dem richtigen Buch) und Studieren nicht immer wieder das Leben und die Verwirklichung, die Tat (und auch das Scheitern) folgt, dann geht das Feuer einfach aus. Ja, der Ofen des Herzens geht aus. Wir brauchen dazwischen einfach immer die Flamme des Lebens. Wissen ist gut, aber es muss auch immer verbrannt werden ... mit den Erfahrungen des Lebens.

Man kann inneres Wissen nicht kaufen

Man kann inneres Wissen nicht erlernen oder kaufen, sondern nur in sich selbst berühren, erwecken und zum Schwingen bringen. Das ist ein wunderschöner Vorgang und eine Entwicklung über viele Leben. Meine Seminararbeit habe ich mir auch nicht angelesen oder gelernt, sondern durch eigene Erfahrung, durch Praxis und durch sehr viele klare Beobachtungen erweckt. Vieles erfahre ich durch meine Träume und von meinen Engeln, die mich ständig auf all meinen Wegen begleiten. Ich habe zwar eine gute, anerkannte Ausbildung, aber das wesentlichste Werkzeug (den Zugang zu mir selbst, zu meiner Quelle) habe ich schon mitgebracht.

Dieses Erwecken hat ja auch ganz verschiedene Wege. Man bekommt z.B. durch ein sehr gutes Buch, ein gutes Gespräch, eine Begegnung, ein Theaterstück, einen Film, ein tolles Seminar usw. einen sehr mächtigen Impuls, und plötzlich ist man mit seiner Quelle verbunden und man wird sich gewahr und erinnert sich an das, was ist. Ich selbst habe das meiste beim Schweigen (in Indien und auch zu Hause) wieder gefunden und erweckt und mich in Träumen ständig daran erinnert. Alles Vorhandene in uns wird einfach nur erweckt. Klingt sicher lustig, aber die meisten Leute kommen zu meinen Seminaren, weil sie zum Leben erweckt und erinnert werden wollen. Aber erwecken kann man nur das, was schon immer da ist und da war. Das ist der Weg zum inneren Wissen. Der Weg zum inneren Wissen ist somit keine Gedächtnisschulung nach der weit verbreiteten Nährstoffbehältertheorie, sondern es ist der direkte Weg zum Herzen. Den Weg zum Herzen beginnst du am einfachsten, indem du auf deine Gefühle hörst, ihnen folgst und sie auch achtest. Und mit Leichtigkeit und mit Lebendigkeit und Dankbarkeit und mit dem Handeln aus der Mitte hältst du dieses innere Wissen am Leben!

Ich höre immer wieder, dass das nicht leicht ist. Ja, der Preis, den man dafür – das Tor zum inneren Wissen zu öffnen – bezahlen muss (ein verRÜCKTes Leben zu führen), ist meistens unglaublich hoch. Aber wir haben zum Lebendigsein und zum inneren Wissen keine Alternativen. Jeder kann tun, was er will, aber wir müssen auch die Rechnungen des Lebens bezahlen. Und das Bewusstsein nicht ständig zu erweitern und den Weg zum inneren Wissen nicht zu suchen, ist teuer, es kostet uns das Leben in Freiheit. Umarmung!

Achtung Bissgefahr

Würde dich spontan nun sehr gerne beißen ... habe manchmal solche Anwandlungen (kennst mich ja eh schon), einfach so, aus purem Temperament und Lebensfreude. Keine Angst, es sind ganz liebe Bisse und an der richtigen Stelle lösen sie ein Erdbeben aus. Süße, das ist nun ein Brieferl, fast so wie mit dir im Kaffeehaus zu sitzen und zu reden und zu lachen und zu scherzen - leider nur in meiner Vorstellung und ein bisschen nun in meinem Brief. Es ist auch noch ein Teil der Klärung. Man muss die Dinge zur rechten Zeit sagen, bevor sie zu spät sind. Du musst wissen, dass ich die Gespräche mit dir sehr vermisse.

Ich wollte dir unbedingt sagen, dass mir deine Gar-kein-Kontakt-Regel schon sehr weh tut und ich sie überhaupt nicht verstehen kann und will. Mir fällt dann immer der Kurt ein, der dich jede Woche zwei - bis dreimal auf einen Kaffee sehen kann. Und ich, dem du vor kurzem gesagt hast, dass du ihn sehr liebst und mit ihm vieles machen willst, darf dich nicht einmal anrufen - für den gestrigen Anruf hab ich mich eh entschuldigt (ich hab's nicht ausgehalten). Ich darf dich nicht einmal im Geschäft besuchen, nicht einmal mit dir bei einem Kaffee (so wie der Kurt) reden. Das macht mich richtig traurig und wütend, und ich kann es nicht verstehen. Ich komme mir wie ein Aussätziger vor.

Süße, bei mir flaut gar nichts ab - ganz im Gegenteil. Mit deiner Regel werden mein Gefühl und meine Liebe zu dir höchstens (ich glaube auch bei uns beiden) heftiger. Ich habe schon überlegt, ob ich mich nicht mit dem Kurt anfreunden soll, um dich zufällig zumindest auch zwei-, dreimal die Woche bei einem Kaffee zu sehn. Oder vielleicht bewerbe ich mich bei der Post als Briefträger und stelle dir die Post im Geschäft zu, damit ich dich sehen kann. Viel einfacher wäre es aber, wenn du diese komische Regel einfach aufhebst. Ich hab dir doch nichts getan!

Das, was du liebst, hältst du sichtlich sehr fern von dir. Ich weiß, dass du mich sehr liebst und ich eine der wichtigsten Begegnungen in deinem Leben bin. Dazu brauche ich gar keine große Fantasie oder Hellsichtigkeit oder Astrologie. Das hast du mir ja auch selbst immer wieder gesagt und geschrieben und die Spatzen pfeifen es auch schon von den Dächern.

Das Tor zur Gegenwart ist die Spontaneität.

Die ganze Welt sieht es schon

Schock hin oder her, ich weiß genau, was du für mich empfindest. Das sieht ja ein Blinder im Dunkeln - es ist so deutlich und eindeutig zu spüren, die ganze Welt sieht es schon, auch wenn du mir nicht mehr schreibst und mich nicht mehr anrufst und mich nicht mehr triffst. Vielleicht ist ja dein schmerzhaftes Mir-aus-dem-Wege-Gehen das deutlichste Zeichen deiner großen Liebe und deiner Sehnsüchte. Deine Gedanken und Gefühle sind (auch ohne Treffen) so deutlich zu spüren und zu riechen, - sie liegen einfach in der Luft. Der Herbstwind erzählt es schon den Amseln. Und es ist auch zu spüren, dass sie wächst, deine Liebe - vielleicht ja ganz besonders durch das emsige Unterdrücken.

Aber ich verstehe halt nicht, warum du mit Menschen, die dir so wichtig sind, die du so liebst, so umgehst? Ich verstehe nicht, dass solche Menschen, die du liebst, es nicht wert sind, dass du sie triffst und ihnen schreibst und ihnen das sagst, was sie für dich sind, was sie für dich bedeuten, auch wenn du mit ihnen nicht leben willst. Mädchen, das könntest du mal bitter bereuen, nämlich dann, wenn es zu spät ist, wenn es an dir vorübergezogen ist. Du scheinst ein Mensch zu sein (kenne ich eh durch meine Arbeit), der lieber über die Toten und die Dahingegangenen klagt und die vorbeigezogenen wichtigen Begegnungen und Chancen (die man nicht zurückholen kann) im Nachhinein beweint, als die lebenden Chancen zu sehen, zu nehmen, zu leben, zu lieben und zu achten.

Süße, ich lebe jetzt, und ich werde auch am Leben und am Fühlen bleiben und zumindest als Freund solltest du mich doch ansehen und mit mir reden! Ich bin kein Traum irgendwo in der Zukunft oder in der Vergangenheit. Und ich werde für dich nicht leblos werden, ich werde mich für dich nicht tot stellen, damit es dir leichter fällt, zu mir zu sehen, damit ich dich an deine Geschichte, deine Wunden und an deine eigene Lebendigkeit nicht mehr erinnere und du ein bequemes Leben weiterführen kannst. Nein, diesen Leblos-Service biete ich nicht an! Ich werde weiterhin mein Herz öffnen und gefühlsmäßig riskieren. Ich werde feurig und lebendig und, wenn du unbedingt willst, auch unbequem bleiben! Du scheinst ja das Leben und das, was du liebst, sehr zu fürchten. Ja, du hast nicht nur Angst vor deinen Gefühlen, sondern auch vor dem Leben - ist eine weit verbreitete Seuche.

Wahrscheinlich bin ich zu lebendig

Ich glaube, du fürchtest das, was du liebst, weil es gefährlich ist, weil es so lebendig ist, weil es sterben könnte wie dein Vater, und somit könnte es dich auch verletzen wie dein Vater. Du willst das, was du liebst auch besonders schützen, indem du es von dir fern hältst. Es ist nur in Träumen erlaubt. Das könntest du doch schön langsam verwandeln. Du weißt genau, dass ich dir dabei helfen kann. Ich weiß ja ... das mit dem Helfen ist ein schmaler Pfad, eine heikle Sache. Auch ich helfe, schenke und gebe sehr gerne (mein Herz zerfließt, wenn ich einen leidenden Menschen sehe), aber es ist gar nicht so leicht, ohne die Würde zu verletzen. Du bist schon so ein großes Mädchen, und du könntest schön langsam beginnen, Mauern abzubauen und das, was du liebst, an dich heranzulassen, und du könntest dir schön langsam mal selber helfen und dir erlauben, glücklich zu sein. Das wäre dein allerschönster Heilungsprozess.

Ich hatte zu diesem Thema letzte Nacht einen sehr interessanten Traum, weil ich wissen wollte, wo ich stehe, wo du stehst, wo unsere Verbindung steht. Wir waren gemeinsam auf einem Fest, und du wolltest immer ganz nahe neben mir sein. Ich habe deine Nähe und Liebe sehr stark gespürt, so stark wie nie zuvor. Es war wunderschön, aber du hast mich niemals angesehen. Ich kam mir vor wie ein Toter. Du hast niemals mit mir direkt gesprochen. Du hast mit allen anderen gesprochen und gescherzt und gelacht und so getan, als wäre ich gar nicht da. Ab und zu (wenn niemand zu uns hergesehen hat) hast du mir dann verstohlen ein süßes Bussi gegeben und mir an den Po gefasst und mir ganz lieb ins Ohr geflüstert, dass du mich sehr liebst, und wie dankbar du bist, dass ich an deiner Seite bin, und wie wichtig ich für dich bin. Und einmal, als du mir das wieder ins Ohr geflüstert hast, war es so intensiv und erotisch (so wie letzte Woche) und dringlich und kräftig, dass ich davon aufgewacht bin und kerzengerade im Bett gesessen habe! Das war schön, und das spüre ich jetzt noch. Das war eine sehr hohe Energie. Das alles ist sehr grotesk, zeigt aber deutlich die Situation. Ich bin scheinbar zu lebendig und zu liebenswert, um mich zu sehen, um mit mir zu sprechen. Die Menschen, die du liebst, müssen entweder tot oder nicht da sein. Und die Menschen an deiner Seite, die dürfen dort nur sein, weil sie kein Feuer und fast kein Leben in sich haben. Deine Worte!

Der wollte das alles in Echt

Aber ich kann dein Verhalten und deine Regel nur akzeptieren. Ich halte mich an deine Monsterregel, und ab und zu schreibe ich dir halt ein Brieferl. Da frage ich dich gar nicht mehr. Es kann aber auch sein, dass ich einmal (aus Erschöpfung) damit aufhöre. Vielleicht ist es ja sinnlos. Und vielleicht möchtest du viel lieber in deiner Pension erzählen und schwärmen, dass du da einmal einen tollen Mann kanntest, der dich wirklich sehr liebte und verehrte, den du sehr liebtest und verehrtest, mit dem du dir viel hättest vorstellen können, mit dem du vieles hättest leben können, der dir aus Liebe und Begeisterung ein ganzes Buch geschrieben hat (ich finde, einem geliebten Menschen sollte man auch ein ganzes Buch schreiben), aber er hatte nur einen ziemlich großen Fehler: Er war so lebendig, und er wollte nicht nur davon träumen und schwärmen, sondern er wollte das alles in Echt, und er wollte das alles sogar leben. Oh, wie unanständig.

Ich habe mich übrigens sehr gefreut darüber, dass du mich am Freitag auf dem Handy angerufen hast und mir das gesagt hast, dass du so schockiert warst und dass ich dir fehle und du mich so liebst. Ich wusste, dass es ein ganz kurzer Anruf wird. Es war genau so wie in meiner Trancereise – auch dein süßes Weinen und Schluchzen. Ja, es klingt komisch, aber ich liebe dein Weinen sehr.

Zum Thema „Erstarren" wollte ich noch etwas hinzufügen. Du hast immer ein bisschen den Eindruck, dass ich diese Themen und Aspekte in ein böses Eck schiebe. Das ist ein Irrtum. Wenn wir einen Schock oder eine Extremsituation oder eine Tragödie im Leben erleben, dann gibt es grundsätzlich (ähnlich wie bei den Tieren) drei verschiedene Reaktionen darauf, mit dem Ziel zu überleben: Wir können angreifen - manchmal ist das die beste Lösung zum Überleben, manchmal aber auch nicht. Oder wir können fliehen - manchmal ist das die ideale Lösung zum Überleben, manchmal aber auch nicht. Oder wir können eben erstarren. Auch das kann manchmal die Lösung zum Überleben sein. Natürlich kann man niemals bewerten, was die beste Reaktion ist, denn es kommt immer auf die Situation an. Beim Erstarren ist das Problem auch gar nicht diese Form der Reaktion, sondern, dass die meisten von uns erstarrt bleiben (oft ein ganzes Leben lang), obwohl die Situation (die Gefahr) schon längst vorbei ist. Ist auch ein Thema bei meinen Seminaren.

Bist du schon entschockt?

Hast du dich eigentlich von deinem Schock schon wieder erholt? Bist du schon entschockt und entstarrt und haben die Bachblüten auch geholfen? Ich kann ihn gut nachfühlen, deinen Schock. Das Leben trifft immer genau zu 100 Prozent in unsere Wunden. Das kenne ich auch. Ja, ich hatte in dieser schönen Sache mit dir auch einen ziemlichen Schock. Dein abruptes „und aus" fühlte sich für mich an, wie erschossen zu werden. Ich glaube, es war ebenso heftig wie dein Schock. Ich kam mir so ungeliebt und so verstoßen vor, und ich hab in meiner Trance-Meditation auch diesbezüglich nachgefragt und das Ausgangsbild gesucht. Und es kam ein sehr schmerzhaftes Bild (eine Erinnerung) aus meiner frühen Kindheit. Da musste ich sogar bei meiner Meditation bitter weinen. Als ich zwei Jahre alt war, musste meine Mutter für zwei oder drei Wochen ins Krankenhaus und mein Vater war damals beruflich im Ausland. Meine Mutter (sie ist eine sehr liebe Mutter) fand für mich keinen Platz, und sie brachte mich (es war natürlich gut und liebend gemeint und sie konnte nicht anders) in ein Kinderheim.

Ich hatte immer das Gefühl, dass mich in dieser Welt niemand hört (vielleicht bin ich ja deshalb Seminarleiter geworden), und vor einigen Jahren hat mir eine Kinesiologin gesagt, dass ich mit zwei Jahren ein sehr schmerzhaftes Erlebnis gehabt haben muss. Ich habe meine Mutter danach gefragt, und sie hat mir dann mit Tränen in den Augen von dieser Zeit erzählt. Sie erzählte mir, dass ich die ganzen Wochen in meinem Gitterbett stand und ganz verzweifelt geweint habe und mich auch danach viele Monate nicht beruhigen konnte. Ich habe fast nichts gegessen und wurde auch zwangsernährt. Ich kann mich zwar nicht mehr erinnern, aber damals ist für mich sicher eine Welt zusammengestürzt - von einem Moment auf den anderen keine Liebe, keine Berührung und keine Zärtlichkeit mehr. Es hat mich auch niemand besucht, und die Schwestern waren eher Soldaten als Mütter. Dort ist das erste Mal dieser Satz, dieses Gefühl „und aus" aufgetaucht. Das ist eines meiner Lernthemen in diesem Leben. Auch bei mir werden nur die Stellen und Wunden berührt, die schon da sind und die vom Leben liebevoll – nur zum Heilen – berührt werden wollen. Das Leben will immer alles heilen. Letztendlich müssen wir nur die Hindernisse beseitigen und darauf achten, dass wir keine neuen Verstandesbehinderungen in den Heilungsweg legen.

Erst berührte Wunden können weinen und heilen

Ich habe damals den gefühlsmäßigen Boden unter meinen Füßen verloren. Immer wieder, wenn ich an das denke (obwohl es ja keine Erinnerung gibt), dann drückt es mir ein bisschen die Tränen heraus. Immer wieder werde ich natürlich auch durch das Leben an diese tiefe Wunde erinnert, ohne dass ich mir das bewusst aussuche. Außer dir und Claudia weiß noch niemand von dieser für mich sehr schmerzhaften Geschichte. Auch bei deinem „und aus" wurde ich natürlich genau daran erinnert und hab den gefühlsmäßigen Boden unter meinen Füßen verloren.

Aber ich bin (u.a. durch meine Arbeit) dahinter gekommen, dass das Berühren dieser Wunden der wirkliche Heilungsprozess ist. Es kommt immer nur darauf an, wie wir darauf reagieren, wie wir damit umgehen. Wir können uns beim Berühren dieser alten und schmerzhaften Wunden wieder einmal zurückziehen und noch höhere Mauern und Regeln aufstellen. Davon heilen unsere Wunden natürlich nicht, sondern werden noch größer, und unsere Geschichte war damit natürlich auch umsonst, und es gab halt keinen Lernprozess und keine Heilung. Oder wir können uns dieser Geschichte, dieser Wunde stellen, sie damit ans Licht bringen und keine Monsterregeln aufstellen und keine Mauern errichten, um uns vor Verletzungen zu schützen. Damit heilen unsere Wunden.

Süße, das ist nun gar keine Anspielung auf dich. Nein, auch ich habe kleine Regeln erstellt und Mauern aufgebaut, als du (unbewusst) meine tiefen Wunden berührt hast. Ich habe darauf zunächst auch falsch reagiert und gesagt, dass ich mich auf dich nicht mehr so leicht einlasse, um nicht mehr so leicht verletzt zu werden. Süße, das ist ein Unsinn und ein Fehler, und das habe ich auch schon korrigiert. Ich würde mich wieder voll (oder noch viel mehr) gefühlsmäßig auf dich einlassen, weil ich dich liebe und weil ich gar nicht anders kann. Ich lerne ja auch unglaublich viel durch diese Begegnung mit dir. Und wenn wieder meine Wunde berührt wird, dann tut es mit Sicherheit nicht mehr so weh, oder es ist vielleicht gar keine Wunde mehr, weil sie schon ans Licht gebracht ist und weil sie damit schon ein bisschen heilen konnte.

Wenn ein Problem sichtbar und fühlbar wird, dann arbeitet es bereits für die Lösung.

Du könntest etwas daraus machen

Ich habe an dieser tiefen Verwundung schon viel gearbeitet, und trotzdem ist sie noch nicht ganz geheilt und taucht (um ganz geheilt zu werden) auch immer wieder auf und wird berührt. Früher habe ich mich auch zurückgezogen und geschützt. Durch meine Arbeit habe ich es geschafft, aus dieser Erfahrung in meiner Kindheit etwas machen zu können. Ich habe einen Weg gefunden, meine verletzte Liebe ins Fließen zu bringen und sie zu zeigen und zu leben. Damit habe ich meine Geschichte in Gold verwandelt. Ich habe eine schmerzliche Erfahrung umgedreht, indem ich einen Weg gefunden habe, meine Liebe zu zeigen.

Auch in deiner Situation kannst du etwas daraus machen und deine Geschichte in Gold verwandeln. Sich mit seiner Geschichte und seinem Leben abzufinden, ist dafür aber viel zu wenig. Das braucht schon etwas mehr Begeisterung und den kraftvollen Satz: Ich habe dieses Leben gewählt! In deiner Geschichte wurden durch Papas schmerzhaftes Aus-dem-Leben-Gehen deine Gefühle ziemlich schwer verletzt. Auch das kannst du verwandeln, auch daraus kannst du etwas machen, wenn du deine Gefühle formulierst, sie aussprichst, sie lebst, sie zeigst und sie spürst. Und das ist ja rein zufällig genau das, was dich (auch bei mir) so interessiert und so anzieht. Dann war die Geschichte mit deinem Vater nicht umsonst, dann kannst du sagen, dass du dein Gold daraus gemacht hast, dann hast du deinen Vater auch geehrt.

Durch Claudias Entdeckung ist alles auf den Tisch gekommen, und vielleicht hat dich ja das auch so schockiert, dass es plötzlich sichtbar und lebendig wurde. Ich habe Claudia alles gesagt, wie sehr ich dich liebe, dass ich auch weiterhin alles versuchen werde, dich zu treffen, dass ich nicht auf dich verzichten kann, dass ich verrückt nach dir bin, dass du mein Herz erobert hast und dass ich fast nur an dich denke und dass ich nicht anders kann. Und ich habe mich von Claudia getrennt. Ein Zuruckgehen (wie viele es versuchen) wäre in so einer Situation für Claudia doch viel mehr eine Beleidigung als ein neuer Versuch. Oder wärst du daran interessiert, wenn du gleichzeitig weißt, wo das Herz deines Partners wirklich ist und dass man es nicht so einfach abstellen kann? Ich würde mich sehr freuen, wenn wir uns bald wiedersehen. Ich warte sehnsüchtig auf deinen Anruf und umarme dich ganz herzlich!

Wenn du willst, kannst du dein ganzes Leben zerzweifeln

Süße, danke für deinen sehr lieben Anruf. Ich hab mich sehr darüber gefreut. Möchte dazu nur sagen, dass du natürlich an allem Möglichen zweifeln kannst. Dem Leben ist das völlig egal. Es bietet dir halt immer wieder etwas an, und wenn du es nicht nimmst, dann zieht es eben wie ein mächtiger Fluss an dir vorbei. Wenn wir uns mit dem mächtigen Fluss des Lebens mitbewegen, dann folgen wir unserem Weg, und damit fühlen wir uns lebendig. Ja, aus unserem Fließen entsteht unser Lebendigsein, und damit entsteht auch das Gefühl, wertvoll zu sein. Aus unserem Stehenbleiben entsteht unser Erstarren, und damit entstehen auch die Ängste und daraus das Gefühl, wertlos zu sein. Aber bedenke eines, wenn du es nicht schaffst, im Fluss zu bleiben und dich lebendig und wertvoll zu fühlen, dann verbietest du in Wirklichkeit auch anderen Menschen, dich zu lieben, dich zu achten und dich zu schätzen. Es ist eine Zwickmühle, ich weiß. Wir alle wollen ja genau das Gegenteil, nämlich geliebt, begehrt und geachtet werden. Also Zweifel hin oder her, das Leben bewegt sich weiter. Deine Zweifel können dein Leben auch zerstören!

Zweifel beendet man am einfachsten mit dem Tun. Zweifel entstehen in den Zwischenwelten. Das sind die Räume zwischen Gedanken, Worten und Taten. Je weiter diese sich voneinander entfernen – je weniger wir das sagen und tun, was wir fühlen und denken – desto größer werden diese Zwischenwelten, und in ihnen entstehen viele Ängste, Zweifel, unser Unglücklichsein und andere Krankheiten. Die Idee des Lebens ist es, etwas zu fühlen und es dann möglichst auch auszusprechen. Und der Gedanke gewinnt damit an Kraft. Und dann folgt die Tat, damit gewinnt das Wort an Kraft, und die Zwischenwelten enden damit. Das ist der Einklang, und damit verschwinden Ängste, Zweifel und Depressionen. Ich empfehle dir diese tägliche Übung: Das, was du sagst, das tue auch und das, was du nicht tun kannst, das sag einfach nicht.

Mädchen, geh durch diesen Prozess einfach durch! Und lerne dich zu lieben und lerne, unverschämt glücklich zu sein! Das alles ist möglich, glaube es mir! Nimm meine Hand (oder, wenn du unbedingt willst einen anderen Körperteil) und lass dich ein Stück deines Weges führen. Zerstöre deine Herzenserfahrung, wie wertvoll und einzigartig du bist, nicht durch den Zweifel. Bleib einfach in deiner Kraft und im Fluss! Lass dich nicht aufhalten!

Unverschämt glücklich ...

Ich weiß ja selbst, dass es beim Unverschämt-glücklich- und In-seiner-Mitte- und In-seiner-Kraft-sein sehr große Widerstände und böse Pfeile der Beschimpfungen gibt. Obwohl sie ja mit uns nichts zu tun haben, könnte man leicht verzweifeln und den Glauben an diese Welt und an das Glück verlieren. Ja, es sind ziemlich harte, lieblose und menschenverachtende Zeiten. Zum Glücklichsein brauchen wir aber keinen bestimmten Grund, es ist unser ureigenstes Wesen! In dem Moment, wo wir uns nicht mehr schämen und mit Schuldgefühlen quälen, tritt unser wahres Wesen hervor und darf sichtbar werden - und das ist, einfach glücklich zu sein.

Nichts verunsichert uns so sehr, wie einen leuchtenden, freien und unverschämt glücklichen Menschen in seiner Mitte zu erleben - wenn wir es selbst nicht sind. Nichts bringt uns so sehr aus dem Gleichgewicht wie ein authentischer und glücklicher Mensch in seiner Kraft und Lust und Lebensfreude - wenn wir es selbst nicht sind. Da werden dann sehr rasch zwei verschiedene Welten und Ebenen sichtbar. Nur der Anblick solcher zentrierten Menschen lässt uns entweder begeistert ihrem Pfad folgen, oder er lässt uns sehr rasch neidisch werden und die Schwarz-Weiß-und-Gut-Böse-Bewertungspfeile aus dem Ärmel hervorholen. Ja, wir fürchten uns vor nichts so sehr, wie vor lebendigen Menschen. Das erinnert mich immer an Jugendliche, bei denen einer raucht und ein anderer noch nicht. Das sind auch zwei verschiedene Ebenen. Der Rauchende wird meist versuchen, den Nichtrauchenden dazu zu verführen. Er wird versuchen, ihn mit seinen Giftpfeilen „Du bist ja so schwach und du traust dich nichts" auf seine Ebene zu holen, weil er es, besonders am Beginn des Rauchens, nicht sehr lange aushält, daran erinnert zu werden, dass Rauchen seiner Gesundheit schadet. Am Beginn des Rauchens weiß man das noch, und das ist ein ziemlicher Konflikt, an den man nicht sehr gerne erinnert wird. Dabei fühlt sich der Rauchende nicht sehr lange wohl. Bei uns Erwachsenen läuft das genauso. Wir fürchten diese unverschämt glücklichen Menschen so sehr, weil sie in keine Schublade passen bzw. dieser wieder entspringen. Das verunsichert und erschüttert uns. Wir sind bis in die tiefsten Stellen unseres Herzens verunsichert, weil wir mit diesen Menschen schonungslos daran erinnert werden, wo wir selbst im Leben stehen und welche faulen Kompromisse wir ständig mitschleppen und wie halb und seicht wir dahinexistieren.

Wir fürchten die Glücklichen wie die Pest

Wir fürchten sie wie die Pest, weil sie uns bitter und ohne jegliche Schonung an unsere Angst, an unsere vielen und kleinen Zweifel, an unsere Schuldgefühle, an unser ziemlich bleiches Gesicht und an unser versteinertes Herz erinnern. Da treten sehr viele Fragen in uns auf. Diese Menschen machen uns innerhalb einer Sekunde klar, dass wir selbst ja auch eigentlich das ganze Leben lang nichts anderes wollten und suchten, als unverschämt, frei, glücklich, beweglich, lustvoll und lebendig zu sein. Da bleibt dann aus lauter Neid und Verzweiflung oft nur noch das böse Wort Narr, Hexe, Schwein, Dämon, Egoist oder überheblich ... und vieles mehr - oder (vor gar nicht langer Zeit) eben der Scheiterhaufen.

Was meinst du, hab ich schon alles über mich (und direkt zu mir) Böses und Verurteilendes gehört, nur weil ich es z.B. (mit sehr viel Mühe) geschafft habe, mich schon kurz nach meinem Konkurs wieder wirklich gut zu fühlen und wieder herzlich zu lachen, anstatt mit traurigem und gesenktem Kopf und total frustriert und ganz geknickt durch das Leben zu wandeln - wie es sich halt gehört. Aber mein Frust würde ja auch niemandem helfen, und das macht uns nicht fähiger oder erfolgreicher und lässt uns auch (nach einem Konkurs) nicht rascher wieder auf die Beine kommen. Es gibt im Leben doch so viel zum Lachen und so viel Grund zur Freude, auch wenn wir in einem Bereich unseres Lebens gescheitert oder gefallen sind und Verluste hatten. Sonst müsstest du ja in ganz Indien fast nur frustrierte Menschen treffen, denn die meisten Inder haben noch viel weniger, als ich nach meinem Konkurs hatte. In Indien siehst du fast nur lachende Menschen!

Wie du sicher weißt, tanze ich seit zwei Jahren wieder sehr gerne. Da drängt bei mir einfach meine Ballettausbildung hervor (ich war ja auf dem besten Wege, ein Tänzer zu werden), und die will auch ein bisschen gelebt werden. Da haben mir kürzlich doch zwei Leute erzählt, dass sie gehört haben, dass ich Drogen nehme, weil ich so frei, ganz ohne Hemmungen und mit so großer Freude und mit so seltsamen Bewegungen (eben vom Ballett) bei einer Live-Band getanzt habe. Ich nehme natürlich keine Drogen! In meiner Jugendzeit (vor fast 30 Jahren) habe ich zwar Haschisch geraucht (und ich verurteile es keinesfalls), aber ich bin über die Kombinationsgabe eines verunsicherten und neidischen Blickes sehr erstaunt - es hat mir ein herzliches Lachen entlockt.

Nur die Angst hindert uns am Glück

Es ist auch unglaublich schwer, offen und herzlich zu sein und seine Liebe zu zeigen. Auch hier gibt es große Widerstände und Pfeile der Beschimpfungen. Obwohl auch diese nichts mit uns zu tun haben, könnte man auch damit verzweifeln und den Glauben an diese Welt verlieren. Ja, es sind ziemlich harte Zeiten.

Nichts verunsichert uns so sehr, wie ein offener und unverschämt herzlicher Menschen, der uns ohne Furcht einfach in die Augen sieht und uns anlacht und uns seine Zuneigung und seine Liebe zeigt. Nur die Aura solcher herzlichen, furchtlosen Menschen lässt uns entweder rasch ihrem Pfad folgen, oder uns sehr rasch neidisch werden und unsere Schwarz-Weiß-und-Gut-Böse-Bewertungspfeile aus dem Ärmel hervorholen. Ja, wir fürchten uns vor nichts so sehr, als vor der Liebe und vor lebendigen und herzlichen Menschen.

Wir sind bis in die tiefsten Stellen unseres Herzens verunsichert und berührt, weil wir mit diesen herzlichen Menschen schonungslos daran erinnert werden, wo wir selbst im Leben stehen und welche faulen Kompromisse wir mitschleppen und wie halb und seicht wir dahinexistieren. Diese offenen und direkten Menschen machen uns innerhalb einer Sekunde klar, dass wir selbst ja auch eigentlich das ganze Leben lang nichts anderes wollten, als unverschämt herzlich und offen zu sein und unsere Liebe furchtlos zu zeigen und auch zu verschwenden. Liebe einzusperren lässt uns erstarren und macht uns unglücklich. Liebe zu zeigen und zu leben macht uns sehr glücklich. Es ist im Grunde sehr einfach, und jeder will es, und jeder braucht es. Nur die Angst hindert uns daran. Angst ist aber nichts eigenständig Existierendes. Sie entsteht in den Zwischenwelten durch mangelnde Verbindung. Wenn es Verbindung (zwischen Gedanken, Worten und Taten und zu unseren Eltern) gibt, dann verschwindet jedes Angstgespenst.

Bei meinen Seminaren habe ich auch immer wieder sehr bittere Rückschläge erlebt und manchmal ein Messer in meinem Rücken vorgefunden. Manche Menschen meinen, dass meine Herzlichkeit und Offenheit bedeutet, dass ich mit ihnen ins Bett will. Das ist traurig. Eigentlich sollte ich am Beginn einer Arbeit fragen: „Darf ich dich anlachen, darf ich dir meine Herzlichkeit und meine Liebe zeigen und darf ich dir in die Augen sehen, ohne dass du Angst hast, dass ich etwas von dir will?"

Ich habe meinen (B)Engel stets bei mir

Oft war ich schon versucht, mich zurückzuziehen und zu schützen. Aber das ist eine blöde Idee, und da könnte ich nicht mehr leben und arbeiten. Es war manchmal nicht leicht, meine Liebe, meine Begeisterung für einen Menschen und meine volle Herzlichkeit – ohne jegliche Reduktion – wieder fließen zu lassen. Letztendlich war ich diesen bitteren Angriffen gegen mich aber immer sehr dankbar, denn damit habe ich noch mehr zu mir gefunden, hab noch mehr gelernt, mich zu lieben - so wie ich bin. Ich bin damit immer mehr in meine Kraft gegangen und habe besonders nach so einem Giftpfeil meine Herzlichkeit und Liebe noch mehr gezeigt! Ich bin stolz, dass ich es trotz vieler Angriffe immer wieder schaffe, herzlich und offen zu bleiben. Aber schließlich kann ich auch gar nicht anders.

Meine Offenheit, meine Herzlichkeit, meine Direktheit und meine Liebe habe ich im Kaffeehaus, in der Straßenbahn, im Flugzeug und natürlich auch in meiner Arbeit ganz bei mir. Mein offenes, kindliches und übersprudelndes Herz habe ich immer dabei, und es gibt mich einfach nur in dieser Ausführung. Es ist mein Wesen. Es ist ein total verrückter Gedanke, dass wir in uns etwas trennen wollen und eine Grenze ziehen. So bin ich privat, und so bin ich beruflich. Privatschalter ein - Privatschalter aus: Dieser Vorgang macht uns krank. Wir sind so, wie wir sind. Wenn du verliebt bist, dann bist du das in der Arbeit, auf der Toilette, beim Schwimmen, beim Essen. Es gibt keinen Bereich, wo du das ausschalten kannst.

Und sehr viele Menschen schätzen - ganz besonders in meiner Arbeit - gerade mein offenes und herzliches Wesen sehr. Mein Wesen kann ich nicht um- und ausschalten. Ich stehe einfach mit voller Begeisterung und Lust und Freude und Liebe im Leben, und diese Haltung sprudelt mir aus den Augen, aus dem Mund und aus der Nase heraus. Und dass ich ein Fan der Weiblichkeit bin, steht ganz offen auf meiner Stirn – kann jeder ablesen –, und das sage ich auch ganz offen. Dazu stehe ich auch. Daraus mache ich kein Geheimnis. Jeder kann es sehen und darauf reagieren. Bei mir ist immer alles zu sehen, und dadurch ist nichts eine Gefahr. Ich bin an meinem Platz und auch geheilt von der lähmenden Ich-muss-mich-verstellen-Krankheit. Es ist immer alles bei mir zu sehen. Ich habe meine Engel und meine Bengel stets dabei. Und dieses Sichtbarmachen beider Seiten in uns, ist auch das Wesentlichste bei meinen Seminaren.

Ich bin lieber ein Lebemann als leblos

Ich bin in der Straßenbahn, im Kaffeehaus und in meiner Arbeit ein Mensch mit vielen Gefühlen, und ich bin auch ein attraktiver Mann, und selbstverständlich können immer aus allen Begegnungen im Leben (in der Straßenbahn, im Kaffeehaus und bei meinen Seminaren) schöne Freundschaften und Beziehungen entstehen. Privat treffe ich meine Seminarteilnehmer fast nicht, weil ich auch Abstand brauche. Aus meinen Seminaren habe ich deshalb fast keine Freunde. Hey, da bin ich ja direkt froh, dass du meine Seminare nicht besuchst – aber du erfährst ja ohnehin alles über meine Briefe. Ich habe immer alles bei mir, und ich habe keine Grenze gezogen, und das werde ich auch nicht tun!

Und soll ich in meiner Arbeit vielleicht die Augen zumachen oder irgendeinen Gefühlsschalter betätigen, wenn ich von einem Menschen sehr begeistert bin (und da gibt es sehr viele) oder mir eine Frau unheimlich gut gefällt (da gibt es auch sehr viele)? Oder soll ich mir vielleicht mein Gesicht gelb anmalen oder zerschneiden, damit ich nicht mehr so attraktiv bin? Oder soll ich vielleicht ein total unsympathischer Seminarleiter mit Mundgeruch werden und die Menschen nicht mehr mögen? Das sind lauter kranke Ideen (die leider in manchen Büchern geschrieben werden) und würden ohnehin nicht funktionieren. Das alles ist schon ziemlich traurig, unsere Welt scheint derzeit in der Angst zu versinken. Wir fürchten uns vor Liebe und Nähe und Herzlichkeit ...

Wir fürchten die herzlichen, offenen und freien Menschen, die uns einfach und furchtlos ganz tief in die Augen sehen, wie die Pest, weil sie uns ohne jegliche Schonung an unsere Angst, an unsere vielen und kleinen Zweifel, an unsere Schuldgefühle, an unser ziemlich bleiches Gesicht, an unser versteinertes und enges Herz, aber auch an unser inneres Leuchten erinnern. Es ist mir mit der Zeit auch ziemlich egal geworden, wie ich genannt werde und was man zu mir und über mich spricht und spottet und hetzt. Es ist mir viel lieber, man nennt mich Narr, Hexer, Frauenheld, Dämon, geil oder Egoist, statt frustriert und versteinert. Ja, sogar als überheblich, arrogant oder als Lebemann bezeichnet zu werden, ehrt mich und tut mir nicht weh und ist mir viel lieber als „leblos" getauft zu werden. Jede dieser Kritiken und jeder böse Pfeil lässt mich ruhig bleiben. Nur die Worte fad, langweilig und frustriert würden mich ziemlich nervös machen und in hektischen Aufruhr versetzen ... außerdem würde ich sie als Auftrag verstehen.

Viele fürchten sich vor dem Blick ins Herz

Ich habe selbst auch lernen müssen, einfach Ja zu mir und zu all diesen süßen Kosenamen zu sagen. Ich habe einfach aufgehört, mich dagegen zu wehren. Und selbst wenn ich feststellen würde, dass etwas an mir nicht gut ist, dann könnte ich es auch nicht so schnell ändern. Es gibt mich einfach nur in dieser Ausführung. Und manchmal ist es viel besser, an uns zu denken – und zumindest für einen einzigen Tag so richtig egoistisch zu sein und die Sau herauszulassen und die Welt mit unserem kraftvollen und ehrlichen Genau-so-bin-ich-Leuchten zu segnen – als die Welt ein ganzes Leben lang mit unserem abgesicherten Sehr-brav-und-grau-Gesicht und unseren versteinerten und unglücklichen Herzen zu verfluchen. „Das macht man so und das gehört sich so und das wäre gut und das solltest du tun", zählt alles nicht, wenn es uns nicht glücklich macht. Diese Konzepte hören sich ja so toll an, aber sie funktionieren nicht! Was zählt und was uns glücklich macht, ist nur das Herz und der Weg des Herzens.

An diese wichtigen Themen und Wege des Herzens kannst du einen Menschen ganz leicht erinnern, indem du ihm einfach mitten in sein Herz hinein siehst und seine Schönheit, sein Leuchten und seine Herzensqualitäten klar erkennst. Mit diesem Erkennen berührst du (auch ganz ohne Worte) diesen Menschen ganz tief in seinem Herzen und erweckst alles Verborgene. Dazu brauche ich nicht einmal eine Absicht. Ich sehe einfach hin und lasse mich durch die Worte, Fassaden und Masken nicht täuschen. Zu diesem Thema muss ich dir auch sagen, dass sich sehr viele Menschen davor fürchten, wenn du ihnen mitten und tief ins Herz siehst. Auch hier gibt es sehr große Widerstände. Bei meinen Seminaren ist das ganz normal. Die Leute bezahlen dafür ihre Gebühren, und immer mehr Menschen besuchen meine Seminare, weil sie genau diesen Blick tief in ihr Herz möchten, weil sie an ihren Herzensweg erinnert werden möchten. Ich sehe ihre tiefsten, verborgenen Seiten, ihre Wunden und die Lösungen, ihre Geschichte, ihre Sehnsüchte, ihre Schönheit, und sehr oft beginnen sie schon nach einem Satz – auf den wunden Punkt gebracht – zu weinen. Das ist auch meine größte Qualität bei meiner Arbeit, und das wird mit jedem Seminar stärker und klarer. Das ist der kraftvolle und klare Blick der Mitte. Aber sehr viele Menschen fürchten sich genau davor. Ich kann ja bei mir keinen Schalter betätigen - Blick aus, Blick ein. Ich sehe diese Dinge auch auf der Straße, im Kaffeehaus und im Zug.

Karma wird aus den Motiven gebildet

Enorme Angst taucht leider auf, wenn sich ein Mensch erkannt fühlt. Fast alles dreht sich heute in dieser Verstandeszeit darum, dass uns hoffentlich niemand erkennt und unsere Wunden sieht. Und dabei ist das so wunderschön, erkannt – und damit ja auch erlöst – zu werden. Da entgeht uns wirklich sehr viel! Aber derzeit macht mich das sehr traurig, denn ich habe dadurch auch nicht sehr viele Freunde. Obwohl ich meist kein Wort sage (da genügt nur meine Anwesenheit), halten das sehr viele nicht aus und fürchten und meiden mich auch. Wenige sprechen das aus, bei den anderen spüre ich es. Manchmal fühle ich mich auch ein wenig einsam, und ich suche damit noch einen Umgang. Ich freue mich immer wie ein kleiner Junge, wenn ich jemanden treffe, der Herzlichkeit, Liebe und den Blick tief in sein Herz erträgt und sich nicht davor fürchtet. Da gibt es leider nicht sehr viele Menschen.

Und was den Egoisten betrifft - viele fürchten sich genau vor dieser Benennung -, solltest du einfach mal genauer hinsehen. Es wird auch immer jemanden geben, der dich so benennt. Aber das ist alles so relativ. Es kommt meist auch nur darauf an, wie wir darauf reagieren. Wir können uns nach diesen Giftpfeilen der Urteile sofort zurückziehen und in Schuldgefühlen baden, oder wir können zuerst einmal mit wehenden Fahnen und voller Stolz dazu stehen und feststellen, dass es uns ohnehin nur in dieser Ausführung gibt. Aber beim Egoisten gibt es auch viel zu unterscheiden. Es macht einen sehr großen Unterschied, ob unser An-uns-Denken (meist Egoist genannt) einem verbitterten, engen und angsterfüllten Herzen entspringt, oder ob es ein großes Handeln aus der Mitte ist und ob wir es zum gefühlsmäßigen Überleben tun müssen. Ja, das macht sehr wohl einen Unterschied – auch für ein Gericht. Karma ist auch nicht gleich Karma. Karma bildet sich nicht nach unseren Rollen und Taten, sondern nur nach unseren Motiven. Es kommt immer auf den Hintergrund, auf das Bewusstsein und auf unser Motiv an. Auch ein weltlicher Richter wird das sehr wohl und gut prüfen, bevor er ein Urteil spricht. Es macht einen großen Unterschied, ob du aus Habgier stiehlst oder ob du in Not bist und deine Kinder ernähren willst. Und es macht einen Unterschied, ob du aus Lust am Töten in den Krieg ziehst oder um deine Familie zu schützen. Karma und unsere Geschichten unserer Ahnen passen auch immer perfekt zusammen. Da gibt es keinen Widerspruch.

Glücklich zu sein ist die schönste Gottesverehrung

Und beim unverschämt Glücklichsein liegt die Betonung auf dem wunderschönen und mächtigen Wort: unverschämt! Ja, wirkliches Glücklichsein ist nur möglich, wenn wir uns dafür nicht schämen und wenn wir uns nicht ständig mit Schuldgefühlen reduzieren. Es geht nur ohne Scham und ohne Rechtfertigung und ohne falsche Höflichkeit. Das Glück beginnt mit unserer schamlosen (ohne sich dafür zu schämen) Erlaubnis und mit dem Bewusstsein, dass es ja schließlich unser Wesen ist und uns daher auch voll zusteht.

Wirklich und unverschämt glücklich zu sein ist eigentlich auch die schönste Gottesverehrung. Denn wenn es stimmt, dass wir göttlich sind oder auch nur ein Teil von uns göttlich ist - von wem reden wir dann bitte, wenn wir über uns selbst sagen, unwürdig oder schuldig oder schlecht zu sein? Wenn das so ist, dass nur ein ganz kleiner Funke von uns göttlich ist, dann ist unser emsiges Ich-bin-ja-so-unwürdig-Spiel doch eine ziemliche und große Beleidigung Gottes. Und wer sagt schon gerne: „Oh Gott, du bist ja so unfähig und du bist ja so hässlich und so schuldig und so schlecht und so unglücklich.“ Ich denke, ein gläubiger Mensch sollte möglichst rasch damit aufhören, sich nur eine Sekunde lang schlecht oder unwürdig oder schuldig oder klein zu fühlen oder zu schämen!

Glücklich zu sein ist auch eine Sache des Vertrauens, denn wir nehmen damit an, dass es uns – von der Schöpfung vorgesehen – zusteht. Wir gehen mit diesem Bewusstsein davon aus, dass wir würdig sind und dass wir uns vom Leben einfach nehmen können, was wir wollen, dass wir machen können, was wir wollen, dass wir lieben können, wen wir wollen, dass wir ein Recht haben, in der Fülle zu leben und ein Recht haben, wirklich glücklich zu sein. Mit diesem Vertrauen gehen wir davon aus, dass es uns ohnehin zusteht und immer genug von allem da ist. Es ist das Vertrauen, dass die Fülle und das Glück unser ureigenstes Wesen sind! Es ist das Bewusstsein der Einheit, das Bewusstsein der Liebe und der Fülle. Dieses Bewusstsein ist das Tor zum Glück und das Glück selbst! Wirklich glücklich zu sein gelingt uns nicht ohne dieses mächtige Wort „unverschämt“, auch wenn wir die Welt um uns herum damit schockieren! Sobald wir uns nur ein bisschen unwürdig fühlen oder ein kleines bisschen dafür schämen oder gar schlecht fühlen, zieht sich der Schleier wieder hoch und das Energiefeld des Glücks zieht sich sogleich wieder zurück.

Hältst du es aus, geliebt zu werden?

Ja, es ist eine große Kunst, wirklich glücklich – und damit in seiner Mitte und in seiner Kraft – zu sein, denn es gibt nur diesen schmalen Weg ohne schämen und ohne jegliche Reduktion und ohne sich vom großen Ganzen (manche nennen das Gott) getrennt zu fühlen. Ja, Glück beginnt beim Einheitsbewusstsein, und das Tor dorthin ist das Wort und das Gefühl „unverschämt" – also ohne Scham und ohne Reduktion und ohne Mangelbewusstsein – zu sein.

Unverschämt glücklich zu sein hört sich so einfach an, aber dorthin zu gelangen ist ziemlich harte Bewusstseinsarbeit. Es ist in Wirklichkeit das Bewusstsein eines Königs. Und frage dich doch selbst, würdest du es aushalten, wenn dir die Füße gewaschen und geküsst werden und du wirklich geliebt wirst? Stelle es dir kurz mal vor. Hältst du es aus, wenn dir sehr viele Menschen ihre Liebe zeigen und es auch sagen? Hältst du es aus, ohne dich ein kleines bisschen unwürdig oder schlecht oder schuldig zu fühlen, ohne dich zu reduzieren? Hältst du es aus, ohne dich ein bisschen zu schämen und in Frage zu stellen? Wenn du das schaffst, wenn du das aushältst, wenn du zu einer großen Achtung und Liebe einfach „Ja, ich bin ein König und ich bin es wert", sagen kannst, dann verlierst du zwar an Verstandeswichtigkeit (er schmilzt dahin, ohne Schuldgefühle), aber dann bist du ein König. Und erst dann hast du den Schlüssel zum Glück und zur Liebe! Ja, ich weiß, so leicht ist das eben nicht. Der Weg zum Glück ist ein schöner Weg, aber er ist nicht leicht. Sehr vieles gibt es auf diesem schmalen Königsweg zu überwinden und zu erlernen. Viele alte Gespenster und Schuldgefühle tauchen auf diesem Weg auf und blähen sich auf, aber wenn du einmal am Ziel bist, dann wirst du sagen, dass du unverschämt bist und dass du Liebe nun erträgst - zu nehmen und zu geben. Es ist auch sehr nötig, Liebe ertragen zu lernen, denn sie nicht zu ertragen, nennt man bald Einsamkeit.

Ja, das Ziel ist es, Liebe zu ertragen. Und das ist in Wirklichkeit sehr schwer. Denn mit diesem Ertragen musst du all deine Schönheit und deine Größe spüren und dazu stehen und sie leben, sonst spürst du sehr große Differenzen – Differenzen zwischen Herz und Verstand – und diese Differenzen können dich auch zerreißen. Das Herz kennt deinen Wert (es ist dein Wert) und kann zu seiner Größe einfach Ja sagen. Das Herz verlangt von dir, dass du es lebst und glücklich bist! Der Verstand spielt gerne Spielchen und ist wichtig, er bläht sich auf und verbaut dir damit den Weg zum Glück.

Bitte verliere nicht deinen Glauben an das Glück

Glücklich zu sein bedeutet ja nicht, ständig zu lachen oder zu tanzen und zu hüpfen und immer gut drauf zu sein. Nein, glücklich zu sein kannst du nicht einmal suchen, denn es ist unser ureigenstes Wesen und bedeutet authentisch und in seiner Mitte zu sein. Zum Glücklichsein brauchst du – so wie ein Kind – nicht einmal einen bestimmten Grund und es hat mit keiner bestimmten Situation zu tun. Ich habe dieses Leuchten des Glücks ja auch bei Bettlern in Indien gesehen. Es gibt im Spiel des Lebens verschiedene Rollen und Zeiten und auch immer die notwendigen nächsten Schritte. Und wenn wir diese gehen, dann sind wir im Fluss und in der Mitte. Und wenn wir im Fluss sind, dann blockieren wir nicht das Glück in seiner Entfaltung, dann schaffen wir damit die beste Basis.

Es gibt einfach für alles eine Zeit. Eine Zeit zum Kämpfen, eine Zeit zum Erobern, eine Zeit zum Verlieren, eine Zeit zum Fliehen, eine Zeit zum Weinen, eine Zeit zum Tanzen, eine Zeit zum Gebären, eine Zeit zum Sterben, eine Zeit zum Lachen, eine Zeit zum Gutsein, eine Zeit zum Egoistischsein, eine Zeit zum Lieben. Wenn wir uns gegen nur eine dieser Rollen und Zeiten und gegen nur einen dieser nächsten Schritte im Leben wehren, dann ist *alles* blockiert, und wir stehen nicht in unserer Mitte, nicht an unserem Platz. Diese nächsten Schritte im Leben sind ja nicht fixfertig vorgeschrieben. Nein, wir entwickeln und entfalten uns ja damit, und wir können sie ständig mitgestalten. Wenn du an deinem Platz im Leben stehst, dann wirst du das auch daran erkennen, dass dich die bösen Pfeile und Widerstände nicht mehr berühren und erschüttern.

Also lass dich durch die neidischen Pfeile und die scharfe Kritik gegen dich nicht aufhalten und irritieren. Sie haben nichts mit dir zu tun. Dreh dich nicht um und lass es hinter dir. Kümmere dich einfach nicht darum, was zu dir oder über dich gesagt wird. Wenn du an diese Menschen denkst, dann bist du bei ihnen. Schenke dem Ganzen keine Energie! Beschäftige dich nicht damit und wehre dich auch nicht dagegen. Jede Sekunde, die du dich damit beschäftigst, ist eine verschwendete Zeit. Fürchte dich nicht und sei einfach so, wie du bist. Die, die dich jetzt beschießen, werden dir einmal dankbar sein, dass du durchgehalten hast. Sie haben dann Gelegenheit, es dir nachzumachen. Bitte gib nicht auf und verliere nicht deinen Glauben an das Leben, an das Schöne in uns Menschen und an das Glück. Hab dich lieb.

Mein Fest ist aus

Meine innig geliebte Prinzessin! Ich muss meinen Brief einfach mit dieser Anrede beginnen, weil ich dir nur die Wahrheit sagen und schreiben will. Wozu soll ich dir etwas vormachen und so tun, als wäre alles cool und locker. Warum soll ich so tun, als würde ich dich nicht tief und innig lieben, nur weil zwei Wochen vergangen sind, nur weil du beim Karl bleibst, nur weil wir uns derzeit nicht treffen. Bitte schreibe und sage mir auch du nur die Wahrheit.

Ich bin ja grundsätzlich von Frauen begeistert (danke, lieber Gott) und ich sehe in jeder Frau diese weibliche Schönheit – jede Frau hat für mich auf ihre Art und Weise einen ganz bestimmten Zauber und ist wunderschön, aber du bist schon eine ganz besondere Frau, eine ganz besondere Begegnung. Oft frage ich mich, wer du denn nur bist, dass ich so verrückt nach dir bin, dass ich Tag und Nacht an dich denken muss, dass ich überall nur noch dich sehe und dass ich jede Nacht von dir träume und dass es in meiner Hose schon hart ist, wenn ich nur an dich denke.

Ich war kürzlich bei einer befreundeten Astrologin, Kartenlegerin, Handleserin, und die sagte mir, dass die Verbindung zwischen uns viel zu mächtig und zu tief ist, um sie so ganz einfach aufzulösen oder zu beenden. Das hat mich momentan ziemlich schockiert. Aber sie hat das sehr mächtig hingestellt. Sie sagte mir, dass du dagegen sehr ankämpfst und sehr leidest (das spüre ich ja sehr deutlich). Es wäre gut, einen Mittelweg zu finden. Wie du selbst geschrieben hast, tut es dir gut, wenn ich dir manchmal schreibe. Es auszusprechen erleichtert enorm. Teile auch du sie mir ehrlich mit, deine Gefühle, deine Gedanken. Das hilft mir, und es wird auch dir helfen. Ich schlage vor, wir haben derzeit einfach nur per Brief Kontakt und halt keine Treffen, außer du wünschst dir sehnsüchtig ein Treffen mit mir, dann sag es einfach.

Ich habe meinen letzten Brief an dich (es war mein heißester Liebesbrief) wieder gelöscht. Ich muss mich ja im Zurücknehmen üben und beginne nun neu. Er wird zwar vielleicht kürzer, aber passender. Mein Fest ist aus, ich habe zusammengeräumt, und es ist drei Uhr morgens. Die richtige Zeit, dir zu schreiben. Meinen Rückzug hast du hoffentlich schon bemerkt. Ich frage nicht mehr nach einem Treffen (obwohl ich mir das jede Sekunde wünsche), und ich bin dabei loszulassen. Mal sehn, wie lange mir das gelingt.

Ich mache mich bewusst zum Narren

Ich habe mir die letzten zwei Wochen oft überlegt, wie ich auf all die letzten Ereignisse richtig reagieren soll. Früher hätte ich mich einfach beleidigt und gekränkt zurückgezogen und nichts mehr von mir hören lassen. Manche Leute würden mir auch sicher dazu raten, dass ich mich in dieser Situation völlig aus dem Spiel nehmen und zurückziehen soll. Die würden mir dann sagen, dass ich nicht blöd sein soll, denn die Süße will mich zwar nicht mehr sehn, will aber sehr wohl meine Briefe, denn von denen ist sie so begeistert und die helfen ihr auch. Manche würden dazu sagen, dass du dir die Rosinen aus dem Leben heraussuchst.

Ja, so hätte ich früher, nach dem Prinzip ganz oder gar nicht, darauf reagiert, wenn ich zurückgewiesen worden wäre, aber nicht mehr heute. Ich weiß ja auch längst, dass ich mich zum Narren mache, aber ich habe mich bewusst dafür entschieden. Ich kann derzeit auch gar nicht anders. Und ich mag einfach keine Machtkämpfe mehr - so zu tun, als würde mir nichts fehlen. Die sind so mühsam und so enorm schwächend und so grausam, und da muss man immer so tun, als wäre nichts los. Viel lieber zeige ich einfach meine Gefühle und blamiere mich halt und bleibe dafür lebendig.

Süße, ich habe alles akzeptiert und auch diese komische Hoffnung aufgegeben, dass du dich früher oder später von Karl trennst. Ja, auch ich habe dieses Hoffnungsprinzip geimpft bekommen und weiß ja auch, dass es nicht funktioniert und dass es unser gesamtes Leben blockiert. Mit Hoffnung sehen wir immer in die Zukunft, und es ist in Wirklichkeit ein fundamentaler Mangel an Vertrauen. Ja, entweder hast du Hoffnung oder Vertrauen in das Leben. Was müssen wir denn schon erhoffen, wenn wir volles Vertrauen in das Leben haben?

Nach langem Kämpfen und Nicht-Wahrhabenwollen hab ich das nun alles kapiert und eingesehen. Ich *hoffe*, das hält nun auch an. Es macht mich zwar immer wieder irrsinnig traurig, und ich muss oft auch darüber weinen, und natürlich würde ich es mir noch wünschen (bin ja auch nur ein Mann und Mensch) dich zu treffen, dich zu umarmen, dich zu küssen, mit dir zu schlafen, aber es sitzt nun. So manches verstehe ich zwar noch nicht, und meine Sehnsucht zerreißt mich fast, aber es sitzt.

Nimm dir halt die Rosinen aus dem Kuchen

Ich bin nach all den letzten Bewegungen der letzten zwei Wochen tief in mich gegangen, was die richtige Reaktion auf all die Ereignisse ist, was das Beste ist zu tun, was das Beste ist für dich und auch für mich. Und ich habe in all meinen Bildern und Meditationen immer wieder und sehr deutlich gesehen und gefühlt, dass ich in diesen Gefühlen bleiben soll, mich gegen diesen Schmerz nicht wehren soll und dass ich dir einfach ein guter Freund sein soll - ohne Bedingungen zu stellen. Ich glaube, dass ich bisher auch nicht so große Bedingungen gestellt habe. Und es ist aus meiner Sicht kein Fehler, keine Bedingungen zu stellen - denn was hab ich denn für eine Wahl? Wenn mein Herz etwas fühlt, dann kann ich zwar die Umstände (dass du in deiner Welt bleibst) akzeptieren, aber ich kann keinen Anti-Gefühlsschalter betätigen. Ich kann auch nichts herausschneiden aus meinem Herzen. Man hat so einen Menschen einfach immer in seinem Herzen (er hat einen ganz festen Platz) - du hast es selbst gesagt.

Ja, ich bin überzeugt davon, dass du das (ähnlich wie eine Medizin) dringend brauchst! Ob du es in Anspruch nimmst oder nicht, du sollst wissen und das starke Gefühl haben, dass es da einen wirklichen Freund gibt, der dich aus tiefster Seele liebt und der für dich da ist, wenn du ihn brauchst, der dir ein Freund ist (egal wofür) und der keine Bedingungen (Karl zu verlassen oder Ähnliches) an dich stellt. O.k., ich will es zumindest versuchen. Außerdem braucht jeder Mensch so einen Freund!

Ja und warum soll man sich denn nicht auch einmal die Rosinen aus dem Lebenskuchen heraussuchen. Mal braucht einer mehr und mal der andere. Das Leben sucht ohnehin immer einen Ausgleich. Also Mädchen, hol dir die Rosinen - ich hab viele davon für dich und sie wachsen in meinem Herzen immer nach. Mit einem Freund macht man das so. Wenn er etwas braucht, dann gibt man es ihm ganz einfach, ohne viel zu fragen oder Bedingungen zu stellen, und das ist halt meine Form der Liebe. Die Liebe ist ja kein Geschäft. Ich habe zwar viele Wünsche – die darfst du auch wissen und sehn –, aber ich stelle keine Bedingungen. Vielleicht habe ich ja mal in einem früheren Leben von dir sehr viele Rosinen (und Liebe) bekommen. Hm, die waren sicher ganz lecker! Und wenn du mal den Wunsch verspürst, auch mir ein paar deiner süßen Rosinen zu geben (hm), dann freue ich mich darüber wie ein kleiner Junge, kann es kaum erwarten.

Es gibt so vieles dazwischen

Ich schreib dir also meine Brieflein, weil ich dich liebe, weil ich ziemlich verrückt nach dir bin, weil du dich darüber sehr freust und wahrscheinlich schon sehnsüchtig darauf wartest (das hast du mir oft genug gesagt), weil es dir gut tut und natürlich, weil es auch mir gut tut. Ich bin dir ein Freund, auch wenn du mich nicht küssen und mich nicht treffen möchtest. Und schließlich wäre es ja auch absolut kindisch, mich beleidigt zurückzuziehen, nur weil du dich dazu entschieden hast, mit Karl zusammenzubleiben. Es wäre die Idee und die Entscheidung eines geizigen, kurzsichtigen Kleingeistes. Und der bin ich wohl nicht und will ich auch nicht sein. Es gibt nicht nur ganz oder gar nicht. Es gibt so viel dazwischen. Und aus einem großen Herzen voller Liebe entspringt so vieles.

Also so traurig, wie du das geschrieben hast, dass du mir für alles dankst ... für meine Briefe und besonders für meine starke Liebe, die du bekommen hast ... das klingt ja wirklich so, als wenn ich gestorben wäre. Also so traurig ist es gar nicht. Meine starke Liebe bekommst du noch immer – so viel du willst –, und ich bin ja auch noch am Leben und ich werde es auch bleiben. Du kannst davon haben und genießen, so viel du willst und verträgst und noch viele Jahre, in der Form, in der du es willst und verträgst, vielleicht nun in einer neuen Form. Diese neue Form fühlt sich ein bisschen so an, als wenn ein geliebter Mensch in den Krieg zieht, und man schreibt sich Briefe, aber die Verbindung und die Liebe reißen nicht ab. Ich habe kürzlich so einen Film gesehen, und ich musste dabei ein bisschen weinen. Die Liebe bleibt trotz großer Entfernung, und sie wird gerade durch die Entfernung noch viel tiefer und stärker und irgendwann (vielleicht in diesem Leben) sehen wir uns wieder und weinen Tränen der Freude und umarmen uns und küssen uns und tanzen und feiern ein Fest und führen vielleicht auch alles fort.

Das Interessante ist ja, dass ich dich energetisch ganz nahe bei mir spüre (wie nie zuvor), und auch deine Liebe spüre ich sehr stark. Ich spüre, wenn es dir schlecht geht (meist weiß ich zwar nicht warum), wenn du weinst und wenn du glücklich bist. Wir sind sehr eng miteinander verbunden (manche Menschen sind in 20 Jahren Ehe nicht so eng verbunden), und das bleiben wir auch. Das ist bei karmischen Verbindungen und Seelenverwandtschaften so der Fall.

Keiner bekommt so viel von dir

Und kürzlich bin ich ganz glücklich aus einem Traum aufgewacht, in dem eine Stimme zu mir sagte, dass es zur Zeit das Maximum ist mit meiner Süßen. Diese Stimme sagte mir auch, dass keiner von dir so viel bekommt und was ich denn will. Damit war ich wirklich glücklich und wach! Ja, das genügt mir nun und ist mir sogar (derzeit) wertvoller als alles andere. Ich sehe dich zwar selten, aber ich habe deine Liebe, dein Herz und deine Gedanken – und dort, wo unsere Gedanken sind, dort sind wir. Ja, es ist das Maximum für mich und keiner bekommt so viel von dir. Das kann ich auch deshalb nun so leicht sagen, weil ich dich und deine Geschichte mit deinem Vater (und dass du dich vor dem, was du sehr liebst, auch fürchtest) nun sehr gut kenne und auch achte und verstehe.

Und bezüglich meiner Lebensenergie, um die du dir Sorgen machst, dass sie bei dieser Geschichte mit dir geschwächt werden könnte, zerbrich dir bitte nicht *meinen* Kopf. Ich habe in diesem Leben so viel erleben dürfen, ich habe so viel lernen dürfen, ich habe so viel entdecken dürfen, ich habe so viel Reichtum in mir, ich bin so unglaublich stark geworden und ich habe unglaublich viel Lebensenergie in mir ... weil ich meine Eltern hinter mir spüre, weil ich mich mit meiner Geschichte ausgesöhnt habe, weil ich alle Blockaden aufgelöst habe, weil ich die Kunst erlernt habe, aus jeder Situation etwas zu machen, weil ich alles in mir spüre, weil ich alles in mir kenne, weil ich zu allem stehe und es auch zeige. Nein, meine Lebensenergie kann mir nicht so schnell genommen oder gemindert werden oder gar ausgehen. Darum brauchst du dir keine Sorgen machen. Ich falle immer auf meine Beine! Kürzlich hat ein Energetiker, der die Aura sehen kann, zu mir gesagt, dass mein Energiefeld, meine Aura so enorm groß ist wie von drei anderen Menschen zusammen.

Ich bekomme schließlich auch sehr viel Kraft durch meine Arbeit. Da fließt so viel Schönes zu mir zurück. Ich bekomme auch sehr viel Kraft durch mein Leben aus der Mitte und auch durch die schöne Liebe zu und von dir. Liebesenergie (die fließt ja auch bei meiner Arbeit) kommt immer vielfach zu einem zurück. Das ist wie mit einer Kerze. Du kannst mit deiner Flamme andere Kerzen (Herzen) entzünden, aber deine Flamme wird dadurch kein bisschen weniger. Ja, die Liebe kannst du verschwenden, und sie geht nie aus, sondern sie vermehrt sich dadurch. Hab dich sehr lieb!

Dieser Pfeil trifft immer

Süße, ich komme gerade vom Spazieren zurück. Ich danke dir für deinen lieben Anruf. Bin wieder einmal total überrascht! Ich freu mich immer, deine süße Stimme zu hören. Das lässt mich gleich ein bisschen schweben. So ein Spaziergang in der City kann ein ganz tolles Erlebnis sein. Wenn man sich auf der Straße begegnet, dann schickt man sich gegenseitig in Sekundenbruchteilen ein paar Botschaften hin und her. Man macht sich z.B. nur mit kurzen Gedanken, Blicken und Signalen oder Gesten aus, wer auf welcher Seite vorbeigeht, sonst würden wir ja ständig beim Zu-Fuß-Gehen zusammenkrachen. Diese kleine Kommunikation geht natürlich ganz ohne Worte.

Und natürlich gibt es nicht nur diese Botschaften. Man kann jemanden (einen fremden Menschen) auf der Straße fast zu Tode erschrecken (natürlich ohne dies zu beabsichtigen), wenn man ihm zu lange, zu herzlich und zu lieb eine Botschaft der Offenheit, der Herzlichkeit und der Wärme übermittelt und ihm dabei natürlich tief und lange in die Augen sieht. Viele Menschen fühlen sich dadurch sofort bedroht und bedrängt und antworten (natürlich ohne Worte): „Was will denn der von mir?"

Und dann sehe ich in ihren Augen und am leicht erröteten Gesicht sofort danach die Botschaft der Abwehr und Angst: „Hat der nun nicht gesehen und bemerkt, dass ich dringend Liebe und Nähe und Wärme und Freundlichkeit bräuchte und mich so sehr nach Zärtlichkeit sehne, und hat er hoffentlich nicht hinter meine Maske gesehen und mein verzweifeltes Weinen und mein Unglück entdeckt. Ach, ich werde schnell ein paar sinnlose Dinge einkaufen, dann vergesse ich das Ganze ja schnell wieder."

Und sofort danach erscheint die obercoole Mega-Monster-Schutzmauern-Botschaft: „Ich brauche eh nichts von dir und von dieser ganzen Welt, und eigentlich, was ist denn überhaupt los?" Und dann lache ich immer aus ganzem Herzen zurück und ich antworte (natürlich auch ohne Worte) mit meinem schärfsten Pfeil: „Ich weiß und ich sehe, dass du so liebesbedürftig und so geil und so erotisch und so lustvoll bist und so viel Liebe und Wärme bräuchtest, so wie jeder Mensch auf diesem Planeten, auch wenn du es nicht zugibst, auch wenn du gerne Spielchen spielst und es nicht zeigst." Das alles dauert nur ein bis zwei Sekunden, aber es trifft immer! Ist ein lustiges Spiel, ohne Absichten natürlich.

Wir nutzen nur einen Bruchteil davon

Aber manchmal frage ich mich schon, was wir aus diesem Leben nur machen. Es ist so paradox! Wir haben so viel Liebe in uns, wir verfügen über ein gewaltiges Liebes- und Energiereservoir, wir sind so unglaublich reich, wir sind so frei (wie nie zuvor), wir sind so beweglich, wir sind so begabt ... und dann schafft es ein zu hart gekochtes Ei, einen ganzen Tag zu versauen. Wir sind so schön, und wir haben so viele Möglichkeiten, wir haben so viel Geisteskraft ... und doch nutzen wir Narren nur einen Bruchteil davon. Ja, die meisten von uns leben ziemlich reduziert auf Sparflamme und durchschnittlich und wunschlos unglücklich, in Angst und in Abwehr, in Rückzug und in einer fortschreitenden Versteinerung - man sieht es zuerst in den Gesichtern. Ja, viele Menschen finden nicht zu ihrer Quelle, zu ihrer Mitte, zu ihrem Herz.

Mit unserem Kopf und unserem aufgeblähten Expertenverstand finden wir keinen Zugang zu uns, zu unserer Mitte, zu unserer Quelle, zu unserem Herzen. Und so können viele von uns nichts (oder nur sehr wenig) von ihren göttlichen Gaben nutzen. Das Tor zu unserer Quelle und gleichzeitig das richtige Werkzeug ist nur unser Herz und unser Fühlen und unsere Bereitschaft, nicht nur zu gewinnen, sondern auch zu scheitern, zu verlieren und zu bluten.

Liebste, nun bin ich wieder ziemlich abgeschweift. Was ich eigentlich sagen wollte: Meine Hoffnungen, die gibt es ja (fast) nicht mehr und ich traue mich ohnehin schon fast nichts mehr, ich bin ja schon so genügsam, ich habe auch schon alles akzeptiert, nur um zumindest unsere Freundschaft zu erhalten. Ich freue mich über das allerkleinste Zeichen von dir. Du hast ja wirklich alles und mit der notwendigen Sturheit und Gründlichkeit unternommen, was mich nicht mehr hoffen lässt und hat zurückziehen lassen.

Aber dein sonntäglicher Anruf, dass ich dir bitte zwar noch Briefe schreiben soll (weil du sie so sehr liebst), aber darin nichts mehr schreiben soll, was eine Erwartung oder gar Hoffnung von mir durchklingen lässt, klingt so ganz nach grausamer Zensur. Trotz deiner Ankündigung, dass du mir dann nicht mehr schreibst, kann und will ich mich nicht daran halten. Obwohl ich mich ja sehr zurücknehme, verlangst du einfach zu viel von mir, und das verlangst du genau vom Falschen. Ich muss sozusagen meine Gefühle ausdrücken, ich muss es hinaus schreien - ich würde sonst explodieren.

Alle deine Schonungswünsche kann ich nicht erfüllen

Alle deine Schonungswünsche kann ich dir leider nicht erfüllen, sorry. Ich gehe eh nur noch auf einer Zehe, bin ja schon mit fast allem einverstanden, habe mich ja schon zum Narren gemacht, um zumindest ein bisschen mit dir in Kontakt zu bleiben. Ich stelle ja überhaupt keine Bedingungen, und ich habe auch keine Erwartungen mehr an dich. Aber das, was du nun verlangst, wäre mir einfach viel zu teuer. So weh es mir tun würde, da würde ich lieber auf deine letzten Botschaften auch noch verzichten. Nein danke!

Ich kann und will meine Gefühle und Liebe nicht killen oder so tun, als ob sie nicht mehr wären. Ich muss es aussprechen. Ich kann mir und dir nichts vormachen oder es verdrängen! Es ist mir viel zu anstrengend, ein ganzes Leben lang so tun, als ob ... und so zu tun, wie die anderen wollen. Nein danke, ich habe Wichtigeres zu tun!

Ich will ja auch keine Zwischenwelten in mir erschaffen, und ich will auch nicht krank oder schizophren werden, nur weil ich meine Gefühle verberge und verdränge und nicht lebe! Da kann ich nicht mitspielen. Ich muss dir ehrlich sagen und schreiben, was ich will, was ich fühle, was ich empfinde, wie sehr ich dich liebe. Es gibt eh schon fast keine Treffen mehr, du gehst mir eh schon aus dem Wege und wechselst die Straßenseite, es gibt eh schon fast kein Telefonieren mehr und dann soll ich nur noch das schreiben, was dir gefällt, was dich in deiner heilen Welt nicht stört und was dich nicht an das erinnert, was du dir sehnsüchtigst wünschst? Nein danke!

Also damit hast du wirklich zu viel verlangt von mir, und das würde auch niemals funktionieren. Versuche einem Maler zu sagen: „Bitte drücke deine Liebe und deine Lebenslust und deine Freude aus, aber bitte ohne die Farbe Rot zu verwenden.“ In diesem Fall würde ich es riskieren, dass unser Kontakt noch viel weniger wird oder ganz abreißt.

Das Fallen und Scheitern schadet uns weniger als das (scheinbare) Abgesichertsein. Wir Menschen sind grundsätzlich ins Wagnis geboren.

Mich gibt es in keiner Light-Version

Dann hast du halt ziemlich große und tiefe Liebe und Sehnsucht nach mir (ab und zu laufen wir uns zufällig über den Weg), und ich habe ziemlich große und tiefe Liebe und Sehnsucht nach dir.

Und irgendwann wird uns beiden jemand auf die Schulter klopfen, den Kopf schütteln, sich die Haare raufen und sich vielleicht in den Arsch beißen und uns fragen, was wir zwei Vollidioten denn da für ein Wahnsinnsspiel betreiben, ob wir denn krank sind, wie lange wir denn noch diese wichtige und tiefe Begegnung und Liebe ignorieren wollen, wie lange wir denn noch unsere Gefühle zerstören (und dabei vielleicht noch glücklich sein wollen), wie lange wir denn noch dieses schöne und viel zu kurze Leben verschwenden wollen, wie lange wir uns denn noch so quälen wollen, warum wir uns denn nicht ganz einfach treffen und unsere Liebe und Wertschätzung leben und zeigen und sagen oder zumindest gute Gespräche haben und/oder zumindest gute Freunde sind?

Und ich frage mich auch, warum es dich denn so stört, wenn ich Erwartungen und Hoffnungen hätte. Ich bin ein Mensch, ein Mann mit ziemlich viel Lebensenergie, mit ziemlich viel Feuer und Liebe für dich. Ich stehe mit voller Begeisterung und mit voller Kraft und mit voller Lust im Leben (ich werde in diesem Leben sicher nichts auslassen), und ich halte eben nichts von einer reduzierten Light-Version von mir. Die wird es niemals geben!

Was stört dich denn an den Erwartungen, außer dass du an deine eigenen Sehnsüchte erinnert wirst? Du hast mir klar mitgeteilt, dass du bei Karl bleibst, ich darf dich derzeit nicht einmal mehr sehn ... ist eh alles geklärt. Mir fällt immer wieder mein erster Traum von dir ein, wo du am Kopf schwer verletzt warst und du mich ganz sehnsüchtig gerufen hast, dass ich kommen und dich abholen soll, und ich dich aber nicht erreichen konnte, weil du bewacht wurdest (von deinem Verstand und deinen Ängsten). Du sitzt noch immer am vollen Tisch und leidest Hunger. Das machen ja sehr viele Menschen, aber es ist ein Wahnsinn und eine irre Energie- und Lebensverschwendung.

Wenn wir etwas nicht fühlen, dann sperren wir nicht nur den Schmerz weg, sondern auch das Schöne, das sich dahinter verbirgt.

Erwartungen erinnern uns an das, was die Seele will

Diese Angst vor den Erwartungen ist für mich immer so ein komisches und ermüdendes Spielchen. Wovor fürchtest du dich denn? Ja, selbst wenn ich (oder jemand anderer) Erwartungen an dich hätte, na und? Ich kann schließlich denken, was ich will, und ich kann mir wünschen, was ich will, und ich kann beten, worum ich will, und niemand kann mich daran hindern! Ich darf mir sogar wünschen, Bundespräsident zu werden! Wenn ich dieses Ziel nicht erreiche, dann ist es meine Enttäuschung und hat mit dem, der meine Erwartungen nicht erfüllt, nichts zu tun. Ich darf Erwartungen haben so viele ich will. Jeder kann dazu Nein oder auch Ja sagen. An meinen Gedanken, Wünschen und Erwartungen (falls es welche gibt) kann mich keiner hindern, und ich kann sie ja auch nicht abstellen, falls welche da sind. Und welches Interesse sollte ich denn daran haben, wenn meine Erwartungen nun von dir erfüllt werden, weil du z.B. nicht Nein sagen kannst? Glaubst du wirklich, dass das interessant und auch befriedigend für mich wäre? Ich habe null Interesse, wenn etwas einseitig ist!

Ich habe dieses Phänomen, diese Angst vor den Erwartungen der anderen (dass jemand etwas von mir wollen könnte) schon sehr oft beobachtet (besonders bei meinen Seminaren), und ich habe mich auch immer wieder gefragt (und damit bekomme ich immer wieder jede Antwort), was es denn ist, was denn der Urgrund dafür ist, und ich habe immer wieder festgestellt, dass es gut versteckte Wünsche und Vorstellungen sind. Damit brauchen wir auch nicht die Verantwortung für sie zu übernehmen.

Diese Erwartungen der anderen (sie könnten uns ja auch völlig egal sein) stören uns deshalb auch so sehr, weil sie uns daran erinnern, was unsere Seele in Wirklichkeit will. Und ein anderer Mensch reagiert nur darauf, obwohl diese Sehnsucht der Seele gar nichts mit dieser Person zu tun haben muss, die etwas von dir will und erwartet. Erwartungen der anderen, sind eine direkte Erinnerung und ein Ruf deiner Seele. Und je heftiger ein Mensch etwas von dir will und erwartet, desto heftiger ist dahinter der dringliche Ruf deiner Seele. Wenn es ein Drängen deiner Seele gibt – etwas Bestimmtes endlich zu leben –, dann entsteht dadurch einfach ein enormes Spannungsfeld, auf das ein anderer Mensch (der eben auch eine Resonanz dafür hat) praktisch reagieren muss.

Unsere Angst vor Erwartungen ist schon die Einsamkeit

Ja, wir strahlen es aus, was unsere Seele will und dringend braucht und ein anderer in Resonanz spürt es und wünscht (erwartet) es sich dann eben von uns. Die große Angst vor den Erwartungen der anderen (Hilfe, der will was von mir) ist schon das deutlichste Zeichen, dass es da einen dringlichen Ruf der Seele gibt.

Es ist schon eine verrückte Welt, die einen fühlen sich geehrt, wenn man sie begehrt, verehrt und liebt und ihre Nähe sucht, und die anderen fühlen sich bedrängt und belästigt und wehren sich dagegen und errichten Barrikaden und hohe Mauern. Unsere Angst vor den Erwartungen der anderen (der könnte etwas von mir wollen und erwarten) ist in Wirklichkeit nur einen kleinen Schritt von der Einsamkeit entfernt. Ein komischer Schutzmechanismus vor Nähe und Wärme. Diese Angst ist genauer gesagt die Schwester der Einsamkeit. Es ist in Wirklichkeit ein bitteres Machtspiel, das sehr schnell sichtbar wird, wenn du einem Menschen (der Angst vor deinen Erwartungen hat) sagst, dass du nichts mehr von ihm willst, dass du nichts mehr von ihm erwartest und dich nicht mehr für ihn interessierst, dann fällt er meistens in ein sehr tiefes Loch und fühlt sich sehr einsam. Dieses Bild habe ich übrigens bei Menschen mit Bulimie ganz besonders oft beobachtet. Angst vor Erwartungen und die Einsamkeit liegen sehr nahe beieinander.

Ja, es könnte schließlich sehr schnell den Zeitpunkt geben, wo wir überglücklich sind, wenn jemand von uns etwas will und etwas erwartet und sich jemand für uns noch interessiert und dich zumindest der Briefträger oder der Müllmann noch grüßt und anlächelt. Dort an dieser Stelle (wo wir uns dann einsam fühlen) wird uns schnell bewusst, dass wir zum Zeitpunkt unserer Barrikaden und Mauern – gegen die Bösen, die etwas von uns erwarten und wollen – schon die Wiege der Einsamkeit errichtet haben. Zu diesem Zeitpunkt der Einsamkeit (wenn sich niemand mehr für uns interessiert) würden wir jeden lästigen Bettler, der etwas von uns wollte, ganz liebevoll umarmen. Ja, diese Energie der Einsamkeit und Isolation (irgendwann haben wir halt den Ruf der Seele lange genug ignoriert) beginnt in den Momenten der Abwehr und Angst. Jeder Mensch, der dich verehrt und etwas von dir erwartet und dich um deine Hilfe bittet und etwas von dir will, hat deine Hochachtung und Liebe verdient, denn er sichert dir ein Leben in Wärme und Liebe.

Der kleine Tod

Ich habe übrigens kürzlich mit meinem Astrologen telefoniert und ihn ein paar Dinge gefragt ... besonders zu meiner derzeitigen Lebenssituation, was das Wesentliche dabei ist. Er sagte mir echt starke Sachen: dass ich eine sehr starke Besetzung in meinem achten Haus habe und dass ich in diesem Leben sehr viel über den Tod lernen und erfahren möchte, mich mit dem Tode anfreunden möchte, und dass dieses Thema nun in meinem Stirb- und Werdeprozess das Wichtigste für mich sei. Damit ist aber nicht nur der physische Tod gemeint, sondern vielmehr der kleine Tod.

Wenn man sich mit einem Menschen in der Liebe, in der Sexualität ganz tief vereinen will, dann muss man lernen, den kleinen Tod zu sterben. Und er sagte mir, dass es für mich ganz wichtig sei, diesen kleinen Tod zu leben, da ich sonst an meinem Lebensziel vorbeigehen würde.

Unter dem kleinen Tod versteht man, wenn man (z.B. in einer Partnerschaft) absolut alles zeigt, was in einem drinnen steckt. Weinen können wie ein kleines Kind, schreien können wie ein kleines Kind, Liebe zeigen können wie ein kleines Kind. Ich werde damit in der Lage sein, alle meine Schutzmauern niederzureißen, die ich im Laufe der Zeit aufgebaut habe. Es wird mir damit möglich sein, hemmungslos all meine Gefühle und all meine Empfindungen offen auszusprechen, darüber zu reden, damit ich meine ganze erotische Fantasie, all meine Emotionen und Gefühle ohne Angst und Hemmungen (in einer Beziehung) auf den Tisch legen kann. Was gibt es Schöneres, als sich ganz zu zeigen, sein Herz wirklich zu öffnen und den kleinen Tod zu sterben. Dieses Sterben interessiert mich in diesem Leben am allermeisten. Es beginnt damit das wahre Leben.

Wenn man das kann und wenn man all seine Schwächen zeigen und alle Mauern niederreißen kann, seine Masken abnehmen, alles schonungslos seinem Partner in der Liebe und in der Sexualität ehrlich zeigen kann, dann entsteht ein feiner Kraftstrom, der die Seelen ineinanderfahren und verschmelzen lässt, um das große Glück der wirklich intimen Beziehung dann erleben zu dürfen. Dann tritt das Gefühl auf, den Partner wirklich zu haben – so ganz fest, mit all seinen Intimitäten.

Wunden sind immer sehr alt

Erst das gibt einem das Vertrauen und die absolute Sicherheit, geliebt zu sein. Ich bin hier, um über den Tod zu lernen, keine Angst vor ihm zu haben und keine Angst zu haben, den kleinen Tod zu sterben. Das möchte und werde ich leben, und dazu stehe ich auch. Das ist mein Entwicklungsprozess – besonders derzeit. Diese tiefen, erotischen, romantischen, sexuellen kleinen Tode möchte ich mit jemandem (am liebsten mit dir) sterben. Das ist meine größte Sehnsucht.

Ich habe mich die letzte Zeit natürlich auch immer wieder gefragt (auch in meiner Meditation), warum das zwischen uns nur so abläuft, warum es so viele Widerstände gibt. Wir haben diese enorme gegenseitige Anziehungskraft, wie man sie selten kennt und erlebt, und es gibt diese einzigartige Nähe zueinander (keiner kommt ohne den anderen aus), es gibt diese sehr tiefe Verbundenheit, diese große und tief gehende und wachsende Liebe und wir haben uns gesucht und gefunden. Und gleichzeitig gibt es so viele Hindernisse. Normalerweise ist es so, wenn sich zwei solche Menschen treffen (wie wir beide), dann stürzen die sich aufeinander und leben das auch innig und glücklich gemeinsam, oder zumindest führen sie eine ganz wichtige und tiefe Freundschaft mit vielen Treffen und Gesprächen - und hoffentlich auch mit Küssen.

Ich habe mich immer wieder gefragt, was denn diese Störungen zwischen uns sind. In meiner Schamanen-Meditation habe ich herausgefunden, dass der Urgrund dieser Störungen sehr alte Wunden aus einem früheren Leben zwischen uns sind (oder sein könnten), und ich vermute, es sind ähnliche Wunden, wie die zwischen deinem Vater und dir. Du hattest ja auch einmal einen Traum dazu.

Mit dieser Erkenntnis bitte ich mein höheres Selbst, die Blockaden zwischen uns aufzulösen. Das ist aber keine Bitte um irgendwas Bestimmtes, oder dass du Karl verlassen sollst oder sonst was. Nein, ich bitte mein höheres Selbst, Licht in diese schöne Geschichte zu bringen, damit es auf leichte und positive Art und Weise hervortreten kann, sodass alle Beteiligten dabei gewinnen. Feste Umarmung!

Vorwürfe produzieren neues Scheitern

Liebes, danke für deinen lieben Rückruf – es war sehr schön, dass wir heute so lange telefonieren konnten. Zu unserem Gespräch möchte ich noch sagen, dass ich dir niemals Vorwürfe machen würde! Wozu auch? Vorwürfe und Schuldzuweisungen sind eine ziemlich böse Spirale, die sich nur nach unten dreht! Sie helfen absolut nichts und niemandem, selbst wenn sie alle zu 100 Prozent stimmen und berechtigt sind. Und wenn man etwas falsch gemacht hat (ist ja auch eine Sache der Betrachtung) und wir Misserfolge hatten und wir gescheitert sind, dann sind uns all diese Vorwürfe gerade in dieser Situation zum Korrigieren genauso hinderlich wie Schuldgefühle.

Ja, wenn Vorwürfe einmal wie Raketen abgeschossen sind (besonders in Beziehungen), dann beginnt eine böse Energiespirale nach unten. Und das Schlimmste daran ist, dass man (unter anderem) mit all den furchtbaren Vorwürfen und Erniedrigungen und Schuldzuweisungen neue und noch viel schlimmere Misserfolge produziert und begünstigt, genauso wie man mit Schuldgefühlen immer neue Schuld produziert!

Vorwürfe sind nicht der *Grund* für neuen Misserfolg, aber sie schaffen den Nährboden und die Basis dafür, und sie wirken wie ein Magnet für neuen Misserfolg. Man hat irgendwann einen oder mehrere Fehler gemacht (falls es so etwas überhaupt gibt), und man steht dann an einem Punkt, wo man trotz Fehler ja wieder auf die Beine kommen will und muss, wo man wieder Erfolg braucht, wo man etwas wieder gutmachen und korrigieren will. Einsicht alleine ist dafür aber viel zu wenig! Man braucht dazu am allerdringendsten viel Mut und Kraft und Schwung und Würde und Selbstvertrauen und ein gutes Selbstbild und sehr gute Energien.

Und es ist ja schon schwer genug, nach einem oder mehreren Misserfolgen (vielleicht auch noch mit vielen Verlusten) keine sinnlosen und destruktiven Schuldgefühle zu haben und wieder ein positives Selbstbild aufzubauen und damit wieder die Basis für Erfolg zu schaffen. Es ist schon schwer genug, aus dieser herunterziehenden Schuldgefühlspirale herauszukommen! Man blickt ja nicht gerade entspannt (auf viele Erfolge) zurück, sondern voller Stress, und fühlt sich nicht nur schlecht, sondern vielleicht ja auch noch schuldig.

Die Antierfolgsenergiespirale

Wenn dann aber noch dauerhaft viele gut gemeinte Vorwürfe und Schuldzuweisungen hinzukommen (auch wenn sie alle stimmen), dann ist das so, wie wenn man einem Menschen ein Bein wegschießt und dann von ihm verlangt, dass er die Olympiade im Laufen gewinnen soll, dass er also endlich wieder Erfolg haben soll. Aber wie soll denn das nur gehen? Wie soll man mit neuen Schwächungen und Machtkämpfen erfolgreich sein?

Wie soll man sich nur mit Vorwürfen und Schuldgefühlen besser und stärker und fähiger fühlen? Finden wir mit all den Vorwürfen und Anschuldigungen etwa Kraft und Mut zum Erfolg? Ich kenne keinen Menschen, bei dem das funktioniert hat. Und bei dem hinunterziehenden Energiefeld der Vorwürfe ist es tatsächlich völlig egal, ob sie stimmen oder nicht. Die Vorwürfe von Claudia stimmen fast alle! Das ist ja oft das Schlimmste an Vorwürfen, wenn man ihnen nichts entgegnen kann, weil sie eben stimmen! Ich konnte auch nur Ja dazu sagen.

Ja, ich habe auch einige (so genannte) Fehlentscheidungen getroffen, und ich habe Einsicht, und sie tun mir auch leid, denn sie haben uns das Leben sehr schwer gemacht. Claudia hatte mit fast allem Recht, was sie mir vorgeworfen und angelastet hat. Schließlich ist aber unsere Beziehung genau daran zerbrochen. Irgendwann geht es einfach nur noch um die Frage, wie komme ich da wieder heraus, wie schaffe ich es wieder, mich gut und unschuldig und fähig zu fühlen und damit die Basis für meinen neuen Erfolg zu schaffen – egal in welchem Bereich des Lebens.

In meiner Arbeit habe ich mit diesem Thema auch sehr viel zu tun, und ich kann nur jedem von dieser Energiespirale der Vorwürfe und der Schuldzuweisungen dringend abraten! Es ist verdammt schwer (manchmal sogar unmöglich) da wieder herauszukommen. Diese Energiespirale führt letztendlich immer zu neuen Misserfolgen und natürlich auch zum Scheitern von Beziehungen. Irgendwann steht man vor einem Beziehungstrümmerhaufen und kann seinem Ex-Partner nicht einmal mehr sagen, dass man ihn liebt und schätzt und ihm sehr dankbar ist.

Ein Ausstieg ist schwierig, aber immer möglich

Und das Verletzendste bei Vorwürfen ist ja, dass wir in diesen Menschen, dem wir all das vor- und nachwerfen, kein Vertrauen mehr haben, ihm nichts mehr zutrauen. Es führt natürlich (unter anderem) zu neuen Misserfolgen ... zumindest trägt es wesentlich dazu bei. Genau da erzeugen wir diese bittere Antierfolgsenergiespirale und halten sie am Leben! Man hatte Misserfolge und verliert das Vertrauen, und man will ja endlich wieder Erfolg haben, aber – ähnlich wie bei den Schuldgefühlen – hält man genau damit diese furchtbare Antierfolgsenergiespirale am Leben, die man ja schon lange nicht mehr will. Es ist ein Teufelskreis, und ich habe mir angewöhnt, mich bei Vorwürfen umzudrehen. Ich sage Ja, vernehme die Botschaft und drehe mich – ohne mich dagegen zu wehren – einfach um. Ich weiß, was du darauf sagen willst, aber wenn wir von einem Menschen nichts wollen, dann hat er keine Macht über uns, dann sind wir frei und können so etwas tun. Es macht einfach keinen Sinn, sich Vorwürfe anzuhören.

Ich bin für sehr vieles verantwortlich und, wenn man so will, auch schuldig. Das ist auch o.k., kann auch bestehen bleiben und hat ja auch gar nichts mit Schuldgefühlen zu tun. Man braucht es zum Reifen in der Seele. Jeder Mensch braucht aber auch Erfolg, und wir leben ja schließlich davon. Doch um endlich wieder Erfolg zu haben, muss man (besonders in einer Beziehung) aus dieser Antierfolgsenergiespirale aussteigen. Es ist kein Vorwurf an den, der etwas vorwirft, denn er meint es ja *nur gut* und er selbst will natürlich auch wieder Erfolg haben, und er ist ja auch schon lange unglücklich über diese Energiespirale, aber er tut halt unbewusst mit seinen Vorwürfen alles, damit diese hinunterziehende und irgendwann auch verachtende Energiespirale am Leben bleibt. Und mit dieser Energiespirale sitzt man halt irgendwann im Beziehungssumpf und zieht sich gegenseitig „gut gemeint" nur noch mehr hinunter. Man könnte diese böse Energiespirale der Vorwürfe am besten beenden, indem man aussteigt. Und der edelste, schönste und lehrreichste Ausstieg in einer Beziehung (und der Weg zur Freiheit) wäre es, wenn wir den anderen, den so genannten Täter, als *unschuldig* erkennen, auch wenn er noch so viele Fehler gemacht hat, und man wieder Vertrauen in diesen Menschen gewinnt und neu startet. Ich weiß, das ist schwer, und viele Vorwerfende hören das nicht sehr gerne, denn ihre Vorwürfe stimmen ja vielleicht sogar alle.

Ich werde dich zum Gutsein zwingen

Unser Rechthaben ist eher ein Machtkampf und hilft uns kein bisschen vom Fleck! Darauf brauchen wir nicht stolz zu sein, denn unser Sieg in diesem Machtkampf führt nicht nur zu neuen Misserfolgen, sondern macht uns auch einsam. Kürzlich hat mir ein Freund erzählt, dass er einen Autounfall hatte und im Recht war. Aber niemand kann ihm seinen Arm ersetzen, den er dabei verloren hat. Ja, wenn wir in einem Beziehungsmachtkampf gewinnen (und auf unser Recht pochen), dann können wir in Wirklichkeit nur verlieren, und der Sieger muss schließlich auch die Zeche bezahlen. Ja, viele betonen, dass sie im Recht sind, aber die meisten Beziehungen zerbrechen genau an diesem Sieg und an dieser Energiespirale der berechtigten Vorwürfe. Und beim Aussteigen aus dieser Energiespirale hilft schon gar kein Von-oben-herab-Verzeihen! Der Schuldige und Täter kämpft eh durch seine Misserfolge verzweifelt um seine Würde. Mit dem Verzeihen stellt sich der Verzeihende (das Opfer) noch einmal auf ein Podest und blickt gütig herab und nimmt damit dem Schuldigen (dem Täter) noch einmal seine Würde.

In einer Beziehung können wir die Energien aber auch ganz leicht und elegant wenden und unseren Partner zum Gutsein und zum Erfolgreichsein praktisch zwingen, indem wir nur Gutes über ihn sprechen und denken, indem wir an ihn glauben, indem wir nur das Beste von ihm annehmen, indem wir seine Qualitäten sehen und mit unserem liebenden Blick in ihm alle verborgenen Seiten erwecken und erlösen und zum Leuchten bringen, die ihn wieder auf die Bahn des Erfolges werfen.

Und wenn man aus dieser Energiespirale wirklich aussteigen und (auch in der Beziehung) wieder Erfolg haben will, dann geht das nur mit der wirklichen Unschuldserkenntnis und mit dem Wissen um das Ganze, in dem wir ja immer nur eine Nebenrolle spielen, und niemals die Hauptrolle! Ein Vorwurf ist auch immer nur der halbe Blick und die halbe Wahrheit. Und es ist auch eine große Chance für den, der Vorwürfe hat, denn er könnte endlich genauer hinsehen und aus seiner Opferrolle aussteigen. Und schließlich war die Opferrolle ja schon lange vor dem Misserfolg da, schon lange vor dem Täter da ... so wie die Schuldgefühle schon lange vor der Schuld da waren. Und Opfer brauchen halt auch immer einen Täter ... sonst wären sie ziemlich arme Opfer.

Opfer sind gefährlich

Ja, Opfer brauchen immer einen Täter, der auch seine Rolle spielt. Und das Gefühl, ein Opfer zu sein, war ähnlich wie bei den Schuldgefühlen tatsächlich schon lange vor der Opferrolle da. Opfer haben die verrückte Idee, dass ein anderer, eben der Täter, die volle Verantwortung trägt. Diese Idee ist zwar ein ziemlicher Irrtum, aber sie ist einfach sehr verlockend. Und wenn ein Opfer einmal ein Opfer sein will, dann ist es fast nicht zu stoppen. Es gibt dafür schlagkräftige, mediale und plakative Argumente - die dir jeder glaubt. Der Sog ist manchmal zu stark, und es ist so schwer, sich dieser Energie zu entziehen. Manchmal kann man einfach nur mitspielen.

Eigentlich sind Opfer sehr gefährlich, weil man ihren Anteil in einer Geschichte nicht sehen kann. Einer alleine kann, besonders in einer Beziehung, nichts gestalten. Beim so genannten Täter sieht man auch die Schattenseite, und man kann alles sofort ordnen und gleich darauf reagieren. Der Täter hat damit auch die Möglichkeit, seinen Anteil anzunehmen, zu korrigieren.

Aber beim so genannten Opfer sieht man die Schattenseiten eben nicht – was ja niemals bedeutet, dass es keine Schattenseiten hat. Damit entsteht der Unschuldseindruck, dass es keine Schattenseiten gibt (obwohl jeder Mensch Schattenseiten hat) und damit beraubt sich ein Opfer der Möglichkeit, etwas zu korrigieren. Und gib Acht, wenn du diese Schattenseiten bei einem Menschen nicht siehst, wenn du nur das schöne Lächeln siehst, wenn du nur die Unschuld, nur die Milde und nur die Höflichkeit siehst! Das können wirklich gefährliche Menschen sein, die dir manchmal auch Energien entziehen, ohne dass sie es wollen!

Alles, was man bei uns nicht sieht, ist viel mächtiger (und irgendwann vielleicht auch gefährlich), als das, was man sieht und es zieht im Hintergrund die Fäden für unser Leben. Ja, es ist viel mächtiger als das, was man bei uns sehen und benennen kann. Das Verborgene wirkt sehr machtvoll und heimlich im Hintergrund und erschafft auch Intrigen. Das, was bei uns nicht sichtbar ist, können wir aber auch nicht nehmen, nicht korrigieren und nicht lieben. Aber auch andere können bei einem Opfer (wo vieles nicht sichtbar ist) leider vieles nicht sehen und nicht streicheln und nicht lieben und nicht liebkosen und nicht küssen und somit auch nicht erlösen!

Bitte küsse endlich meine Wunden

Das ist aber sehr tragisch, denn genau diese verborgenen und ungeliebten Anteile, die uns eben zu Opfern werden ließen, wollen (auch gegen unseren Widerstand) gesehen, gestreichelt, liebkost, geliebt und geküsst werden. Ein Opfer sagt eigentlich zum Täter: „Bitte achte nicht auf meine Widerstände und küsse mit deiner Liebe endlich meine Wunden und erlöse mich vom Opfer-Sein!“ Ja, Opfer zu sein ist sehr traurig und kostet sehr viel Energie. Manchmal wird man erst dann davon erlöst, wenn man zum Täter wird und diese Rollen sind meistens viel schwerer als die Opferrollen. Und wenn wir lange genug ein Opfer bleiben, dann verwandeln wir uns ohnehin ganz von selbst (als notwendigen Ausgleich) in einen Täter. Wir haben ja immer beide Anteile (Täter und Opfer) in uns.

Süße, nun bin ich aber wieder ziemlich abgeschweift in meinem Brieflein. Das ist aber aus meiner Sicht ein sehr wichtiges Thema - mit den Vorwürfen und den Schuldgefühlen und der furchtbaren Energiespirale, die daraus entsteht. Nun kehre ich zurück zu dem, was ich dir sagen wollte. Mir tut das alles sehr leid, wie sehr du nun leidest und wie das derzeit alles zwischen uns verläuft. Verzeih, wenn ich das sage, aber es gäbe aus meiner Sicht keines deiner Probleme, wenn du auf dein Herz hörtest und deinem Herzen folgtest. Die so genannten Probleme (ist ja manchmal auch nur eine Sache der Betrachtung) entstehen fast nur in den so genannten Zwischenwelten. Zwischenwelten entstehen, wenn ein Gedanke sein Ziel nicht erreicht: das Wort, und wenn ein Wort sein Ziel nicht erreicht: die Tat. Diese so genannten Zwischenwelten entstehen meist schon sehr früh. Sie werden geboren, wenn wir unsere Eltern und unsere Geschichten nicht annehmen und uns lange genug dagegen wehren und wenn unsere Herzensideen ihr Ziel (die Verwirklichung) nicht erreichen. Auch das Unglück entsteht aus diesen blockierten Energien der Zwischenwelt. Stell dir nur einmal einen Künstler vor. Er hat eine Herzensidee, und er sieht sie schon vor seinem geistigen Auge. Er sieht schon das fertige Bild, er hört schon die fertige Melodie, er sieht schon die großartige und fertige Geschichte. Er beschreibt es dir in allen Facetten und Farben, er beschreibt dir sein unglaubliches Gefühl dabei, und er erzählt dir von der Pointe und von der Kraft der Farben, und du freust dich schon sehr auf dieses Werk und kannst es kaum mehr erwarten - und dann kommt aber nichts!

Zwischenwelten oder Einklang

Ja, stell es dir nur kurz vor: Dieser begabte Künstler malt nie ein Bild oder schreibt nie ein Buch oder komponiert nie eine Symphonie oder verwirklicht niemals seine Erfindung, denn er wehrt sich. Wie geht es dir dann dabei? Du wirst dich vielleicht ziemlich ärgern oder zornig sein oder traurig oder frustriert und vielleicht wirst du dich auch daran erinnern, dass die meisten unserer Brüder und Schwestern es ein Leben lang ganz genauso praktizieren!

Ach, wir wehren uns gegen so vieles im Leben, und bei den meisten von uns kommt es mir schon so prinzipiell und automatisiert vor. Man muss halt einfach dagegen sein, egal gegen was. Mein Vater (übrigens ein sehr weiser Mann) sagte mir immer, dass der fanatische Anhänger einer Idee oder Ideologie und der, der strikt dagegen ist (gegen diese Ideologie), in einem Boot sitzen und in verschiedene Richtungen rudern. Ist irgendwie ja ein lustiges Bild, denn keiner der beiden Ruderer kommt von der Stelle.

Und am besten beenden wir diese Zwischenwelten mit dem Annehmen unserer Geschichten (und Eltern) und mit dem Einklang, wenn Gedanken, Worte und Taten übereinstimmen - und eben mit dem Beenden unseres Sichwehrens. Gandhi hat das Sichwehren beendet und damit ein ganzes Land befreit.

Mädchen, all das, was in unserem Leben zusammenzubrechen droht, ist bereits kaputt! Und wir leiden so sehr, weil wir uns dagegen so wehren und nicht sehen wollen, dass das Leben sich niemals irrt. Oft verbauen wir uns auch die leichtesten Lösungen, Korrekturen und Veränderungen nur mit unserem Wehren. Du hältst halt einfach eine heile Welt aufrecht, die deine Seele längst nicht mehr will, die längst kaputt ist, und du willst es halt nicht wahrhaben. Und dafür leidest du halt und zahlst einen sehr hohen Preis. Du solltest dich endlich an einen neuen Platz stellen und die Dinge neu betrachten. Dein Festhalten tut so weh, nicht weil etwas zu Ende geht oder stirbt. Nein! Schau mal genau hin und erkenne, dass dein Leiden völlig umsonst ist. Du brauchst nur endlich das zu tun, was du willst (und ja auch oft genug und deutlich ausgesprochen hast), und das bisschen scheinbare und vergängliche und kleine Sicherheiterl einzutauschen gegen deine innere große Sicherheit und gegen deine Freiheit! Das Leben ist zu wertvoll und viel zu kurz, nicht zu tun, was wir wollen.

Stelle dich doch einfach an einen anderen Platz

Süße, suche dir bitte eine neue Betrachtung. Jeder Mensch kann sich an einen neuen Platz, auf eine neue Ebene stellen und die Dinge neu betrachten. Das ist des Menschen größte Gabe! Wir können uns immer, und so oft wir wollen, an einen anderen Platz stellen. Wir können uns immer wieder neue Betrachtungen suchen, die Dinge von einem neuen Standpunkt aus ansehen.

Kürzlich war ich Zeuge eines Verkehrsunfalls, aber eigentlich bin ich erst dazugekommen, als alles schon vorbei war. Ein junger Mann stürzte mit dem Moped und ist dabei gestorben. Der Verkehr wurde angehalten, und ich beobachtete, wie ein Mann über den Toten gebeugt war und weinte (ich glaube, es war der Bruder), und daneben stand ein Arzt, und ein Abschleppwagen war auch zu sehen. Die ganze Sache war sehr tragisch, aber nur der Bruder hat geweint. Der Arzt stellte wahrscheinlich den Tod fest, und er weinte nicht, und der Mechaniker lud das kaputte Moped auf und weinte auch nicht. Kann der weinende Bruder nun dem Arzt und dem Mechaniker einen Vorwurf machen, dass sie herzlos sind, weil sie nicht weinen? Nein, denn sie stehen einfach an einem anderen Platz und haben eine andere Sicht. Der Arzt hat einen Job und verdient damit sein Geld, und der Abschleppdienst lebt vom Abschleppen. Es ist eine kleine, aber ziemlich klare Szene des Lebens, wo diese verschiedenen Standpunkte sichtbar werden. Standpunkte und Sichtweisen zu verändern heißt, die Vorstellungskraft zu erweitern!

Nun genau das können wir jeden Tag machen, zwar nicht immer so extrem wie in dieser Unfallszene, aber wir können uns in jeder Situation eine neue Betrachtung suchen und damit unsere innere Haltung ändern und schulen. Wir können zumindest versuchen, eine Sache von einem anderen Platz aus zu betrachten. Das ist Bewusstseinsschulung! Jeder Mensch kann sich z.B. über eine schlechte Bedienung in einem Restaurant maßlos ärgern, und er kann seinen Ärger in einer Sekunde beenden, wenn er sich nur kurz daran erinnert, dass es in vielen Ländern Menschen gibt, die verhungern. Und jeder Mensch kann sich ein Leben lang darüber beschweren, was er alles nicht bekommen hat, und er kann sich jederzeit an das erinnern, was er alles schönes vom Leben erhalten hat. Wir müssen nur den Platz wechseln. Es ist großartig, welche einfachen und doch so mächtigen Möglichkeiten wir im Leben haben!

Dort wo die Fäden gezogen werden

Mit unserer Haltung und unserer Betrachtung formen wir unser Bewusstsein, und damit gestalten wir unser gesamtes Leben – mehr als du vielleicht glaubst! In alltäglichen Extremsituationen zeigt sich dann sehr rasch, wo wir wirklich stehen, wo unser Bewusstsein wirklich ist, welche Haltung und Sichtweisen und Ebenen wir wirklich haben. So wie wir eingestellt sind, so werden die Dinge im Wesentlichen auch verlaufen. Mit unserer Haltung gestalten wir tatsächlich jede Begegnung und jede Situation, noch bevor sie geschieht, und das gesamte Leben. Von diesen Plätzen aus, von unserer Haltung, von unserem Bewusstsein wird unser gesamtes Leben gestaltet. Und diesen Verlauf können wir mit ganz feinen Fäden im Bewusstsein mitgestalten und mitlenken.

Dazu fallen mir immer kleine Kinder ein. Wenn sie sich z.B. weh tun, dann gibt es vor ihrer Reaktion und vor dem Denken und vor dem Weinen diesen ganz kurzen und klitzekleinen Blick zu den Eltern (besonders wenn sie in der Nähe sind). Sie prüfen in einer Hunderstelsekunde, wie die Eltern reagieren und wo die Eltern stehen. Das Bewusstsein der Eltern ist ja schließlich auch ein Lebenswegweiser und auch die wesentlichste Erziehung unserer Kinder. Sie prüfen ganz kurz, ob Mama oder Papa ruhig oder panisch und aufgeregt sind. Unsere innerste Haltung und unser Bewusstsein ist ihr Takt für ihr Leben.

Und so wird dann auch die Reaktion unserer Kinder sein. Sie werden das Ruhige annehmen, und so verläuft dann alles Weitere – und es war eben nicht viel los. Und sie sehen auch die Panik und die Angst, und werden sie in ihrem Herzen spüren, und so wird dann alles Weitere verlaufen und es war eben mehr los. Angst ist ja ein ganz anderer Magnet als z.B. Ruhe, Vertrauen und innere Sicherheit. Das können wir uns aber sehr schwer einreden. Wenn wir einmal in Panik und in Angst sind, wenn wir uns einmal schuldig und schlecht fühlen und wenn wir einmal im Zorn gefangen sind, dann ist es meist schon zu spät. Aussteigen ist immer schwieriger, als durch unsere Klarheit und unsere innere Ruhe zu lenken und zu vermeiden. Diese Herzensreaktionen spielen sich immer vor dem Denken ab. Es ist keine Verstandesaktion, sondern eine Frage des Bewusstseins.

Fallen ist nicht gleich Fallen

Das alles spielt sich in einer Zeit (Bruchteil einer Sekunde) ab, wo unser Verstand noch nicht aktiv ist. Unsere Reaktion kann auch nur so ausfallen, wie eben unser Bewusstsein ist. Für diese wichtigen Entscheidungen ist unser Verstand viel zu langsam. Und da wird sichtbar, wo die wichtigen Entscheidungen getroffen werden. Bei dieser Schrecksekunde wird klar und deutlich sichtbar, wo wir wirklich stehen – welche Haltung und Sichtweise (Ebene) und welches Bewusstsein wir haben. Und unser Bewusstsein können wir auch schulen und verändern und wie eine Ebene wechseln.

Vor einiger Zeit half ich einem Freund bei einer Reparatur seiner Dachrinne. Ich stand am Ende einer sehr langen Leiter und hatte wenig Gelegenheit, mich festzuhalten. Und plötzlich rutschte diese Leiter weg und ich sah mich etwa zehn Meter fallen. Aber Fallen ist nicht gleich Fallen. Dort an dieser Stelle – dort wo es noch keinen Verstand gibt –, vor den Gedanken, habe ich für mich eine klare Entscheidung getroffen. Natürlich hatte ich in dieser Situation keine Zeit zum Denken. Schon beim Fallen entschied ich mich klar dafür, dass ich auf meinen Füßen aufkommen werde.

Damit gestaltete ich den gesamten Verlauf des Falles, und ich bin tatsächlich auf meinen Füßen aufgekommen und habe dann auch noch die umkippende Leiter aufgefangen. Das alles war aber nur möglich, weil ich schon mit diesem Bewusstsein - ich komme immer auf meinen Füßen auf - auf die Leiter gestiegen bin. Mit unseren Gedanken und unserer innerer Haltung (die wir jederzeit verändern können) formen wir unser Bewusstsein, und damit gestalten wir unser gesamtes Leben. Süße, das solltest du nicht unterschätzen!

Daran mag vielleicht so mancher zweifeln und dem entgegnen, dass man doch nichts ändern kann, wenn sich ein Kind weh tut, oder wenn man von einer Leiter herunterfällt. Aber du kannst das am leichtesten nachvollziehen, wenn dir beim Autofahren ein Hindernis auf der Schneefahrbahn begegnet. Das Hindernis auf der Straße ist ein Fixpunkt, daran kannst du nichts ändern. Aber deine Reaktion ist kein Fixpunkt. Mit welcher inneren Haltung, mit welcher Sichtweise und mit welchem Bewusstsein du diesem Hindernis begegnest, ist kein Fixpunkt.

Dann erwacht der Buddha in uns

In dieser Schrecksekunde, in der du deinen Verstand nicht gebrauchen kannst, weil er viel zu langsam ist – da entscheidet sich ziemlich viel. In dieser Reaktion, in dieser Hunderstelsekunde liegt sehr viel. Und das alles spielt sich immer vor dem Denken ab. Es ist wie ein Reflex. Du kannst schon voller Angst in das Auto (des Lebens) steigen und dann auch voller Panik reagieren, und der Ausgang wird eben so sein. Du kannst aber auch (noch vor dem Autofahren) deine Sichtweise ändern und dein Bewusstsein formen und heben und als Buddha in dein Auto (des Lebens) steigen, und der Ausgang wird eben so sein ...

Unsere Gedanken, Worte und Taten sind sehr mächtig, denn damit formen wir unser Leben. Doch die größte Kraft liegt eben immer vor den Gedanken, also in unserem Bewusstsein. Dort werden die wesentlichen Entscheidungen für unser Leben getroffen. Man könnte sagen, dass sich der wesentlichste Teil unseres Lebens und eben die wichtigsten Entscheidungen vor den Gedanken abspielen. Ich nenne dieses Bewusstsein unser Herz. Das ist der Raum, in dem es noch keinen Verstand gibt, in dem es noch kein Denken gibt, in dem nur Stille herrscht. Es ist der Raum zwischen zwei Welten, zwischen Schlafen und Wachsein - nicht ganz hier und nicht ganz dort. Hier werden die wichtigsten Entscheidungen in unserem Leben getroffen. Hier wird sichtbar, wo wir im Leben wirklich stehen – wo unser Bewusstsein ist. In den so genannten Schrecksekunden – bei unseren Reaktionen – wird dieses unser Bewusstsein sichtbar und natürlich auch gefestigt.

Dieses Bewusstsein können wir mit unseren Gedanken und unseren neuen Betrachtungen und unseren neuen Sichtweisen ständig schulen und neu formen. Wir können z.B. eine heutige panische Reaktion genau betrachten und auch auflösen und durch unser Erkennen und unsere neue Sichtweise ganz bewusst und völlig neu gestalten. Das Leben bietet dir dann auch bald darauf eine neue Schrecksekunde (auf die du dich natürlich nicht vorbereiten kannst) zum Überprüfen und Festigen an. Es ist die wesentlichste und schönste und wertvollste Aufgabe von uns Menschen. Und wenn wir das einmal verstanden haben und praktizieren, dann werden wir zum Meister unseres eigenen Lebens, dann erwacht der Buddha in uns, und wir können alles mit Buddhas Lächeln lenken.

Ich hole mir aus der anderen Welt alles, was ich brauche

Zu diesem Thema muss ich dir wieder etwas aus meiner Arbeit erzählen. Jedesmal, wenn ich bei meiner Arbeit einen Menschen an der Hand nehme und ihn zu seiner Kraft und zu seiner Quelle führe, besuchen wir eine andere Welt. Das ist ein sehr wichtiger Vorgang – du wirst es gleich verstehen –, den ich selbst schon mein ganzes Leben praktiziere. Mir war das aber lange nicht bewusst. Vor einigen Jahren hatte ich dazu einen wunderschönen Traum, besser gesagt, habe ich im Traum ganz bewusst diese andere Welt besucht und sah ganz genau, wie das funktioniert. Diese andere Welt (ich nenne sie so) sitzt über unserem Kopf (ich habe das zumindest so erlebt), und es ist die Welt – nennen wir sie höheres Bewusstsein –, in der die Fäden für unser Leben gezogen werden.

Und als ich im Traum diese andere Welt besuchte (es war dort so unglaublich schön und klar), erfuhr ich, dass wir deshalb so krank, so unglücklich und frustriert sind, weil wir diese Welt nicht mehr (oder so selten) besuchen. Kinder tun das fast den ganzen Tag. Es ist ihr Glück! In dieser Welt erfuhr ich auch, dass der Schlüssel zu dieser Welt alleine unsere Vorstellungskraft (manche sagen Glaube) ist. Wenn wir uns etwas wieder vorstellen können, dann besuchen wir automatisch diese Welt, und dann ist plötzlich alles möglich. Wir brauchen diese Welt dringend. Es ist unser höheres Bewusstsein und wir haben es bitter nötig, diese Welt sehr oft und ganz bewusst zu besuchen. Wenn sich z.B. ein kranker Mensch vorstellen kann, wieder gesund zu sein, dann ist er bereits gesund. Ich habe das vor vielen Jahren selbst mit meinen Nierensteinen praktiziert. Sie sind durch den Besuch in meine andere Welt verschwunden. Ich hab mir dort alles geholt, was ich brauchte. Jeder weiß, wie schwer es ist, sich etwas wieder vorzustellen zu können (wenn man es nicht hat), aber ich glaube, es ist einer der mächtigsten Wege zur Heilung. Bei meinen Seminaren üben wir genau das, sich etwas wieder vorstellen zu können, und ich hole mir selbst ständig alles, was ich brauche, aus dieser Welt. Ja, wenn wir das können, wenn wir uns wieder etwas vorstellen können (wahre Jugend erkennst du daran) und es auch formulieren können, dann können wir jederzeit diese Welt besuchen und uns holen, was immer wir auch brauchen. Und wenn wir diese Welt besuchen (verbunden sind wir mit ihr), dann vermögen wir alles im Leben zu tun! Der Schlüssel dorthin ist unsere Vorstellungskraft.

Ohne Vorstellungskraft bleibt das Tor verschlossen

Erweitere deine Vorstellungskraft in jedem Bereich deines Lebens. Sie ist eine der wichtigsten Qualitäten im Leben ... und ja, sie ist das Zeichen für wahre Jugend! Sie ist ein sehr mächtiges Tor in diese andere Welt und der Inbegriff von Beweglichkeit. Und wir müssen unser Vorstellungsvermögen ständig und unaufhörlich erweitern (bleib bitte nie stehen), und wir müssen dringend in diese andere Welt (dort wo die Fäden gezogen werden), so wie die Kinder es noch selbstverständlich tun. In dieser Welt schwindet jede Angst, und wir finden dort jede Medizin und jede Lösung für unser Leben.

Schau dir einen kranken oder einen obdachlosen Menschen ganz genau an und du wirst feststellen, dass es sein größtes Problem ist, dass er sich nichts mehr vorstellen kann. Ja, es ist unser größtes Problem, wenn wir uns nicht mehr vorstellen können, gesund zu sein, ein Heim zu haben, glücklich zu sein oder geliebt zu werden. Und das Wichtigste, das ein Mensch mit so massiven Problemen zu tun hat (es ist auch sein schönster Lebensauftrag), ist aber genau das - nämlich schnellstens an seinen Bildern, Vorstellungen und Visionen zu arbeiten und seinen Glauben zu erweitern. Alles im Leben ist lösbar, aber ich weiß ja selbst, wie enorm schwer es ist, sich Wärme vorzustellen, wenn man friert, sich ein Heim vorzustellen, wenn man obdachlos ist. Aber wenn man sich frierend Wärme vorstellen kann (im beheizten Haus ist das leicht und kaum eine Herausforderung), dann nennt man das Glaube ... das ist dann ein wahrlich großer Schritt und ein Schöpfungsakt, mit dem der ganze Himmel und seine Wesen auf dich aufmerksam werden und sich vor dir verneigen. Das Leben fordert von uns solche großen Schritte, das Leben fordert von uns wahren Glauben.

Ein sehr wichtiger Nebeneffekt (beim Besuch in dieser Welt) ist, dass wir uns an all unsere Knüpfungsbänder erinnern. Sie sind in dieser Welt klar zu sehen. Ich habe mich z.B. lange gefragt, warum ich so glücklich bin, wenn ich ein Käuzchen rufen höre. Und eines Tages, als ich diese andere Welt besuchte, fiel mir ein, dass ich mit vierzehn Jahren meine erste Liebe im Park traf, und ich war sehr verliebt und glücklich und es rief ein Käuzchen. Dieses Erlebnis war tief in meinem Unbewusstsein gespeichert. Diese Speicherung gibt es aber auch mit tragischen Ereignissen, und wenn wir in diese Energie finden und das Knüpfungsband entdecken, dann gelingt es uns leichter, die gebundene Energie zu befreien.

Die Materie reagiert auf unsere Vorstellungen

Mit unseren Gedanken und eben unserem Vorstellungsvermögen gestalten wir unser gesamtes Leben! Mit einer starken Vorstellung, Disziplin und Beharrlichkeit erreichst du jedes Ziel! Die Materie reagiert auf unsere Gedanken, auf unsere kraftvolle Vorstellung. Du kennst vielleicht die Geschichte von dem Mann, der irrtümlich in einem Eiswagen eingesperrt wurde. Ich habe davon vor etwa zwanzig Jahren gehört. Er wurde am nächsten Morgen tot in diesem Wagen aufgefunden. Das Interessante dabei ist aber, dass die Kühlung nicht eingeschaltet war und dass es Sommer war, also kein Faktum zum Sterben. Interessant ist aber, dass dieser Mann Erfrierungserscheinungen am ganzen Körper hatte (als wäre die Kühlung tatsächlich gelaufen). Seine Vorstellungskraft war so stark, dass die Materie (in diesem Falle sein Körper) darauf reagierte.

Natürlich kann die Kraft unserer Gedanken auch in ganz andere Richtungen verlaufen. Meine eindrucksvollste Begebenheit zu diesem Thema habe ich vor achtzehn Jahren erlebt. Ich habe einen Freund auf seiner Baustelle (als Bauaufsicht) vertreten, weil er mit seiner Familie eine Reise nach Indien machen wollte. Als letzte Etappe einer großen Bauernhausrenovierung gab es eine lange Außenmauer zu verputzen. Mein Freund hatte die gelbe Farbe und die Maurer bestellt und begab sich mit seiner Familie auf die Reise. Ich hatte nur alles zu überwachen und eventuellen Bedarf sofort zu besorgen. Die Farbe wurde von der Baufirma gemischt, geliefert und ein paar Tage danach kam bereits die Maurer- und Helfertruppe, um diese lange Außenmauer per Hand (Maschinen gab es damals noch keine) zu verputzen. Ich kann mich an alles noch sehr gut erinnern. Es wurden genau sechzig Säcke von diesem gelben Rieselwurf geliefert und die Maurer begannen sehr bald am Morgen mit ihrem Werk. Es war eine flotte und lustige Truppe, und schon sehr bald – zur ersten Pause – konnte man ein Viertel dieser großen Mauer gelb angeworfen sehen und bewundern. Das war aber auch der Moment, wo wir ziemlich bleich im Gesicht wurden, denn alle fünf Maurer (allesamt mit sehr vielen Jahren Berufserfahrung) erklärten mir, dass die angelieferte Menge an Rieselwurf niemals ausreichen würde, denn zwanzig Säcke (von den sechzig angelieferten) waren beim ersten Viertel dieser Fläche bereits verbraucht, und bei dieser Berechnung hätten sie die drei Säcke in der Mischanlage (eine alte Badewanne) schon miteinbezogen.

Ich konnte mir nur noch die fertige Mauer vorstellen

Damit schlug die fröhliche Morgenstimmung in großen Stress um - besonders bei mir. Du musst dazu wissen, dass man so einen Verputz nicht nachbestellen kann. Diese spezielle Farbe wird nur für diese bestellte Menge gemischt, und jede neuerliche Mischung (Nachbestellung) hat eine andere Farbe. Den Farbunterschied würdest du immer sehen. Kurz darauf hat sich durch ein Telefonat mit dem Polier der Baufirma aufgeklärt, warum zu wenig Verputz geliefert wurde. Es gab auch eine viel kleinere Wand im Innenhof zu einem späteren Zeitpunkt in weiß zu verputzen, und er hatte die beiden Flächen verwechselt. Er gab seinen Irrtum zu und hat sich hundertmal entschuldigt, konnte mir aber keine Lösung für dieses Problem anbieten. Diese Mauer musste (aus verschiedensten Termingründen) genau an diesem Tage verputzt werden! Nach der Rückkehr meines Freundes war auch ein großes Fest angesagt, und dafür brauchten wir diese fertig gefärbte und schöne Mauer.

Da standen nun die Maurer auf ihren Gerüsten, sie hatten alles noch einmal nachgezählt und durchgerechnet (sparen kann man dabei nicht - es muss exakt angemischt und angeworfen werden) und versicherten mir noch einmal, dass es niemals aufginge und fragten mich, was sie denn nun tun sollten. Sie erinnerten mich schonungslos, dass ich die Verantwortung trug und eine klare Entscheidung treffen musste. Ein ziemlicher Stress stieg in mir hoch, und ich schloss meine Augen, konzentrierte mich auf diese heikle Situation, ging in die andere Welt, holte alles aus meiner Tiefe und fragte mein Innerstes, was als Bestes zu tun wäre. Dann sah ich vor mir die fertig verputzte Mauer (ich hatte plötzlich volles Vertrauen und kein bisschen Zweifel mehr), und ich sah eine klare Handbewegung zum Weitermachen, und ich konnte mir nur noch die fertige Mauer vorstellen! So öffnete ich meine Augen, machte diese mächtige Handbewegung und sagte der Truppe, dass sie weitermachen sollen und ich die Verantwortung trage. So fuhren die Maurer mit ihrer Arbeit fort, auf den Gerüsten wurde es immer stiller, am Abend war die ganze Mauer verputzt und fünf Säcke blieben übrig. Die gesamte Truppe stand mit offenem Mund vor der fertigen Mauer. Ich selbst weiß bis heute auch nicht, wie das vor sich ging (das ist mir nicht so wichtig), aber ich glaube, es war nur möglich, weil ich es mir vorstellen konnte und keinen Zweifel hatte und darauf verzichtet habe, auf Nummer Sicher zu gehen.

Ich gehe auf Nummer Sicher

Wir hätten so viel Fülle in uns (es ist unser Wesen), und statt dessen stolpern wir von Angst und Sorge erstarrt und mit einem von Zeitungsartikeln und Sensationsberichten total verseuchten Geist und einer negativen Grundhaltung durch das Leben und gehen *auf Nummer Sicher*. Neben der Neugierde (als wüssten wir damit etwas Neues) und dem ewigen Vergleichen (als gäbe es einen einzigen gleichen Menschen) ist dieses Auf-Nummer-Sicher-Gehen (als wären wir dann in Sicherheit) eines unserer größten Hindernisse im Leben. Es ist so, wie kurz vor dem Ziel aufzuhören. Das hat gar nichts mit einer übergroßen Risikobereitschaft zu tun. Ein klarer Geist und ein kräftiges Vorstellungsvermögen haben ganz einfach Schöpferkraft. Dazu sind wir nicht nur befähigt, sondern auch beauftragt. Damit bewegen wir vieles im Leben, und für die wirklich mächtigen Entwicklungen brauchen wir das große Tor! Durch dieses Auf-Nummer-Sicher-Gehen entstehen unsere Ängste und Sorgen, und umgekehrt entstehen durch unsere Ängste und Sorgen die Ich-gehe-auf-Nummer-Sicher-Ideen. Ein Ausstieg aus diesem Kreislauf ist nur möglich mit sehr viel Mut und Vertrauen.

Ich habe so viele Situationen erlebt, wo das große Tor erst dann aufging, nachdem ich auf die Sicherheiten (es sind die Torwächter deiner wahren Sicherheit) verzichtet habe. Ich musste an ihnen vorbeigehen, sie hinter mir lassen und durfte nicht auf Nummer Sicher gehen. Das musst du mal probieren. Es ist das große Tor!

Es ist deshalb das große Tor, weil es eine sehr große Bewusstseinserweiterung ist. Jedes Tor muss durchschritten werden und hat Prüfungen, und das sind die wichtigsten Prüfungen im Leben. Es ist ja leicht und kaum eine Herausforderung, an Gott oder an das Leben oder an das Gute im Leben oder an die Fülle zu glauben, wenn du alles hast und du keinen Mangel verspürst. Aber hast du auch Vertrauen in das Leben und in die Liebe und in die Fülle und Gott, wenn du alles verloren hast und wenn du keine äußeren (scheinbaren) Sicherheiten hast und du deine Freunde verloren hast und die halbe Welt gegen dich ist? Hast du dann auch und noch immer Vertrauen in Gott und in das Leben und die Liebe oder verfluchst du es dann und empfindest es als ungerecht? Wenn du dann noch immer Vertrauen und Liebe und ein großes Vorstellungsvermögen und Mut hast, dann hast du das große Tor durchschritten und wirst zum Meister dieses Lebens.

Mein Körper wohnt in meinem Bewusstsein

Ich muss gestehen, dass mich Krankheiten, Kopfweh und sonstige ganz wichtig gewordenen Wehwehchen, die ich bei anderen beobachte, meistens ärgern und wütend machen. Ich kann nicht einmal sagen, warum das so ist. Aber ich glaube, es sind nicht die Krankheiten, die mich wütend machen, sondern der Mangel an Vorstellungskraft und unser ohnmächtiger Umgang bei den so genannten Krankheiten und körperlichen Erscheinungen.

Ich sehe bei so vielen Menschen die innere Bereitschaft, auf eine Krankheit einzusteigen, und ich kann es ihnen nicht einmal sagen (die meisten werden zornig auf mich, wenn ich davon spreche), weil die Entscheidung eben vor den Gedanken getroffen wird. Es ist praktisch, wie wenn wir Einladungen für Krankheiten versenden. Dahinter steht oft ein (leider) unausgesprochener Wunsch nach Rückzug, Ruhe oder Liebe. Ich verstehe natürlich, dass es der leichtere Weg ist, sich mit dieser inneren Bereitschaft (das sind noch keine Gedanken und Absichten) in eine Krankheit zu flüchten. Mit diesem Weg müssen wir schließlich auch nicht dazu stehen, was wir eigentlich wollen. Aber einmal in so einer Spirale drinnen zu sein, nämlich krank zu sein, macht einen Ausstieg – ähnlich wie bei der Opfer-Täter Spirale – ziemlich schwer, denn unser Körper (unser Körperbewusstsein) gewöhnt sich daran und gewinnt an Macht, dass er der Herr ist und in ihm halt unsere kleine Seele wohnt.

Wenn ich etwas tun will und Termine habe, dann habe ich auch manchmal Kopfweh, aber ich würde mich davon nicht aufhalten lassen. Ich sage zu diesem Schmerz: „Ich alleine bin der Herrscher über meinen Körper", und die Krankheit oder mein Kopfweh erkennt seinen Platz und zieht sich binnen weniger Minuten zurück. Der kleine Körper verliert dadurch an Macht (über mein Leben) und stellt sich darauf ein, dass er in meinem Bewusstein wohnt.

Nun habe ich dir schon eine ganze Menge Briefe geschrieben, ist ja schon fast ein ganzes Buch. Ich liebe es, dir zu schreiben. Du hast mir so viele sehnsüchtige und dringliche Fragen gestellt, und ich habe dir geantwortet. So manches könnte sich auch wie ein Widerspruch anfühlen. Ist es aber nicht. Auch hier ist es immer eine Frage der Ebene – eine Frage, von wo aus man es betrachtet und dann eben beschreibt und erklärt. Hab dich lieb.

Das Leben verlangt immer den nächsten Schritt

Süße, das wird ein kurzes Brieferl. Das Treffen mit dir war heute so unglaublich schön! Die letzten Monate mit dir waren sehr heftig, aber ich habe sehr viel gelernt. Ich spüre sie noch ganz tief, diese Schmerzen. Ich fühle sie noch ganz bei mir, und ich sage auch jetzt noch mit vollem Herzen Ja dazu, und ich bleibe verwundbar (diese innere Haltung macht uns in Wirklichkeit unverwundbar), und ich schütze mich nicht dagegen. Sehr schön für mich ist - das hab ich heute beim Küssen gespürt -, dass uns alle Wellen nicht entzweit, sondern näher gebracht und zusammengeschweißt haben.

Unsere Liebe wurde vom Leben immer wieder schwer geprüft und dadurch sehr gefestigt. Alles, was solche heftigen Wellen überlebt, das *lebt* und besteht! Ich bereue absolut nichts, denn jetzt weiß ich, so eine Begegnung könnte einen zwar umbringen, weil es so tief geht, aber ich weiß auch, wer nicht so tief gefühlt hat, der hat nicht voll gelebt. Das nicht Gelebte und nicht Gefühlte und oft tief Verborgene hat die größte Macht in unserem Leben und zieht im Untergrund die Fäden. Und durch dieses Verborgensein kann es uns auch versteinern. Das nicht Gelebte könnte uns töten! Es sind lebensnotwendige Bewegungen des Herzens. Das, was wir in unserem Herzen zurückhalten und nicht zeigen, werden wir nicht nur für immer verlieren, sondern es richtet sich auch gegen uns. Das, was wir verschenken, bleibt bei uns und stärkt uns!

Es gibt im Leben immer den nächsten Schritt, und er entsteht aus unseren Entwicklungen und unseren Herzenserfahrungen. Die Idee des Lebens ist es, dass ein Gedanke, eine Idee, ein Gefühl, eine Herzenserfahrung ihr Ziel erreicht, nämlich das Wort und die Tat. Jedesmal wenn unser Herz tief berührt ist (auch wenn wir verliebt sind), dann ist das eine Bestellung an das Leben, uns den nächsten Schritt zur Entwicklung zu schicken. Wenn es diesen nächsten Schritt (aus Feigheit, Bequemlichkeit, Sicherheitsdenken etc.) nicht gibt, wenn wir stehen bleiben und uns dagegen wehren, dann werden diese erfühlten, erlittenen und erarbeiteten Erfahrungen und Energien wirkungslos. Sie gehen aber nicht verloren, sondern sie werden stärker (alles was nicht sichtbar wird, gewinnt an Kraft) und richten sich bald gegen uns selbst! Viele nennen das dann *Depression*, Ängste oder auch Krankheit oder unglücklich zu sein oder frustriert zu sein. Ach Mädchen, da kann man viele Kleider, Schattenfiguren, Probleme und Monster daraus stricken.

Arrogant oder depressiv?

Und bezüglich des Themas „Depressionen" kommen viele Leute in meine Praxis und zu meinen Seminaren. Ich nehme es niemals sehr ernst und wichtig. Vor einigen Monaten kam Jutta zu mir und sie hatte schwere Depressionen, und ich habe sie lachend und sehr provokant gefragt ob sie nun *arrogant* oder *depressiv* sein will. Anfangs war sie schockiert und sie wehrte sich eine Stunde lang dagegen und sie fauchte mich an wie eine Wildkatze ... aber dann (als sie es verstand) funkelnden ihre Augen, es stieg Freude in ihr auf und sie musste herzlich lachen. Sie schrieb sich dann einen kleinen Zettel, hängte sich diesen auf den Spiegel in ihr Badezimmer und stellt sich diese Frage (arrogant oder depressiv) nun jeden Tag. Es mag ja sein, dass es schlecht ist, *arrogant* zu sein und dass es ein Fehler ist, das kann ja alles sein, aber Jutta (und sehr vielen anderen) hat dieser Weg geholfen und sie von ihren schweren Depressionen in wenigen Wochen befreit.

Am Beginn des Gespräches fragte ich Jutta nach ihrem *ärgsten* Problem und sie erzählte mir von ihren schweren Depressionen, und ich fragte Jutta auch, was das *Ärgste* ist, das man zu ihr sagen kann ... bei welchem Vorwurf oder welcher Beschimpfung sie sich am meisten wehrt, und wir kamen rasch zum wunderschönen Wort „Arroganz." So gehe ich mit fast allen Problemen und Krankheiten um und schon vielen – die diesen Ideen auch vertrauten –, hat sie geholfen. Ich suche immer das heilende *Gegenüber* - das ärgste und extremste eines Problems oder eben einer Krankheit, mit der Grundidee, dass das Leben uns keine sinnlosen Gemeinheiten in den Weg legt, sondern dass es nur liebende Ideen sind, und dass sie nicht nur selbst gewählt, sondern auch wichtig für unsere Entwicklung sind. Ich suche das Gegenüber und wogegen wir uns am meisten wehren. Es wirkt deshalb so heilend, weil wir mit diesem Ja jegliches Wehren beenden und viele gebundene Energien befreien und damit die Verantwortung für unser Leben übernehmen und lernen uns selbst zu lieben. Uns nicht zu lieben – so wie wir sind – schafft umgekehrt finstere Depressionen. Wir stellen mit diesem Ja wieder eine Verbindung her, es lösen sich dann allmählich alle Zwischenwelten auf und unsere Depressionen (oder andere Gespenster), haben keinen Platz mehr in unserem Leben. Wir hungern sie praktisch aus, nehmen ihnen die Basis, weil wir uns über sie lustig machen, weil wir die Verantwortung für unser Leben übernehmen. Depression ist ein anderes Wort für: Ich will die Verantwortung nicht übernehmen.

Lache über dich, dann bist du geheilt

Depressionen entsteht in den Zwischenwelten – dort, wo die Verbindungen unterbrochen sind – und sie sind der stärkste Ausdruck des Wehrens. Ja, wenn wir uns lange genug gegen etwas wehren, dann ist oft die letzte Station die Depression – die stärkste Manifestation der Zwischenwelt. Das Leben zwingt uns in die Knie und in meiner Arbeit versuche ich diese Idee des Lebens einfach nur fortzuführen – im Vertrauen, dass es niemals etwas Schlechtes sein kann, was uns das Leben präsentiert. Das Problem ist meistens nur unser Bewerten, und dass wir nicht genau genug hinsehen. Damit verbrauchen wir nicht nur den Hauptteil unserer Energien, sondern wir erfahren leider niemals, was das Leben schönes mit uns vorhatte, was es uns sagen wollte, welcher große Auftrag auf uns gewartet hätte. Wir wehren uns gegen eine Sache, weil wir meinen, dass sie schlecht ist, und verbauen uns in Wirklichkeit auch den Weg zum Glück.

Diese Themen und Vorwürfe – die uns in Angst, Panik und Abwehr versetzen – haben ja immer mit unserer Geschichte zu tun. Sie sind dort entstanden. Und das Leben verlangt von uns, sich dieser Geschichte zu beugen. Es ist nicht immer die Arroganz. Bei Jutta war eben die Arroganz das *stärkste* Reizwort, wogegen sie sich so sehr wehrte. Es stand damit der Depression genau gegenüber. Sich mit dieser Idee (arrogant oder depressiv) anzufreunden, war nicht so ganz leicht für sie, denn damit musste sie sich mit ihrer Geschichte konfrontieren und versöhnen (vielleicht erkennen, dass sie wie Mama ist), und sie musste sich auch über sich selbst – und das, was sie Problem nannte – lustig machen. Alles Schwere und auf Befunden dokumentierte war plötzlich ein Witz – reduziert auf einen Satz, den sie auf einen Zettel kritzelte und den sie täglich auf ihrem Spiegel sah. Dazu hätte Jutta sagen können, dass es ihr viel zu einfach ist – manchmal sind wir ja in unser Leiden sehr verliebt und zu einfach darf es meistens nicht sein – und dass ihr Problem doch eine Menge Pillen und Geräte und Therapien braucht ...

Jutta hat sich aber (nach langem Leiden und Wehren) dafür entschieden Ja zu sagen zur *Arroganz* und sie hat erlaubt, dass ihr Problem nur ein *lächerliches* (das Lachen darüber ist schon die Heilung) Produkt einer Zwischenwelt war, und dass es ein liebender Auftrag des Lebens war: Übernimm die volle Verantwortung! Sie erkannte, dass es auch ganz leicht sein darf, sich vom Leiden zu befreien. Ein sehr großer Schritt! Umarme dich!

Wieder heimgekommen ...

Wieder heimgekommen ... welch wunderschöne Formulierung von dir! Danke! Die kann ich gar nicht oft genug hören. Spätzchen, mir geht es ebenso. Wenn man heimkommt, dann wird man so angenommen und geliebt, wie man wirklich ist, und man kann so sein, wie man wirklich ist. Man muss sich kein bisschen verstellen!

Mein Kätzchen, es war so unglaublich schön, dass du heute bei mir in der Wohnung warst, und vor allem fühle ich mich heute sehr geehrt und geliebt und begehrt von dir! Heute war nicht nur das Küssen mit dir schön ... und deine unglaublichen Berührungen (in meiner Hose ist es noch immer ziemlich hart und feucht) und Bisse und alles andere. Heute hast du mir auch so unglaublich schöne Sachen ins Ohr geflüstert. Ich bin noch völlig high ... Ich stehe noch voll unter Strom! Ich kann es noch gar nicht glauben. Ich bin noch total verwirrt. Heute geht es mir einfach so richtig saumäßig gut. Ich bin einfach so glücklich, dass es zwischen uns wieder so fließt und sich so entfaltet. Heute habe ich mich von dir so richtig mit Haut und Haaren geliebt und verzehrt und vernascht gefühlt ... wow ... (bei mir brennt noch alles)! Du warst heute so richtig feurig und ausgehungert (ich ja auch), warst heute kaum satt zu kriegen. Du bist eine Wahnsinnsfrau, fühle mich von dir wie wachgeküsst. Mit deinen Worten, dass du dich mit mir wie heimgekommen fühlst und mit deinen süßen Tränen der Freude hast du heute meine Seele zutiefst berührt. Ja, ich bin sprachlos! Ich sehe, dass es heute auch dir so richtig gut geht. Auch du leuchtest heute hell am Himmel, mein Sternchen. Ich bin erfüllt von deiner Liebe, und ich spüre dich so nah bei mir wie nie zuvor. Das tut so richtig gut, und es ist harte Arbeit, zu mir zu sagen: „Ja, ich erlaube mir so sehr geliebt zu werden und so glücklich zu sein." Nun ist mein kurzes Briefchen an dich ein wenig nass geworden von meinen Tränen der Freude. Ja, nun musste auch ich ein wenig weinen ... vor Freude und vor Glück!

Süße, heute bin ich wirklich unverschämt glücklich und fast sprachlos, so ganz tief hast du mich heute überrascht und berührt. Kätzchen, ich freue mich auf dich, auf alles, was wir gemeinsam noch machen, leben, lachen, lieben, beißen, streiten, gestalten und stehlen werden. Es wird noch voll spannend mit uns beiden! Hab dich sehr lieb, umarme dich und schick dir einen sanften Biss.

Es ist deine eigene Bestellung beim Leben

Süße, danke für deinen lieben Anruf. Du scheinst also zu unserem Date am Wochenende nicht zu kommen. Schade, ich hätte mich so sehr darauf gefreut. Aber es ist o.k. Lass dir Zeit.

Aber genau hier wird es wieder deutlich sichtbar - dein endloser Problem-und-Krisen-Kreislauf, dein ständiges Hin und Her. Du bestellst etwas beim Leben, rufst mich voller Not und Sehnsucht, bist die glücklichste Frau, wenn du mich triffst und in meinen Armen bist und mich küsst und du erzählst mir, dass du ziemlich arge Krisen bekommst und nicht mehr essen und schlafen kannst und weinen musst aus lauter Sehnsucht nach mir. Und dann antwortet das Leben, schickt mich, und ich bin bereit, bei dir zu sein und dir das zu geben, wonach du dich so sehr sehnst - meine Nähe und mein Feuer und meine Liebe zu dir und mein Begehren. Und dann kommt deine Reaktion: Nein danke, lieber doch nicht.

Das machen zwar sehr viele Menschen genau so wie du, aber es ist im Grunde ein sehr trauriger und tragischer Vorgang. Denn irgendwann fühlt sich das Leben verarscht von uns und wird auf unser Rufen und Sehnen nicht mehr reagieren. Probier das einmal bei der Feuerwehr aus! Rufe sie ganz dringlich und dann sagst du ihnen, dass es doch nicht brennt und dann rufst du sie wieder und dann sagst du ihnen wieder, dass du sie nun doch nicht brauchst. Und wenn du das oft und lange genug machst, dann werden sie auf dein dringliches Rufen gar nicht mehr reagieren. Ja, sie werden (neben einer hohen finanziellen Entschädigung) einfach nicht mehr auf dich reagieren und nicht mehr kommen.

Meine Seminare sind leider voll von diesen traurigen und bedauernswerten Menschen und sie weinen bei meinen Seminaren ziemlich bitter, wenn wir die Sache klar auf den Punkt bringen und beim Namen nennen und wir feststellen: Scheiße, das Leben reagiert nicht mehr auf mich und auf meine sehnsüchtigen Rufe und Bestellungen, denn ich habe es viel zu lange verarscht, und ich habe meine Gefühle und Gedanken und Worte seicht und kraftlos werden lassen. Ja, irgendwann interessieren sich die Feuerwehr und das Leben und die Männer und Frauen nicht mehr für uns, wenn wir sie zu oft verarschen. Und es ist mühsam, diese Verbindung dann wieder herzustellen!

Die Feuerwehr kommt nur dann, wenn es dringend ist

Unsere Gefühle und unsere Worte verlieren an Kraft, wenn es keinen nächsten Schritt – nämlich die Tat – gibt. Das ist dann oft die bitterste Feststellung im Leben, dass unsere Gedanken, unsere Worte und unsere Taten keine Kraft mehr haben und dass alles nur noch seicht und lauwarm ist. Ja, irgendwann glaubt uns niemand mehr, wenn wir ständig zwar sehnsüchtig rufen und rufen und dann ... ist eben nichts. Das Leben sagt dann: „Ach ja, das ist die, die immer nur redet und ruft ... Aber sie braucht nichts, denn sie hat scheinbar schon alles, oder es ist einfach nicht so dringend."

Und das Leben reagiert auch nur dann auf uns, wenn es wirklich dringend ist. Wenn wir ganz leise und seicht und lauwarm ins Telefon hineinwispern, dass es bei uns brennt und wir die Feuerwehr dringend brauchen, dann wird keine Feuerwehr zu uns kommen, um zu löschen. So einfach ist das. Probier es halt mal aus. Da musst du schon ins Telefon hineinbrüllen und die Dringlichkeit klar zum Ausdruck bringen, damit die Feuerwehr auch reagiert und zu uns zum Löschen kommt. Die müssen am Telefon spüren, dass es wirklich brennt. Sonst glauben die an einen lästigen Lausbubenstreich. Und das Leben reagiert auf unser seichtes und lauwarmes Wispern auch nicht. Das Leben reagiert nur auf dringliches und kraftvolles Rufen und Sehnen. Erst dann erhalten wir alles, was wir brauchen ... und noch viel mehr!

Und ich muss dir sagen, dass ich von meinen Freunden auch diese Klarheit und Offenheit und Kraft verlange. Ja, ich verlange von meinen Freunden, dass sie offen und ehrlich zu mir sind und mir auch sagen und zeigen, was ich für sie bin und dass sie mich mögen, schätzen und auch sehen wollen. Nicht gezeigte Gefühle existieren für mich nicht! Ich will keine Gedanken lesen müssen, sondern ich will hören und spüren, dass sie mich mögen und sehen wollen. Und ich verlange von meinen Freunden, dass sie für mich bereit sind zu riskieren. Ich habe auch nur solche Freunde. Ich sage und zeige ja auch meine Gefühle und Wertschätzung. Ich habe einfach kein Interesse an seichten, lauwarmen und halbherzigen Verpflichtungstreffen oder Kaffeehaus-Tratscherln, wo ich nicht genau weiß, wie ich dran bin und nur höfliche, verlogene und seichte Gespräche über das Wetter führen muss. Nein danke! Das mache ich auf der Post, auf dem Amt oder im Geschäft, aber nicht mit Freunden. Da will ich nur Kraft, Offenheit und Ehrlichkeit.

Ich tue nur noch das, was meiner Seele gut tut

Mädchen, du hältst dich halt an die Gesellschaftsnorm und leidest viel lieber und zerfließt vor Sehnsucht, als dass du das nimmst und lebst, was du selbst beim Leben bestellt hast! So ziehen Chancen und das Leben an dir vorbei. Du könntest die Weltmeisterschaft gewinnen in: „Wie mache ich mir das Leben schwer?" Na ja, andere können das auch recht gut. Die Welt ist voll von wunderbaren, fähigen und schönen Menschen, die ihre Chancen halt lieber verdrängen und elegant vorbeiziehen lassen.

Und ich frage mich immer wieder, was du denn eigentlich in deinem Leben willst! Willst du echt ein Leben auf Sparflamme, ein reduziertes Leben? Worauf willst du denn nur warten oder sparen? Kürzlich hatte ich eine einzigartige, seltene, aber wunderschöne Begegnung in der Straßenbahn, die ich so schnell nicht vergessen werde. Es war meine schönste Straßenbahnfahrt. Kurz nachdem ich in die Straßenbahn zugestiegen war, kam eine sehr attraktive Frau (so in meinem Alter) und setzte sich gleich mir gegenüber. Schon nach wenigen Minuten sah sie mir in die Augen und lachte mich an und begann ein sehr kraftvolles Gespräch mit mir. Sie war ziemlich offen und sagte mir, dass ich eine unglaubliche Ausstrahlung hätte, und sie sagte mir noch einige andere Sachen, die ich nach fünf Minuten von einer Frau noch nie gehört habe. Es war aber absolut nichts Ungutes dabei.

Ich war wirklich sehr schwer beeindruckt. Und als sie dann aufstand, um auszusteigen, und sich verabschiedete, ging ich ihr nach und fragte sie, wie sie es denn geschafft hat, so offen und so furchtlos zu sein. Sie antwortete mir mit ihrem schönsten Lächeln: „Das ist ganz leicht, denn ich habe vor zwei Wochen erfahren, dass ich nur noch wenige Monate zu leben habe, und ich tue nur noch das, was meiner Seele gut tut, ich tue nun nur noch das, was ich tun will, und ich spreche nun alles aus, was ich fühle und denke. Ich habe nichts zu verlieren. Vielleicht sehn wir uns ja mal wieder." Diese schöne Begegnung hat mich schwer beeindruckt und eigentlich begann diese Frau nun zu leben! Und so eine Diagnose bedeutet ja nicht, dass das dann auch so sein wird. Und sie war bereit, sich zu blamieren, denn sie hatte mich ja angesprochen und schließlich haben wir ja nicht einmal die Namen und Visitenkarten ausgetauscht – ich weiß bis heute keinen Namen von ihr. Ich umarme dich.

Du kannst mir all deine Schätze zeigen

Mein süßes Schätzchen! Ganz egal wie das mit uns weiter geht, ganz egal wie wir zueinander stehen und was wir zueinander sind oder noch werden - ich bitte dich um deine volle Offenheit und um deine Ehrlichkeit.

Wir beide sind ganz edle, wertvolle, besondere und spirituelle Menschen. Wir beide sind sehr alte Seelen, die sich schon lange kennen, die schon viel gemeinsam erlebt haben und die sich nur durch einen Blick, ein Lächeln, eine Berührung zum Schwingen bringen. Etwas ganz Einzigartiges und Wunderbares. Mir kannst du wirklich alles sagen, alles offen legen (ich kenne dich ja eh schon so gut). Du kannst mir all deine Schätze zeigen, mich in dich hineinsehen lassen (das tue ich ja ohnehin schon). Ich bitte dich um das Privileg, dass du mir das Tiefste, das Schlimmste und das Schönste sagst und zeigst und mir dein Innerstes offenbarst.

Keinesfalls bist du mir aber als Freundin, als Geliebte oder als Partnerin, wie auch immer du mich haben willst, irgendwelche komischen Erklärungen oder Rechenschaften schuldig! Nein, so ist das nicht gemeint. Es ist vielmehr ein Angebot an dich und es wäre ein sehr großes Geschenk für mich.

Stell es dir nur kurz mal vor: ein Mensch, bei dem du so sein kannst, wie du wirklich bist, ganz offen und ehrlich, wo du dich kein bisschen verstellen musst oder etwas verbergen musst, dem du sagen kannst, dass etwas kaputt ging, dass du pleite bist, was du falsch gemacht hast oder was dich schmerzt. Und er hört dir nur zu und gibt dir keinen Ratschlag und bewertet dich nicht, und er liebt dich trotzdem genauso, wie du bist, und er stellt keine Bedingungen, und du kannst dich ausruhen von der harten Welt, in der du ständig hörst, dass du anders sein sollst, dass du dich bessern musst, dass du dich ändern musst, dass du vorsichtiger sein sollst und deine Gefühle kontrollieren sollst. Du wirst es erleben, es ist wie zu Hause zu sein, wie am Ziel zu sein. Auch ich wünsche mir das natürlich sehr, und das ist etwas, das man nicht mit jedem Menschen leben kann. Die meisten von uns können das nicht einmal in zwanzig Jahren Ehe verwirklichen. Es erfordert sehr viel Vertrauen, aber es ist höchste spirituelle Arbeit, es ist Erlösung, weil man durch dieses Sich-ganz-zeigen-können in sein eigenes Innerstes vordringt!

Es wird das Schönste für dich in deinem Leben sein

Ich bitte dich, dass du zumindest versuchst, ganz offen und ehrlich zu mir zu sein. Du musst nichts vor mir verstecken oder verbergen - egal was es ist. Ich bitte dich, verschone mich auch nicht und mute mir bitte alles zu (damit stärkst du mich auch)! Ich werde alles verstehen und achten. Alles, was du liebst und bist, gehört zu dir, und all das interessiert mich! Auch wenn du es noch nicht glauben kannst, ich liebe dich wirklich so, wie du bist. In keinem Punkt deines wunderbaren Wesens würde ich dich einengen oder versuchen zu beschneiden oder zu begrenzen oder zu verändern. Als Freund oder Geliebter oder Partner werde ich deine Freiheit, deine Schönheit, deine Einzigartigkeit, dein edles und bezauberndes Wesen unterstützen.

Ich will und muss dir das alles sagen und schreiben. Ich finde, so etwas sollten wir sagen, solange dieser Mensch lebt. Mit Liebe und Wertschätzung und Achtung zu sparen ist Lebensverschwendung! Und Wertschätzung ist einer der einfachsten Wege, alles zu heilen.

Süße, ich will nichts von dir, sondern ich will alles! Ich möchte deine Offenheit, deine Ehrlichkeit, deine Tränen, deine Wut, deine Wunden, deine Ängste. Ich möchte den Einblick in dein Herz und ich möchte es ganz tief berühren, ohne dich besitzen zu wollen, ohne deine Freiheit beschneiden und einschränken zu wollen. Ich weiß, das ist in der heutigen Zeit sehr ungewöhnlich und auch sehr schwer, aber es ist unglaublich schön. Obwohl es eigentlich das Natürlichste dieser Welt ist, gibt es derzeit sehr wenige Menschen, mit denen man das leben könnte. Ich bin mir aber sicher, dass Beziehungen sich genau dorthin bewegen. Beziehungen sind sehr stark im Wandel (die Form verändert sich enorm), und ich bin mir sicher, dass es in Zukunft nicht um Absicherung und Angst (schließlich werden die meisten Ehen ja aus Angst geschlossen), sondern um tiefe Herzensberührungen gehen wird. Es ist der Wandel der Zeit. Lass uns bitte im Kleinen damit beginnen, lass es uns gemeinsam leben!

Süße, ich werde dein Herz, dein Inneres immer mehr und ganz tief berühren und formen und unterstützen und kneten und lieben und zum Blühen und zum Leuchten und zum Schwingen bringen. Glaube mir, wir beide werden einen Stern erschaffen, und es wird das Schönste für dich in deinem Leben sein. Hab dich lieb.

Ich will nicht im Museum landen

Liebes, danke für deinen zauberhaften Anruf. Mein heutiger Tag ist gerettet. Ich habe mich wirklich sehr darüber gefreut. Ich will auch gleich auf das eingehen, was wir heute besprochen haben. Mein Brieferl wird wieder an deiner Geschäftstüre stecken, vielleicht ja ein kleines Blümlein dazu. Die Zeit wurde uns leider wieder einmal viel zu kurz, wenn es bei uns mal fließt, dann fließt es eben.

Auch wenn du dich dagegen wehrst, die Zeit bewegt tatsächlich alles in die richtige Richtung. Wenn du lange genug dein Herz, deine Liebe, deine Gedanken bei einem Menschen oder bei einer Sache hast, dann bist du mit deinen Energien eben auch dort. Dort wo unser Herz ist, dort wo unsere Gedanken sind, dort sind wir! Wenn du an die finsteren Dinge denkst, dann bist du dort. Wenn du an die schönen Dinge denkst, dann bist du eben dort. Unsere Gedanken und unsere Worte formen unser Leben und haben auch eine enorme Kraft und Wirkung, und alles in deinem Leben wird sich genau dorthin bewegen. Also richte deine Gedanken mehr und mehr auf die Liebe, die Weisheit und die Schönheit, dann wirst du auch dort sein. Schau nur kurz auf die Schatten (Probleme), und dann schau gleich auf die Sonne (die Lösungen). Und Lösungen des Lebens sind immer leicht, und sie enthalten nie irgendeine Analyse. Ja, wir können ein Problem analysieren oder eine Lösung finden - aber beides geht nicht. Du bist der Kapitän deines Lebensschiffes! Und wenn wir das Prinzip der Zeit verstehen und die Macht der Zeit und der Liebe und der Gedanken achten und aufhören, uns dagegen so zu wehren, dann ersparen wir uns eine Menge Zeit und viele Umwege. Unsere Gedanken bewegen uns nur dorthin, wo unsere Energien schon längst sind. Du kannst dem Leben vertrauen, und du musst nichts planen.

Süße, du sagtest mir oft (auch heute am Telefon), dass du noch keinen Mann so geliebt hast wie mich, dass noch keiner so verrückt nach dir war, dass dich noch keiner so begehrt hat und dir noch keiner so viel Feuer und Wärme geschenkt hat. Aber bitte gib Acht, dass ich nicht ins Museum komme. Da will ich nicht hin! Es hat keiner etwas davon (wir beide am allerwenigsten), wenn du im Altersheim voller Entzücken erzählst: „Ach damals, also so geliebt und so verehrt wie dieser Mann ... und so fesch war der ... und so schöne Briefe ... und so viel Feuer ... und so heiße Küsse. Ach, war das schön!" Ja, du lebst jetzt, nicht in der Zukunft.

Hast du Zeit oder fühlst du dich wertlos?

Und was die Zeit betrifft, möchte ich dir sagen, dass ich kein Leben in der Hetze und im Stress mehr führen möchte. Diese viele Zeit, die ich nun habe, ist mir sehr wichtig, und ich glaube, dass ich u.a. deshalb so erfolgreich bei meiner Arbeit bin. Ich gehe nach einem Seminar sehr viel spazieren und ins Kaffeehaus, und ich treffe liebe Leute und ich fühle, dass ich unverschämt viel Zeit habe. Das ist ein Luxus, den ich unbedingt leben möchte! Zeit zu haben ist für mich der größte Reichtum, andererseits aber auch nur eine Frage des Bewusstseins. Ich habe ja selbst auch sehr viele Jahre der Hetze hinter mir, und habe mir am Beginn meiner Seminararbeit vorgenommen, diesen Satz „Ich habe keine Zeit“ (die Welt versinkt gerade in dieser Hetze) nie mehr zu verwenden! Ich finde, das ist einer der dümmsten Sätze, und er entsteht aus unserem Mangelbewusstsein. Ich kann ihn nicht mehr hören. Leider ist es ein Markenzeichen von Wichtigkeit und Fleiß, keine Zeit (zum Leben) zu haben und im Dauerstress zu sein. Doch wir alle werden genug Zeit haben, sobald wir die volle Liebe zu uns selbst entdecken. Zeit zu haben ist eine andere Bezeichnung für Sich-wertvoll-fühlen und es ist ein Signal dafür, in der Liebe und in der Fülle zu leben - es ist das Zeichen von hoher Intelligenz und auch von Weisheit.

Probier es mal aus, Zeit zu haben. Da musst du mit dir selbst im Reinen sein und dich selbst lieben und deinen wahren Wert schon fühlen und auch kennen, um Zeit zu ertragen. Denn mit Zeit hast du nichts mehr zu verbergen. Es ist die blanke Begegnung mit dir selbst. Alles wird sichtbar. Leider haben wir es ja sehr lange geübt, unser Wertgefühl von äußeren, vergänglichen Dingen und der Arbeit zu beziehen. Welche Tragödie, wenn das mal wegfällt. Ja, das ist gar nicht so leicht, Zeit zu ertragen. Da ist es schon viel einfacher in die Alltagshetze zu flüchten (da fällst du gar nicht auf) und keine Zeit zu haben und zu rennen und sich hinter einem dicken und ziemlich wichtigen Terminkalender zu verstecken und auf dein Hirn zu schreiben, dass du *keine Zeit* hast. Vor allem begegnen wir uns dabei selbst nicht (kein Termin für uns frei) und müssen uns nicht mit uns selbst beschäftigen und lieben, und es tauchen keine Wunden auf, die dann eine Chance zum Heilen hätten. Sich wertlos zu fühlen vernichtet Zeit! Ich selbst habe natürlich auch manchmal viel zu tun, aber ich habe Zeit, und ich habe das Gefühl, Zeit zu haben. Ich habe keinen Stress! Manche Freunde sind verblüfft, dass ich Zeit habe und kein Terminkalender die Herzen trennt und über Liebe und Freundschaft entscheidet.

Für manche Drogen werden wir geachtet

Die Realität ist leider, dass es sehr wenige Menschen gibt, die Zeit haben. Zeit zu haben ist eine Sache des Bewusstseins – eben wertvoll zu sein. Und Zeit zu haben, aber im inneren Stress zu stehen, etwas tun zu müssen und mit den Gedanken schon weit weg zu sein oder etwas zu versäumen hat ja nicht diese Qualität. Wenig zu tun zu haben, bedeutet also nicht, *Zeit zu haben*. Viel Geld zu haben bedeutet ja auch nicht gleichzeitig, reich zu sein. Wenn du morgen eine Million Euro auf deinem Konto hast, bist du noch nicht reich. Du wirst vielleicht ein Jahr lang brauchen, um das zu realisieren, und wirst dich dieses Jahr vielleicht noch immer als armer Schlucker fühlen und wirst dieses Geld dann mit diesem Mangelbewusstsein genauso schnell wieder verlieren. Das eine hat mit dem anderen nichts zu tun. Reich sind wir dann, wenn wir nicht nur Geld haben, sondern auch das entsprechende Bewusstsein dazu haben und frei von Angst, Gier und Schuldgefühl sind. Wir haben nichts von der Zeit, wenn wir ständig mit den Gedanken bei der Arbeit sind, und wir haben nichts vom Geld, wenn wir ständig in der Angst leben, es wieder zu verlieren oder uns nicht würdig genug fühlen, reich zu sein. Das Bewusstsein, reich zu sein, kommt vor dem Geld, und das Bewusstsein, Zeit zu haben, kommt vor den vielen Stunden, die dich dann ja an deinen Wert erinnern und wertvoll genutzt werden wollen und dich mit dir konfrontieren.

Keine Zeit zu haben lässt uns leider das Wichtigste – uns selbst – vergessen. Ein dichter Nebel zieht sich über unser Bewusstsein, und schließlich wird Stress zur legitimierten Droge (Workaholic), für die wir sogar noch geachtet werden. Wie verrückt wir doch sind! Und irgendwann stecken wir so tief drinnen, dass wir nicht mehr so leicht herauskommen aus dieser zeitfressenden Energiespirale. Dann rennen wir lebenslang unserem Wertgefühl nach. Einen guten Manager erkennst du an seinem ruhigen Schritt und daran, dass er Zeit hat, anstatt gestresst und blind durch die Gegend zu hetzen. Arbeit und Fleiß ist ja etwas sehr Schönes, aber das Gefühl, das Bewusstsein „Ich habe keine Zeit", ist ein Gefühl des Mangels. Wir schützen uns mit diesem Satz meistens vor dem Leben. Und sobald wir uns wertvoll fühlen und die Nummer Eins in unserem Leben sind und aufhören, für Liebe und Anerkennung zu rennen, werden wir auch genug Zeit zur Verfügung haben. „Ich habe keine Zeit", heißt für mich auch: „Ich missachte das Leben." Zeit zu haben bedeutet, in der Fülle zu leben, und wer erlaubt sich denn das schon ... nicht einmal Menschen mit sehr viel Geld schaffen das so leicht.

Die Macht der klaren Formulierung

Ja, wenn wir im Leben an unserem Platz stehen und gelernt haben, uns selbst zu lieben und damit auch unseren vollen Wert fühlen, dann werden wir auch genug Zeit zur Verfügung haben und wir werden vor allem das Gefühl haben, genug Zeit zu besitzen. Dann kehrt Ruhe ein beim Zeit-Stress-Denken und dem Wertgefühl-hinterher-Rennen. Inmitten der Zeithetze versteht man das sehr schwer (das habe ich auch nicht verstanden), aber wenn man aus diesem Energiefeld einmal ausgestiegen ist, dann weiß man, dass unsere ständige Hetze und unser Zeitmangel in Wirklichkeit ein Wertmangel sind und ein sehr kleiner Ersatz für Liebe und für das Gefühl, wertvoll zu sein. Dieses Wertgefühl – genug Zeit zu haben – funktioniert aber auch nur, wenn es ganz ohne inneren Stress ist, und das ist eine Lebenskunst. Stress ist ja ein anderes Wort für Differenzen. Differenzen zwischen dem, was außen zu sehen ist, und dem, was (dahinter verborgen) wirklich ist und von hinten auf unser Leben wirkt. *Differenzen* ... ein anderes Wort für Krieg. Ja, mit Stress sind wir mit uns selbst im Krieg. Dir diese Liebesbriefe zu schreiben ist nur mit sehr viel Zeit und sehr viel Muße möglich.

Und was unser Gespräch mit der Formulierung betrifft, möchte ich dir nochmals sagen, dass das tatsächlich so ist! Wenn man etwas klar benennt, dann verschwindet das Problem (Gespenst), weil es erkannt wurde. Etwas wirklich klar zu erkennen und ganz klar zu benennen, ist die Lösung (auch für schwere Krankheiten), und der Rest geht von selbst. Es ist wie bei einem Gebet: Die Antwort und die Lösung liegen in der klaren Formulierung. Auch bei mir selbst funktioniert das immer! Wenn ich Probleme habe, und ich komme dahinter (das gelingt aber nicht durch Verstandesanalyse), was wirklich los ist, und ich treffe die Sache ganz präzise auf den Punkt und benenne sie ganz klar, dann löst sich das Problem (und die Beschwerden) oft von einer Sekunde auf die andere ganz einfach von selbst auf, als wäre es nie da gewesen. Mit dem Erkennen und Benennen werden die Hindernisse (Gespenster) für den Heilungsprozess beseitigt, und die Natur kann ihre Arbeit tun und alles korrigieren, ordnen und heilen. Das ist keine Zauberei (oder vielleicht doch), sondern lediglich die Macht des Wortes und die Macht der klaren Formulierung! Es muss aber wirklich klar sein! Du kennst sicher Rumpelstilzchen (mein Lieblingsmärchen). Die Königin musste den Namen herausfinden und aussprechen.

Unser Verstand ist zu klein für das wirkliche Verstehen

Und ein ähnlicher Name hätte nicht gereicht. Es musste schon die ganz präzise Benennung „Rumpelstilzchen" sein, nur damit konnte der Bann gebrochen werden. Das ist ein sehr mächtiger Vorgang, den wir nicht unterschätzen sollten.

Die Erkenntnis von Sigmund Freud war ursprünglich ja genial, dass sich durch Verstehen und Analyse die Probleme auflösen. Aber ich glaube, dass dieser Weg etwas entgleist ist, denn wenn wir mit unserem sehr begrenzten und kleinen Verstand etwas erkennen wollen, dann ist es eben das falsche Werkzeug. Mit dem Verstand sehen wir nichts - zumindest *das* sehen wir damit nicht. Unser Verstand ist (besonders heute) auch deshalb so begrenzt und klein, weil meistens die Angst die Herrschaft über ihn hat. Mit dem Verstand können wir diese geistigen Themen und Hintergründe nicht erkennen und verstehen und benennen, und die Gespenster lachen höchstens über unsere Analyseversuche und über unsere vielen psychologischen Listen und Fragetechniken.

Immer wieder besuchen meine Seminare auch Psychologen und sie selbst sagen, dass die Psychologie des Verstandes selbst das größte Problem werden kann. Man kann damit ein Problem verstärken. Wir haben ohnehin schon viele Verstandesprobleme, und mit unserem Hadern und Bewerten (gute Eltern, schlechte Eltern) verbauen wir uns den Weg des Herzens und der Nähe. Und dann eilt uns jemand zu Hilfe, der uns lehrt, unsere Geschichte zu analysieren und sie zu verstehen (aus meiner Sicht ein Irrweg), und der unsere Überheblichkeit und unser Bewerten - besonders unseren Eltern gegenüber - nur noch verstärkt, was uns dann noch mehr frieren lässt. Wir brauchen eine Psychologie des Herzens. Wir können ein Problem endlos analysieren oder endlich eine Lösung finden. Ich frage mich bei meiner Arbeit immer nur: Was hilft und was hilft nicht. Und selbst wenn unsere Eltern tatsächlich Fehler gemacht haben, hilft es uns nichts, sie zu verstehen, sondern nur, uns *blind* zu verbeugen. Diese Verbeugung ist Verstehen mit dem Herzen, es ist die Katze im Sack, es ist Nehmen ohne Zensur.

So viele Menschen kommen zu mir und erzählen ihr Problem und dass sie es verstehen. Und ich kann nur antworten: Dann mach es selber. Verstehen (mit dem Verstand) reicht nicht. Wirkliches Verstehen ist inneres Erkennen und Fühlen. Mit dieser Sicht gibt es keine Probleme ... nur Chancen! Ich umarme dich!

Absolut nichts geht im Leben verloren

Süße, heute ist es schon sehr spät - wieder einmal 4 Uhr morgens. Doch schnell muss ich dir noch ein kurzes Brieferl schreiben und zu unserem heutigen Gespräch noch was sagen. Es war wieder so schön, mit dir zu reden und zu scherzen, dich zu umarmen, dich zu küssen und dein bezauberndes Lachen und deine Grübchen zu sehn. Hey, und du riechst so unglaublich gut!

Viele Menschen sprechen von allen möglichen bösen Tragödien im Leben. Hier gibt es ein Sterben, dort passiert ein Unfall, dort gibt es eine Explosion, dort gibt es einen Krieg, dort eine Krankheit, dort geht eine Liebe oder eine Beziehung zu Ende, und dort gibt es einen materiellen Verlust. Es gibt viele Verwundungen, Schmerzen und Tote. Das alles ist ja tragisch, aber glaube bitte nicht, dass das Leben sich auch in nur einem Punkt irrt!

Und bitte glaube auch nicht, dass irgendetwas im Leben verloren gehen kann, dass es einen wirklichen Verlust gibt! Absolut nichts geht im Leben verloren – alles wird nur umverteilt und ändert die Form. Das ist ein sehr wichtiger Grundsatz, den du für alle Bereiche im Leben anwenden kannst. Nimm ein Glas, das du zerbrichst. Du wirfst es in den Müll, und von dort (nehmen wir mal an) wird es dann verbrannt. Es wird mit diesem Vorgang in verschiedene Formen – auch in Gase – verwandelt, und vielleicht wird aus einem Teil davon wieder ein neuer Gegenstand erzeugt, oder vielleicht wird es in Strom verwandelt, aber niemals ist es verschwunden und verloren. Es hat nur seine Form verändert und sonst nichts

Und all diese Geschehnisse und Ereignisse sind für mich nicht die wahren Tragödien im Leben, sondern lediglich *Bewegungen* des Lebens. Wir können es auch gleich benennen und beweinen und ordnen und ihm in unserem Herzen einen Platz dafür geben. Wir können die zerbrochenen Beziehungen sogleich betrauern, die Krankheiten gleich richtig aussprechen und manchmal heilen, die Verunglückten gleich versorgen, die Feinde gleich erkennen und manchmal auch bekämpfen, und die Verstorbenen gleich beweinen und auch begraben. Wir können sofort und an der richtigen Stelle reagieren und handeln und weinen und kämpfen und loslassen, und wir können dazu gleich sagen: „Da ist etwas geschehen und da ist etwas los."

Die wahre Tragödie ist unser Umgang mit Gefühlen

Und oftmals ist es wirklich nur eine Sache der Betrachtung. Oftmals ist das größte Problem und die größte Tragödie an diesen Lebensbewegungen nur unsere kleine, ängstliche und ziemlich begrenzte Betrachtung und unsere einengende Bewertung der Situation, die meist nur der deutlichste Beweis unserer Unwissenheit ist und niemals auch nur annähernd der Wahrheit entspricht. Außerdem hat jede Tragödie eine andere Seite, eine Qualität.

Für mich sind die wahren Tragödien unser Umgang mit unseren Gefühlen, unseren Wunden und unseren Herzenserfahrungen. Viel tragischer als eine benannte und beweinte Tragödie ist für mich das, worüber wir noch immer nicht sagen, dass *etwas los ist*. Wir können es noch nicht benennen und noch nicht lieben und noch nicht korrigieren. Wir machen uns so viel vor und schneiden lästige Gefühle ganz locker weg, und manche nennen das sogar Friede, weil nichts von Gefühlen zu sehen ist, obwohl es nur einen Millimeter unter der Oberfläche, unter dem freundlichen Lächeln brodelt, kocht und oft bitterer Krieg herrscht. Frieden bedeutet für mich nicht den Zustand ohne Schießen.

Und wenn z.B. eine Beziehung zu Ende geht, dann ist dieses Ende für mich nicht die Tragödie - das ist eine Bewegung des Lebens und manchmal ja nur eine Sache der Betrachtung -, sondern dass wir uns danach verschließen (und verschlossen bleiben) und 2576 neue Regeln erstellen und Schutzmauern errichten und uns meistens für eine neue Beziehung nicht mehr wirklich und ganz öffnen. Das ist dann die Tragödie, denn damit beginnt unser Frieren und unser gefühlsmäßiger Untergang. Wir gehen nicht an unseren Wunden zugrunde und weil sie berührt werden, sondern an unseren Monsterschutzmauern. Irgendwann kann uns niemand mehr verletzen, aber es erreicht uns auch kein Sonnenstrahl mehr.

Und zum sehr verbreiteten Gefühlverdrängungs-und-ich-mach-mir-was-vor-Ritual missbrauchen wir sehr vieles im Leben, sogar das positive Denken. Ich beobachte immer öfter, dass man sich sogar damit ein ganzes Leben lang in die eigene Tasche lügen kann und sich vor dem Fühlen erfolgreich schützen kann. Das sind dann die tollen Sätze: Alles ist für etwas gut im Leben. Das klingt ja eh so toll und mag ja sogar stimmen, aber es ist in vielen Fällen einfach viel zu früh ausgesprochen und eingesetzt und damit missbraucht, absolut wirkungslos und manchmal auch gefährlich.

Die abgelehnte Lebendigkeit

Wenn man mit so einem Menschen arbeitet, ist manchmal genau dieser eine gar so kluge oder sehr positive Satz das allergrößte Hindernis zum lebenswichtigen Fühlen. Ja, wenn wir etwas zu früh verstehen, zu früh positiv sehen - anstatt einfach zu fühlen und zu weinen -, etwas zu euphorisch betrachten (die andere Seite dieser Münze ist meistens die Verbitterung), dann kann es den Zugang zu unserem Herzen versperren, dann fehlt ganz einfach etwas. Wir müssen nicht alles verstehen, und unser höchstes Verstehen ist unser Fühlen. Wenn die Schwester sich das Leben nimmt (ich hatte kürzlich so eine Geschichte in einem Seminar), dann sagt das Leben: Zuerst fühlen und weinen und ordnen und trauern und begraben. Und das kann lange dauern, bis dieser Schmerz einen Platz im Herzen hat und wirken kann und Ruhe gefunden hat. Und dann halten wir den gefühlten Schlüssel in unseren Händen, und erst dann können wir es verstehen und das Positive und sogar Schöne dahinter suchen, finden und sehen. Dahinter verbirgt sich immer eine goldene Botschaft des Lebens, eine Schatztruhe oder ein Auftrag. Aber diese Schätze bleiben uns oft ein Leben lang verborgen, weil wir den wichtigsten Prozess – nämlich das Fühlen – auslassen und somit keinen Schlüssel zu unserem Schatz haben.

Wir verdrängen, sperren weg, killen, amputieren und suchen nach Ablenkungen und nach raschen Heilmitteln und verpassen damit oft jegliche Chance auf Lebendigkeit, auf wirkliche Heilung und Entwicklungsprozesse. Und das Tragischste daran ist, dass wir über diese Versteinerungsprozesse – das sind die wahren Tragödien – nicht einmal weinen können. Nein, wir können sie oft nicht einmal benennen. Es ist alles noch so still und stumm und noch gar nichts los. Und genau diese weggesperrten und amputierten Anteile in uns, gegen die wir uns so sehr und heftig wehren, das ist die abgelehnte Lebendigkeit in uns! Diese Anteile stehen uns nicht zur Verfügung und fehlen uns! Schalter ein – Schalter aus, jetzt feiern – jetzt nicht feiern, jetzt friedlich sein – jetzt nicht friedlich sein, jetzt glücklich sein – jetzt nicht glücklich sein, jetzt fühlen - jetzt nicht fühlen, denn jetzt passt es mir nicht in den Kram. Dieser Umgang sind die wahren Tragödien, und sie schaffen neue Tragödien und neue Wunden. Wir sprechen von Problemen und von Krankheiten, doch für mich sind das die Heilungsprozesse, weil wir darüber schon sprechen können. Es ist ein furchtbarer Zustand, wenn noch nichts los ist und wir in der Scheiße sitzend noch lächeln.

Wir machen uns um die falschen Menschen Sorgen

Vor einem Jahr kam eine Frau zu meinem Seminar, und sie wollte sich das alles nur einmal ansehen. Sie war auffallend dick und sie lächelte immer und machte einen sehr fröhlichen Eindruck auf mich und auf die ganze Gruppe. Als wir die Arbeit froh und locker begannen, fragte ich sie einfach, was denn bei ihr los ist. Und sie sagte mir, dass sie nur Beziehungsprobleme habe. Das reichte mir natürlich nicht, und ich wollte schon etwas mehr darüber wissen. So erzählte sie mir Stück für Stück und nicht sehr gerne, dass sie ihr Mann täglich schlägt – und sie lächelte dabei. Sie erzählte mir weiter, dass ihr Mann auch ein schwerer Alkoholiker ist – und sie lächelte noch immer. Und sie erzählte mir, dass er keiner Arbeit nachgeht und somit kein Geld verdient – und sie lächelte noch immer. Sie erzählte mir weiter, dass er sie ständig vergewaltigt und sie lächelte noch immer. Und sie erzählte mir, dass er auch ihre Tochter vergewaltigt – und sie lächelte noch immer dabei. Ich wollte dann nur noch wissen, wie das alles denn im Alltag mit Kochen, Einkaufen, Putzen, Wäsche waschen usw. funktioniert. Und sie sagte mir, natürlich mit einem netten Lächeln im Gesicht, dass sie das alles macht und *nebenbei* noch 40 Stunden arbeiten geht, um Geld zu verdienen.

Dann war ich an der Reihe, und ich sagte ihr – mit meinem nettesten Lächeln im Gesicht –, dass aus meiner Sicht doch alles in Ordnung sei bei ihr und dass ich mit ihr nicht arbeiten würde und dass es auch gar nichts zu bearbeiten gäbe und dass sie ja gar kein Problem habe und dass doch gar nichts los sei. Es steht mir ja gar nicht zu, zu sagen und zu beurteilen, dass und ob jemand ein Problem hat. Bevor dieser Jemand das selbst nicht sagt, gibt es für mich kein Problem und nichts zu tun. Es ist noch nichts los.

Und dann begann ihr Heilungsprozess, denn sie lächelte plötzlich nicht mehr. Sie spürte nun ihre ganze Scheiße, in der sie schon seit fünfzehn Jahren saß. Plötzlich spürte sie ihre Verzweiflung (kaum eine andere Energie hat mehr Schöpferkraft als die Verzweiflung) und sie spürte nun endlich ihr Problem und sie konnte es damit auch erstmals benennen. Und genau damit begann ihr Heilungsprozess. Bevor sie das alles spürte, hatte sie ein wirkliches Problem, denn es war noch nichts los, es gab noch nichts zum Weinen und zum Korrigieren. Das sind die schlimmsten Zustände. Ja, wir machen uns meistens um die falschen Menschen Sorgen! Die Weinenden sind schon am Wege der Heilung!

Wir bekämpfen Heilungsprozesse

Ich hab mich wieder niedergesetzt und sie stand in der Mitte und lächelte endlich – nach fünfzehn Jahren – nicht mehr, und sie sah mir mit ihrem ganzen Zorn in die Augen und fauchte mich an wie eine Wildkatze – und ihre ganze Schönheit und ihr ganzes Feuer wurden sichtbar –, denn sie hatte (für ihre Begriffe) eine Menge Geld für das Seminar bezahlt, um nun zu erfahren, dass ich mit ihr nicht arbeiten kann und dass alles in Ordnung ist. Sie kochte vor Wut und sie war kurz vor einer Explosion (ich liebe solche Szenen), und die ganze Gruppe ging in Deckung, denn es war eine unglaublich mächtige, fünfzehn Jahre aufgestaute Energie wie kurz vor einem Gewitter. Oft ist Wut ein Ersatz für Trauer, und manchmal kommen wir nur durch die Wut zur Trauer. Sie begann auch bitterlich zu weinen und zu schimpfen und zu toben, und sie war verzweifelt, und sie lächelte nun *endlich* nicht mehr, und ich habe ihr lange nur zugehört und habe ihr lange tief in die Augen gesehen. Dann eilte ich zu ihr in die Mitte, umarmte sie, und wir befanden uns inmitten eines wunderbaren Heilungsprozesses, denn sie fühlte und weinte, und sie sagte erstmals in ihrem Leben, dass etwas los ist und dass sie tief in der Scheiße sitzt und dass sie ein Problem hat und dass sie Hilfe benötigt. Hier begann die Heilung! Und ihr Zorn entstand ja nicht durch mein Seminar. Wir haben nur etwas sichtbar gemacht, das schon lange darauf wartete, ans Licht zu kommen. Etwas als Krankheit oder als Problem benennen zu können, ist schon die Heilung selbst. Das Leben sucht immer einen Weg zur Heilung, nur wir hindern es daran, weil wir glauben, dass die Heilungsprozesse schlecht und Probleme sind. Ja, wir bekämpfen leider Heilungsprozesse!

Dieser Frau geht es nun sehr gut. Sie fand die Kraft, zu einem Anwalt zu gehen, sich scheiden zu lassen und ein neues Leben zu beginnen. Dazu bedarf es aber nie meiner Empfehlung (mach ich auch nicht) – es wurde nur das sichtbar, was schon lange in der Luft lag. Wir finden nie neue Lösungen, sondern nur diese, die vom Leben schon längst geschrieben sind und schon darauf warten, endlich gesehen und genommen zu werden. Bei meiner Arbeit suche ich auch niemals einen Schuldigen. Ich darf keine Partei ergreifen oder bewerten!

Liebes, lass dich ganz lieb an deiner Hand nehmen und dir sanft ins Ohr flüstern: „Stelle dich deinen Gefühlen – stelle dich dem Leben und lerne dich zu lieben!“ Ich umarme dich!

Mein Polster riecht noch immer nach dir

Süße, es war gestern Abend und heute auch für mich wieder so unglaublich schön mit dir! Ich habe alles bei dir und auch bei mir gespürt. Alle Teile an und in mir hast du berührt, und von vielen Teilen wusste ich gar nicht mehr, dass sie existieren. Unsere gegenseitigen Berührungen sind wie die Berührung der Seelen. Mein Polster riecht auch noch immer nach dir. Du warst gestern und heute wieder so richtig nach Liebe ausgehungert! Ich stehe noch voll unter Strom von deinen Berührungen und deinen Küssen. Ich liebe es sehr, mit dir zu lachen, mit dir zu reden, dich zu lieben, dich zu streicheln, dich zu massieren, mit dir zu schmusen und dich abzuschlecken ... aber die Kosmetikindustrie sollte endlich mal ein Make-up und Lippenstifte herstellen, die auch gut schmecken.

Süße, ich habe gerade mit der Gewerkschaft nicht-öffentlicher-Liebhaber telefoniert, und die haben mir dringend empfohlen, ich sollte beim stundenlangen ... unbedingt auf Verschnaufpausen bestehen. Ich konnte sie am Telefon beruhigen, und sie werden nicht kontrollieren kommen. Alles ist so leicht mit dir, weil ich alles aussprechen kann, weil ich nichts verstecken muss, weil ich so sein kann, wie ich bin, weil ich mich kein bisschen verstellen muss, weil wir miteinander blödeln, lachen, schmusen, beißen, ficken (das heute aus deinem Mund zu hören, war wie ein Zauberspruch) und experimentieren können, soviel wir wollen. Der Sex beginnt mit dir schon beim ersten Blick. Es war so schön, wie du mir heute vom Kaffeehaus entgegengerannt (geschwebt) bist. Dein Lachen war das erotischste Lachen, das ich kenne ... deine Bewegungen, dein Haar ... du bist so eine unglaublich süße Zauberin! Danke dir!

Ich bin übrigens begeistert vom Aussprechen (auch beim Sex) und Auf-den-Punkt-bringen. Es ist für mich das Schönste, etwas klar beim Namen zu nennen, klar zu sagen, was man will und einem gefällt. Durch das Aussprechen werden Tabus gebrochen und Energie befreit. Worte haben so viel Kraft, und wenn sie im Einklang stehen mit unseren Gefühlen, dann ist es höchste Magie! Bin auch überglücklich über unser neuestes Geheimnis! Werde es ganz bestimmt keiner Seele erzählen! Ich hab schon lange davon geträumt mit dir ins Kino zu gehen ... ins Kino ohne Höschen ... und keiner hat es bemerkt ... nur ich alleine durfte dein süßes Stöhnen hören ... und deinen unglaublichen Vulkan erleben ... alles musste ganz still sein ... vom Film hast du wohl nicht sehr viel mit bekommen. Hab dich lieb.

Jeder Mensch hat Schattenseiten

Liebste! Du könntest deine vielen Krisen ganz einfach, kurz und bündig beenden, indem du endlich deine Schattenseiten akzeptierst! Jeder Mensch hat Schattenseiten. Und du hast auch welche. Du führst ein Doppelleben, auch wenn du dich dagegen wehrst und das nicht wahrhaben willst. Solltest das Ganze einfach akzeptieren, dass es eben so ist und auch deine Moralvorstellung etwas überprüfen und vielleicht ja auch herunterschrauben. Du kämpfst gegen Tatsachen und machst dich dabei fix und fertig. Du liebst mich sehr tief (du sagst mir das ja auch oft genug) und ja, du führst (auch selbst, wenn du nicht mehr mit mir schläfst) eben ein Doppelleben, weil du trotz dieser Liebe zu mir noch bei Karli bleiben willst (egal aus welchem Grunde), wovon ich dich nicht einmal mehr abhalten will.

Es ist eben ein Doppelleben (so nennt man das halt), wenn dein Herz und dein Hinterteil bei zwei verschiedenen Menschen sind. Aber selbst wenn ich heute sterben sollte und dann dein Herz blutet und weint und du sehr leidest und du mich irre vermisst, wäre dein Doppelleben mit meinem Sterben ja nicht beendet! Dein Herz weint und es weint nicht wegen Karl. Das heißt, dein Doppelleben könnte selbst in diesem Falle noch viele Jahre andauern. Schon wieder so eine Zwickmühle, ich weiß!

Und du selbst weißt ganz genau, dass man so eine tiefe und schöne und einzigartige Liebe, vielleicht auch noch aus einem früheren Leben fortgeführt, nicht einfach so ausschalten kann. Du selbst hast es schon oft probiert und niemals geschafft. Und du selbst hast es mir auch schon selbst so oft und schön gesagt, dass das eben nicht geht! Man kann das nicht wegsperren, wenn man einem Mann begegnet, den man innig liebt, der genau das hat, was man braucht und sucht, dessen Berührung (im Kaffeehaus) dein Höschen feucht werden lässt (deine Worte) und bei dem man sich wie heimgekommen fühlt. An all das wirst du dich doch hoffentlich noch erinnern können. Es ist ein gro ßes Geschenk des Lebens, um das dich (und natürlich auch mich) sehr viele Menschen beneiden! Es lässt uns beide leuchten! Viele erleben das ihr ganzes Leben lang nicht.

Nur dein Verstand hat Krisen

Du selbst weißt, dass es kein Zurück mehr gibt, wenn man dieses Feuer, dieses Sich-begehrt-Fühlen, diese Erotik, diese Liebe, diese Lebensenergie (die man so lange vermisst und gesucht hat) nur einmal ein bisschen gespürt hat. Das ist wie eine süße Droge, der man nicht mehr entkommt. Vielleicht solltest du ganz einfach das alles mal akzeptieren, dass es eben so ist, den Tatsachen ins Auge sehn und nicht mehr dagegen ankämpfen! Süße, auch ich kann nicht mehr zurück, auch mich hat es gepackt. Du hast schließlich mein Innerstes gesehen, und du hast von mir etwas bekommen, das noch keine Frau vor dir bekam: mein Herzblut!

Und selbst wenn du weiterhin bei Karl bleibst und weiterhin ein Doppelleben führst, endet mit deinem Akzeptieren jede Krise, weil du deine Schattenseite endlich anerkennst (ist ja auch gar kein wirklicher Schatten) und dich nicht mehr so dagegen wehrst. Jede Krise endet, wenn man anerkennt, dass das Herz und das Leben viel mächtiger sind als der Verstand. Du bist verstrickt, gell. Genieße es doch, das Leben ist ohnehin stärker als du!

Der Grund deiner Krise ist der Verstand, weil er mit dem, was er sich so vorgestellt und ausgemalt und gerichtet hat, gegen das Leben, gegen das Herz, gegen die Sprache der Seele verloren hat! Und es ist wirklich die Frage, wer denn überhaupt eine Krise hat. Das Herz? Nein, das hat keine Krise! Der Verstand? Ja, der versucht Herzensangelegenheiten zu bearbeiten, und er hat die Krise, weil das, was er sich so schön und einfach ausgedacht hat, was so bequem ist, nicht funktioniert und auch nicht bleibt. Ja, dein Verstand wollte halt noch ein kleines bisschen heile Welt spielen (gerade wo wir uns doch alles so schön aufgebaut und gerichtet haben), und das will er halt nicht aufgeben. Ja, dein Verstand ist es, der festhält und verliert und sich dagegen wehrt. Und er ist es, der eine Krise hat, nicht dein Herz. Das Herz braucht nicht erst zu kapieren, dass es kein wirkliches Zurück gibt, wenn der Funke einmal gesprungen ist. Das Herz weiß das!

Und ich kann dir auch versichern, dass unser Verstand das völlig falsche Werkzeug für unsere Herzensangelegenheiten ist. Viele Menschen versuchen mit dem Kopf, mit dem Verstand zu fühlen, und manchmal bleibt nur die klassische Migräne übrig.

Du kannst alles an dir lieben

Die Liebe mit dir ist mir eine sehr ernste Sache. Du bist so tief in meiner Seele zu spüren, dass mir echt etwas fehlen würde in meinem Leben, wenn ich dich nicht mehr sehen und hören und riechen und spüren könnte. Es wäre, als wenn etwas von mir gestorben wäre, was ich dringend zum Leben brauche. So etwas hätte ich noch vor einem Jahr niemals zugegeben. Es war noch nie so intensiv, so tief für mich. Ja, ich brauche das, auch wenn ich dich nur ein bisschen haben kann. Und ja, reden wird uns beiden helfen! Und ich bin mir sicher, dass deine Krisen enden werden, wenn du mit mir darüber sprichst und deine Schattenseiten einfach akzeptierst und zu dem stehst, *was ist*, was du nicht einfach ausschalten kannst. Jeder Mensch hat Schattenseiten. Dagegen anzukämpfen ist sinnlos und kostet uns sehr viel Kraft.

Die meisten Menschen bedenken beim (aussichtslosen) Kampf gegen ihre Schattenseiten nicht (die meisten nennen sie sogar Fehler), dass es von dieser Qualität, wie bei einer Münze, auch eine andere Seite gibt. Ein Mensch, der z.B. tief verzweifeln und fallen kann, der kann auch tief lieben und tief fühlen. Wenn er sich gegen die eine Seite (die er Fehler nennt, obwohl es nur Energien sind) wehrt und sie oft ein ganzes Leben lang bekämpft, dann steht ihm die andere Seite der Münze bzw. dieser Qualität auch nicht zur Verfügung. Mädchen, du kannst alles an dir annehmen und lieben, du musst dich gegen nichts im Leben wehren. Alles an dir stimmt und alles hat seinen Platz! Musst nur genau hinsehen.

Bezüglich Schattenseiten muss ich dir sagen, dass auch ich jede Menge Schattenseiten habe, die ich sogar liebe! Und glaub mir, jedes Mal, wenn mich bei meiner Arbeit jemand *großer Meister* nennt und mir dankbar ist, genau dann erinnert er mich an meine Schattenseiten und dass ich es liebe, auch ziemlich oberflächlich und erdig zu sein und dass ich schnelle Autos, guten Wein (und natürlich auch schöne Frauen) und gutes Essen liebe und dass es diesen schwachen kleinen Jungen in mir gibt, der weint und sich verkriecht und seine Verstrickungen genießt. Und ich wäre in meiner Arbeit nicht so erfolgreich, wenn ich mich gegen diese Schattenanteile in mir wehren würde. Auch ich muss zu mir selbst und zu meinen Schatten immer Ja sagen und sie lieben. Wir brauchen unsere Schattenseiten für unsere Mitte und unseren Erfolg. Und außerdem will ich gar kein unerreichbarer, aber einsamer Guru werden.

Bist du schon so weit?

Es ist aus meiner Sicht einer der wichtigsten und wesentlichsten (aber meist schwierigsten) Lernprozesse im Leben, sich selbst zu lieben – so wie man ist – und zu sich selbst wirklich Ja zu sagen. Dazu erzähle ich dir eine kleine Geschichte, die habe ich mir heute ganz spontan für dich ausgedacht.

Es war einmal vor langer Zeit ein reicher und stolzer und schöner Prinz, der verliebte sich unsterblich in eine wunderschöne Bettlerin. Und die Bettlerin verliebte sich unsterblich in diesen schönen und reichen Prinzen. Und so beschlossen die beiden zu heiraten, und der Prinz bat die Bettlerin, wegen seines gesellschaftlichen Standes als Prinz, sich darauf entsprechend vorzubereiten.

So sandte der Prinz nach ein paar Tagen seinen Diener zur Bettlerin, um zu erkunden, ob sie schon so weit sei. Der Diener besuchte die Bettlerin in ihrem ärmlichen Haus. Sie hatte in der Zwischenzeit ihr schönes, blondes Haar hochgesteckt, und sie war damit noch wunderschöner als je zuvor. Der Diener sah sie an und sagte: „Nein, du bist noch nicht so weit." Und der Diener ging zu seinem Herrn und sagte ihm: „Nein, mein Herr, sie ist noch nicht so weit."

Der Prinz hatte sehr große Sehnsucht nach seiner süßen Braut und sandte nach ein paar Tagen wieder seinen Diener zur Bettlerin. Der Diener besuchte die Bettlerin abermals in ihrem ärmlichen Haus. Sie hatte in der Zwischenzeit nicht nur ihr Haar hochgesteckt, sondern auch schöne Kleider übergezogen, und sie war damit noch bezaubernder als je zuvor. Der Diener sah sie an und sagte: „Nein, du bist noch nicht so weit." Der Diener ging zu seinem Herrn und sagte ihm: „Nein, mein Herr, sie ist noch nicht so weit."

Der Prinz hatte noch viel größere Sehnsucht nach seiner geliebten Braut und sandte nach ein paar Tagen abermals seinen Diener zur Bettlerin. Der Diener besuchte die Bettlerin abermals in ihrem ärmlichen Haus. Sie hatte in der Zwischenzeit nicht nur ihr Haar hochgesteckt und schöne Kleider übergezogen sondern, trug nun auch ein wunderschönes, seidenes Tuch, und sie war damit noch hübscher als je zuvor. Der Diener sah sie an und sagte wieder: „Nein, du bist noch immer nicht so weit." Der Diener ging zu seinem Herrn und sagte ihm: „Nein, mein Herr, es tut mir leid, sie ist noch immer nicht so weit."

Ja, nun bist du so weit

Des Prinzen Sehnsucht nach seiner geliebten Braut wuchs und wuchs, und er sandte ungeduldig nach ein paar Tagen abermals seinen Diener zur Bettlerin. Der Diener besuchte die Bettlerin abermals in ihrem kleinen und ärmlichen Haus. Sie hatte in der Zwischenzeit nicht nur ihr Haar hochgesteckt und schöne Kleider übergezogen und trug ein wunderschönes seidenes Tuch, sondern hatte wunderschönen Schmuck um ihren zarten Hals, und sie war damit noch viel wunderschöner als je zuvor. Der Diener sah sie wieder mit großen Augen an und sagte: „Nein, du bist noch nicht so weit." Der Diener ging zu seinem Herrn und sagte ihm: „Nein, mein Herr, sie ist leider noch immer nicht so weit."

Des Prinzen Sehnsucht war schon enorm groß und er weinte schon und konnte es nicht mehr erwarten, seine Liebste zu sehn, und so sandte er nach ein paar Tagen abermals seinen Diener zur Bettlerin. Der gute Diener besuchte die Bettlerin abermals in ihrem ärmlichen und kleinen Haus. Sie hatte in der Zwischenzeit nicht nur ihr schönes lockiges Haar hochgesteckt und auch wunderschöne und frisch duftende Kleider übergezogen, sie trug nun auch ein schönes seidenes Tuch und sie hatte wunderschönen Schmuck um ihren Hals, und sie trug nun auch wunderschöne Schuhe – und sie war damit noch viel süßer und schöner als je zuvor. Der Diener sah sie wieder an und sagte: „Nein, du bist noch immer nicht so weit."

Dann wurde die Bettlerin wütend, ihre Augen funkelnden und ihr Becken begann zu kreisen, und sie zog voller Stolz die Schuhe aus und warf sie dem Diener nach und sie zog das Kleid aus und sie warf das Tuch weg und sie riss sich den Schmuck vom Halse und sie trug ihr wunderschönes Haar nun wieder offen und sie leuchtete vor Zorn, dass der Himmel lachte, und sie schrie dabei den guten Diener an: „Sag deinem Herrn und Prinzen, dass er mir gestohlen bleiben kann! Ich bin so, wie ich bin!"

Und der erschrockene Diener rannte aufgeregt zu seinem Herrn und Prinzen und sagte ihm: „Mein Herr und Prinz, schnell kommt! Ihr werdet hoch erfreut und sehr glücklich sein. Eure bezaubernde, leuchtende und wunderschöne Braut – sie ist nun endlich so weit und sie ist nun keine Bettlerin mehr, sondern Eure Prinzessin, denn sie liebt sich so, wie sie ist! Und, mein Prinz, sie ist Euch nun ebenbürtig, denn sie ist ebenso stolz wie Ihr, mein Herr!"

Die Sehnsucht nach Geborgenheit

Gefällt sie dir diese Geschichte? Und deine große Sehnsucht nach Halt und Geborgenheit kann ich auch gut verstehen. Die ist auch sehr deutlich bei dir zu sehen und zu spüren. Es ist auch etwas unglaublich Schönes, sich *gehalten* und *geborgen* und *geliebt* und sicher zu fühlen, und es widerspricht kein bisschen der Idee, *stark* und *emanzipiert* zu sein. Und man findet auch diesen Menschen, der einem das geben kann viel leichter, wenn man diese Sehnsucht (manchmal ist es auch eine Wunde) sichtbar macht, wenn man dazu steht, wenn man sie ans Licht bringt und vom Leben und einer schönen Beziehung heilen lässt. Mit dieser sichtbaren Bedürftigkeit entsteht Ebenbürtigkeit, und damit brauchen wir keine Ersatzgeborgenheit durch Sicherheitsdenken. Damit bauen wir auch nur auf Sand, es ist die größte Illusion.

Wenn du es dir erlaubst und dich selbst liebst, dann wird es auch möglich sein, dich gehalten, geliebt und geborgen zu fühlen. Für jeden Menschen ist das möglich, aber es ist sehr schwer möglich, von einem Menschen, der im Sicherheitsdenken gefangen ist, genau das zu bekommen. Sicherheitsdenken und Besitzdenken sind Ersatzsicherheiten und geben kein Gefühl von wirklicher Sicherheit und führen nicht dazu, sich *gehalten*, *geborgen* und *geliebt* zu fühlen. Das ist ein Irrtum und führt in sehr frustrierende Beziehungssackgassen.

Sich ganz sicher und gehalten zu fühlen, geht nur mit einem großen Herzen, mit Freiheit und mit sehr viel Vertrauen in sich selbst und das Leben. Dazu braucht es keine äußere Sicherheit, sondern sehr viel Herzensbildung und Liebesfähigkeit. Es sind nur die innere Sicherheit und das Vertrauen und die *leichte* Liebe, die einem Menschen dieses Gefühl von Gehaltensein und Geborgensein vermitteln können. Es erfordert ein sehr hohes Bewusstsein. Und wenn dieses schöne Halten in ein enges Festhalten (durch Besitzdenken und Sicherheitsdenken) wechselt - das ist leider sehr oft der Fall und führt zu schwierigen Beziehungen -, dann kann man daran auch zerbrechen und erfrieren, weil es einen der Freiheit beraubt und bewegungslos macht. Das sind dann die bedauernswerten und abgesicherten Beziehungen, in denen man höchstens Atemnot bekommt, weil es enger und kälter wird. Und das ist dann ein sehr, sehr trauriges Spiel und nicht der Weg zum Glücklichsein, zur Freiheit oder sich geborgen und gehalten fühlen. Es wird dann zur Sackgasse! Eine neue Zwickmühle, ich weiß!

Unser Ablehnen heißt meistens frieren

Hauptsächlich beziehen wir das Gefühl, geborgen und sicher zu sein, aus unserer Kindheit. Aber natürlich gibt es keine So-fühlst-du-dich-sicher-Tabelle, auf der steht, was wir in unserer Kindheit alles erlebt haben müssen, damit wir uns sicher und geborgen fühlen. Ich hab dieses Gefühl der Geborgenheit auch bei Menschen beobachtet, die schlimme Tragödien in der Kindheit erlebt haben. Nein, sicher und geborgen fühlen wir uns dann, wenn wir uns mit unseren Eltern und Ahnen verbunden fühlen. *Fühlen,* weil wir ja tatsächlich mit ihnen verbunden sind und auch geborgen sind!

Es sind oft nur Geräusche, Gerüche, eine bestimmte Stimmung oder das Zwitschern eines Vogels und Bilder, die uns an dieses Gefühl aus unserer Kindheit erinnern und uns dabei helfen, es uns auch in der Gegenwart fühlen zu lassen. Solche Erfahrungen hat jeder Mensch in seiner Kindheit gemacht (auch wenn sie noch so klein sind), obwohl man manchmal lange danach suchen muss. Bei meinen Seminaren ist diese Suche nach diesen Bildern oft der Hauptteil meiner Arbeit. Schöne Bilder – es sind sehr wichtige Bilder der Verbindung – hat jeder Mensch, und sie sind nicht genormt nach Gut und Böse, nach Lang und Kurz, nach Reich und Arm, sondern nur nach unserem Annehmen oder Ablehnen. Und unsere Eltern abzulehnen und sie zu bewerten, sich größer als sie zu fühlen, heißt meistens, diese Bilder zu vergessen und eben dafür zu frieren und sich damit unsicher und eben nicht geborgen zu fühlen.

Diese Bilder der Verbindung sind sehr wichtig. Auch ich habe einige solcher Bilder aus meiner Kindheit, die ich mit Sicherheit und Geborgenheit verbinde und an die ich mich sehr gerne erinnere. Ich fühle mich im Leben nun grundsätzlich sicher und geborgen, aber es ist sehr hilfreich, sich an solche schönen Bilder und Szenen der Kindheit zu erinnern. Und wenn mir diese Bilder und Szenen einfallen, dann fühle ich mich ganz besonders geliebt und sicher und geborgen (niemand und nichts kann dieses Gefühl in mir je ersetzen), und ich kann wieder so richtig auftanken. An ein Bild erinnere ich mich ganz besonders oft und gerne. Ich glaube, ich war damals sieben oder acht Jahre alt und ich muss meinen Papa ziemlich geärgert haben, denn er ist mir wütend nachgelaufen und wollte mir eine knallen oder den Hintern versohlen. Ich bin mir sicher, dass er einen ziemlich guten Grund dafür hatte, denn er war grundsätzlich ein liebevoller und ausgesprochen geduldiger Papa, den man sehr lange reizen musste, bis er wütend wurde.

Ich bin für meine Kinder ein mächtiger König

Meine Beine waren damals jedenfalls noch viel zu kurz, und Papa rannte (noch) viel schneller als ich, aber kurz bevor er mich erwischte, schnappte mich meine Mama, zog mich hinein ins Badezimmer und sagte mir, dass ich nun ganz laut „au, au, au“ schreien soll. Ich schrie jedenfalls ganz laut „au, au, au“, und meine Mama klatschte dabei drei mal fest in ihre Hände. Als Papa eine halbe Sekunde später ins Bad gelaufen kam, war alles schon erledigt. Mama sagte ihm, dass sie mir schon ein paar Ohrfeigen gegeben hätte - obwohl ich die echten Ohrfeigen wahrscheinlich gebraucht und verdient hätte. Papa war nun sichtlich zufrieden, er hatte ja schließlich auch mein ganz lautes Au, Au, Au gehört.

Ja, unser Wehren und besser und klüger und größer sein wollen (als unsere Eltern) lässt uns im Leben frieren. Ich bin für meine Kinder immer ein mächtiger König, der niemals verhandelte und niemals demokratisch war. Das ist ja nicht lieblos, aber ich habe ihnen immer meine väterlichen Gesetze mächtig hingestellt (die sie ja auch brechen müssen, um erwachsen zu werden), und ich habe mich kein bisschen vor ihnen verbeugt. Manche meiner Kinder wehrten sich kurz dagegen (das nie endende Gefühl, zu wenig bekommen zu haben) und haben versucht, mit mir zu verhandeln und zu diskutieren (wie ich ein besserer Papa sein würde) und auch größer zu sein als ich und einen Krieg mit mir zu führen, aber wenn dieser Zauber vorbeigeht und sie mich annehmen, *so wie ich bin,* und sie sich wieder kleiner fühlen und akzeptieren, dass ich meine Liebe nur nach meinen Mustern und Vorstellungen geben kann, dann stehen sie stabil im Leben. Bei meinen großen Söhnen kann ich mich schon daran erfreuen. Sie spüren Halt und auch Geborgenheit im Leben, weil sie mich als unverrückbaren Felsen hinter sich stehen lassen und spüren. Ja, ich war und bin immer ihr mächtiger König, und manchmal war ich sicher auch zum Fürchten. Aber auch manche ihrer Lehrer haben sich vor mir gefürchtet, denn wenn es große Probleme gab und sie ungerecht behandelt wurden, dann stand ich mächtig hinter ihnen und habe sie geschützt. Kinder spüren keinen Halt im Leben, wenn keine mächtigen Könige hinter ihnen stehen. Wo sollen sie sich denn anlehnen, wenn sie Schutz brauchen? Etwa bei den kleinen Eltern, die ihre Kinder verstehen wollen, die um ihre Liebe betteln und ihnen jeden Wunsch vom Knie ablesen und bei jeder demokratischen Verhandlung ohnehin die Verlierer sind?

Wir sollten unsere Kinder niemals fragen, was sie wollen

Wir sind gesegnet, wenn wir mächtige Eltern hinter uns spüren, und das sind niemals ideale Eltern. Mächtig sind sie dann, wenn wir sie so unvollkommen oder vollkommen, so ideal oder fehlerhaft sein lassen, *wie sie eben sind.* Wir sind gesegnet, wenn wir klar wissen, dass wir kleiner sind als unsere Eltern. Wir sind gesegnet, wenn wir unsere Eltern achten und lieben und sie respektieren.

Eltern sollten ihre Kinder niemals fragen, was sie wollen. „Mein Schätzchen, willst du das oder willst du das?" Dieser so liebend klingende Satz wird später ihr größter Fluch sein. Ja, dieser Satz produziert später ihre größten Probleme, denn sie werden damit unser Leben bestimmen, sie werden uns sagen, was wir tun sollen, was wir bezahlen sollen, was wir an uns verändern sollen, und dass wir alles bei ihnen verstehen sollen, und sie werden uns vom Thron stoßen, und zum Schluss werden sie den verhängnisvollen Eindruck gewinnen, dass sie größer sind als wir. Mit diesem Bild der kleinen Eltern werden sie aber zu groß und zu klug für die Liebe sein und sie werden ziemlich frieren - manchmal leider auch *erfrieren.*

Unsere westliche Welt versinkt soeben in einer Eiswüste, weil die Ordnung gestört ist, weil wir meinen, dass wir uns mit unseren Kindern verstehen und ihre Wünsche erfüllen müssen, und weil unsere Kinder soeben verlernen, uns zu respektieren und uns zu achten, so wie wir sind, und sich vor uns zu verbeugen, und damit verlernen sie, uns zu lieben und damit verlernen sie das Wichtigste im Leben: sich selbst zu lieben. Uns Eltern zwickt das kaum, aber für sie beginnt ein bitterer Weg, weil es ihnen auch die Möglichkeit versperrt, dass sie Liebe, Achtung und Wertschätzung von anderen Menschen annehmen können. Oh, welch ein trauriger und kalter Weg. Ja, wenn du deinen Kindern schaden möchtest, dann musst du nur versuchen, sie glücklich zu machen (das können sie nur selber) und ihre Wünsche zu erfüllen und dich kleiner zu fühlen als sie. Und wenn wir zu groß für die Liebe sind, dann wird sich als Ersatz für die Liebe (die wir in Wirklichkeit nicht ersetzen können) unser Verstand noch mehr mit tollen Fremdwörtern ausstatten (irgendwann können wir damit jemanden erschlagen) und sich noch mehr aufblähen (wir versuchen sogar mit unserem Verstand zu fühlen), und wir müssen dann einen steilen Weg gehen und mit viel Mühe besonders klug, besonders toll und besonders gut sein, damit wir zumindest ein bisschen Pseudo-Wärme im Leben spüren.

Erfroren im abgesicherten Modus

Und zurück zum Sicherheitsdenken kann ich dir nur sagen, dass es die Produktionsstätte von den meisten unserer Probleme ist. Wir blockieren damit ziemlich alles in unserem Leben, wir versperren damit unsere Gefühle. Bedenke, nur Bilder, die gesehen werden, leben und wirken und nur Gefühle, die gezeigt werden, existieren. Nicht gelebte und nicht gezeigte Gefühle existieren nicht, und sie sind nutzlos und irgendwann auch gefährlich, denn sie richten sich auch gegen uns. Das, was aus unserem großen Sicherheitsdenken und aus unserem angsterfüllten Verstand entsteht, ist ein ziemlich bitteres Energiefeld. Wir bringen damit unser Feuer zum Erlöschen, und es wird langweilig. Unser Becken darf nicht mehr kreisen, unser Schoß wird leblos und ohne Lust, ein heißer Rhythmus lässt uns nicht mehr tanzen, weil unsere Füße am Boden angeschraubt sind, und irgendwann ist es für uns der größte Schock, wenn uns ein Mensch herzlich anlacht. Mit diesem Energiefeld bestimmt die Angst unser Leben, und daraus entsteht wiederum die Illusion, dass es äußere Sicherheiten gibt (welch ein Irrtum), die nur ein billiger Ersatz für Liebe sind. Es ist ein nie endender Teufelskreis – „ach, so ein wunderbarer Mensch, aber leider hat er so vieles versäumt."

Kürzlich kam eine Frau zu meinem Seminar, die Probleme mit ihrem Zorn hatte. Wir nannten ihre Geschichte: Hilfe, ich bin zornig. Und als sie mir (auf mein Bitten hin) ihr Leben und ihre Beziehung schilderte, nannten wir diese Geschichte: Hilfe, ich bin noch viel zu wenig zornig. Wenn die Kommunikation sich nur noch auf Essen, Schlafen, Fernsehen und Urlaub beschränkt und sich unsere Glückshöhepunkte von einer neuen Anschaffung bis zur nächsten hanteln (und das Gefühl der Leere immer größer wird), dann kann man nur noch laut schreien. Irgendwann ist eben alles bequem, erreicht, gerichtet (und unser Hintern wird auch immer breiter) und etabliert, und wenn es dann keine geistigen Werte (um diese muss man sich schon in jungen Jahren kümmern), kein Feuer und keine Liebe (besonders zu sich selbst), und damit keinen Sinn gibt, dann ist alles nicht nur etabliert und abgesichert, sondern auch erstickt und *stumm* ... ein Leben auf Sparflamme. Solche Situationen mit Frustgarantie werden täglich mit unserem viel zu großen Sicherheitsdenken erschaffen. Was soll denn so ein abgesichertes Leben ohne Risiko und ohne innere Beweglichkeit für einen Sinn haben? Arbeiten, sparen, Hobbys, Urlaub, ein neuer Goldfisch, eine neue Versicherung, noch mehr arbeiten, dazwischen ein bisschen Sex - das wars? Sorry, erfroren im abgesicherten Modus!

Weil du es bist, kostet es etwas mehr

Und das Sparen ist – aus meiner Sicht – eine verrückte Idee und ein Mangel an Vertrauen. Keine Ahnung, ob es richtig oder falsch ist, ich sehe nur die bitteren Ergebnisse. Ich sehe immer wieder, dass dieses Sparen funktioniert, aber leider an der falschen Stelle, nämlich in unseren Herzen. Ich sehe, dass unsere Herzen dadurch enger und trockener werden, und das ist wohl ein sehr hoher Preis, für etwas, das wir uns erspart haben - falls das überhaupt geht.

Manchmal verlange ich von einem Menschen (der in meine Praxis kommt), der sich besonders wertlos fühlt - und ein Sparmeister ist -, ein wenig mehr Geld für meine Dienste. Ich sage dann: „Weil du es bist, kostet es etwas mehr." Du bist mir zu wertvoll für das Billige. Manche Leute sind darüber schockiert, aber es funktioniert! Diese Idee ist ja keine Gier von mir, denn auf der anderen Seite lade ich auch immer wieder Leute zu meinen Seminaren ein und gebe Nachlässe. Ja, zuerst sind sie schockiert, aber mir erzählen diese Menschen immer wieder, dass es ihnen sehr geholfen hat. Ich habe sie damit an etwas *sehr Wertvolles* erinnert. Sie erzählen mir manchmal, dass sie sich noch nie so wertvoll gefühlt haben wie mit meinem unverschämten Fordern. Und wenn etwas sehr billig ist, dann freuen wir uns zwar und meinen, dass wir uns damit etwas erspart haben und freie Ressourcen (Energien) gewonnen haben, aber unsere Seele fühlt sich missachtet und meist *billig*. Es erschafft neues Mangelbewusstsein. Wir ersparen uns mit unserem Sparen nur unser Gefühl wertvoll zu sein. Manchmal müssen wir alles verschwenden, um im Fluss, in der Fülle und lebendig zu bleiben.

Es ist nicht immer ein guter Freundschaftsdienst, einem Menschen etwas billiger zu geben, besonders dann, wenn er sich ohnehin schon sehr wertlos fühlt. Genau dann empfindet es seine Seele in Wirklichkeit als eine schwere Beleidigung. Ich selbst bettle niemals um Nachlässe und ich suche niemals etwas Billiges, da kaufe ich es lieber gar nicht. Es hat den Preis, den es hat, und ich will mir nichts ersparen. Und falls ich für etwas zu viel ausgebe, dann wird es in einem anderen Gebiet wieder zu mir zurückfließen. Und wenn ich etwas billiger bekommen habe, dann wird es auf einer anderen Ebene oder bei einem anderen Geschäft eben etwas teurer werden. Kannst dich entspannen, denn das Leben sucht immer den Ausgleich. Wir alle haben ein bestimmtes Energie-Geld-Reservoir, und anheben können wir dieses Reservoir nur mit unserem Wertgefühl, aber niemals mit Sparen. Ich umarme dich!

Ich bin halt ziemlich liebeskrank

Hallo, mein Liebes! Kennst mich ja eh schon – ich muss mit dir reden oder dir zumindest schreiben. Und nachdem ich ja nicht genau weiß, wann wir uns wieder sehen oder am Telefon hören, ich ja nicht sicher weiß, ob unser Date morgen auch was wird (wünsch ich mir zwar sehr), muss ich dir ein kurzes Briefchen schreiben. Möchte nur zu deinen Statements was dazusagen. Machs halt wie beim letzten Brief, einfach wegschmeißen, dann hast du keinen Konflikt mit dem Aufheben. Ich habe heute viel nachgedacht und mir am Abend noch mal die Kassette vom Astrologen Fred angehört.

Gestern muss ich mich ja wie ein Verrückter aufgeführt haben. Ich gebe es ja zu – ich bin halt einfach ziemlich liebeskrank, kenne mich ja selber nicht mehr. Wenn ich dem Falschen erzähle, dass ich mich bei deinem letzten Anruf wie ein kleiner Junge aufgeführt habe und Herzklopfen wie ein 13-Jähriger hatte und meine Stimme gezittert hat (vielleicht habe ich ja auch gestottert) und ich total geschwitzt habe, dann schicken die mich noch zum Psychodoktor oder gar zu einem „Durchbruch zur Freiheit"-Seminar oder so, hehe.

Weiß zwar gerade gar nicht so recht, was ich überhaupt schreiben soll, würde viel lieber mit dir schmusen – äh, ich meine natürlich reden! Bezüglich deiner/unserer Krisen musst aber schon zugeben, dass die Kriserln immer kleiner und kürzer werden und die inneren Bande zwischen uns immer größer werden. Wenn wir eine Rückblende machen, hat uns doch jede Krise, jedes Hin und Her noch näher zueinander gebracht (aber natürlich nicht nur die Krisen). Das ist doch wohl etwas sehr Schönes.

Es ist eben jetzt schon deutlich zu sehen, dass es eine Beziehung (und es ist ja schon sehr lange eine Beziehung) des Wachstums ist. Es ist auch schon deutlich zu sehen, dass uns diese Liebe beide verwandelt. Wird ja auch immer von uns beiden gefühlt und ausgesprochen, dass unser Zusammensein und unsere Liebe derart wichtig für uns beide sind und tatsächlich eine enorme Weiterentwicklung zu sein scheinen. In so einer tiefen Begegnung können wir beide wachsen und zu uns selber finden.

Es ist schwer, so viel zu nehmen

Ziemlich gekränkt hat mich aber dein Satz: Wahrscheinlich ist meine Liebe nicht so stark, sonst wäre ich schon bei dir. Ich habe mich gefragt, ob nun wieder die Zeit ist, wo du alles bereust, was du gefühlt und gesagt? Das wäre sehr traurig. Du selber weißt doch ganz genau, dass das nicht stimmt. Ich will dir aber gar nichts vom Gegenteil erzählen, das musst du schon selber herausfinden und formulieren. Aber wenn man bedenkt, was alles geschehen ist, und ich ja definitiv erst seit kurzem von Claudia getrennt bin und wir uns ja noch gar nicht so lange kennen (in diesem Leben), kann man die Tiefe einer Liebe doch nicht daran messen, ob du nun schon bei mir bist oder nicht. Es ist ja in dieser kurzen Zeit sehr viel geschehen. Oder bist du jemals davor so tief berührt worden, hast du dich schon einmal so sehr geöffnet, hattest du schon mal so erotische Gedanken und war dein Höschen schon einmal im Kaffeehaus von einer einzigen Berührung nass?

Und außerdem spielen da sehr viele Faktoren mit und ja wohl auch der - hast du ja auch zugegeben -, dass es auch eine bestimmte Angst vor dieser tiefen, großen und schönen Liebe gibt, die bis ins Innerste, bis in die Seele berührt. Es ist wie der kleine Tod. Wir beide wünschen uns das zwar schon lange, aber es dann vor sich zu haben, das ist dann noch mal eine andere Sache und lässt uns Menschlein oft gehörig zurückschrecken und fragen, ob ich es denn wert bin? Und dann zieht es uns wieder magnetisch und mystisch zu diesem Menschen, zu diesen schönen Möglichkeiten hin, und dann erschrecken wir wieder vor der Tiefe, vor der Liebe und vor dem Gefühl, zu Hause zu sein. Wenn man sich etwas sehr wünscht, heißt das noch lange nicht, dass man es gleich annehmen kann, wenn man es bekommt, wenn es plötzlich da ist. Und wie nackt und unwichtig könnten wir uns dann fühlen, wenn wir plötzlich nicht mehr vor Sehnsucht zerfließen müssen, sondern es leben können? Ja, dann könnte uns plötzlich ein Problem fehlen. Manchmal jammern wir ja auch viel lieber als etwas zu nehmen und zu genießen. Ja, für viele Menschen gibt es keine größere Strafe, als dass du ihnen ihre Probleme nimmst und sie dann keinen Grund mehr zum Jammern haben. Es ist tatsächlich sehr schwer, so viel zu nehmen – noch dazu, wo wir doch gerade die Ich-bin-so-unwürdig-und-wertlos-Übung emsig gebetet haben. Und dann unterbricht uns das Leben und sagt: „Hier hast du, was du dir wünschst!“ Ja, das Leben versucht ständig zu korrigieren und zu heilen und uns zu beschenken, mit dem, was wir uns wünschen.

Mit deinem Herzen bist du schon längst bei mir

Und dieser Versuch des Lebens, etwas zu korrigieren und zu heilen ist nicht etwa eine neue Erfindung, sondern eine Dynamik, die uns Menschen Millionen von Jahren (auch ohne Schulmedizin und ohne Psychologie und ohne aufgeblähten Verstand) überleben ließ. Aus meiner Sicht ist es eine Anmaßung, zu meinen, dass wir Menschen etwas tun oder heilen können. Wir können (als Teil der Natur) lediglich die Natur dabei ein bisschen unterstützen und Verstandeshindernisse beseitigen, damit das Leben (die Natur) seine Arbeit verrichten kann und endlich heilen kann.

Tatsache ist, dass du (und natürlich auch ich) etwas gerufen, etwas herbeigesehnt hast, was du dir schon lange gewünscht hast - sonst wäre es ja auch nicht gekommen -, und nun ist es eben da. Ja, du hast dir schon lange gewünscht, endlich wieder *nach Hause zu kommen*, endlich so tief berührt zu werden, endlich dich selbst ganz und gar zu spüren, endlich so sehr begehrt und wieder geliebt zu werden, endlich das alles - von deinen Grübchen bis zu deinem Höschen - zu fühlen! Warum stehst du denn nicht einfach dazu? Ganz sachlich und nüchtern betrachtet ist das eben so, sonst wären wir uns ja gar nicht begegnet und sonst hätte das alles ja gar nicht so lange gedauert. Und du hast auch definitiv vor, aus der Beziehung zu Karl auszusteigen und mit mir zu leben, das ist ja auch kein Geheimnis mehr, und du hast es mir oft genug und ziemlich deutlich gesagt. Und es ist mir ehrlich gesagt nicht so wichtig, wie lange das noch dauert, weil du mit deinem Herzen ohnehin schon längst bei mir bist.

Es soll auch gar nicht zu schnell gehen. Ich möchte auf keinen Fall, dass du so etwas machst, weil du einen Druck von mir spürst, nein. Das soll aus wirklich freien Stücken geschehen, wenn die Zeit dafür reif ist. Sonst hat das keinen Wert für mich. Und wenn ich mir erlauben darf, das zu sagen: Ich glaube, dass das schon sehr bald sein wird, außer du lässt dich durch deine Schuldgefühle und deine Ängste wieder aufhalten und reduzieren.

Du trittst in eine völlig neue Zeit, in einen neuen Lebensabschnitt, in eine völlig neue Lebensenergie ein, wo sich auch Wertigkeiten total verändern, wo du alles (besonders in der Liebe) über den Haufen werfen wirst, was du bisher gelebt und gekannt hast.

Du leuchtest durch die neue Energie

Und zu deinem Statement, dass du dir nicht vorstellen kannst, von Karl wegzugehen, muss ich dir sagen, dass es auch gar nicht nötig ist, dir das vorzustellen. Es ist viel wichtiger, dich daran zu erinnern, wie dein Befinden in dieser Beziehung war, bevor du mich kennen gelernt hast. Es ist auch viel wichtiger, dir vorzustellen, wie diese Beziehung mit Karl in einem Jahr, in zwei Jahren, in drei Jahren, in vier Jahren usw. sein wird. Dann wirst du dich nämlich schnell an dein Gefühl vor unserer Begegnung erinnern, wo du dich (nach deinen Worten) gehemmt und eingeschränkt gefühlt hast und eben nicht glücklich warst. Du brauchst dich nur daran zu erinnern.

Das ist manchmal der schwierigste Punkt, wenn man in einer (nicht sehr glücklichen) Beziehung einen neuen, feurigen - dringend herbeigesehnten - Menschen kennen lernt. Du lebtest in deiner Beziehung in einer ganz bestimmten Energie, und (ohne sie zu bewerten) warst du damit unzufrieden, gehemmt und eben eingeschränkt und hast dich deshalb schon vor mehr als einem Jahr innerlich auf die Suche gemacht nach dem Menschen, der dich tief berührt, der dich sehr begehrt, der verrückt nach dir ist, der dich mit Haut und Haaren liebt und dich zum Schwingen und zum Leuchten und zum Schweben bringt und mit dem du wirklich glücklich sein kannst. Du brauchst zum Entwickeln ein Gegenstück, genau wie ich auch.

Dann hat das Leben gütig geantwortet, und du hast genau diesen Menschen getroffen (eben mich), der dich das spüren hat lassen, mit dem du diese Lebensenergie, dieses Feuer entdeckt hast, und du lebst plötzlich in einer völlig neuen Energie. Du bist getragen von Liebe, denkst fast ständig an mich, vermisst mich, wenn du mich zwei Tage nicht siehst, würdest es nicht aushalten, nur einen einzigen Tag nichts von mir zu hören, spürst meine starke Liebe zu dir, spürst deine starke Liebe zu mir, spürst mein enormes Feuer für dich und strahlst damit etwas völlig Neues und Glückliches aus. Du strahlst damit etwas aus, das man vorher noch nicht bei dir gesehen hat! Ich habe eben Teile in dir berühren und erwecken dürfen, so wie du auch bei mir.

Ein Mensch verändert sich nicht über Nacht

Es ist eben diese neue Energie, die dich zum Schwingen und zum Leuchten und zum Schweben bringt, die dich voranbringt, die dich glücklich sein lässt – nicht die alte Energie mit Karl. Wenn man dann aber in seiner alten Beziehung bleibt (egal aus welchem Grund), dann verschwimmt das mit der Zeit ein wenig, und man macht sich irgendwann vielleicht auch vor (aus Bequemlichkeit oder wegen dem neuen Wohnzimmer, das man gerade eingerichtet hat), dass in dieser alten Beziehung ja eh alles in Ordnung ist, dass man eh ein glückliches Leben führt, weil man diese neue Energie eh zumindest ein bisschen spürt und ab und zu auch leben kann. Ja, es ist ein böses Spiel, mit dem man beides verliert, die alte und die neue Welt.

Das heißt, dass diese bestehende, aber alte Beziehung eine Zeitlang von der geborgten neuen Energie lebt und die bequeme heile Welt noch ein wenig am Leben lässt. Ist ja grundsätzlich (zumindest für dich) kein Problem, aber wenn man genauer hinsieht und sich nicht aus Bequemlichkeit in die eigene Tasche lügt, dann stellt man schnell fest, dass dies ein großer Irrtum ist, dass es nicht die Energie deiner Beziehung mit Karl ist, die dich leuchten und schweben lässt! Und ein Mensch kann sich nur sehr schwer (falls überhaupt) praktisch über Nacht ändern (oder gar etwas ablegen), auch wenn er das hoch und heilig verspricht. Das haben schon viele probiert. Das ist eine Illusion!

Das ist nun kein schlechtes Wort über deinen Karl (er ist ein ganz wunderbarer Mensch), aber diese Energie mit Karl hat dich auf die Suche nach mir geschickt. Ja, man vergisst leider sehr schnell die alte Energie, mit der man sich auf die Suche nach dieser neuen Energie gemacht hat. Aber stell dir nur einen Augenblick die Beziehung mit Karl ohne diese neue Energie, ohne dein inneres neues Leuchten vor? Stell dir nur kurz vor, du hättest all die schönen Sachen mit mir nicht gespürt und kennen gelernt? Bist du dann glücklich, oder geht dir etwas ab? Und wie sieht deine Beziehung mit Karl in einem oder in zwei oder in drei Jahren aus? Ein Mensch verändert sich nicht über Nacht (falls das überhaupt möglich ist), nur weil er es will oder weil er es dir verspricht oder es sich vornimmt. Das sind die Fragen, die du dir stellen solltest, und dabei geht es gar nicht um mich, sondern nur um dich!

Nichts an uns müssen wir los werden

Du bereust nun scheinbar auch, dass du dich mir geöffnet hast, und du übst dich sichtlich angestrengt darin, mir nicht mehr zu viel zu zeigen und dich nicht mehr zu öffnen. Das ist nur traurig, sonst nichts. Du willst dich damit wahrscheinlich vor dem gefürchteten Doppelleben schützen, und du lehnst nun wieder so vieles an dir (besonders deine Schattenseiten) ab. Und wo beginnt denn nur so ein Doppelleben? Beginnt es beim Sex oder beim Küssen oder beim Abschlecken (bitte mit genießbarem Make-up) oder beim Niedergeschmust werden oder bei den Gedanken?

Und zum Ablehnen deiner Schattenseiten möchte ich noch sagen, dass es in Wirklichkeit gar nichts gibt, das wir an uns ablehnen müssen, gegen das wir uns wehren müssen. Es kommt immer nur auf die Seite an und darauf, was wir aus unseren Qualitäten machen. Bei einem Seminar sagte mir kürzlich eine Frau, dass sie am Ende von Beziehungen immer sehr tief leidet und sehr tief fällt, und sie wollte das ändern und loswerden. Ich fragte sie, ob sie sich wirklich sicher ist, dass sie das ändern will (falls man das überhaupt kann). Und sie sagte mit vollem Herzen: „Ja, das will ich unbedingt loswerden!“ Dann schilderte ich ihr, dass Menschen, die so tief fallen und leiden können, auch sehr tief lieben und fühlen können und ob sie diese Qualität des Lebens (es ist nur die andere Seite) wirklich loswerden will - und ich stellte sie dabei symbolisch auf die andere Seite. Nach kurzem Nachdenken ging ihr plötzlich ein Licht auf und sie sagte mit vollem Herzen: „Oh nein, es passt eh alles bei mir und ich muss nichts loswerden!“ Die ganze Gruppe hat gelacht. Die gleiche Energie, die das Problem bewirkt, führt auch zur Lösung.

Ich weiß auch, dass es manchmal sehr schwer ist, so viel Liebe anzunehmen. Da ist es oft viel leichter, sich davor zu schützen und zurückzuziehen. Da taucht dann auch oft die Frage auf: Bin ich es denn wert? Aus meiner Sicht ist es auch ein großer Irrtum, dass wir das Wertgefühl lernen oder finden wollen! Wenn wir genauer hinsehen, dann stellen wir fest, dass es unser ureigenstes Wesen ist, und wir können nur Hindernisse zu uns selbst beseitigen. Kätzchen, bitte lass mich dich ganz tief in deiner Seele berühren und dich zum Blühen, zum Leuchten und zum Schwingen bringen.

Ich umarme dich!

Bitte, was sind denn Gefühlsschwankungen?

Liebes, verzeih mir, aber bitte, was sind denn nur Gefühlsschwankungen? Sorry, ein wenig musste ich darüber lachen. Aus meiner Sicht gibt es so etwas nicht! Wie soll denn ein Gefühl, eine Herzenserfahrung, eine Erkenntnis, eine tiefe Herzensberührung von einem Tag auf den anderen *schwanken* oder gar weg sein? Du musst selber zugeben, dass das nicht geht! Es sind lediglich Schwankungen zwischen Verstand und Herz. Der Verstand versucht halt mit aller Gewalt, eine bestimmte heile, bequeme und (scheinbar) sichere Welt, die ihm gefällt, aufrechtzuerhalten und das tiefe Gefühl zu verdrängen. Der Verstand fürchtet nichts mehr als das starke Fühlen, denn dann beginnen oft unbequeme und unkontrollierbare und neue Wege. Einen Tag gelingt ihm das, und am nächsten Tag kommt halt wieder das Herz zum Vorschein. Das sind die so genannten Schwankungen.

Alles kann so bleiben, wie es ist zwischen uns, wie du es willst. Aber im Sinne von Geben und Nehmen, frag dich doch einfach selber, was du von mir willst und brauchst und genießt (das sagst du mir ja oft genug), und dann weißt du auch zu 100 Prozent, was ich so dringend brauche. Ich will dir einfach sagen, dass es mich sehr tief verletzt, dass ich mir derzeit alles noch so Kleine und Süße von dir so erbetteln muss, dir herauslocken muss. Das macht mich einfach so sehr traurig. Du brauchst mir zuliebe aber nichts verändern. Es soll von Herzen kommen oder eben nicht! Ich werde dir auch in Zukunft gefühlsmäßig alles zeigen und zu allem stehen, was ich fühle, und ich werde auch in Zukunft alles riskieren. Ich kann nicht anders – es ist mein Job, und Machtkämpfe mag ich einfach nicht. Die sind mir zu teuer, und damit versteinert man nur.

Dazu fällt mir die Geschichte vom Mönch und vom Skorpion ein. Verzeih, mir fällt immer gleich eine Geschichte oder eben ein Beispiel ein. Meistens weiß ich gar nicht mehr, woher ich sie habe. Ein Mönch überquerte einen Fluss und begegnete einem Skorpion, der um Hilfe bat. So nahm der Mönch den Skorpion auf seine Hand und trug ihn über das Wasser. Kurz vor dem Ufer richtete der Skorpion seinen Stachel zum Stechen auf. Da fragte ihn der Mönch, warum er denn das tun wolle, wo er ihm doch sein Leben gerettet habe. Da antwortete der Skorpion: „Es ist dein Job, Leben zu retten, und mein Job, zu stechen." Hab dich lieb.

Die Liebe hat mich gekrönt und gekreuzigt

Kätzchen, ich freue mich immer, von dir zu hören. Danke für deinen süßen Anruf! Du hast mir damit eine riesengroße Freude gemacht! Da entsteht ja gleich ein kleines Brieferl daraus.

Immer öfter, besonders wenn du dich so sehr und wunderbar öffnest wie die letzten Tage, dann lässt mich unsere tiefe und wunderschöne Verbindung und Liebe so richtig durch das Leben und durch die City schweben. Dann spüre ich dich so richtig tief in mir, dann gehst du ganz nahe neben mir und mit mir Hand in Hand, deinen Kopf legst du dabei auf meine Schulter, dann begleitet mich dein erfrischendes Wesen, dann höre ich dein zauberhaftes Lachen, dann rieche ich dich und bin ganz high davon, dann höre ich deine süße Stimme, dann kitzelt, und elektrisiert mich dein erotisches und wundervoll duftendes Haar, dann spüre ich die sanfte Berührung deiner Hüften und erahne damit deinen geheimnisvollen Schoß, dann sehe ich dich wie eine Gazelle auch überall aus den Gassen hervorkommen und wieder hineinhuschen. Süße, ich fühle mich so sehr beschenkt mit dir. Du bist so eine Schönheit, du hast so ein schönes Herz. Und wenn ich dich lachen sehe, dann halte ich es manchmal fast nicht aus ... so schön ist das dann für mich! Beim Lachen strahlst und leuchtest du so richtig. Das ist dann so, wie wenn du deine schöne Seele ganz weit und nur für mich ganz alleine öffnest und nur mir ganz persönlich deine mächtige Sonne zeigst.

Liebste, das Leben hat mich mit dir sehr überrascht, sehr tief berührt und sehr beschenkt. Diese Begegnung mit dir hat mein Leben völlig auf den Kopf gestellt, aber wer kann sich davor schon schützen. Die Liebe hat mir gewunken, und ich bin ihr gefolgt; sie hat zu mir gesprochen, und ich hab an sie geglaubt; sie hat mich wachsen lassen und auch beschnitten; sie hat mich jubeln und auch weinen gelehrt; sie hat mich gekleidet und auch nackt gemacht; sie hat mich reich und auch bitter arm gemacht; sie hat mich geknetet und geschmeidig gemacht; sie hat mich für würdig empfunden und meinen Lauf gelenkt; sie hat mein Herz zärtlich berührt und auch schwer verwundet; sie hat mich zum Entzücken und zum freudigen Bluten gebracht; sie hat mich gekrönt und auch gekreuzigt. Ich umarme dich!

Strudeltauchen ...

Süße, zu unserem gestrigen heißen Gespräch wollte ich noch was ergänzen. In meiner Kindheit ging ich sehr gerne in die Traun zum Schwimmen. Und dort gab es viele so genannte Strudel. Ein Strudel ist eine Stromschnelle, die sich in einem Fluss bildet. Mein Vater warnte mich immer eindringlich davor. Das hat mich und meinen besten Freund natürlich ganz besonders gereizt. Als ich etwa zehn Jahre alt war, fragte ich meinen Vater so ganz nebenbei mal, was man denn beachten muss, falls man in solch einen Strudel *zufällig* hineinkommt. „Stillhalten und keine einzige Schwimmbewegungen darf man machen", war seine knappe Antwort. Gleich am nächsten Tag probierte ich es mit meinem Freund aus. Ich gebe es ja zu, ich war schon damals ein wenig verrückt, meine Eltern wissen es bis heute nicht.

Wir Buben schwammen – einer nach dem anderen – direkt zum *Strudel* hin, und er zog uns gierig und mit all seiner Macht hinunter in die Tiefe. Wir hatten natürlich Todesangst. Mitten im Strudel bekam jeder von uns Panik und wollte sich schon dagegen wehren. Es war eine schwere Prüfung für uns Burschen, aber wir hielten still und wir machten keine einzige Schwimmbewegung. Wir wehrten uns kein bisschen, wir wären sonst ertrunken. So zog uns der Strudel hinunter in die Tiefe, und ganz unten spuckte er uns einfach wieder aus, als würde er uns gütig das Leben schenken ... als würde er sich für uns zarte Bürschlein nicht mehr interessieren.

Damals wusste ich noch nicht, dass dieser gefährliche Kinderjux (er wurde kurzzeitig neben dem Schlucken von Regenwürmern auch als Mutprobe für eine Bandenaufnahme anerkannt) eine tiefe Lebensweisheit für mich werden sollte. Meine ganze Seminararbeit besteht nun genau daraus: Menschen zu diesem Punkt hinzuführen, das Wehren zu beenden und sich selbst und sein Schicksal vollständig anzunehmen und sich zu lieben, so wie man ist. Es war für mich selbst die wesentlichste Lektion, das Wehren zu beenden. Es begegnen uns immer wieder Strudel der Gefühle und Schmerzen und Tragödien, und wir wehren und schützen uns so sehr dagegen (das sind die Schwimmbewegungen), und wir sind oft ein ganzes Leben lang in so einem Strudel gefangen. Niemals sind wir wirklich ganz unten, niemals wirklich ganz oben, niemals haben wir wirklich und tief gefühlt, niemals wirklich das Wehren und Hadern beendet - wir ertrinken gefühlsmäßig dabei und keiner bemerkt es.

Gnade ist viel mächtiger als das Schicksal

Und zu deiner Frage wegen des Schicksals muss ich grundsätzlich sagen, dass das Schicksal eines Menschen tatsächlich ganz oben steht und sehr stark ist und sein Leben zum Großteil lenkt und bestimmt. Natürlich können wir selbst unser Schicksal jeden Tag in die Hand nehmen und verändern, aber die Achtung vor dem Schicksal eines Menschen ist tatsächlich sehr wichtig.

Aber für den Betrachter kann es ein sehr teurer Satz sein. Dieser Satz stimmt, aber er kann unser Herz (besonders beim Anblick von so manchem schweren Schicksal) sehr hart und kalt und eng werden lassen. Bei dieser Erkenntnis (des mächtigen Schicksals) dürfen wir nicht stehen bleiben. Wir sollten bei keiner Erkenntnis stehen bleiben. Wenn wir bei dieser Betrachtung stehen bleiben, rutscht uns dieser Satz viel zu locker aus dem Ärmel - dass dieser Mensch sein eigenes Schicksal hat und man es achten muss und er auch selbst dieses Schicksal erschaffen hat. All das stimmt ja auch, aber wir erschaffen mit einem Herzen, das etwas sieht und nicht handelt (weil es da eben das mächtige Schicksal gibt und wir es ja achten müssen) und damit enger wird, schließlich auch unser eigenes Schicksal. Das nennt man dann vielleicht „das Schicksal des harten Herzens." Und aus eigener Erfahrung und vielen Beobachtungen weiß ich, dass es noch etwas viel Mächtigeres als das Schicksal gibt, nämlich die Liebe, und damit wird Gnade möglich. Gnade darf alles ändern! Sie ist die größte Macht im Leben und mit ihr lässt sich jedes Schicksal (natürlich auch dein eigenes) binnen einer Sekunde absichtslos ändern und heilen.

Es ist grundsätzlich sehr wichtig, sich vor dem Schicksal (natürlich auch vor seinem eigenen) tief und achtsam zu verneigen, und wir können einem Menschen auch Schaden zufügen, wenn wir das nicht tun und unser Helfen und Tun lediglich unserer Eitelkeit dienlich ist. Aber nach dieser tiefen und achtsamen Verneigung (vor dem Schicksal) halten wir plötzlich einen Zauberstab in unseren Händen, und wir können Karma aufheben und Schicksale verändern (natürlich auch unser eigenes), ohne zu schaden und ohne etwas wegzunehmen. Dafur brauchst du gar keine Absicht! Es ist ein mächtiger Akt der Liebe, es ist Heilung (auch unserer harten Herzen). Damit ist alles im Leben möglich und erlaubt. Manchmal sind das die Dinge jenseits unserer Vorstellungskraft.

Es gibt keinen nicht spirituellen Menschen

Wenn wir einen Menschen mit seinem (oft schweren) Schicksal sehen und ihn (jedoch ohne Mitleid, also sein Schicksal achtend) lieben, dann wird Gnade wirksam! Wenn wir uns vor dem Schicksal verneigen und die Liebe fließt, dann wird all unser Tun absichtslos, und es wird sein Schicksal verändern und so manches Karma (auch das eigene) erleichtern und auflösen. Etwas zu sehen ist auch immer ein klarer Auftrag. Irgendeine Bewegung wird es in unserem Herzen geben! Unberührt wird uns ein Schicksal, das wir sehen, niemals lassen! Entweder wird unser Herz weiter oder es wird enger. So einfach ist das. Dem Leben entkommen wir nicht.

Und zu deiner Frage, ob ich ein spiritueller Mensch bin, möchte ich auch noch etwas sagen. Wir neigen leider mit unseren vielen Ängsten und Unsicherheiten ständig dazu, das ganze Leben zu kategorisieren und in einen viel zu engen Regelkatalog einzusperren. Wir stellen Mauern auf, die es nicht gibt, und wir ziehen Grenzen, die das Leben nicht kennt. Da gibt es die Guten und die Bösen, die Opfer und die Täter, und da gibt es auch diese komische Trennung zwischen spirituellen Menschen und eben den materiellen Menschen. Welch ein großer Unsinn, so eine Trennlinie zu ziehen, die es nicht gibt! Nun bin ich spirituell und nun bin ich materiell - was soll denn das nur sein?

Es gibt keinen *nicht spirituellen* Menschen, selbst wenn sich jemand als Materialist bezeichnet. Du musst als Beispiel nur den großartigen Schöpfungsakt eines reichen Menschen nehmen, der aus dem Nichts etwas erschaffen hat. Das ist ein hoch geistiger Vorgang. Gestern hat er es sich in seinem Geiste vorgestellt, und morgen ist es Realität. Wir bezeichnen diesen Menschen dann zwar als Materialisten, aber in Wirklichkeit war es ein großer Schöpfungsakt und höchst spirituell. Dieser Mensch hat immerhin den Geist zu Materie gemacht, er hat eine Idee sichtbar gemacht. Diese Kategorien (die wir gerne hätten) und Trennlinien, die gibt es einfach nicht. Wir hemmen unseren Spirit mit nichts so sehr als mit diesem kleinen und ziemlich dummen Trennen und Bewerten. Damit tauschen wir alte einengende Muster und Zeiten gegen neue (nicht sehr viel bessere) einengende Zeiten und Muster. Wozu sollte das denn gut sein? Menschliche Entwicklung und Fortschritt würde ich dazu nicht sagen. Ich umarme dich ganz herzlich!

Alles Halbe und Seichte ist für mich Zeitverschwendung

Meine geliebte Prinzessin! Beim Schreiben an dich war ich dir immer sehr nahe, und das ist auch jetzt so. Vieles kann ich damit klären und verarbeiten, vieles kann ich aussprechen, was ich bei unseren kurzen und derzeit sehr seltenen Treffen leider nicht kann. Da bin ich auch zu aufgeregt und die Zeit ist zu kurz, und vieles fällt mir erst danach ein. Schreiben ist für mich sehr wichtig, aber ich kann nicht auf Befehl schreiben, sondern ich brauche immer einen konkreten Anlass dafür. Und ich schreibe natürlich nicht wegen des Schreibens, sondern weil es mir große Freude macht, dir nun zu schreiben, wo ich doch weiß, dass du dich darüber freust und schon sehnsüchtig auf meine Brieferl wartest. Da gibt es zuerst den Vorgang des Schreibens, das ist eine Zeremonie, ein Genuss mit vielen Pausen, Musik, Spazieren, Kaffee und mit viel Zeit. Nach dem Schreiben räuchere ich mein Brieferl (vielleicht kannst du es ja noch riechen), und dann stecke ich es in ein Kuvert und schreib deinen Namen drauf. Dann gehe ich in der Früh zur Post (außer ich stecke ihn in deine Geschäftstüre) zur Rosi und lache sie an und klebe die schönste Briefmarke drauf. Den Rest macht dann der Briefträger. Und ich liebe Briefträger. Mein Herz klopft manchmal, wenn ich einen sehe und ich frage mich insgeheim, ob er denn auch für mich einen Brief dabei hat. Ich weiß, ich bin ein unendlicher Romantiker. Es ist mein Leben und ich lebe dieses Leben eben so mit vollem Feuer, wie es mir Freude macht. Alles Halbe und Seichte, ist für mich Zeitverschwendung.

Lieber wäre es mir natürlich schon, das alles persönlich mit dir zu besprechen, mit einer schönen Musik im Hintergrund, dir dabei in die Augen zu sehen, neben dir zu sitzen oder zu liegen, dich zu spüren, dich zu riechen, dich dabei im Arm zu halten, dir zwischendurch ein Bussi zu geben und dich am Kopf ganz lieb zu streicheln und in deinen Haaren ein bisschen zu wühlen. Ich bitte dich um die Zeit und die Wertschätzung, meinen Brief zu lesen. Ich habe lange überlegt, ob ich ihn schreiben soll, ob ich ihn dir geben soll, und es kann sein, dass ich manches auch doppelt habe. Heute habe ich den Überblick verloren. Unser Treffen am Montag (worauf ich mich so sehr gefreut habe) war für mich ein absoluter Schock! Ich weiß ja sehr wohl, dass du meinen Druck und mein Drängen und meine große Not gespürt hast und du das gar nicht magst. Das tut mir ja auch sehr leid.

Dich so erstarrt zu sehen

Ich muss aber dazu sagen, dass es gar kein Drängen auf eine Entscheidung zwischen Karl und mir war, das habe ich längst akzeptiert. Sondern wie immer war es meine Not, weil ich deine Liebe derzeit nicht spüre. Wovon soll ich denn nur zehren? Du sagst mir zwar immer wieder so unglaublich schöne Dinge, dass ich ganz weiche Knie davon bekomme und nicht mehr schlafen kann, aber ich weiß (besonders derzeit) einfach oft nicht, wo ich stehe, ob es diese Liebe von dir zu mir überhaupt noch gibt oder ob du sie einfach nicht spürst (Weltmeister im Gefühleverdrängen warst du ja schon als Kind) oder ob du sie mir einfach nicht zeigen willst und welche Absicht du damit verfolgst oder warum du das nur machst. So vieles ist mir einfach nicht klar.

Deine hohen Monstermauern und von dir zu hören, dass du an deinen Gefühlen und an deiner Liebe zu mir zweifelst, waren ein echter Hammer für mich. Ich habe den Herrgott darum gebeten, dass das nicht geschieht. Es war und ist für mich schon ein ziemlicher Schock, ein gewaltiger Stich ins Herz. Bisher dachte ich nämlich, dass du zumindest *das* nicht anzweifelst. Aber der Zweifel ist wie ein Virus, er greift alles an, auch das Heiligste, nämlich unsere Gefühle, wenn man ihn nicht stoppt. Ängste und Zweifel können uns von sehr wichtigen Entscheidungen und großen Entwicklungen abhalten und ein ganzes Leben zerstören.

Es hat mich am Montag auch ziemlich getroffen, dich so ohne Leben vor mir sitzen zu sehen, so erstarrt, so versteinert, so erkaltet, ganz ohne Gefühle und mit hohen, unüberwindbaren Mauern, als wenn ich dein ärgster Feind wäre. Da würde ich dich immer gerne küssen und dir mein Leben einhauchen. Ja, solche gefühlskalten Begegnungen sind für mich tatsächlich eine Qual, und wenn ich dann keinen Zugang zu dir habe, ist es für mich fast zum Verzweifeln. Ich kenne zwar sehr viele solcher Menschen, aber bei dir tut es mir halt besonders weh, weil wir ja in so einer engen Beziehung stehen. Mit deinen Verstandesmauern gibt es kein Fließen zwischen uns, da stockt alles, sogar mein Atem. Da bin ich ausgesperrt aus deinem Leben, da kann ich nicht einmal ordentlich reden und atmen, da bin ich immer völlig vor den Kopf gestoßen, weiß nicht, was ich sagen soll, als wenn wir Fremde wären und noch ärger.

Du richtest dich noch zu Grunde

Es schmerzt mich dein fundamentaler Zweifel an deiner tiefen und oft ausgesprochenen Liebe zu mir auch deshalb so sehr, weil du mir ja selbst immer wieder erzählst, wie perfekt du Gefühle (schon seit deiner Kindheit) verdrängen und unterdrücken kannst.

Diese Formulierung von dir, dass deine Gefühle zu mir doch immer zu spüren sein müssten, wenn sie wirklich echt sind, ist eine echte Beleidigung für mich und unsere Liebe und für dein Herz. Deine Schmerzen als Jugendliche, als sich deine Mutter von deinem Ziehvater trennte, waren auch absolut echt. Nur dein Verstand und dein Gefühls-Verdrängungsmechanismus waren eben damals schon viel stärker. Dein kleiner Bruder hat zu Mamas Mitteilung bitter geweint, und du hast es damals schon geschafft, alle deine Tränen zu unterdrücken, und es hat dich (so wie am Montag) völlig erstarren lassen. Ja, das hast du mir selbst erzählt. Auch am Montag gab es kein bisschen Fühlen. Dein Gesicht verwandelt sich dann immer mehr in Stein. Und je stärker das Gefühl (ob Liebe oder Schmerz) ist, desto größer ist halt dein Verstand und die Mauern, die er errichtet, und auch die Versteinerung. Das ist zwar heutzutage völlig normal, und ich kenne sehr viele Menschen, die das alltäglich genauso praktizieren, aber dieser Umgang mit sich selbst ist einfach ziemlich brutal.

Mädchen, das richtet dich noch zu Grunde! Wohin soll sie denn gehen, deine Liebesenergie, deine Lebensenergie, deine Gefühle, deine Sehnsüchte nach Feuer und Lust und Zärtlichkeit und Erotik, wenn du sie hinter deinen Mauern so versperrst? Sie richten sich immer mehr gegen dich selbst! Du hast zwar, seit ich dich kenne, schon riesengroße Fortschritte und Entwicklungen gemacht, aber es ist noch immer echt tragisch für dich.

Und für die Menschen, die du wirklich liebst, ist es immer eine Höllenqual, wenn du diese Monstermauern errichtest und ihnen hinstellst. Ja, die Menschen, die du sehr liebst (wie deinen Vater und nun auch mich), hältst du weit von dir fern, denn genau die könntest du wieder verlieren und genau die könnten dich wieder tief verletzen. Du hast diese Erfahrung mit deinem Vater gemacht und fürchtest dich davor sehr. Liebes, erkenne doch diese wichtige Entwicklungschance in deinem Leben.

So versteinerst du dein Leben

Aber es ist eigentlich eh gar nichts Besonderes los. Du tust das, was du schon lange tust und was so viele Menschen ja auch täglich tun, du baust Mauern auf, versteinerst dein Leben und verdrängst Gefühle. Nun aber könnte eine fundamentale Wende in deinem Leben sein, mit der bei dir vieles anders werden könnte, mit der du alles über den Haufen werfen könntest. Entweder werden deine Mauern nun wirklich sehr hoch (weil noch neue und tiefere Wunden hinzukommen) oder du nimmst dein Leben endlich in deine Hand und baust deine Mauern komplett ab und lebst deine Gefühle, anstatt sie zu killen. Hey, das wäre sehr schön!

Und wenn es wirklich so ist, dass es deine tiefen Gefühle und deine tiefe Liebe zu mir nicht (mehr) gibt und/oder du dir das (laut deiner Aussage) alles nur eingebildet hast - oh Mädchen, wie soll das denn nur gehen - und sie nicht mehr zurückkommen (ist praktisch unmöglich, dass sie nicht mehr zurückkommen), dann wirst du deine enormen Gefühle auch nicht spüren, wenn dein Verstand sich wieder zurückzieht. Wenn deine Gefühle zu mir nicht echt, sondern eine Einbildung wären, dann wäre aber die letzten Monate bei unseren verschiedenen kleinen und großen Krisen kein Schmerz bei dir aufgetaucht, keine Sehnsucht nach mir, nach meiner Liebe, nach meinem Feuer, nach meiner Nähe und nach meinem enormen Begehren.

Wenn es aber doch stimmt, was du gefühlt hast (und noch immer fühlst) und was du mir auch unter Tränen gesagt hast (ich weiß, dass es auch so ist – bei so etwas kann man sich nicht irren), dann wirst du es wieder und wieder spüren. Wenn dein Verstand sich zurückzieht, weil er keine Gefahr mehr sieht, dann werden dein Herz und dein Gefühl wieder voll auftauchen.

Und wenn wir mal annehmen, dass es wirklich funktioniert, dass solch tiefe Gefühle und solch tiefe Liebe sich bei einem Menschen so schnell verändern oder weg sind (du wärst der erste Mensch, bei dem das so leicht geht), wozu brauchst du dann eigentlich deine Mauern? Wenn es diese Gefühle, diese Liebe eh nicht mehr gibt, dann sind sie halt weg (obwohl das bei keinem Menschen so schnell gehen kann). Aber wozu brauchst du dann die Mauern und noch dazu so riesengroße Mauern?

Du würdest durch das Leben schweben

Solche Mauern sind bei jedem Menschen immer der deutlichste Beweis, dass es das ziemlich starke Gefühl dahinter tatsächlich gibt. Und genau davor fürchtet sich der Verstand sehr, denn er weiß sehr wohl, dass wir Menschen unserem Herzen, unserer Liebe, unseren Gefühlen folgen, und da stirbt er immer, der Verstand. Je größer die Mauern, die Versteinerung und die Verstandesaktionen bei einem Menschen sind, desto größer ist dahinter auch das Gefühl, die Liebe und die Sehnsucht.

Und wenn es deine Mauern nicht gäbe – glaub mir, meine Süße, du würdest dein enormes Gefühl für mich, deine tiefe Liebe zu mir und meine erotische Wirkung auf dich jede Sekunde spüren und dich daran erfreuen und hüpfen und tanzen. Du würdest durchs Leben schweben (brauchst dich nur erinnern), würdest es immer bis zu deinen Zehen kribbeln spüren! Du würdest diese Liebe zu mir, dieses enorme Fließen zwischen uns jede Sekunde spüren, wenn du es dir nur erlauben würdest und wenn du deinem Verstand (er ist schon sehr mächtig) nicht ständig gestatten würdest, deine (teilweise erstmaligen) tiefen Gefühle und Herzenserfahrungen ständig anzuzweifeln, zu verdrängen und dein Leben zu versteinern und zu zerstören.

Aber auch wenn du mich tatsächlich nicht mehr liebst (nehmen wir das mal an), verstehe ich dein seltsames Verhalten mir gegenüber einfach nicht. Habe ich dir irgendwann irgendetwas getan, oder habe ich dich irgendwann schlecht behandelt, oder habe ich dich beleidigt? Und behandelst du denn alle Menschen, die du nicht liebst, so wie mich? Bekommen die auch keine Wertschätzung von dir?

Oder habe nur ich das Privileg, von dir so schäbig behandelt zu werden (vielleicht ist es ja deine größte Liebeserklärung)? Ehrlich gesagt bin ich in meinem ganzen Leben noch nie so behandelt worden. Erleben die, die du nicht liebst, dich dann auch so gefühlskalt? Stehen die dann auch vor solchen Monstermauern? Müssen die dir auch alles herauskitzeln? Sitzt du vor denen dann auch wie versteinert und erstarrt, nur weil du sie nicht liebst? Baust du Kurt oder Alois oder Christoph und anderen Freunden gegenüber auch solche Monstermauern auf?

Weltmeister im Verstellen

Nein, wahrscheinlich nicht einmal ein kleines Mäuerchen, weil es da keine Liebe und keine tiefen Gefühle oder Erotik gibt. Es ist wirklich so, wie Astrologen-Fred sagte, dass du deine Schätze (mir zumindest) und Offenheit nicht sehr gerne zeigst.

Ach, ich verstehe das alles einfach nicht! Du selbst kommst ja immer wieder und rufst mich an und sagst und zeigst mir, wie sehr du mich liebst und brauchst und vermisst. Irgendwie bin ich da im falschen Film. Bitte, was soll das alles nur?

Und wenn du nun wirklich feststellst, dass du dir das alles eingebildet hast, dann wäre ich zwar sehr beeindruckt, dass man sich so etwas wirklich einbilden kann, aber ich frage mich dann, was dann mit deiner Beziehung mit Karl ist? Ist das dann das, was du leben willst? Macht dich das dann glücklich? Meinst du, dass du dann eine gute und glückliche Beziehung mit Karl führen kannst - noch dazu, wo du nun diese Lebensenergie, dieses Feuer, diese Liebe, dieses Sich-begehrt-Fühlen, diese enorme Erotik mit mir kennen gelernt hast, wonach du dich noch immer so sehr sehnst? Du brauchst dich nur zu erinnern!

Und wenn du das alles dann nicht lebst und das alles wirklich schaffst zu verdrängen, welche schweren Verstandesgeschütze musst du denn dann wieder auffahren, um diese Liebe, diese Sehnsucht, diese tiefen Gefühle und die neuen (noch viel größeren) Wunden nicht zu spüren? Sie werden sich wieder ziemlich heftig melden, deine tiefen Gefühle und Sehnsüchte nach diesem neuen Leben, deine Liebe zu mir, deine Erotik.

Und es ist für mich schon die Frage, ob du in die alte Welt, in die alte Energie wirklich wieder zurückkannst und zurückfindest. Bei mir funktioniert das jedenfalls nicht. Ich glaube nicht, dass es ein wirkliches Zurück mit ganzem Herzen gibt. Und dein Karl wird ja doch an deinem ganzen Herzen interessiert sein, oder? Ich glaube nicht, dass es ein wirkliches und ganzes Zurück gibt, wenn man das kennen gelernt hat, wonach man sich so sehr sehnt, und wenn der Funke einmal gesprungen ist. Mädchen, dann gibt es kein Zurück - außer man ist Weltmeister im Verstellen und Sich-etwas-Vormachen und im Gefühleverdrängen.

Wie kann ich dich noch erreichen?

Liebes, wir alle haben einen Verstand, und wir alle brauchen ihn natürlich täglich zum Leben, und wir alle errichten immer wieder (manchmal notwendige) Mauern. Das mache und kann ich auch. Aber deine Mauern sind für mich schon ein Phänomen. Du bist eine spirituell so hoch entwickelte, eine so herzliche und so liebenswürdige Frau, so ein edler Mensch, aber ich bin immer wieder sehr erstaunt und schockiert, wie gut und perfekt du deine Gefühle wegsperren und verdrängen kannst, wie gut und schnell du Mauern errichten kannst und wie du mit deinem Herzen, mit deiner Seele und mit deinen Gefühlen (das Wertvollste, das wir Menschen haben) umgehst. Ich kenne das von so vielen Menschen, besonders bei Frauen, aber du gewinnst damit sicher eine Weltmeisterschaft! Es ist wie eine Vergewaltigung. Das tut auch mir (für dich) so weh, wenn ich das sehe und spüre.

Menschen, die das lange genug praktizieren, haben irgendwann wirklich ein versteinertes Herz und Gesicht, verzeih, so wie du am Montag. Menschen, die das lange genug praktizieren, verlieren irgendwann ihren Zugang zu ihrem Herzen und ihren Gefühlen. Irgendwann kommt man nicht mehr an sie heran. Mir ist es am Montagabend bei dir so ergangen, und ich war schwer schockiert. Ich wusste nicht mehr, wie ich dich erreichen kann und was ich sagen soll, und das ist als Seminarleiter sehr selten bei mir. Die Mauern waren einfach zu hoch.

Und das große Problem und die wirkliche Tragödie dabei ist, dass man sich an diese Mauern, an dieses Versteinertsein auch schleichend gewöhnt und es irgendwann zu einem normalen Dauerzustand wird. Es kommt ja nicht von einem Tag auf den anderen, und alle anderen machen es ja schließlich auch, und irgendwann kann man es leider nicht mehr benennen. Man bekommt dann von diesen Menschen zur Antwort: „Was ist denn los?" Es ist heute enorm schwer, lebendig zu bleiben, und es ist noch viel schwieriger, einem versteinerten Menschen zu sagen, dass er gerade lebendig begraben wird. Ja, es ist leider tragischer Alltag. Über diese Menschen (du kennst sicher einige) sagt man dann, dass sie leblos und total gefühlskalt sind, und man sieht es ihnen dann auch im versteinerten und leblosen – oftmals nur noch lachenden – Gesicht an. Sie sind abgesichert, geschützt und etabliert, aber sie sind leider mausetot!

Das kann zu einer fürchterlichen Spirale werden

Das alles kann auch für dich zu einer fürchterlichen und alltäglichen Spirale des Lebens werden (oder ist es schon längst), denn der Druck und die Sehnsucht deines Herzens haben dich ja auch direkt zu mir geführt, und sie werden naturgemäß größer und größer. Das ist bei allen Menschen so, nicht nur bei dir. Und mit diesem Druck, dieser Sehnsucht des Herzens wächst aber auch der Verstand - bei denen, die ihn noch nicht im Griff haben. Und wenn dein Verstand aber keine Gefahr mehr sieht, weil ich z.B. gestorben bin oder eine andere Frau kennen- und lieben gelernt habe und sich dein Verstand dann auch wieder ganz plötzlich zurückzieht - was ist dann? Dann werden sich dein Herz und dein Fühlen wieder mit aller Gewalt melden, außer es ist dann schon eine Dauermauer geworden, eine Dauerversteinerung. Ja, was ist dann? Der Verstand kann das tiefe Fühlen nur verdrängen, nicht abtöten.

Was ist aber dann, wenn es z.B. zu spät ist, weil dein Ritter (kann ja auch ein anderer Mann sein) mit seinem feurigen Pferd vor deinem Turm verhungert ist, oder er weg ist, weil du ihn oft genug weggeschickt hast? Das tut dir dann mit Sicherheit fürchterlich weh, und die Spirale des Lebens dreht sich weiter und weiter (und neue Schuldgefühle wirst du dann auch noch kennen lernen, die gibt's in allen Farben und Variationen). Das Herz blutet dann und übt natürlich dann einen noch größeren Verwirklichungsdruck auf dich aus, und die Sehnsucht wird größer und mächtiger, und es tut mächtig weh! Alles, was wir unterdrücken und klein halten und nicht leben, wird größer und mächtiger.

Und dein Verstand ist dann natürlich auch gleich dienstbefliessen zur Stelle und bietet dir gegen deine enormen Herzensschmerzen neue und noch stärkere Regeln (die Dosis muss unbedingt wie bei den Medikamenten ständig erhöht werden) und ein noch tolleres Lächeln und noch höhere Mauern an, die dann bald kein Prinz dieser Welt mehr überwinden kann und will. Da verliert irgendwann jeder noch so feurige Mann das Interesse an dir.

Mit Schuldgefühlen lassen wir uns immer wieder neue Formen der Selbstbestrafung einfallen. Und Schuldgefühle hindern unsere Energien am Wirksamwerden.

Besiege endlich deinen zu mächtigen Verstand

Solche schleichenden Tragödien gibt es sehr viele. Sieh dich doch nur um! Aber das wirklich tragische an diesen Alltagstragödien ist, dass dich rundherum noch alle sehr freundlich anlachen, als sei nichts los, dass keiner weint über diese bitteren Tragödien, über diese abgesicherten, aber traurigen und leblosen Menschen, über diese Herzensqual.

Ja, das ist sehr tragisch, denn man gewöhnt sich einfach an das Eingesperrtsein und dass die Liebe nicht fließen kann. Ich würde innerlich verbrennen (der Kraftstrom der Liebe ist viel zu mächtig geworden), wenn ich meine Arbeit nicht tun könnte und meine Liebe nicht zeigen könnte. Ja, leider gewöhnt man sich an den Zustand, von seinen Gefühlen abgeschnitten und leblos zu sein. Diese Menschen wissen dann z.B. nicht, was sie wollen oder was sie glücklich macht. Wir können so ziemlich alles verdrängen und irgendwann auch vergessen. Von meinen Seminaren her kenne ich sehr viele solcher Menschen. Manchmal ist es schon fünf Minuten vor zwölf. Aber mit ihrem Heilungsprozess erkennen sie dann alle, dass es besser ist, Krisen und Schmerzen zu haben, als gut *geschützt* zu versteinern und leblos zu sein.

Das alles könnte ein sehr wichtiger Lernprozess für dich sein. Du hast die Chance, deinen schon viel zu mächtigen Verstand endlich zu besiegen und dein Gefühlsunterdrückerritual zu beenden und deine Versteinerung zu stoppen. Blockaden und Einschränkungen dienen immer als Auslöser des Wachstums. Man muss dazu sagen, viel schwieriger als Mauern zu überwinden und abzureißen, ist es ja, den Mechanismus dahinter zu stoppen. Das ist sehr schwer und nur durch das Leben der Gefühle möglich. Ja, deinen Verstand wirst du nur besiegen können, indem du deine Gefühle, deine Liebe, deine Sehnsüchte, deine Sexualität und deine Erotik lebst und lebst und lebst und lebst und lebst und tiefer und tiefer und tiefer und tiefer und tiefer und intensiver! Dann wird er sich unterordnen, dein übermächtiger Verstand, und deine enormen (und fast schon unüberwindbaren) Ängste und Mauern aus Stein werden fallen und deine Wunden dürfen dann endlich heilen – im Lichte der Liebe einer schönen, wunderbaren, erotischen und gefühlvollen Beziehung! Es ist eine enorme Chance zum Glücklichsein und zur Entwicklung für dich (und natürlich auch für mich). Bitte, erkenne sie!

Es war noch nie so leicht für dich

Und, Mädchen, ich glaube es war noch nie so leicht und so nahe für dich, denn noch nie hat sich ein feuriger, lebendiger Mann (nur mit so einem Prinzen kannst du das auch leben und wenden und heilen) so sehr und so lange und so tief und so ausdauernd und so feurig mit all seinem Einsatz, mit seinem ganzen Herzen, mit seiner ganzen Liebe um dich bemüht. Und es ist die große und nüchterne Frage (das ist kein Eigenlob), wie oft einem das im Leben passiert. Da hilft das tollste Horoskop nichts, wenn man sich dagegen wehrt und es nicht lebt. Viele Menschen leben ihr Leben nicht und gehen an ihrem schicksalhaften Programm einfach vorbei. Das hat zum Schluss der Horoskop-Kassette auch Fred gesagt. Viele Menschen leben ihr Schicksal (ihr Horoskop) eben nicht und sind lieber tief unglücklich oder eben total versteinert und frustriert und leblos, um dieses Unglück nicht zu spüren. Denn wenn sie es spüren, dann tut es sehr weh.

Meine Seminare sind voll von solchen traurigen Menschen. Und das sind aus meiner Sicht die wahren Tragödien des Lebens, denn man kann sie so schwer greifen, so schwer benennen und beweinen! Denn, was ist denn eigentlich los? Wir führen ja eh so ein angenehmes, abgesichertes, vorsichtiges (ja die Übervorsicht zertrümmert nicht nur Porzellankisten), versorgtes, aber lebloses und bald auch sinnloses Leben auf dem bequemen Sofa mit einer Fernsteuerung in der Hand - ohne Kraft, ohne Feuer, ohne Energie und ohne Ziel. Aber wenn man dann nur ein bisschen an der Fassade kratzt, dann brechen Vulkane aus, dann bersten Staudämme, dann fließen Ozeane an Tränen, dann werden die Tragödien sichtbar, die du davor im freundlich lächelnden Gesicht nicht einmal erahnt hast. Vor dieser Erkenntnis fürchten sich viele, denn sie wissen sehr genau, dass dann die größte Verzweiflung ihres Lebens ausbrechen könnte, weil sie feststellen, dass die Angst sie schon fast gelähmt oder gefühlsmäßig getötet hat.

Kürzlich sagte mir eine Frau, dass es so weh tut, mich zu kennen und mit mir zu arbeiten. Sie muss immer gleich bitter weinen, denn ich erinnere sie an ihre Versteinerung und gleichzeitig an das Leben. Mädchen, bitte wach auf und fühle und lebe und handle rechtzeitig. Das wird mit den Jahren ja nicht leichter! Auch deine besten Freunde werden dich nicht daran erinnern, denn es ist so stinknormal geworden.

Ein kleines Glücksfensterl hat sich aufgetan

Und ich muss dir auch sagen, dass ich überzeugt bin dass, die Beziehung mit Karl schon längst aufgelöst ist (auch ohne mich) und auch bald vorbei sein wird. Oder du bezahlst einen hohen Preis, indem du auf das verzichtest, was du dein Leben nennst.

Und ich glaube, dass es nicht so leicht ist und sein wird, einen lebendigen Mann zu finden. Das ist auch keine Überheblichkeit oder Einbildung – auch wenn es so klingt –, sondern eine ganz nüchterne Beobachtung und Betrachtung. Überleg doch selbst. Wie wirst du reagieren, wenn das alles wirklich so tief ist, wie du es mir oft und immer sagtest, und diese Gelegenheit vorbeigezogen ist. Nehmen wir das mal an. Dann wirst du sehr tief verletzt sein. Und wie reagierst du - lange eingeübt -, wenn du verletzt bist? Du errichtest neue Mauern (das kennst du schon sehr gut, das machst du schon dein ganzes Leben) gegen diese neue Gefahr und diese Wunden, und du wirst halt solche lebendigen Männer gar nicht mehr treffen. Du selbst hast mir gesagt, dass du sie bisher nicht getroffen hast (sie sind auch heutzutage sehr selten), und das geht halt dann so weiter. Mit dieser neuen Wunde wirst du dich solch einem Mann nicht mehr so leicht öffnen. Ein kleines Glücksfensterl hat sich in deinem Leben aufgetan (ist ja auch für mich so). Und die Wege, die wir gehen können, werden mit jedem Jahr weniger. Das alles kann dann ein wirkliches Gefängnis der Gefühle werden. Verzeih, dass ich das heute wieder so deutlich schreibe. Hoffnung hab ich eh keine mehr.

Aber ich habe es eigentlich satt, dir ständig zu erklären (und dich an deine eigenen Worte zu erinnern), wie sehr du mich liebst. Ich habe es satt, dich an deine Gefühle zu erinnern, und wie gut wir zusammenpassen und welche Chance es für uns beide (ja natürlich auch für mich) ist. Und ich habe es satt, dich an deine langweilige, eingeschlafene Beziehung (das sind deine Worte) zu erinnern, die du schon längst hättest auflösen sollen. Das ist nicht mein Job. Das solltest ja du selber tun und formulieren. Eigentlich sollte ich mich nach so einem Treffen wie am Montag beleidigt zurückziehen, und du kommst und erklärst mir, dass es nicht so gemeint war und dass es nicht so ist, wie ich es wahrnehme. Sehr schade und traurig, dass du das eben nicht tust und es dir sichtlich auch gar nicht leid tut. Sichtlich ist dir unsere Beziehung gar nicht sehr viel wert.

Vom Sofa aus mit der TV-Fernsteuerung?

Dein Horoskop ist einzigartig schön, und unser Partnerhoroskop ist auch großartig, wunderbar und ziemlich klar und eindeutig. Aber das heißt noch lange nichts, denn man kann sich gegen alles im Leben erfolgreich wehren. Es bleibt zwar immer eine riesengroße (und neue) Wunde in der Seele, aber viele Menschen sind von ihrem schicksalhaften Programm weit weg, weil sie sich mit aller Kraft dagegenstellen.

Du bist eine unglaublich tolle und hübsche und liebreizende Frau, aber du bist nun auch nicht mehr die Jüngste. Ich will dich keinesfalls beleidigen, aber frag dich das selber mal. Wann liebt und verehrt und begehrt dich denn ein Mann wieder so sehr? Ist es Alltag, dass wir so einen Menschen treffen, mit dem wir uns ein gemeinsames Kind wünschen, den wir unseren Seelenpartner nennen, den wir als unser Gegenstück erkennen? Ich weiß eh, du zweifelst nun auch daran, obwohl du es selbst immer wieder gesagt hast. Wie oft trifft man denn einen spirituellen Menschen (das ist ja auch für mich so), mit dem man die tiefe mystische Seite der Sexualität erfahren und leben kann? Das geht nur mit sehr wenigen Menschen und nur, wenn man ganz bei der Sache ist und in der Gegenwart ohne Ängste lebt. Ganz nüchtern gefragt: Wie oft trifft man einen Menschen, mit dem man in die tiefsten Geheimnisse des Lebens hinabtauchen kann und den kleinen Tod sterben kann? Wie oft im Leben passiert einem denn so etwas? Du selbst sagtest mir oft, dass das manchen Menschen gar nicht passiert!

Du weißt sicher, dass es eben nicht so leicht ist für eine Frau, einen spirituellen, mystischen Mann zu finden, der Feuer hat, mit dem man das leben kann. Du bist eine sehr attraktive und hübsche Frau, aber wie oft passiert einem denn das? Wann verehrt und liebt und begehrt dich denn wieder ein Mann so sehr und mit so viel Ausdauer und ist so verrückt nach dir und reißt sich für dich fast ein Bein aus? Etwa dein Karli vom Sofa aus mit der TV-Fernsteuerung, wie so viele Männer? Bitte verzeih, das ist nicht böse gemeint, ich muss nur meine Trauer und auch meine Wut ein bisschen zum Ausdruck bringen. Und außerdem ist mir eh schon alles egal. Was habe ich denn noch zu verlieren in dieser Sache. Zum Narren hab ich mich eh schon längst gemacht.

Willst du darauf wirklich verzichten?

Ja und selbst, wenn du Recht hast und die Liebe zu mir doch nicht so groß ist - glaubst du, dass sich mit mir dein Leben, dein Sexualleben, dein Gefühlsleben und deine Erotik verschlechtern würden? Genügt es dir denn nicht, was du mit mir in dieser kurzen Zeit, in diesen kurzen Momenten erlebt hast? Mehr hast du ja leider nicht zugelassen. Kann man das denn wirklich alles vergessen und verdrängen? Du brauchst nun gar nicht zu fühlen, sondern nur dein Gedächtnis! Schau sie dir doch mal genauer an, deine so tolle Beziehung mit Karl. Ich will deine Beziehung ja gar nicht schlecht machen (und schon gar nicht Karl), aber frage dich, ob dich dieses Leben denn wirklich glücklich macht. Das Schwierige an Beziehungen sind ja gar nicht die einzelnen Personen (jeder ist ein ganz wunderbarer Mensch), sondern nur die Kombination dieser beiden Menschen.

Hat es dich bisher glücklich gemacht, oder hast du vieles vermisst und mich gesucht? Frage dich doch, ob du dich in dieser Beziehung mit Karl z.B. nur in erotischer Hinsicht jemals glücklich fühlen kannst, ob du dich da jemals so sehr begehrt fühlen würdest, ob du bei einer Berührung jemals ein feuchtes Höschen (kann man sich so etwas wirklich einbilden) bekommen würdest, wie bei mir? Und sind nicht genau das (unter anderem) die wirklich interessanten und aufregenden und wichtigen Dinge im Leben, die uns lebendig sein lassen, die auch dich so sehr interessieren und magisch anziehen? Willst du das alles tatsächlich (wegen deiner Feigheit und ein paar scheinbaren Sicherheiten) vorbeiziehen lassen und darauf verzichten?

Du sagtest mir oft und immer wieder, dass du sehr glücklich und dankbar über meine Briefe bist und dass dir noch niemand so schöne Briefe geschrieben hat, dass sich noch niemand wegen dir viele Nächte und Morgen zum Briefeschreiben hingesetzt hat, dass dich noch niemand so begehrt, so verehrt und so geliebt hat. Aber den, der sie dir schreibt, den verschmähst du. Dir genügen scheinbar meine Briefe. Du nimmst den Inhalt meiner Hand, obwohl du die ganze Hand und den Geber (den Verfasser dieser Briefe) haben könntest. So machen es viele Menschen, aber es ist sehr traurig. Sie sitzen vor dem vollen Tisch, aber sie hungern lieber und beschweren sich beim Leben! Wäre ja zu blöd, wenn wir plötzlich nichts mehr zum Jammern hätten.

Wie lange willst du denn noch warten?

Und, Süße, glaubst du denn wirklich, dass dein Karl noch glücklich ist mit dir? Glaubst du wirklich, dass da für ihn noch viel Entwicklung drin ist? Ich frage mich, warum du denn deine Beziehung mit Karl nicht anzweifelst und hinterfragst? Vielleicht ist er schon lange ziemlich frustriert mit dir, und er wartet ja eh schon tief in seiner Seele darauf, dass endlich Bewegung in diese lahme Sache kommt und sich das Ganze endlich auflöst.

Tief in seiner Seele weiß er auch sehr wohl schon lange, was wirklich los ist mit dir und dass du mit deinem Herzen schon lange weg bist. Ich würde dein Zögern und deine Ängste ja vielleicht verstehen, wenn du verheiratet wärst oder wenn ihr gemeinsame Kinder hättet oder es gemeinsamen Besitz gäbe. Aber auch ein schönes Heim und ein angenehmes Umfeld sind kein wirklicher Grund. So etwas kann man ersetzen und gemeinsam auch wieder aufbauen und neu erschaffen. Macht ja auch Spaß – da fühlt man sich wieder wie fünfundzwanzig. Aber dein Leben und dein Glücklichsein kann niemand ersetzen.

Ich würde es verstehen, wenn du eine glückliche und erfüllte Beziehung hättest - na ja, dann hättest du mich gar nicht gesucht und lieben gelernt. Bei dir scheint es wirklich nur Feigheit und Bequemlichkeit ... oder dieses lebenslähmende Sicherheitsdenken zu sein. Kein Mann dieser Welt versteht und durchschaut zwar eine Frau, aber du schlägst alle Undurchschaubarkeitsrekorde! Du machst dir dein kurzes Leben schon ziemlich schwer. Was verlierst du denn schon Großartiges, wenn du gehst, aber was kannst du damit gewinnen? Viele Menschen träumen nur davon. Nun bist du ja schon ein großes Mädchen, bist schon erwachsen, hast alles beim Leben bestellt und das Leben hat reagiert, wie lange willst du denn noch warten auf dein glückliches Leben? Du kannst ja nun wohl nicht mehr behaupten, dass du nicht weißt, was du willst und was dich glücklich macht, was dein Höschen feucht werden lässt und was dich high macht. Und du weißt nun doch auch, dass es sehr schön mit uns ist. Einerseits kann ich das alles nicht verstehen (ich will es auch gar nicht verstehen) und andererseits verstehe ich es aber doch, weil ich in meiner Arbeit sehr viel mit solchen Szenen und Themen zu tun habe. Ich habe mit sehr vielen Menschen zu tun, die an etwas sehr hängen oder von einem Menschen einfach nicht loskommen.

Was willst du eigentlich im Leben?

Und wenn diese Abhängigkeit oder Bindung einen bestimmten Schmerzpunkt überschreitet, dann ist das immer ein deutlicher Hinweis darauf, dass es schon lange nicht mehr um diesen Menschen (von dem man nicht loskommt), sondern um jemanden dahinter geht - bei Frauen ist das meistens der Vater. Es ist ein Versuch des Lebens, an etwas zu erinnern.

Du erzählst mir ja auch immer wieder über deine wunderschönen und deutlichen Bilder und Zukunftsvorstellungen (bitte nur das Gedächtnis einschalten) über uns und die sind doch nur möglich, wenn dieses Leben mit mir auch möglich ist. Wann fängst du damit an, mit deinem Leben? Ich habe diese viele Zeit jedenfalls nicht, wie du sie scheinbar hast. Ja, ich verstehe es einfach nicht. Du bist nicht wirklich glücklich, hast noch dazu mich getroffen (und das alles erlebt), du hast etwas Wunderschönes und Einzigartiges kennen gelernt und machst solche Tragödien und traurigen Monster-Gefühlverdrängungsaktionen daraus. Es gibt täglich so viele Trennungen, und so eine Beziehung, wie du sie mit Karl hast (und sie mir oft beschrieben hast), der dich so viele Jahre lang nicht heiratet und in der (nach deiner eigenen Aussage) keine Lebendigkeit ist, lösen die meisten, auch ohne einen Geliebten zu haben, auf.

Süße, vielleicht verliere ich dich mit meinen heutigen Worten nun ganz. Das würde mir zwar sehr leid tun, aber heute kann ich kein Blatt vor den Mund nehmen. Heute passe ich nicht auf, ob ich eine Krise erzeuge oder nicht! Heute sage und schreibe ich alles, was ich mir denke und was ich fühle, heute sage ich, was ich will! Tut so richtig gut! Was kann ich denn schon verlieren?

Und zu deiner Frage, ob man denn überhaupt herausfinden kann, genau zu wissen, was man im Leben will ... Ja, natürlich kann man herausfinden, was man will. Das ist auch ein Thema bei meinen Seminaren (musst halt mal kommen). Sie heißen nicht umsonst „Durchbruch zur Freiheit“ Aber eine so festgefahrene Situation braucht meist schon einen kleinen Schock des Lebens. Und du muss bedenken, dass Menschen, die sich sehr lange zwischen zwei Menschen oder zwei Wegen nicht entscheiden können, sehr oft beides verlieren. Das habe ich sehr oft beobachtet.

Schätzchen, ich verspreche dir, ich werde mich ändern

Irene, eine ganz liebe Freundin, hat mir kürzlich erzählt, dass sie in ihrer Ehe (vor fünfzehn Jahren) einmal einen Mann mit Lebensenergie und Lebensfreude und Lebenslust, mit viel Feuer und viel Gefühl kennen gelernt hat und sie hat diesen Mann sehr geliebt. Und sie hat diese wichtige Begegnung wegen ihrer nicht glücklichen und langweiligen Beziehung mit ihrem Mann vorbeiziehen lassen. Man nennt solche Entscheidungen meist Moral, doch wenn man genauer hinsieht, dann fehlt ganz einfach der Mut. Ja, es ist meistens ganz einfach Feigheit.

Irene hat also gehofft, dass sich ihr langweiliger Mann (verzeih diesen Ausdruck, das ist nicht böse gemeint) ohne Feuer, ohne Mut und ohne Lebensenergie noch ändert. Er hat es ihr ja hoch und heilig versprochen, dass er sich ändert und bessert, und er hat sich sicher auch sehr darum bemüht. Aber so schnell und so leicht können wir Menschen uns einfach nicht ändern. Das haben schon viele probiert. Das größte Problem beim Ändern ist ja, dass das zu Ändernde nicht geliebte Anteile in uns sind, die wir weit wegschieben und eben ändern wollen. Und wir können nichts an uns ändern (korrigieren gefällt mir besser), das nicht ganz bei uns ist, das nicht ganz angenommen und von uns geliebt ist. Eine neue Zwickmühle, ich weiß.

Natürlich ist es möglich, etwas in unserem Leben zu ändern, aber es hört sich viel leichter an, als es dann tatsächlich ist, und ich sehe meistens keinen Sinn im Ändern. Ohne sich zu lieben, wie man eben ist, ist das außerdem sehr mühsam (meist unmöglich), und es gibt einen leichteren Weg, etwas zu *korrigieren* ... das Wort „ändern“ gefällt mir gar nicht. Und die echte Zwickmühle am Ändern ist ja (falls es uns mit sehr viel Mühe doch gelingt), dass es uns meistens die Würde kostet! Am Anfang sieht das immer sehr schön und sehr liebenswürdig und sehr edel und großartig aus (er hat es für mich getan), aber schon nach wenigen Jahren wird das ziemlich bitter - und ein neuer Vorwurf - und fühlt sich so an, als wäre etwas Wichtiges in uns gestorben. Ja, wenn die Liebe nur ein bisschen weniger wird, dann wird die verletzte Würde sichtbar und dass etwas (meist Unbenennbares) im Leben eben fehlt. Etwas für seinen Partner aus Liebe (nicht aus eigener Überzeugung) zu verändern oder aufzugeben ist meist wie eine Amputation. Am leichtesten funktioniert es noch, wenn es nur für uns und nur aus eigener Überzeugung geschieht - nicht für jemand anderen.

Diese Frucht ist noch nicht reif

Nach wenigen Jahren, nach dem *Verändern* wird sichtbar, dass diese Frucht noch nicht reif war, denn mit unseren zu ändernden Seiten ist auch immer eine mächtige Geschichte (unserer Ahnen) verbunden und auch immer eine Entwicklung, eine Aufgabe und eine Bewusstseinserweiterung. Und so genannte Probleme geben uns ja auch eine Zeit lang Schutz und Halt und vielleicht auch einen Ersatz für etwas, das uns fehlt. Wir können diese Probleme nicht von einem Tag zum anderen in die Wüste schicken.

Obwohl wir sie als Probleme bezeichnen, haben wir uns ja auch an sie gewöhnt und sie meist sogar (wie einen Wegbegleiter und Freund) lieb gewonnen. Diese Probleme haben uns ja oft viele Jahre lang *Hand in Hand* begleitet und erfüllen eine bestimmte Funktion. Kürzlich habe ich mit einer Frau gearbeitet, die im Rollstuhl saß, weil sie Probleme mit den Beinen hatte, sie war aber nicht gelähmt. Sie wollte wieder gehen können. Ich fragte sie, wozu sie denn gesund werden möchte und was sie dann mit ihrer Gesundheit macht (meine berechtigte Lieblingsfrage). Das Leben hat sich ja schließlich nicht geirrt. Und ich fragte sie, was sich denn in ihrem Leben ändert, wenn sie gehen kann und keinen Rollstuhl mehr braucht. Und nach kurzem Wehren kam dann eine lange Liste. Dann plötzlich wurde sie gewahr, dass ihre Nachbarin nicht mehr kommen würde, dass sie eine bestimmte Hilfe nicht mehr erhalten würde, dass so manche Menschen ihr vielleicht nicht mehr so viel Freundlichkeit entgegenbringen, dass sich sehr vieles in ihrem Leben ändern würde. Sie entschloss sich dann doch dafür, im Rollstuhl zu bleiben - zumindest noch ein Weilchen.

Ich glaube, wir sollten dringend einen viel liebevolleren Umgang mit unseren vielen Problemen (die wir immer loswerden wollen) finden. Es sind ja wichtige Anteile in uns selbst. Das ist wie mit einem Kind, das ein Spielzeug hat, das uns Eltern nicht gefällt und das wir vielleicht als gefährlich erkennen und bezeichnen. Es ist sehr schwer, einem Kind sein geliebtes Spielzeug einfach wegzunehmen (auch wenn es noch so gefährlich ist) oder von ihm zu verlangen, dass es nicht mehr damit spielen soll. Dieses Kind wird es freiwillig nicht hergeben (erinnere dich an deine eigene Tochter) oder sich zumindest sehr dagegen wehren. Doch wenn wir diesem Kind ein neues, interessanteres Spielzeug zeigen, dann wird es vielleicht seinen Blick abwenden vom gefährlichen Spielzeug.

Willst du nicht ein neues Spielzeug?

Auch bei uns Erwachsenen ist es so. Es gelingt uns leichter, von unseren gefährlichen Spielzeugen (manchmal nennen wir sie eben Probleme) loszukommen, wenn wir sie zuerst ganz natürlich lieb gewonnen haben und wenn wir vor uns neue, weniger gefährliche Spielzeuge, neue schöne Visionen, die ja aus unseren Erkenntnissen und Lernprozessen entstehen, sehen und ins Auge gefasst haben. Dann wird sich unser Blick heben und leichter vom alten, längst überholten Spielzeug (sprich Problem) loslassen. Wir können im Leben immer nur tauschen! Wir können z.B. äußere (scheinbare) Sicherheit gegen die innere Sicherheit tauschen oder vielleicht ja auch Verstandesbildung gegen etwas mehr Herzensbildung und vieles mehr ...

Und was das Thema „Loslassen“ betrifft, muss ich dir sagen, dass ich es für einen ziemlich großen Irrtum und Krampf halte, wie wir an diese Sache herangehen. Es ist eine Sackgasse. Es gibt sicher massenweise Bücher (die ich zum Glück alle nicht gelesen habe) über dieses Thema, und ich muss immer wieder feststellen, dass es nicht leicht ist, etwas *loszulassen* und dass so ein Vorsatz (etwas loszulassen) niemals ausreicht. Es ist das falsche Werkzeug.

Aber du kannst mir glauben, etwas im Leben zu bewegen und zu korrigieren und eben loszulassen geht ganz leicht (es fällt einfach wie von selbst ab), wenn wir das richtige Werkzeug – also die richtige Betrachtung – dafür einsetzen. Ich spreche in meinen Seminaren auch sehr oft über die Notwendigkeit des Loslassens, aber wenn wir genau genug hinsehen, dann ist es ein Irrtum, dass wir uns von etwas (das wir eben festhalten) durch das Loslassen befreien und loslösen können. Das ist so wie mit der dummen Idee, „Ich muss mich ändern.“ Diese Betrachtung ist einfach das falsche Werkzeug, und es führt in eine neue Sackgasse und zu neuen Ideen, die wir festhalten und die wir dann nach ein paar Jahren wieder loslassen wollen. Wir sehen in so vielen Situationen im Leben einfach nicht genau genug hin. Das ist das größte Problem.

Du warst schon am Telefon über meine Aussage schockiert. So lass mich versuchen, es dir zu erklären. Grundsätzlich ist alles, was wir festhalten, nicht einmal wert, von uns festgehalten zu werden, denn es gehört uns nicht! Alles, was uns nicht gehört, werden wir verlieren!

Der große Unsinn vom Loslassen

Wirkliches Loslassen bedeutet echtes Nehmen, echtes Lieben und echtes Verbinden. Wenn wir feststellen, dass wir etwas festhalten, dann sind dieser Vorgang und das Festgehaltene immer ein Ersatz für das Echte, für die echte Liebe, für die echte Nähe, für das echte Wertgefühl, für die echte Verbindung, für echte Sicherheit, für das Original. Und dieses Original, diese Liebe und Verbindung zu unseren Eltern (ein echtes Gefühl von Sicherheit) und dieses echte Wertgefühl müssen wir niemals festhalten, denn wenn wir an diesem Platz stehen, wo wir das gefunden haben, dann wissen wir, dass uns diese Liebe und diese Nähe niemand nehmen kann – und es auch nicht festhalten müssen –, weil es unser wahres Wesen ist. Was müssen wir mit diesem Wissen denn schon festhalten? Loslassen ist ein anderes Wort für wahres Wissen und Vertrauen.

Der Vorgang des Festhaltens ist der deutlichste Beweis dafür, dass uns der Ersatz für echte Liebe und echte Nähe (den wir loslassen wollen) gar nicht gehört. Alles, was zu uns gehört, halten wir niemals fest, es ist auch gar nicht nötig! Und was wollen wir denn schon loslassen, wenn uns etwas gar nicht gehört? Und der Versuch, etwas loszulassen (was gar nicht zu uns gehört), ist so, wie wenn wir bei einem Knoten, den wir auflösen wollen, noch mehr anziehen. Unser Dagegen-Ankämpfen und unser Versuch, es loszulassen, beinhaltet zuerst die Anerkenntnis von etwas, das nicht zu uns gehört. Wir nähren damit einen ziemlich großen Irrtum und bewegen uns vom Original wieder einmal weit weg. Ja, mit jedem Loslassversuch nähren wir eine Riesenillusion und entfernen uns vom Original und vom Glück. Der Knoten, den wir ja eigentlich lösen wollen, wird mit unserem emsigen Loslassen-Wollen nur fester. Genauer gesagt ist es sogar ein Schaden, an etwas festzuhalten, was uns gar nicht gehört. Der Vorgang des Festhaltens ist der Beweis, dass es uns nicht gehört. Und alles, was nicht zu uns gehört, benötigen wir auch gar nicht.

Was passiert aber, wenn wir plötzlich (oft ohne Tun und Mühen) das Original in uns entdecken, wenn wir die Liebe und die Nähe zu unseren Eltern entdecken und damit die Liebe zu uns selbst und wenn wir unseren wahren Wert erkennen und wer wir wirklich sind? Was passiert dann? Das ist der gloriose Beginn der Freiheit, denn dann benötigen wir keinen Ersatz mehr, den wir krampfhaft festhalten müssen, um dann später viele unsinnige Bemühungen des Loslassens machen zu müssen, die uns ohnehin nicht gelingen.

Alles, was wir festhalten, ist ein billiger Ersatz für Liebe

Ja, die Idee vom Loslassen ist ein Unsinn und ein großer Irrtum, und es gelingt uns auch nicht so einfach, etwas loszulassen, ohne das Original (das Echte) in uns zu spüren. Wenn wir das Original in uns spüren, dann fällt der Ersatz wie von selbst (wie eine reife Frucht) einfach ab, weil er nicht mehr benötigt wird. Der Ersatz wird dich loslassen! Das habe ich oft beobachtet und auch bei mir selbst immer wieder klar erlebt. Alles, was wir festhalten, ist ein billiger Ersatz (zumindest der Versuch) für Liebe und Nähe und Wärme, und es löst sich wie von selbst einfach auf, wenn wir das Original in uns spüren und in uns erkennen, und wir müssen uns dafür kein bisschen bemühen (und Energie verschwenden), und wir müssen unsere Aufmerksamkeit kein bisschen auf das richten, was wir loslassen wollen. Es lohnt sich nicht, sich um das Loslassen zu bemühen, denn es wird dich niemals ans Ziel bringen.

Und was den Ersatz betrifft, muss ich noch dazusagen, dass wir als Ersatz leider alles Mögliche missbrauchen. Auch Gott und hohe Ideale verwenden wir als Ersatz für die Nähe zu unseren Eltern (für die wir keine idealen Eltern brauchen). Erst kürzlich hatte ich zu diesem Thema eine sehr heftige Auseinandersetzung mit einem Priester. Ich bezeichne mich selbst als gläubig, aber Gott oder ein Ideal als Ersatz für die Nähe zu den Eltern zu nehmen (und den Eltern vorzuziehen), das ist für mich ein ziemlich fauler Ersatz. Obwohl in allen heiligen Schriften die Liebe zu den Eltern betont wird, ist es leider Alltag geworden, sich zu Gott zu flüchten, mit der Idee, sich seinen Vorbehalten und Bewertungen gegen seine Eltern nicht stellen zu müssen. Aber es ist eine verrückte Idee, weil all diese Urteile gegen unsere Eltern in Wirklichkeit Pfeile gegen uns selbst sind. Ich traue mich zu sagen, dass auch viele Priester aus diesem Grunde Priester geworden sind. Erst kürzlich hörte ich sogar diesen Satz: „Mit meinem bösen und nicht idealen Vater will ich mich nicht verbinden und mich niemals vor ihm verbeugen, da nehme ich lieber Gott.“ Ich will das nun natürlich nicht verallgemeinern, aber schau dir so manchen gläubigen Mann an, der seinen Vater ablehnt. Sie sind meistens sehr fanatisch und auf Mamas Seite im bitteren Krieg gegen Papa, und als Ersatz wird Gott oder ein hohes Ideal genommen. Die Männlichkeit erkennst du meistens nur noch am Bart - er musste sie lange genug verstecken, um Mamas Liebe nicht zu verlieren. Fanatismus ist für mich sehr oft eine mangelnde Nähe zum Vater.

Unsere Väter kommen vor Gott

Ich will daraus nun keinesfalls eine Regel ableiten, es ist lediglich meine oftmalige Beobachtung. Es ist ja auch möglich, dass Gott vor unseren Vätern kommt, aber ich sehe die bitteren Resultate, wenn wir vor dieser Verbindung zu unseren Eltern fliehen und uns dem nicht stellen wollen. Bei einem Seminar habe ich kürzlich mit einem betont gläubigen Mann gearbeitet. Er hatte ziemlich viele Probleme, und ich musste ihn vor die Wahl zwischen Vater und Gott stellen. Zuerst war er schwer schockiert und böse auf mich. Er hat sich ziemlich dagegen gewehrt und er hat mir sogar Gotteslästerung vorgeworfen. Doch ich habe ihn immer wieder gefragt: „Gott oder dein Vater?“ Er war damit natürlich in einer ziemlich großen Zwickmühle, denn er hatte große Sehnsucht nach seinem Papa. Und als er sich (nach langem Zögern) dann doch für seinen Vater entschieden hat und bitter weinen musste, weil er schon sehr große Sehnsucht nach dieser Nähe hatte, erkannte er, dass er damit den eigentlichen Zugang zu Gott gefunden hat. Ja, unsere Väter kommen immer vor Gott.

Aber nun wieder zurück zu Irene - immer diese Abschweifungen. Also ihr Mann hat es ihr ganz fest versprochen, dass er sich ändert, und er hatte sicher den festen Vorsatz. Doch es ist ihm natürlich nur sehr kurz gelungen. Und Irene erzählte mir, dass sie unter den weiteren Jahren in dieser Beziehung mit ihrem Mann noch viel mehr gelitten hat als je zuvor und dass es verlorene Jahre waren und dass sie sechs Jahre lang tiefe Trauer spürte, dass sie diese Gelegenheit zum Glücklichsein, dass sie diesen Mann, diese große Liebe, diese Chance hat vorbeiziehen lassen. Aber sie ist jetzt mit August so glücklich, und er hat ihr alle diese Wunden heilen geholfen. Das ist sehr schön, sie sind ein so schönes Paar.

Was willst du eigentlich im Leben? Das ist die wichtigste Frage, die wir uns alle stellen sollten! Du willst und du hast alle (scheinbaren) Sicherheiten! Du bist mit Karl im schönen Heim zusammen in der heilen Welt, hast meine Liebe, mein Feuer, mein Begehren, meine Ausdauer, meine vielen Briefe (du selbst sagst mir, dass du dich daran sehr erfreust, dass sie so wichtig sind für dich) du weißt, dass ich mich derzeit für keine andere Frau interessiere, und du musst dich nicht einmal entscheiden! Momentan spürst du nichts, zeigst du nichts, hast kaum eine Krise, kein Risiko, spürst kein böses Doppelleben (wo fängt das nur an) – alles ist friedlich, aber zwischen uns ist ein ziemlicher Stillstand und keine Entwicklung.

Viele Menschen weinen lieber den Chancen nach

Vielleicht ist mein Dasein für dich ja schon längst selbstverständlich geworden, oder vielleicht bist du ja froh, wenn es bald wieder still und friedlich um dich wird. Ich weiß auch nicht, ob du mich und meine Liebe überhaupt noch schätzt oder mich schon längst als Spielzeug (so eines zum Ein- und Ausschalten) betrachtest. Vielleicht sollte ich unsere Beziehung, unsere Liebe ja wieder ins Licht des Lebens stellen und es dem Prüfstein des Lebens übergeben. Vielleicht wirst du die Wichtigkeit, Schönheit und Einzigartigkeit unserer Begegnung erst dann spüren und dich daran erinnern, wenn du mich ganz einfach (als Geliebten und möglichen Partner) verlieren könntest oder verloren hast.

Es scheint eine Dynamik zu sein und ich habe sehr oft beobachtet, dass Menschen, die alle Sicherheiten und alle Bequemlichkeiten wollen (und auch manchmal haben), ihre Gefühle und das, was ihnen von der Seele her wichtig ist, meist erst dann spüren, wenn es vorbei ist oder wenn es kurz davor ist, dass sie es verlieren. Erst dann schätzen sie es und geben ihm einen Platz im Leben. Davor behandeln sie ihre Gefühle und diese Menschen oft schlechter als einen Hund. So manche oberflächlichen Freunde bekommen sicher mehr Liebe und Zuneigung von dir als ein Mensch, zu dem du noch kürzlich gesagt hast, dass du dich bei und mit ihm wie *heimgekommen* fühlst, zu dem du gesagt hast, dass du glaubst, dass er die Liebe deines Lebens bzw. dein Seelenpartner ist, mit dem du den letzten Tag deines Lebens verbringen würdest. Brauchst nur dein Gedächtnis einschalten, musst nicht fühlen!

Ich glaube, dass du auch den Wert unserer wichtigen Begegnung und unsere gegenseitige tiefe Liebe erst dann erkennen und wirklich schätzen wirst, wenn sie entweder verloren gehen könnte oder schon verloren gegangen ist. Vielleicht bist du ja wirklich ein Mensch (es gibt viele Menschen, die das so machen), der lieber den großen Chancen im Leben nachweint, als sie zu sehen, zu achten, zu ergreifen und zu leben. Das, was du liebst, hältst du wirklich sehr fern von dir. Es ist gefährlich, so wie die Liebe zu deinem Vater. Und bei alledem übersiehst du die Riesenentwicklungschance für dich (und auch für mich)! Du müsstest nur einmal im Leben anders handeln. Du müsstest nur meine Hand nehmen und dich führen lassen. Du weißt genau, dass ich dich nach Hause führen kann.

Bitte ein Gulasch von einer kranken Kuh

Du weißt genau, dass du mit mir eine sehr intensive, wunderbare, gegenseitig bereichernde, verschmelzende Beziehung führen kannst. Du weißt genau, dass du dich mit mir enorm entwickeln kannst und deine anstrengenden Mauern-Auf-und-Abbauspiele endlich beenden könntest. Du weißt genau, dass zwischen uns sehr viel Liebe und Leidenschaft ist und dass ich einer der wenigen Menschen bin, die deine Seele und dein Herz und deine Erotik ganz tief berühren können und dich zum Blühen, zum Leuchten und zum Schwingen bringen können. Du weißt auch ganz genau, dass du mit mir wirklich glücklich sein könntest (sind deine eigenen Formulierungen) und eine lebendige Beziehung mit einer wunderschönen mystischen Sexualität leben könntest.

Es sei denn, du hast nun den weit verbreiteten (aber traurigen) Weg der Bescheidenheit (oder den Ich-bin-es-nicht-wert-Weg) eingeschlagen. In einem Gasthaus wirst du aber auch nicht gerade bescheiden sein. Da gibst du dich ja auch nicht mit einem Gulasch von einer alten und kranken Kuh, lauwarm, serviert auf einem schmutzigen Teller zufrieden. Da willst du doch auch das Allerbeste für dich. Ich bin zwar seit 23 Jahren ein begeisterter Vegetarier, aber die Kuh bei deinem Gulasch soll doch sicher jung und gesund sein! Dein Gulasch soll doch sicher heiß und möglichst auf einem sauberen Teller serviert sein ... oder? Du lachst nun, aber sehr viele Menschen gehen genauso mit ihrem kostbaren und kurzen Leben um - sie sind zufrieden und bescheiden.

Bei mir erzeugen diese Worte *Zufriedenheit* und *Bescheidenheit* eher Brechreiz, weil ich bei meinen Seminaren immer die traurigen Resultate erlebe. Dieses Ich-bin-nicht-würdig-Denkmuster ist eine böse Spirale, die sich leider nur nach unten dreht. Wenn wir in diesem Jahr zufrieden und auch bescheiden sind und auf genau das verzichten, was wir so dringend zum Leben und Atmen und zum Glücklichsein brauchen, dann bekommen wir vom Leben ohnehin immer ein bisschen weniger. Was machen wir dann aber ein Jahr später? Da müssen wir dann doch wieder bescheiden sein und nächstes Jahr dann noch ein bisschen bescheidener und zufriedener, und irgendwann haben wir vergessen, was wir dringend brauchen, was wir wollen und was uns glücklich macht. Aber das Herz hat es nicht vergessen.

Bitte entschuldige, dass ich atme und lebe

Und diese Differenz zwischen dem Herzen und der (oft ziemlich traurigen und sehr seichten) Realität nennt man dann wunschlos unglücklich oder halt ganz einfach Frust!

Zu diesem Thema höre ich immer wieder den Trauersatz, dass wir ja alle Pflichten haben und dass das ja alles sehr schwer ist und nicht so leicht geht - blabla. Aber ehrlich gesagt interessiert dieses Argument niemanden. Es ist eine faule Ausrede, und das Leben zieht vorbei. Es ist dein Leben, und du kannst damit machen, was du willst. Du kannst auch frustriert leben. Dem Leben ist das egal. Es stimmt ja auch, dass wir Pflichten haben, aber das ist ja gar kein Widerspruch. Wenn wir diesen Trauersatz vor unsere Wünsche stellen und gleich ein Gulasch von einer alten Kuh bestellen, dann werden wir das auch ganz sicher genauso bekommen - und noch ein bisschen älter. Wir haben es ja auch ziemlich lange so eingeübt, auf Sparflamme, bescheiden und reduziert zu leben. Aber glaub mir, wir sind von diesen Instanzen (die uns das eingeredet haben) betrogen und belogen worden. Wir sagen zwar täglich Ja dazu, aber wir werden damit um unser kostbares Leben bestohlen!

So reduziert, klein und bescheiden denken wir nur, wenn wir uns wertlos fühlen. Unsere Bescheidenheit ist der deutlichste Beweis, dass wir uns unwürdig und schuldig und schlecht fühlen und uns schon vorher für alles Mögliche entschuldigen. Bitte entschuldige, dass ich atme, bitte entschuldige, dass ich Wünsche habe, bitte entschuldige, dass ich Sehnsüchte habe, bitte entschuldige, dass ich lebe. Welch eine Beleidigung Gottes, der bereit ist, uns alles zu geben! Wir laufen mit einem Buckel durch diese schöne Welt und wundern uns, dass wir gewohnheitsmäßig total frustriert sind. Setze deinen Maßstab hoch an (das Leben gibt ohnehin immer ein bisschen weniger) und sei bitte nicht zufrieden! Behalte das, was du brauchst zum Glücklichsein bitte immer im Auge und vergiss es nicht! Dein Herz vergisst es auch nicht. Zumindest versuchen solltest du es. Menschen, die ihren wahren Wert gefunden haben, sind niemals bescheiden und entschuldigen sich nicht durchs Leben. Sie wissen ganz genau, was ihnen zusteht. Oft sind wir ziemlich entsetzt, wenn man einen anderen Menschen schlecht behandelt, entwürdigt und ihn missachtet und ignoriert und ihm das Schlechteste gibt. Aber gehen wir denn mit unserer Bescheidenheit, mit uns selbst anders um?

Du wirst schon einen Weg finden

Süße, ich kann noch lange so weitermachen wie bisher. Ich habe noch viel Geduld und viel Kraft und Feuer, und ich werde mich auch weiterhin um dich sehr bemühen, und ich habe noch immer viel von unseren Begegnungen, weil ich einfach sehr viel dabei lerne, weil ich dich einfach sehr tief liebe und sehr schätze und ich den Kontakt und die Nähe zu dir suche und brauche und weil du eine unglaublich tolle und bezaubernde Frau bist (zumindest für mich) und weil ich weiche Knie bekomme, wenn ich dich treffe (außer du hast deine Monstermauern mit), und weil auch ich mein Gegenstück wiedergetroffen habe. Bisher hast du mir das selbst oft gesagt, aber irgendwann wirst du vielleicht wirklich einmal kapieren, was das für eine Gelegenheit und für ein Geschenk des Lebens ist, so einen Menschen zu treffen.

Ich werde dich auch in Zukunft meine Liebe und mein Feuer und meine Begeisterung spüren lassen, weil ich nicht anders kann und weil ich lebendig bleiben werde. Aber ich will und werde nicht mehr um deine Liebe bitten und betteln! Ich brauche deine Nähe und deine Liebe, aber ich werde nur noch das glauben und als real anerkennen, was du mir eben auch sagst und zeigst – nicht das, was ich fühle, träume und weiß. Und mir ist es in Zukunft auch völlig egal, warum du mir deine Liebe und deine Gefühle nicht zeigst, ob du gerade eine Krise hast oder Ängste oder sonst was. Ich will und werde auch nicht mehr versuchen, es zu verstehen, wenn du Monstermauern aufbaust und versteinerst und Gefühle abschneidest und dein Herz amputierst. Ich werde nur noch reagieren. Du kannst über alles mit mir reden, und wenn du willst, dann werde ich versuchen, es zu verstehen - obwohl ich mir nicht sicher bin, ob das Verstehen wirklich etwas bringt.

Und wenn dir unsere Beziehung (egal in welcher Form), unsere Liebe wichtig sind, dann wirst du schon einen Weg finden, mir zu zeigen, was du fühlst und wie sehr du mich liebst und brauchst. Falls dir das wichtig ist, dann wirst du schon einen Weg finden, mit mir das zu leben, was du willst und brauchst. Das mute ich dir zu! Ich bin nur an einer Beziehung und Liebe interessiert, in der ich mich wertvoll und geliebt fühle, in der ich nicht betteln muss, in der alles auf den Tisch kommt und nichts versteckt und zurückgehalten wird.

Jetzt bist du gefordert

Und wenn du dir eine Beziehung, eine Liebe mit mir nur dann vorstellen kannst, nachdem du Karl verlassen hast (halt ohne gefürchtetes Doppelleben), dann musst du dich halt doch mal klar entscheiden (ich verlange keine Entscheidung von dir), dann musst du halt mal ins kalte Wasser springen und dich bewegen und riskieren und Ängste überwinden (ich helfe dir eh dabei) und einige Lebenslügen aufgeben und dich von deiner Opferrolle endlich verabschieden und vielleicht alles mal über den Haufen werfen und deine heile und versteinerte Welt verlassen, um dein eigenes und glückliches Leben (vielleicht mit mir) zu leben.

Jetzt bist du gefordert, deine Schritte zu gehen! Jetzt darfst du mal sagen, wie es weitergehen soll mit uns und wie viel ich dir wert bin. Und wenn du mir eben nichts (oder so wenig wie die letzten zwei Wochen) von deiner Liebe zeigst und sagst, wenn du mir deine Gefühle und deine Schätze nicht zeigst (weil sie nicht da sind oder verdrängt sind oder sonst was), dann bin ich zwar sehr traurig (wie am Montag), aber ich nehme das so an wie du es eben zeigst oder nicht zeigst, und dann geht das Leben eben weiter seinen Lauf, und ich werde mich nicht dagegen wehren. Ich ziehe mich nicht zurück, ich werde nichts beenden, aber die Bewegung und die Entwicklung des Lebens wird mir dann eine Frau schicken, mit der ich das leben kann. Ich werde das nicht suchen, aber ich werde mich dafür öffnen.

Ich habe zwar noch das Problem, dass ich noch immer keinen Blick für andere Frauen habe, weil ich mit dir einfach etwas sehr Neues kennen gelernt habe. Ich bin zwar ein unglaublich großer Fan von Frauen, von der Weiblichkeit, von ihrem Duft, von ihren Bewegungen, von ihren Stimmen, von ihren Haaren und von ihrer Schönheit (jede einzelne Frau ist für mich auf ihre Art und Weise wunderschön), aber ich glaube, dass es derzeit schwierig sein wird, so eine Frau wie dich zu finden. Aber das Leben soll und wird und muss weiter gehen. Ich will und werde nicht stehen bleiben. Aber niemals würde ich den Kontakt zu dir abbrechen, so wie du es schon oft vorhattest. Bitte mach du das auch nicht. Das würde mir sehr weh tun und – aus meiner Sicht – wäre es gegen das Leben. Du bist mir als Mensch sehr wertvoll, und ich will mit dir unbedingt Kontakt, will dich sehn, und wir würden sicher gute Freunde bleiben.

Das Minimum in menschlichen Begegnungen

Ich bin ein wunderbarer Mensch, ich habe sehr viel zu geben und ich will und werde eine wunderbare und sehr tiefe Beziehung leben. Ich will lieben, will leidenschaftlich küssen, will guten tiefen und mystischen Sex haben, will meine heiße Erotik und Fantasie leben, will lachen und scherzen, will in der Früh aufwachen und eine Frau neben mir sehen, die ich liebe, will alles teilen, will zigeunern und genießen. Und ich würde mich so sehr freuen, wenn du, meine Traumzigeunerin, diese Frau neben mir bist, mit der ich das leben kann und mit der ich den kleinen Tod sterben kann. Ich will eigentlich nur mit dir dieses Leben führen!

Spätzchen, ich will und kann einfach nicht mehr wie ein kleiner Junge im Kaffeehaus sitzen und darum betteln, dass du mir bitte sagst, was ich für dich bin, was du für mich empfindest (das Minimum jeder Beziehung und eine ganz normale Frage), und du sitzt dann da und bist versteinert und sagst nichts. Ich will nicht mehr der Frau, die mir vor einer Woche gesagt hat, dass ich ihr Seelenpartner und ihre große Liebe des Lebens bin (vielleicht hast du das eh schon einen Tag später bereut), wie Würmer aus den Nasenlöchern ziehen, ob sie mich denn überhaupt noch sehen will. Ich will einfach diesen Zirkus nicht mehr. Ich kenne dich ja auch ganz anders!

Süße, steh doch bitte zu den Dingen, die du fühlst und denkst und empfindest und sagst, oder lass es eben bleiben und vergiss mich und ruf mich nicht mehr an. Lebe endlich ganz oder stirb halt mal ganz. Das ist ja zum ganz laut Schreien, zum Weinen und zum Ausflippen, was du da aufführst! Bei so vielen extrem verschiedenen Botschaften verliert man noch den Verstand. Das ist ja schlimmer als im Kindergarten! Es ist nun die Zeit der Klarheit und der Wahrheit und der Entscheidung. Klarheit ist ein anderes Wort für Heilung! Mich und meine Liebe und mein Feuer und meine Gegenwart kannst du (als Geliebter oder als Partner) nur haben, wenn du endlich voll zu deinen Gefühlen und zu mir stehst und du die volle Verantwortung dafür übernimmst! Und das ist keine Forderung, dass du deinen Heilig-Karli nun verlässt! Es kann sogar genau so weitergehen wie bisher, aber nur mit deiner vollen Verantwortung! Das ist nur das Minimum in menschlichen Begegnungen – ein Geben und Nehmen im gleichen Maße –, auch wenn ich *nur* dein Geliebter bin!

Ich habe keine Chance gegen deinen Verstand

Ich habe die letzten Wochen erkannt, dass ich, trotz meiner vielen und oft verzweifelten Briefe und Mühen, gar keine Chance gegen deinen Verstand, gegen deine heile Welt und gegen deinen Über-Karli habe. Es ist so wie in meinem ersten Traum von dir. Du rufst mich ziemlich sehnsüchtig und ich komme auch – und ich komme auch immer wieder –, aber ich komme einfach nicht an dich heran. In meinem Traum waren bewaffnete Männer und Hunde um dein Haus, und ich konnte nicht zu dir hinein, obwohl ich durch das Fenster gesehen habe, dass du schwer verletzt bist. Dieser Traum war ein ziemlicher Schock für mich, denn ich habe auch dein Rufen und dein bitteres Weinen gehört, und ich musste unverrichteter Dinge wieder abziehen!

Es ist mir nicht zu mühsam, um dich zu kämpfen – ich kann ja gar nicht anders –, und es ist mir nicht zu mühsam, deine Mauern zu überwinden – du bist es auch wert, aber ich habe erkannt, dass es absolut aussichtslos ist, weil mit meinem Kämpfen, mit jedem Bemühen die Abwehraktionen deines Verstandes (er scheint dein Leben schon völlig zu beherrschen) noch größer und die Mauern noch höher und mächtiger werden. Wir beide haben nur dann eine gemeinsame Zukunft (egal in welcher Form), wenn du aus deinem schwer bewachten Turm heraus zu mir kommst!

Ja, nun darfst du die Türe im Turm mal von innen öffnen und auch herauskommen und mir zeigen, wie mutig du bist und wie sehr du das Leben liebst und was ich dir denn wert bin. Nun darfst du mal zeigen, was dir unsere Beziehung und unsere Liebe wert ist. Sonst wird es halt kraftlos und zerfließt. Was sich nicht vertieft und weiterentwickelt, das kann nur flacher und mühsamer werden. Es ist die Zeit des Erwachens, die Zeit der Wahrheit, die Zeit des Handelns. Es ist die Zeit, Farbe zu bekennen. Nun braucht das Ganze mit uns eine neue Dimension, eine neue Qualität und eine neue Kraft. Sonst dreht sich die ganze schöne Energie um und alles zerfließt. Das ist in jeder Beziehung so. Wenn es nicht ständig neue Impulse und neue gegenseitig bereichernde Kraftströme gibt, dann werden Beziehungen kraftlos und schlafen ein und behindern uns.

Wenn wir von unseren Gefühlen abgeschnitten sind, schaffen wir dramatische Situationen, um uns lebendig zu fühlen.

Bitte, lass es nicht vorbeiziehen

Dein Prinz und Ritter ist da, er kann aber nur vor dem Turm stehen und auf dich warten, wenn er auch spürt und hört, dass du ihn liebst. Wenn du alles zurückhältst (um dich vor deinen komischen Krisen zu schützen), dann gibt er irgendwann auf, weil er gegen deine Mauern absolut machtlos ist und du ihn weggeschickt hast. Ja, mein Dasein braucht halt auch manchmal einen Kuss, aber einen nicht erbettelten Kuss. Es wäre so unglaublich schade um diese Liebe, um diese einzigartige, seltene und wunderschöne, fließende Begegnung zwischen uns. Aber dieser Satz hat nur Kraft und einen Sinn, wenn er auch von dir gefühlt und gesagt wird.

Prinzessin, bitte lebe mit mir diese lebendige Beziehung, die auch du dir so sehr wünschst. Ich bitte dich darum! Bitte, lass uns gemeinsam lachen und weinen, schenken und stehlen, heilen und bluten, erschaffen und zerstören, erwachen und sterben. Ich weiß, wir gehören zusammen. Das Leben hat zu uns beiden – immer wieder so deutlich– gesprochen. Bitte, lass es nicht vorbeiziehen, dieses Geschenk des Lebens. Es wäre so schade darum!

Zwischen uns fließen diese enormen und gegensätzlichen und funkelnden Energien, mit denen man einen Stern erschaffen kann! Süße, ich kann es mir einfach nicht anders vorstellen. Immer wenn ich an dich denke (und das tue ich fast Tag und Nacht), dann höre ich deine süßen Worte, dann spüre ich deine sanften Berührungen, dann sehe ich dich vor Sehnsucht weinen, dann kitzelt mich dein so gut duftendes Haar und dann sehe ich uns beide Hand in Hand durchs Leben gehen. Immer wenn ich an dich denke, dann erinnere ich mich daran, wie du dich immer wieder umdrehst, wenn ich dich zum Bus begleitet habe, wie du mir noch lange nachwinkst. Das ist so unglaublich schön. Es gibt derzeit nur diese schönen Bilder mit dir.

Mein Mädchen, wenn du erlaubst, dann werde ich dein Herz immer mehr und mehr und ganz tief berühren und formen und unterstützen und kneten und lieben und zum Blühen bringen. Es wird das Allerschönste für dich in deinem Leben sein. Ich umarme dich!

Mir geht es beschissen, und du sollst etwas davon haben

Mein süßes Kätzchen! Danke für deinen unglaublich lieben und sehr überraschenden Anruf! Ich freu mich wie ein kleiner Junge, dass du mich nach meinem letzten, sehr heftigen Brief noch sehen willst. Bin auch überglücklich, dass du mich so sehr vermisst hast und solche Sehnsucht nach mir hast!

Das ist ein ganz anderer Brief als der letzte. Das ist ein ganz lieber Brief, kein so böser, verzweifelter Brief. Den da kannst du sogar aufheben, musst nix zerreißen in tausend Teile wie den letzten. Und kürzer wird er auch. Aber zum jetzigen Zeitpunkt weiß ich noch gar nicht, ob ich ihn dir überhaupt geben soll. Mir hilft das Schreiben immer sehr, ist immer ein Heilungsprozess für mich. Vieles kann ich damit ordnen und korrigieren und verstehen.

Süße, ich hoffe nicht, dass du irgendetwas zu persönlich nimmst oder gleich alles auf dich beziehst, wenn ich dir schreibe oder so wie gestern am Telefon sage, wie es mir geht oder dass ich traurig bin usw. ... Da steckt keine versteckte Botschaft an dich dahinter, um dich zu belasten oder dir gar ein schlechtes Gewissen zu machen. Keinesfalls, und meine Schmerzen und Krisen haben ja oft die verschiedensten Gründe und Ursachen! Alles, was ich dir sagen will, das sage ich dir direkt, so wie in meinem letzten Brief.

Wenn es mir manchmal total beschissen geht und ich traurig bin und ich mich einsam fühle oder wütend bin oder fast durchdrehe, dann bin ich es einfach, und dann bin ich trotzdem ganz bei mir und in meiner Kraft und authentisch. Ich habe kürzlich ein Seminar mit dem Satz begonnen: „Mir geht es heute beschissen, und ihr sollt auch alle etwas davon haben, denn ich bin ganz bei mir. Ich mache mir und euch nichts vor.“ Alle haben gelacht, und es wurde ein ganz tolles und sehr kraftvolles Seminar.

Um zu lernen und zu leben, ganz bei mir zu sein, habe ich lange gebraucht, und ich bin noch mitten drin. Davon profitieren aber auch andere (besonders bei meiner Arbeit), denn ich wehre mich gegen nichts mehr und ich bin trotzdem oder gerade deshalb im Einklang und in meiner Mitte. Es ist meine Kompetenz. Es gibt nichts Erbaulicheres, als authentisch zu sein, wo alles zu sehen ist, wo Gedanken, Worte und Taten übereinstimmen, und in seiner Mitte zu sein und aus dieser heraus zu handeln.

Alles ist an seinem Platz

Es ist ein schwieriger, aber lohnender Weg dorthin zu gelangen, aber diese Menschen in ihrer Mitte können schon alleine dadurch viel Segen bringen, dass sie eben in ihrer Mitte sind. Und es gibt nichts Belastenderes als diese komischen halben und lauwarmen Zustände, diese teuren Kompromisse, in denen man noch so tut, als wäre eh alles in Ordnung und heil und an seinem Platz, bei denen man so tut als wäre eh nichts los, bei denen man noch lacht, obwohl man innerlich schon längst weint. Diese halben Zustände sind nichts als Lügen, und sie sind eine echte Belastung für einen selbst und für die ganze Welt. Wenn ich traurig bin, dann bin ich eben traurig, und wenn ich lache, dann lache ich eben und dann zeige ich das eben auch. Das ist die Mitte, das ist Authentizität (und das ist wahre Kommunikation), das ist das Leben in der Gegenwart, bei dem der Verstand sich unterordnen muss. Das ist das einfache Leben der Gefühle. Mir geht es also gut, auch wenn es mir beschissen geht, auch wenn ich weine (so wie heute am See), weil ich mir und den anderen nichts mehr vormache. Ich versuche einfach, immer bei mir und authentisch und spontan zu sein.

Oh, einst habe ich geglaubt, dass ich Probleme habe. Und ich habe mich gegen diese Gefühle, die in verschiedenen Situationen auftauchten, sehr gewehrt und sie regelrecht bekämpft. Als ich dann aufhörte, mich dagegen zu wehren, als ich alles auf mich wirken ließ, begriff ich erst, dass alles in meinem Leben an seinem Platz war und dass das eigentliche Problem mein enormes Wehren und Dagegensein war. Mein eigentliches Problem war mein Nicht-authentisch-Sein. Und von dort aus, von diesem neuen Platz des Annehmens der Gefühle und Situationen, konnte ich alles in meinem Leben neu ordnen, alles bewegen, alles gestalten und jedes Ziel ansteuern und erreichen.

Süße, ich habe mit dir schon sehr viel gelernt, vor allem alles zu akzeptieren und loszulassen. Dass du noch bei Karl bist (und vielleicht ja auch dort bleibst), kann und will ich mir zwar überhaupt nicht vorstellen, aber ich kann auch damit immer besser umgehen. Ich nehme halt das, was ich bekomme. Doch mir geht es manchmal auch echt beschissen damit, und das will und muss ich dir auch manchmal (so wie heute) sagen, du hast auch das Recht dazu, das zu wissen.

Komm mir ja nicht zu nahe

Trotz dieses Akzeptierens und Achtens deiner Entscheidung weiß und spüre ich ja auch deine Liebe zu mir. Ab und zu (leider selten) sagst und zeigst du sie mir auch sehr deutlich. Und ich wünsche mir natürlich viel, viel mehr mit dir und eben sehr stark, dass du meine Lebenspartnerin wirst, dass du mit mir liebst und lebst und lachst und weinst und die mystischen Tiefen des Lebens und der Liebe kennen lernst und lebst. Das ist ja doch menschlich und völlig normal, dass ich mir das wünsche. Das ist aber kein Druck und keine Erwartung, und ich hoffe, dass du das auch nicht als Druck spürst. Druck ist auch bei meiner Arbeit das größte Hemmnis, und zuerst muss ich immer Entspannung suchen. Es gibt viele gute Wege und Hilfen, aber sie helfen nur dann, wenn man sich selbst nicht unter Druck setzt! Druck übt das Leben ohnehin selbst aus.

Deine liebe Freundin Susi muss ja auch akzeptieren, dass ihr Josef (noch) bei seiner Frau ist und vielleicht bleibt, aber die beiden telefonieren wenigstens täglich, sie sehen sich regelmäßig, sie zeigen sich gegenseitig immer offen ihre Liebe, sie küssen sich, sie schlafen miteinander, sie können alles immer besprechen und abklären und ordnen und verstehen und können zumindest eine Liebesbeziehung leben. Ich will mich nun aber keinesfalls beschweren, aber bei uns ist derzeit das alles (Reden, Telefonieren, Treffen, Küssen, Lieben) ja tatsächlich sehr selten der Fall. Ist ja schwierig, dass aus diesem Komm-mir-ja-nicht-zu-nahe irgendetwas Gemeinsames überhaupt entstehen kann. Und es ist eh sehr erstaunlich, was daraus alles schon entstanden ist und wie tief es schon ist - oder schon immer war. Das ist für mich schon ein starkes Zeichen der wirklichen, seelischen, alten und tiefen Verbindung zwischen uns, wie du gestern ja selbst gesagt hast. Kleine Schritte sind auch Schritte.

Süße, ich glaube, wenn du nur eine Woche durchgehend wirklich offen wärst und mit mir eine Liebesbeziehung leben würdest, dann würdest du gleich bei mir bleiben. Das weißt du ganz genau und das fürchtest du auch! Deshalb ziehst du dich wahrscheinlich auch immer sehr rasch zurück. Es ist dir zu heiß mit mir. Ganz egal aus welchem Grund das momentan so ist zwischen uns - so ist es halt, und (ich habe ja keine Ahnung, wie lange ich das schaffe) ich akzeptiere es ja auch. Hab dich lieb und umarme dich!

Darling, was kostet die Liebe bei dir?

Liebes, ich habe mich wieder so sehr gefreut, soeben mit dir zu telefonieren. Und mit deinen süßen Worten der Sehnsucht hast du mich wieder einmal ziemlich überrascht und sehr tief berührt. Wie machst du das nur? Du schaffst es immer wieder, wie aus dem Nichts aufzutauchen und mich total zu überraschen. Du bist ja ein richtiger Zauberer. Ich will dir zu unserem heißen und langen Gespräch gleich noch ein paar Sachen schreiben.

Wenn wir einen Menschen kennen und lieben lernen, dann sollten wir ihn vielleicht gleich zu Beginn fragen: „Darling, was kostet denn die Liebe bei dir?" Ich weiß, das hört sich arg an, ist es aber nicht. Ich habe in meiner Arbeit immer mit den bitteren Resultaten zu tun, und das sind dann oft ziemlich triste Beziehungssackgassen aus denen man nur sehr schwer wieder herauskommt. Sehr oft ist die Liebe – schon von Beginn an – an ziemlich viele Bedingungen und Erwartungen und Pflichten geknüpft. Manchmal muss man sehr vorsichtig sein, wen man anlacht oder auf einen Kaffee einlädt oder küsst. Wer weiß, welche Pflichten man mit einer zarten Umarmung eingegangen ist und welche Erwartungen geweckt wurden.

Kurz nach dem ersten Kaffee, nach dem ersten Kuss und nach der ersten Liebeserklärung taucht meistens (ein verbreitetes Ritual) sofort der erste Besitzanspruch (die Basis für viele Verletzungen) und die erste Bedingung auf, und es liegt schon unausgesprochen die erste Pflicht in der Luft: „Nun bist du mir das schuldig, und nun musst du mir Rechenschaft ablegen, und nun musst du mir alles geben und ersetzen, was mir fehlt." Zuerst ist es noch so schön, und dann wird es so eng. Dieses Beziehungsritual ist ein trauriges und nicht sehr kreatives Spiel. Ich glaube, das haben wir vor 250 Jahren auch so gemacht. Und die meisten von uns spielen wie Schafe einfach mit, *weil man es eben so tut*, und alle sind wir darüber total frustriert. Die meisten von uns wollen kosten und probieren und auch spielen. Wenn wir uns das erlauben und es aussprechen und dazu stehen, warum sollte es denn nicht möglich sein? Ich weiß ja, dass das ein Tabu ist, aber wir könnten uns doch auch einmal fragen, was wir wollen und ob uns dieses uralte Versorgungsritual und dieses Besitzen und uns eines Menschen Sichersein (es sind nur Unsicherheiten, Ängste und viel Mangeldenken) noch gefallt und glücklich macht. Wir sollten mal darüber nachdenken!

Ich will dich gleich nach dem ersten Kuss besitzen

In allen möglichen Bereichen entwickeln wir Menschen uns weiter, aber in manchen Bereichen sind wir wie Schafe, die einfach alles nachmachen, was wir sehen. In diesem Punkt sind wir im letzten Jahrhundert stecken geblieben. Vielleicht sollten wir ja vor einem ersten Treffen eine Liste erstellen: Anlächeln kostet noch nichts, ab dem ersten Cafe hast du die ersten Pflichten, und ich will wissen, warum du dich gestern nicht gemeldet hast, und nach dem ersten Kuss will ich dich besitzen, und du musst mir sagen, mit wem du gerade telefoniert hast, ab dem zweiten Kuss gibt es kein Zurück mehr, denn dann verletzt du mich. All dieses Besitzenwollen zerstört die Liebe leider schon vom ersten Moment an. Die Liebesreise beginnt mit der Pflichtenpanne, und nach zehn Jahren besuchen sie dann mein Seminar. Sich eines Menschen sicher zu sein ist ein schlechter Ersatz für Liebe, die nie die geringste Form eines Besitzens kennt! Besitzen wollen wir nur aus Angst und Macht.

Wir sehen den kleinen Finger und nehmen oft allzu schnell die ganze Hand. Ein bisschen Liebe verwandeln wir ziemlich rasch in viele Pflichten. Und das noch größere Problem sind ja nicht nur die vielen Bedingungen und viel zu frühen Pflichten (ich habe ja gar nichts gegen Pflichten) und die vielen – meistens unerfüllbaren – Erwartungen, sondern, dass das meiste davon noch dazu unausgesprochen ist und oft ein ganzes Leben lang bleibt! Es liegt halt die ganze Zeit so in der Luft, aber keiner weiß so ganz genau, *was denn in der Luft liegt*. Eine neue Begegnung, eine neue Liebe ist oft leider auch der Beginn von einem sehr mühsamen Machtkampf und Beziehungs-Ratespiel.

Und bezüglich unserer Erwartungen an unseren Partner muss ich auch noch sagen, dass wir einen Menschen ja immer aus einer ähnlichen Geschichte anziehen und treffen. Und meistens haben wir dann selbst genau das nicht, was dem anderen so sehr fehlt, was der andere sich so sehr von mir wünscht. Das ist aber keine Gemeinheit des Lebens (auch wenn es viele so empfinden), sondern eine klare Botschaft des Lebens, dass wir uns das alles zuerst selber geben müssen, bevor wir es von einem anderen Menschen (Partner) bekommen können. Wir müssen uns zuerst selbst achten, lieben, schätzen und wertvoll und frei fühlen, bevor unser Partner darauf reagiert und es uns geben kann.

Wenn du mich liebst, dann errate bitte, was ich will

Zurück zu den unausgesprochenen Wünschen und Ideen, ich höre und erlebe in meinen Seminaren (besonders bei Beziehungskrisen und am Ende von Beziehungen), was sie ja eigentlich wollten und eigentlich erwartet haben, aber leider haben sie es nie klar in Worte gefasst. Das ist dann beim Partner oft ein ziemlich großes Aha-Erlebnis und Erwachen mit den Worten: „Warum hast du das denn nicht schon früher gesagt? Na, wenn ich das gewusst hätte." Na ja, wir haben es verlernt, die Dinge klar in Worte zu fassen und dafür die Verantwortung zu übernehmen.

Meist läuft das nach dem alten Märchenprinz-Prinzip: dass mein Partner doch genau wissen muss, was ich will und was ich brauche, und wenn er mich wirklich liebt, dann muss er doch alle meine Gedanken lesen und das alles selber herausfinden. Das funktioniert aber leider nicht und gib Acht, denn genau daraus (Wünsche zu verstecken und nicht klar zu zeigen) entsteht das Gefühl, benutzt und ausgenutzt zu werden. Aber glaube mir, so etwas gibt es nicht! Wenn alle unsere Wünsche, Ideen und Sehnsüchte und Vorstellungen ganz klar und deutlich ausgesprochen sind und auf dem Tisch liegen, dann gibt es dieses komische Gefühl, *benutzt* zu sein, nicht.

Wenn einer sich benutzt oder ausgenutzt fühlt, dann versucht er sehr elegant-leise die Verantwortung abzugeben. Das läuft dann ähnlich wie bei der Opfer-Täter-Spirale. Dieses Bewusstsein ist auch das deutlichste Zeichen dafür, dass der Benutzte seine Wünsche und Vorstellungen und Sehnsüchte nicht klar deklariert (und dafür die Verantwortung übernimmt), sondern sehr gut getarnt hat. Die Differenz zwischen dem was wir sagen und zeigen, und dem, was wir wirklich denken und fühlen und eigentlich ja wollen, ist dann der Nährboden für dieses komische Gefühl, benutzt oder ausgenutzt zu werden (und manchmal auch die Geburt vom Wahnsinn). Wenn wir aber genau genug hinsehen, dann sieht man sehr bald, dass es ein völlig unsinniger Gedanke ist, weil wir zu allem im Leben jederzeit Ja oder Nein sagen können. Dieser Gedanke ist auch höchst hinunterziehend und energieraubend, weil er uns in eine Illusion versetzt, dass es Momente in unserem Leben gibt, in denen wir nicht die volle Verantwortung für uns selbst haben. Aber da gibt es nicht einmal eine Sekunde, in der wir nicht selbst die volle Verantwortung für unser Leben haben!

Das Thema Missbrauch kann eine Falle sein

Dieses Benütztwerden und das Thema des Missbrauchs sind heutzutage ein sehr heikles Thema, und die Medien sind voll davon. Ich habe in meiner Arbeit auch sehr viel damit zu tun, und ich behandle solche Themen immer mit größter Vorsicht. Ich wäre verloren, wenn ich irgendeine Partei ergreife oder bewerte oder Mitleid hätte, und ich könnte niemandem helfen.

Es stellt sich ja auch immer die Frage, was denn ein Missbrauch überhaupt ist (ich weiß es jedenfalls nicht) und wo er denn beginnt. In den USA ist es schon ein Missbrauch, wenn ein 11-jähriger Bub seiner kleinen Schwester beim Pinkeln zusieht, und man holt ihn mitten in der Nacht schwerstbewaffnet mit dem FBI aus dem Bett und verhaftet ihn. Vielleicht ist es ja auch in den Augen mancher meiner Seminarteilnehmer schon ein Missbrauch, dass ich ihnen in die Augen sehe und sie liebevoll (bei meinen Seminaren) an der Hand nehme und sie sogar umarme, wenn sie weinen.

Oft kann es eine Falle und Sackgasse sein, wie Öl ins Feuer, sich zu sehr mit diesem Thema des Missbrauchs zu beschäftigen. Oft wird das Thema Missbrauch dafür missbraucht, die Verantwortung legitimiert abzugeben. Meistens lasse ich bei meiner Arbeit dieses Thema einfach links liegen! Klar, dass ein Missbrauch sehr schlimm sein kann (besonders wenn es innerhalb der Familie ist), aber ein Mensch, der dieses Thema anspricht (und dazu sagt, dass es das Problem ist), hat meistens nicht das Problem des Missbrauchs, sondern Probleme mit dem Bewerten und dass er (oft lebenslang) einen Weg sucht, seine Verantwortung abzugeben und auch zu groß und zu klug für die Liebe ist. Sein Problem ist dann das Hadern und das nicht Annehmenkönnen und die ständige Suche nach Schuldigen.

Viele behaupten, dass sie Probleme in ihrem Leben haben, weil ihr Vater z.B. ein Alkoholiker war, weil sie zu wenig Liebe bekommen haben, weil dieses so und so verlaufen ist. Und wenn wir genau hinsehen, dann erkennen wir schnell, dass das nicht stimmt. Es gibt keine Liste, auf der aufgereiht ist, was mit uns ist, wenn Papa nicht vom Krieg heimkommt, welche Probleme wir haben, wenn es Alkohol in der Familie gab und welchen Verlauf ein Leben nimmt, wenn es Missbrauch gab. Das, was danach kommt, macht etwas zu einem Problem - so wie wir damit umgehen und es betrachten.

Kinder kommen nur mit Liebesenergie

Das größte Problem ist es meist, dass wir unsere Eltern bewerten, dass wir auf etwas warten, das wir schon längst haben, dass wir alles verstehen wollen, dass wir uns größer als sie fühlen und wir aus Mangel an Nähe frieren. Ich muss bei meiner Arbeit erkennen, was das größte Problem ist und welche Lösungen es gibt, und noch nie habe ich gesehen, dass Missbrauch oder Mamas früher Tod oder Papas Alkohol das eigentliche Problem war, sondern immer nur unser Hadern und unsere Bewertung. Das ist gut und das ist schlecht - nur dieses Denken erschafft Probleme. Es gibt ja auch Kinder, die keine Nähe zu ihren Eltern spüren und über ihre Eltern schimpfen, obwohl es keinen Missbrauch oder Alkohol gab.

Und wenn man z.B. dieses Missbrauchsthema zu wichtig nimmt und darauf einsteigt und es (wie die Medien) aufbauscht und damit das Verstehen noch mehr fördert, dann wirkt das meistens wirklich wie Öl ins Feuer, und es hilft uns nicht aus der Opfer-Täter-Spirale heraus und bringt keinen Frieden! Es entstehen neue Schuldige, neues Hadern, neue Opferrollen, neue Bewertungen, neue Distanzen, neue Umwege zur Selbstverantwortung und ein neues Frieren. Und besonders wenn es um die Eltern geht (oder jemand das Kind einer Vergewaltigung ist), ist dieses Thema Missbrauch sehr heikel, denn am meisten leiden wir ja unter der mangelnden Nähe und unter unserem Hadern und Bewerten und dass es uns sehr schwer gelingt, die Verantwortung für unser Leben zu übernehmen. Du kannst dir aber sicher sein, Kinder kommen nur mit Liebesenergie, ja, selbst wenn es eine Vergewaltigung war! Über diese Aussage waren schon viele schockiert, aber was würdest du denn so einem Kind sagen, damit es seine volle Lebensberechtigung spürt? Willst du diesen Menschen darin bestärken, dass das Leben sich bei ihm geirrt hat und er die falschen oder böse Eltern hat? Wenn ein Kind zur Welt kommt, dann gibt es drei, die sich dafür entscheiden: die Mutter, der Vater und diese Seele. Viele vergessen, dass es auch die Wahl und die Entscheidung dieser Seele gibt. Und diese Seele kommt nur dann, wenn alle Faktoren passen und wenn es diese Liebesenergie gibt. Nähe zu finden, gelingt uns oft nur dann, wenn wir etwas nicht verstehen und *nur annehmen*, so wie es eben ist. Ja, selbst wenn wir herausfinden, dass all unsere Vorwürfe den Eltern gegenüber voll stimmen, werden wir damit keinen Frieden, keine Nähe und keine Liebe finden. Unser Sieg über unsere Eltern hat einen Haken - es ist letztendlich ein Stich in unser eigenes Herz!

Niemand kann uns die Verantwortung abnehmen

Das mit dem Verantwortung-abgeben-Wollen kenne ich aus meiner Arbeit sehr gut. Bei meiner Arbeit gibt es auch immer einen nächsten Schritt, den das Leben fordert. Sonst zieht sich vieles (mühsam Erarbeitetes) einfach wieder zurück, und wir verlieren auch vieles wieder. Die Folgen dieses Rückzugs stehen dann natürlich nicht in der Verantwortung des Seminarleiters. Manche (wenige) halten sich halt nicht an die Spielregeln und suchen ständig einen Weg, ihre Verantwortung abzugeben. Das führt zwar zu nichts (und es kann uns ja niemand die Verantwortung abnehmen), aber es ist halt sehr bequem. Ein bisschen von da und ein bisschen von dort und ein bisschen konsumieren und die Empfehlungen nur halbherzig wahrnehmen und beharrlich feige wegsehen, seine Vorstellungen auch nicht klar aussprechen und dann, wenn es uns beschissen geht (weil sich die Energien zurückziehen), nehmen wir schnell ein paar Ratschläge aus einer völlig anderen Welt an (das sind dann tolle Vermischungen), aber die Verantwortung schieben wir dann schnell auf den Therapeuten ab.

Kein Mensch muss es erahnen oder erraten oder erfühlen, was wir wollen und brauchen und wann wir es wollen und brauchen. Mit dieser Gedankenleseridee wollen wir uns meist nur elegant vor unserer eigenen Verantwortung drücken. Das Leben bietet uns die Herausforderung, dass wir unser Leben selbst gestalten, dass wir dafür unsere Wünsche selbst klar formulieren und aussprechen müssen (wie soll denn das ein anderer für uns tun können) und dass wir damit auch die Verantwortung für unsere Worte und Wünsche übernehmen. Ja, der, der etwas ausspricht, hat auch eine Verantwortung, denn dann verlangt das Leben von uns den nächsten Schritt – nämlich das *Tun*. Das stärkt unsere Wunschkraft enorm!

Besonders von jungen Menschen (am Beginn einer Beziehung) höre ich in meiner Praxis immer wieder: „Toll, er weiß genau, was ich will, und er liest es mir von den Augen ab, und ich brauche nur noch Ja zu sagen. Das wird dann sogar als großes Zeichen der Liebe bewertet." Ich muss darauf antworten: „Toll, du trägst keine Verantwortung für deine Wünsche und du kannst ein Machtspiel spielen, indem du so tust, als bräuchtest du nichts oder viel weniger als dein Partner, als wärst du nicht bedürftig."

Wessen Leben lebe ich denn nur?

Ja, so toll ist das gar nicht, wenn uns einer die Gedanken und Wünsche von den Augen abliest und sie erfüllt (und es ist kein Zeichen der Liebe) und wir sie nicht formulieren müssen, denn irgendwann haben wir es verlernt, unsere Wünsche, Vorstellungen und Ideen klar zu formulieren, und unser gedankenlesender Partner bestimmt dann manchmal auch unser Leben.

Und wenn du selbst nicht aussprichst, was du willst und wenn du selbst nicht deine Entscheidungen für dein Leben triffst, dann sei dir gewiss, dass es eine Menge Leute um dich herum gibt, die das für dich tun. Ja, es gibt eine Menge Menschen um dich, die es alle nur gut mit dir meinen und dein Leben für dich bestimmen. Nur ist es eine ziemlich bittere Sache, weil du dich dann irgendwann fragst, wessen Leben du da nun eigentlich lebst. Und du wirst feststellen, dass es nicht deines ist. Ja, unsere Wünsche nicht klar auszusprechen und nicht klar zu formulieren und unsere Entscheidungen nicht selbst klar zu treffen, wird mit Sicherheit zu einer bösen Energiespirale der Abhängigkeit.

Apropos Wünsche klar und deutlich aussprechen, bitte verzeih mir den Vergleich: Prostituierte sagen (ich habe einige in meinen Seminaren, und ich achte sie und ihren Beruf) wenigstens deutlich, wie viel sie wollen und wofür sie es wollen. In Beziehungen erfahren wir es meist erst nach und nach oder oft auch gar nicht, was der andere eigentlich will. Das ist ein böses Wunsch-Versteck-Spiel. Und am Ende stellen sich ziemlich viele Beziehungen als sehr schlechtes Geschäft heraus.

Und leider beginnen viele Beziehungen und Ehen nicht aus Liebe, sondern aus Sicherheitsdenken (alle wollen einen Italiener, aber er muss pünktlich um sechs zu Hause sein) und aus Angst. Ich bin nicht gegen die Ehe, aber die Realität sieht leider so aus. Wo hätten wir es denn in diesen Zeiten – wo Sicherheitsdenken vor Gefühlen kommt – anders gelernt? Manchmal sollte man vielleicht zu einem geliebten Menschen sagen: „Gerade weil ich dich so sehr liebe, heirate ich dich nicht." Und sehr viele sagen schon am Beginn einer Beziehung – auch ohne Worte: „Darling, ich liebe dich, und du musst dich nun ändern!" Aber Vorsicht, denn wenn einer sich für seinen Partner – ja ich weiß, aus Liebe – ändert oder auf etwas Wertvolles verzichtet, dann kostet es ihn meistens die Würde. Hab dich lieb!

Die Geduld habe ich nicht erfunden

Kätzchen, es war so schön, dich heute zu treffen. Mein Herz hat wild geschlagen. Bin so glücklich, dass wir uns wieder begegnen und wir lachen und reden und uns berühren und beißen können. Ich bin noch ganz high von dir und deinem Leuchten. Mädchen, du wirst von Tag zu Tag noch schöner! Wo führt das nur hin? Am meisten berührt hat mich heute dein Satz, dass du mich so sehr vermisst und liebst und dass du noch nicht weißt, was du willst, und dass du einfach noch Zeit brauchst, dich zu entscheiden. Das hat mich heute irre gefreut, und da muss ich gleich noch was dazu schreiben, sonst zerreißt es mich noch!

Genau da habe ich nämlich mein Riesenproblem, und das will ich dir heute schreiben, denn ich habe die Geduld und das Warten nicht gerade erfunden! Ich glaube, du kennst mich ja schon sehr gut. Ich bin es nicht gewohnt zu warten und geduldig zu sein und vor allem nichts tun zu können.

Manchmal renne ich wie durchgeknallt auf der Landstraße oder an der Donau einfach auf und ab, weil ich oft kein Zeichen deiner Liebe bekomme – weil ich oft keinen Anruf von dir bekomme – weil ich dich oft nicht einfach anrufen kann – weil ich oft nicht reden kann mit dir – weil ich oft nicht weiß, wo ich (in Bezug auf dich) stehe – weil ich oft daran zweifle, ob ich überhaupt eine Chance habe, dass du jemals für mich deine Festung verlässt – weil ich mich von dir oft sehr ungeliebt und ausgesperrt fühle – weil ich oft den Eindruck habe, es steht alles still zwischen uns – weil ich dich nicht höre und sehe und rieche und spüre!

Manchmal glaube ich, dass ich explodiere! Ich zapple und überlege und rotiere und zapple und überlege, was ich falsch oder noch nicht gemacht habe oder was ich noch tun könnte, und ich muss dir auch gestehen, manchmal werde ich fast verrückt vor Eifersucht. Was macht die Süße gerade mit Karl? Ich weiß ja eh, dass mich das nichts angeht. Entschuldige, aber es ist eigentlich nur deshalb, weil ich meinen Teil von dir nicht oder sehr selten bekomme. Ich kann es akzeptieren, dass du bei Karl bleibst. Ja, es ist so, ich überlege ständig, was ich nur tun soll und kann und was ich noch nicht getan habe, um dich öfter zu sehen und dich zu hören, um mit dir in Kontakt zu sein.

Ich würde dich so gerne zum Leuchten bringen

Ich würde dich so gerne öfter sehen oder, noch besser, ständig um mich haben und dich spüren und hören, dich umgarnen und verwöhnen und überraschen und zum Lachen bringen, dich glücklich und leuchten und schwingen und schweben sehen. Ich würde mich so gerne vor dich mit roten Rosen hinknien (die ganze Stadt dürfte das sehen) und dich inständig bitten, zu mir zu kommen, mit mir zu leben, mit mir zu lieben.

Ich würde so gerne zu dir nach Hause fahren und deinem Karl alles erzählen und mit ihm (wie im Traum, da hat er es sogar alles verstanden) reden, ich würde so gerne zu deiner Mama reisen und ihr alles erzählen und mich bei ihr ausweinen und sie um einen mütterlichen Liebesrat fragen. Ich würde dir so gerne einen Lastwagen voller Blumen schicken (diese Nachricht hat dich gestern ziemlich geschockt, gell), dass es alle sehen. Ich würde gerne an deiner Zug- und Bushaltestelle Plakate aufhängen (die habe ich schon gemacht) und dich bitten, zu mir zu kommen. Ja, so geht es mir wirklich. Bitte verzeih mir, ich kann es nicht ändern, und es kostet mich viel Kraft, das alles im Zaum zu halten.

Ich weiß ja eh, es sind teilweise echt verrückte Ideen (ich hab noch ganz andere) – den Mut und das Selbstvertrauen hätte ich dazu, und ich würde es auch tun, aber hab bitte keine Sorge. Natürlich würde ich das alles (aus Achtung vor dir) niemals wirklich tun, weil ich genau weiß, dass du solche verrückten Spontanaktionen nicht magst, dass du böse auf mich wärst (wenn ich deine heile Welt zerstöre), dass es dich verletzen würde und dass es auch gar nichts bringen würde und dass es ja viel besser (auch für mich) ist, wenn du selbst aus deiner Festung zu mir herauskommst, aus freien Stücken und nur aus Liebe zu mir.

Ja, es gibt eigentlich nur diesen Weg. Sonst hätte das auch gar keinen Wert für mich, und anders will ich es ja auch gar nicht! Ich will dir heute nur sagen, wie es mir geht und was so alles in mir vorgeht. Menschen, die sich lieben, erzählen sich das gegenseitig. Das tust du ja auch oft genug. Und das ist kein Druck!

Meine Schmerzen lohnen sich

Süße, ich werde es lernen müssen, geduldig zu sein und loszulassen und abzuwarten und zu vertrauen und halt mal nichts zu tun (das ist das Allerschwerste für mich). Es ist ja auch nicht immer so heftig, und es wird sich nun auch alles in mir wieder beruhigen und normalisieren – das spüre ich nun schon während des Schreibens. Und es kommt ja nun auch bald die Zeit, wo ich eben nicht mehr so viel Zeit habe, weil meine Seminararbeit mehr und mehr wird.

Mein Kätzchen, noch nie im Leben erging es mir so wie jetzt. Noch nie im Leben habe ich so tief gefühlt und geliebt. Noch nie im Leben war eine Liebe so schön, so lehrreich, so intensiv und auch so schmerzlich für mich (das wird ja nicht so bleiben). Noch nie im Leben fühlte ich mich so begehrt, noch nie hab ich eben dich getroffen und noch nie fühlte ich mich so beschenkt vom Leben. Noch nie im Leben hat mir eine Frau so schöne Dinge ins Ohr geflüstert. Noch nie hatte ich so schöne und reizvolle Bilder von einer gemeinsamen Zukunft, und noch nie im Leben wurde ich so inspiriert. Man trifft eben nicht alle Tage so eine unglaubliche Frau wie dich, sein Gegenstück. Ja, so geht es mir einfach! Meine Schmerzen lohnen sich für mich, weil ich sehr viel davon habe, von dieser Begegnung mit dir. Und ich werde mich vor den Schmerzen und der Berührung meiner Wunden nicht schützen! Ich werde offen, verletzbar und damit lebendig bleiben.

Ich habe solche enorme Sehnsucht nach dir und ich höre ja auch ständig dein sehnsüchtiges Rufen nach mir. Sehr oft sagst du mir ja bei einem Treffen oder am Telefon auch, wie sehr du mich vermisst und liebst und brauchst, und ich spüre deine Liebe (so wie in meinem ersten Traum von dir) und ich sehe dich gleichzeitig bequem und abgesichert und risikolos (aber nicht glücklich und vertrocknend) in deinem sicheren Turm sitzen, dein ruhiges und abgesichertes Leben führen, und ich rotiere eben vor deinem Turm und drehe mich im Kreise mit meinem Hengst und kann absolut nichts tun. Manchmal ist das eben der Wahnsinn für mich! Aber bitte zerbrich dir nicht meinen Kopf und empfehle mir bitte nicht, dass ich irgendwas ändern soll, dass ich irgendwas loslassen soll! Momentan passt es und es ist ja meine Wahl. Ich muss es einfach nur erzählen und aussprechen. Und selbst wenn ich wollte - ich komme derzeit auch nicht so leicht los von dir.

Du hast es nicht verdient, geliebt zu werden

Ich muss dir gestehen, dass ich manchmal wütend durch die Lokale von Linz gezogen bin, auf der Suche nach einer Frau. Und dann sah ich diese hübschen Frauen, und sie lachten mich an, und ich lachte zurück und dann lachte ich nicht mehr, denn ich fühlte immer wieder, dass ich gar nicht will und gar kein Interesse habe (ein Freund nannte mich kürzlich deshalb einen *Vollidioten*) und derzeit keinen Blick für andere Frauen habe und dass dir momentan einfach keine andere das Wasser reichen kann und dass ich einfach nur dich will. Ja, ich kann und will mich nicht von dir entfernen! Das geht einfach (noch) nicht! Süße, ich glaube du hast mich verzaubert oder verhext - du bist so tief in meinem Herzen. Mir würde ein Teil meines Lebens fehlen. Das ist eben so bei wichtigen, tiefen Begegnungen des Lebens. Auch du selbst hast das ja kürzlich zu mir gesagt, dass es dir ja ebenso geht.

Manchmal hab ich aber den Eindruck, dass du mir das alles nicht glaubst, was ich dir schreibe und sage, dass du daran zweifelst, dass du dich fragst, ob du das *verdient* hast. Ja, ich habe den Eindruck, dass du dich fragst, ob du es *verdient* hast geliebt zu werden. Die ganze Welt stellt sich diese komische Frage und darauf kann man nur klar antworten: „Nein, wir alle haben es nicht *verdient,* geliebt zu werden!" Auch wenn dich das schockiert, aber kein einziger Mensch hat es *verdient,* geliebt zu werden!

Was sollen wir uns denn schon verdienen müssen, wenn die Liebe, das Glück und die Freude unser ureigenstes Wesen ist? Das Prinzip vom *Liebe-verdienen-müssen* funktioniert auch nicht. Es ist ein großer Irrtum. Viele Menschen haben das schon ausprobiert und ich kenne keinen einzigen, der mit diesem Gedankengang – Liebe verdienen zu müssen – jemals satt geworden ist, sich jemals geliebt fühlte und ans Ziel gekommen ist. Es ist eine Sackgasse und ein endloses Rackern und Rennen und Bezahlen für Liebe - für das, was wir selber sind. Und sobald du sagen würdest, dass du dir Liebe *verdient* hast, dann ist es ein Geschäft (und ich würde dir davon abraten) und kann nichts mit Liebe zu tun haben. Wenn all dein Schämen, deine Schuldgefühle und dein Gefühl unwürdig zu sein wegfallen, dann bleibt etwas von dir übrig, und das ist dein wahres Wesen und dieses ist von Natur aus glücklich - es ist Freude und es ist Liebe. Und wenn du selbst dein Wesen erkannt hast, dann dürfen es auch andere erkennen und dann wirst du dich geliebt fühlen und musst nicht versuchen, es zu *verdienen.*

Wie heißt dieses Spiel?

Und all diese meine Schmerzen lohnen sich für mich. Ich bin nicht verrückt (oder doch), aber du bist scheinbar wirklich so etwas wie mein Gegenstück (oder Seelenpartner, ist mir ja egal, wie man dazu sagt). Es lohnt sich für mich, weil ich dich wiedergetroffen habe, weil du für mich einfach das Schönste bist, das ich derzeit kenne, weil ich mir im Herzen sicher bin, dass du bald an meiner Seite sein wirst, weil du für mich so ein wunderbarer Mensch bist, der mich so tief berührt, weil du so eine wunderschöne Seele bist, die zu mir passt und zu mir gehört, weil du so erfrischend und gegensätzlich bist, weil auch dir noch nichts Besseres passiert ist, als mich zu treffen, weil ich dich unbedingt zum Leuchten und zum Schwingen bringen möchte, weil ich noch nie so gut küssen konnte und weil ... Nun sei nicht so neugierig, heute willst du wieder mal alles wissen, gell?

Diese wunderbaren und funkenden Gegensätze, diese so ganz verschiedenen Energien, die dann aufeinander prallen, und doch so im Einklang, sind doch das Reizvollste in Beziehungen, und dort können wir sehr viel verwirklichen. Ich glaube, viele Paare sind sich viel zu ähnlich, sie sind fast wie Geschwister. Diese Beziehungs-Kombinationen entstehen aus unserem Sicherheitsdenken. Das ist zwar berechenbar, aber sehr bald ziemlich einschläfernd.

Ja, Süße, ich weiß eh, meine großen Lernherausforderungen sind sicher die Geduld (muss oft im Lexikon nachsehen, was das denn überhaupt heißt) und das Loslassen. Mit meiner Ungeduld habe ich in meinem Leben schon einiges kaputt gemacht. Und es ist ja eben eine sehr schwierige Kombination, sich mit voller Flamme um einen Menschen so sehr zu bemühen (weil man ihn liebt und weil man auch nicht anders kann) und gleichzeitig geduldig zu sein und loszulassen und nichts zu tun und abzuwarten. Und das alles mit dem Geduldigsein ist noch viel schwieriger, wenn man selten die volle Sicherheit verspürt, von diesem Menschen überhaupt geliebt zu werden, und wo man denn überhaupt steht. Manchmal weiß ich eben nicht, wie dieses Spiel denn heißt. Heißt es: Wie lange hält dieser Mann denn noch durch und wie sehr liebt er mich denn wirklich? Oder heißt es: Hoffentlich gibt er bald auf und lässt mich endlich in Ruhe mein ruhiges und (scheinbar) sicheres Leben weiterführen?

In das alte Leben kann man nicht mehr zurück

Und andererseits spüre und weiß ich ja auch sehr wohl, wie sehr du mich liebst und wie sehr es dich immer wieder magisch zu mir zieht – du rufst mich auch immer wieder an –, wie sehr du dich für mein Feuer, meine Liebe, mein Begehren und meine Lebensenergie interessierst (das sagst du mir ja auch oft genug) und dass du dich innerlich schon längst für mich entschieden hast und du einfach noch Zeit brauchst. Ich weiß, dass auch du weißt, dass wir zusammengehören, dass wir uns unheimlich gut ergänzen, dass wir wirklich glücklich miteinander sein könnten und dass du dir schon sehr viele Gedanken über unsere gemeinsame Zukunft machst. Ich weiß, dass du dieses Doppelleben nicht mehr sehr lange weiterführen willst und kannst, dass du mit mir diese tiefe und wunderschöne Liebe leben willst und dass du auch in dieses alte Leben nicht zurückwillst, und ich weiß auch, dass du dir bewusst bist, dass du in die alte Energie nicht mehr zurückkannst. Dafür weißt du zu viel vom neuen Leben in Liebe und Lust und Freude und Erotik. Viele gehen aber in das alte Leben zurück und sind todunglücklich. Wenn man genauer hinsieht, geht es gar nicht. Das Herz kann nicht zurückgehen, auch wenn die alte Welt bestehen bleibt. Dein Herz wird in der neuen Welt bleiben!

Heute am See hab ich mir in meinem tiefen Schmerz gedacht, dass ich kommen würde, falls du Karl heiraten würdest (kann ich mir aber beim besten Willen nicht vorstellen). Ich glaube, das würde mir so sehr weh tun, dass mir schon alles egal wäre, ob du mir dann böse bist oder mich nicht mehr sehen willst oder sonst was. Ja, ich glaube, das würde ich verhindern wollen! Da gibt es ja die berühmte Frage vom Standesbeamten (oder vielleicht ist das nur im Film so), ob jemand etwas einzuwenden hat, und da würde ich (auch ohne diese Frage) einfach mit wehenden Fahnen nach vorne stürmen und alle meine Einwände und die volle Wahrheit sagen und mich an den bleichen, erschrockenen Gesichtern erfreuen und triumphieren und dich dann auf meinem weißen Pferd einfach mitnehmen und entführen. Jawohl, ich glaube, das würde ich tun! Ich umarme dich!

Niemals erwacht ein Wunsch oder eine Sehnsucht in uns ohne die Kraft und die Möglichkeit, ihn auch zu verwirklichen.

Schuldgefühle, die höchste Form der Unwissenheit

Liebste, danke für deinen lieben Anruf. Leider sind wir schon bald unterbrochen worden. Aber unser kurzes Telefonat schreit ja förmlich nach einem kleinen Brieferl.

Ach, Süße, verfalle doch bitte nicht immer in dasselbe (bereits langweilige) Muster. Da fließt die Liebe zwischen uns wie in einer Starkstromleitung, und dann kommt trotzdem und immer wieder so ein komisches Monster-Moral-und-Schuldgefühl-Kriserl, und dann errichtest du sofort unüberwindbare Mauern und brichst den Kontakt zu mir gleich ab. Du hast keine Ahnung, wie du mich damit verletzt! Du verletzt mich aber nicht, weil du mir z.B. sagst, dass du bei Karl bleibst oder mich nur platonisch lieben willst ..., sondern weil du von einer Sekunde auf die andere diese Megamonsterregeln erstellst und mich wie einen Verstorbenen (manchmal wie Scheiße) behandelst. Gestern wie heimgekommen und heute ignoriert und abgehakt!

Das ist es, was so unglaublich tief verletzt. Und irgendwann habe ich jede Kraft verloren, gegen deine riesigen Mauern anzutreten, sie zu überwinden. Dann bin ich (trotz großer Liebe zu dir) einfach weg. Da verliert jeder Mann mit noch so viel Liebe, Kraft und Feuer irgendwann das Interesse an dir.

Durchbrich doch bitte dieses komische Schuldgefühlritual und probier es mal anders, mal ein bisschen herzlicher und offener. Das nennt man auch Bewusstseinserweiterung. Schau mir einfach in die Augen und sprich mit mir wie mit einem Lebendigen, einem Menschen, und sag mir deine Konflikte, sag mir deine Krisen oder schick mich in die Wüste, oder schrei mit mir, oder sag mir, dass du mich hasst oder mich liebst und mich nicht verlieren willst (obwohl du bei Karl bleibst) oder sonst was, aber bitte sprich wieder mit mir! Ich habe es verdient, denn ich bin ein lebendiger Mensch! Probier es zumindest mal aus.

Schuldgefühle zu haben ist die höchste Form der Unwissenheit und das selbstzerstörerischste Konzept unserer Zeit. Wir lassen uns damit immer wieder neue Formen der Selbstbestrafung einfallen. Schuldgefühle vermitteln uns zwar den Eindruck, tätig zu sein, aber in Wirklichkeit hindern sie uns enorm am Voranschreiten und unsere Energien am Wirksamwerden.

Du glaubst wirklich, du hast einen Fehler gemacht?

Und was ich noch dazu sagen wollte, jede Regel, die du erstellst, verdeckt eine (so genannte) Schuld. Denn wenn du dieses Schuldgefühl nicht hättest, müsstest du aus einem so genannten Fehler, aus einer vergangenen Situation keine Regel ableiten und erstellen. Statt dessen wärst du in der Lage, flexibel und einfühlsam und spontan und frei auf die neuen Situationen (ohne Regel) zu reagieren. Der Grund, warum du diese Regeln aufstellst, ist der, dass du glaubst, einen Fehler begangen zu haben. Du glaubst das, weil du das Ganze des Lebens nicht siehst. Du glaubst, dass du die Hauptrolle in einem Spiel spielst, und du siehst das Schicksal des Menschen nicht, den du verletzt. Dazu müssen wir gar keine Absicht haben. Meist verletzen wir ja auch, ohne das überhaupt zu bemerken. Mit unserer Geschichte und unserem Schicksal hinter uns ziehen wir magnetisch genau den Menschen an, der unsere Wunden berührt, der sich zur Verfügung stellt und mitspielt. Aber es ist immer eine Nebenrolle! Und wenn diese Wunden (zum Heilen) berührt werden wollen, aber du diese Wunden nicht berührst (weil du z.B. nur gut sein willst), dann wird es ein anderer tun. Wunden werden ja berührt und ans Licht gebracht, um zu heilen. Das ist keine Gemeinheit des Lebens. Und das heißt nicht, dass du nun jedem Menschen deine Wunden zeigen sollst. Wähle gut, wem du dich öffnest, aber verpasse es nicht, dich zu öffnen! Und was macht ein Mensch, wenn er nur Menschen begegnet, die sich für diese Rollen in diesem Lebensspiel nicht zur Verfügung stellen, die z.B. nur gut sein wollen, die nicht verletzen wollen, die nur verschonen? Dieser Mensch ist dann ziemlich arm und pleite, denn er wird nicht berührt, sondern verschont, und wenn wir genauer hinsehen, kann er nicht reifen und nicht wachsen. Seine Wunden bleiben gesichert und verborgen und verschont, aber sie haben auch keine Chance auf Heilung und Veredelung.

Und um diesen so genannten Fehler nie wieder zu machen, musst du dein Verhalten an eine Regel fesseln. Meist aber wird diese Regel nach einiger Zeit zum Problem und steht einer einfühlsamen Reaktion ebenso im Wege wie der Überlegung, was denn in einer bestimmten Situation notwendig ist. Schuldgefühle verhindern ein einfühlsames, angemessenes Handeln und ein freies Reagieren. Schuldgefühle zwingen uns dazu, in immer derselben, inzwischen zu einem Ritual verkommenen Weise zu handeln.

Die Was-soll-denn-mir-schon-Schönes-passieren-Grube

Und die Schwester der Schuldgefühle ist der finstere Glaube an die Materie. Aber glaub mir, zuerst ist unser Geist und dann erst die Materie. Das Leben reagiert nur auf uns. Durch dieses Irrbild über die Materie entsteht leider die Was-soll-denn-mir-schon-Schönes-passieren-Grube, in die du halt auch immer wieder hineinsteigst. Es ist ja auch schwer, aus diesen finsteren und negativen Selbst- und Weltbildern auszusteigen. Man zieht damit ja leider genau solche finsteren Erlebnisse und Menschen an, und immer wieder wird bestätigt, dass das Weltbild eben stimmt, und die Spirale läuft weiter. Das Weltbild wird noch finsterer und trüber und der Alltag erdrückt einen schon, und das Leben bestätigt dein Weltbild wieder und wieder. Aber du selbst hast es ja schon erlebt, dass man aus dieser Spirale aussteigen kann, dass man wieder an das Leben und an die Liebe glauben kann. Es braucht zwar eine Zeit (das Finstere hat man ja lange genug geübt, und es wirkt noch), aber man zieht damit natürlich sehr lichte und schöne Situationen an. Man bekommt dafür vom Leben Hilfen geschickt, aber wenn man wieder in seine Finster-Grube zurückkehrt, dann fürchtet man plötzlich die selbst herbeigesehnten Engel und fragt sie, was sie denn von einem wollen. Du schickst halt leider die Hilfsmittel (Menschen, die nicht in dieser finsteren Energie leben) weg. Dein Weltbild verfinstert sich wieder und Situationen, in denen deine finsteren Weltbilder bestätigt werden, die kommen wieder, und du bleibst in dieser Energiespirale gefangen, und du triffst dann auch nur solche Menschen, die ebenfalls in dieser düsteren Energie leben.

Süße, steig doch endlich aus! Brauchst dich nur zu erinnern, wie es die letzten Wochen und Monate war. Erinnere dich an deine Lebensfreude, an deine Leichtigkeit, an deine Glücksgefühle, an dein Leuchten. Es braucht natürlich schon eine gewisse Zeit (diese neue, leichte Energie müssen wir leben und üben), bis das Leben darauf reagiert und dein neues, leichtes Bild vom Leben bestätigt wird und dir schöne Situationen schicken darf. Ja, das ist harte Arbeit an dir selbst, aus dieser Energie auszusteigen, aber du selbst hast doch erlebt, dass es Hilfen gibt, die dir die Hand reichen. Übrigens, wahre Freude hat einen nächsten Schritt und der heißt Frieden. Ja, Freude führt unweigerlich zum Frieden. Du wirst damit spüren, dass es keinen einzigen Irrtum im Leben gibt, dass nichts fehlt, dass nichts hätte anders laufen können, und dass du auch von deinen Eltern genug geliebt wurdest, in der höchst möglichen Form. Ich umarme dich!

Ich habe nichts mehr zu verlieren

Liebes, ich freu mich, dass du wieder vom Urlaub zurück bist. Danke für deinen Anruf. Hab dir zu diesem Regenwetter, das dich empfangen hat, ein Gedicht gemacht: Süße, musst nur hören des Regens Gesang, es ist wahrhaftig ein himmlisch Empfang, es ist ein Freudenlied mit Himmelswein, weil die Liebste ist wieder daheim.

Und nun zu dem was wir am Telefon besprochen haben. Ich stehe zu dem, was ich sage. Es ist mir auch egal, ob du nun auf mich sauer bist oder nicht. Ich habe eh nichts mehr zu verlieren. Lese es dir nur durch und sei bitte einfach offen! Du weißt ganz genau, dass das alles stimmt. Und das alles hat absolut nichts mit uns oder einer möglichen gemeinsamen Zukunft zu tun. Da geht es nur um dich! Es tut mir einfach sehr weh, zuzusehen, was du mit dir machst, wie du mit dir umgehst. Dieser Umgang ist zwar eh eine Volksseuche, aber es schmerzt mich sehr, wie du dich von deinen Gefühlen immer mehr abschneidest, wie es dir so schlecht geht (hast du mir ja gestern selbst erzählt), wie du dein Leben Schritt für Schritt ruinierst, indem du Monsterdauermauern um dich errichtest und immer mehr versteinerst und dich von deinen Gefühlen abschneidest. Das tust du zwar schon dein ganzes Leben, aber es tut mir einfach sehr weh, und es könnte nun wirklich eine wichtige Wende in deinem Leben sein.

Und ja, auch dazu stehe ich voll, die voranschreitende Versteinerung ist in deinem Gesicht schon immer mehr zu sehen. Das ist auch völlig normal bei dem, was du mit dir machst, und das ist bei jedem Menschen so. Das ist halt nicht sehr lebendig und auch nicht sehr schön. Ich will dich nicht verletzen, aber sieh dich doch bitte einfach um! Es gibt so viele abgesicherte, lebende Leichen. Du produzierst dir dein Gedankenrad mit deinem enormen Wehren gegen deine Gefühle selbst. Und das ist nicht nur bei dir so. Alles, was wir wegsperren und unterbinden und verdrängen und damit auch nicht leben, wird größer und mächtiger und übt auf uns (auf unser gesamtes Leben) einen enormen Druck aus. Das ist ja nicht meine Erfindung. Schau dich doch bitte um!

Und dein Komm-mir-ja-nicht-zu-nahe-und-so-schütze-ich-mich-vor allen-bösen-Krisen-Programm verstärkt den Druck deines Herzens, und das verstärkt wieder den Druck des Verstandes, und dein Gedankenrad rennt und rennt und rennt.

Deine Krisen produzierst du selbst

Das ist ähnlich wie ein Hamsterradl. Die Spirale dreht sich, und du drehst damit noch einmal durch oder bist halt (zum Schutz vor diesem Durchdrehen) bald versteinert und von deinen Gefühlen auf Dauer abgeschnitten. Alles dreht sich im Kreise durch dein enormes Wehren!

Deine liebe Freundin Eva hat (unter anderem) damit keine Probleme, weil sie einfach zu ihren Gefühlen und zu ihrem Herzen und ihren Schattenseiten und ihrer Liebe steht, und sie öffnet sich dem Leben gegenüber und es darf sich sogar in eine andere Richtung entwickeln und bewegen. Das ist sehr selten und einfach wunderschön und natürlich und erzeugt keine Krisen und kein Gedankenradl und keine inneren Kämpfe, wie du sie kennst und praktizierst. Du wehrst dich eben gegen deine Gefühle, gegen deine Herzenserfahrungen, ja gegen dein Leben und führst halt enorme innere Kämpfe und leidest und machst dich noch fertig damit. Aber du darfst nicht vergessen, dass sich diese Kämpfe eben auch sehr tief auf unsere Seele auswirken und (wenn man es lange genug praktiziert hat) auch dauerhaften Schaden anrichten, indem es diese Versteinerung und die Monsterdauermauern gibt. Diese Menschen beschweren sich dann beim Leben – aber diese Wendepunkte werden mit jedem Jahr, das vergeht, immer schwerer!

Süße, du solltest einfach einmal wirklich Ja sagen: zu dir, zu deinen Gefühlen, zu dem, was du brauchst, zu dem, was du liebst und zum Leben! Dann hören jede Krise und jedes Gedankenrad auf, und du hast diese wichtigste Wende in deinem Leben vollzogen! Dann haben das Leben und dein Herz gesiegt!

Und endlich zu deinen Gefühlen zu stehen, bedeutet ja auch nicht, dass das automatisch zu unserer gemeinsamen Zukunft führen muss! Und ich muss dir auch sagen, dass dieser innere Kampf mit deinem enormen Wehren nur noch ärger wird und die Gedankenradel nur noch größer macht. Das Herz kann man nicht einfach beliebig abschalten, nur weil es uns (unserem Verstand) nicht in unsere Pläne passt, auch wenn man es mit viel Mühe und oft ein ganzes Leben lang versucht. Es ist eine Aktion gegen das Leben!

Das Herz lässt sich nicht abstellen

Und nicht zufällig hast du gerade gestern Eva getroffen, die so einen schönen und mutigen (aber seltenen) Umgang mit ihren starken Gefühlen gefunden hat, die zu allem einfach steht und es sogar ihrem Mann ganz offen erzählt hat und ganz offen zugibt, dass sie nicht darauf verzichten will und kann. Eine tolle (und scheinbar zufällige) Präsentation des Lebens. Und sie kam zufällig genau in der Zeit, wo ich auch da war. Nimm diese Botschaft von ihr doch dauerhaft ernst! Für zehn Minuten macht es dich (so wie gestern) ziemlich nachdenklich, und dann (sobald es dir wieder unbequem wird) schiebst du es wieder auf die Seite.

Und wenn du mit Karl in die Zukunft blicken möchtest und bei ihm bleiben und glücklich sein willst (es geht doch nur darum im Leben), warum kannst du das denn nicht einfach tun? Mach es doch einfach! Warum dreht sich dann noch immer dein Gedankenradl so enorm? Warum hast du dann noch immer Superkrisen (und die wird es wohl auch weiter hin geben)? Warum gibt es denn noch diese enormen inneren Kämpfe?

Es geht deshalb nicht so leicht und locker, weil es da eben etwas sehr Tiefes und sehr Schönes gibt (genau deshalb sind ja schließlich auch die Mauern bei dir so hoch), das du sehr lange gesucht und auch gefunden und gefühlt hast, das du nicht mehr abstellen kannst, das dich so sehr interessiert und wo dein Herz ja schon längst ist, und weil du ganz genau weißt, dass du diese tiefe Liebe und diese Erotik, diese mystische Sexualität mit Karl eben nicht leben kannst. Das hast du schon längst erkannt und mir auch schon mehrmals gesagt. Ein Mensch ändert sich nicht so leicht – und schon gar nicht in solchen tiefen Bereichen!

Süße, und selbst wenn du diese schöne und heiße Sache mit mir nun erfolgreich killen und wegsperren kannst – glaubst du nicht, dass sich dieses Thema (egal in welcher verzerrten Form) wieder in deinem Leben meldet? Du wirst dich noch wundern, wie dich dieses Thema (deine Sehnsüchte) in deinem Leben noch verfolgen wird, auch ohne mich. So einfach, wie du glaubst, wird das nicht abzustellen sein.

Mädchen, das ruiniert dich noch

Etwas so tief Gefühltes ist eben (für jeden Menschen) eine Einbahnstraße. Man kann diese Gefühle, diese Herzenserfahrung nicht einfach abschalten oder verdrängen oder wegsperren, weil es gerade unbequem ist. Man muss diesem tiefen Gefühl, dieser Sehnsucht, dieser Liebe einfach (in irgendeiner Form) folgen, sich dem Gefühl, dieser Liebe und dem Leben stellen und öffnen und dazu stehen, sonst richtet es sich gegen uns und kann uns auch ruinieren!

Ja, diese freigesetzte Liebesenergie ist auch im Stande, sich gegen uns zu richten und uns zu ruinieren, wenn sie nicht gelebt (oder zumindest geachtet) wird. Auch wenn das arg klingt und ein Hammer für dich sein mag (ich hab das ja nicht erfunden), du erlebst es ja eh schon sehr extrem mit deinem ständigen (von früh bis abends) Gedankenradl. Kannst nicht mehr abschalten und nicht mehr schlafen, kannst nicht mehr klar denken, kannst nicht mehr ordentlich essen. Mädchen, das ruiniert dich noch, damit versteinerst du dein Leben! Stelle dich dem Leben und deinen Gefühlen, und nimm deine enormen inneren Kämpfe und Krisen als Chance zur Wende.

Und bezüglich deiner enormen Krisen muss ich dir auch noch sagen, dass ich glaube, dass sie meist völlig umsonst sind und noch nichts ordnen und noch nichts wenden und nichts heilen. Viele Menschen sagen mir in meiner Praxis oder bei meinen Seminaren immer wieder, dass sie eh schon so lange leiden und eh schon so viele Krisen haben und eh schon so viel weinen und ja eh schon so sehr fühlen und dass es ja eh schon so weh tut. Aber ich muss immer wieder feststellen, dass es meist zu wenig ist, dass es meist zu wenig tief ist und somit noch keinen Sinn ergibt – maximal eine Übung ist. Es führt noch nicht zur Wende, wenn es nicht wirklich tief gefühlt ist. Und diese Tiefe erreichen wir nicht (erinnere dich an meine Geschichte mit dem Strudeltauchen), wenn wir uns noch so dagegen wehren und dagegen sträuben. Ich hab dich lieb und umarme dich!

Sich gegen ein Gefühl zu sträuben, führt dazu, dass es immer größeren Schmerz bereitet.

Bitte, zeig mir deine Schätze

Schätzchen, danke für deinen sehr lieben, aber kurzen Anruf. Ich freu mich sehr für dich (und auch für mich), dass du sichtlich einen Weg gefunden hast, wo du möglichst wenige Krisen hast und wieder normal essen und schlafen kannst. Ich weiß nun auch, wo ich (in Bezug auf dich) stehe, was und wer ich für dich bin, denn du hast es mir ziemlich deutlich gesagt und gezeigt. Ich weiß nun auch, dass du dir über unsere Zukunft sehr viele Gedanken machst, und ich weiß und spüre es nun auch wieder, dass du mich sehr liebst. Danke, dass du mir das wieder so klar und süß gesagt und gezeigt hast. Und ich danke dir auch für deine Offenheit und dass du mich nicht vermissen möchtest und mir gesagt hast, dass ich da bleiben soll. Ich weiß, du hast einen enormen Konflikt. Und ich akzeptiere, dass du noch bei Karl bist und ich akzeptiere - auch wenn es mir unglaublich schwer fällt - unsere derzeit platonische Liebe. Das ist alles geklärt und ok.

Aber, gefühlsmäßig verblute ich, wenn ich nicht ab und zu von dir höre und lese und spüre, dass und wie sehr du mich liebst und brauchst und dass ich dir wertvoll bin. Unser Telefongespräch von heute hat mir sehr gut getan – danke! Aber ich sehe mich momentan nur rudern und rudern, und dich sehe ich in Sicherheit, beobachtend, abwartend, vorsichtig, kaum etwas von dir zeigend, nichts riskierend, kaum eine Bemühung um uns, als würde dich das alles gar nicht mehr interessieren.

Kätzchen, wo ist dein Strahlen, wo ist dein süßes Lächeln, wo ist deine Liebe, wo sind deine erfrischenden Geschenke für mich? Mit dieser Ich-riskiere-nichts-mehr-Gefühlskälte vertrockne ich noch! Merkst du das nicht, dass ich verzweifelt nach nur kleinen Zärtlichkeiten und Herzlichkeiten suche? Bitte zeige mir etwas mehr von dir und deiner Liebe und deinen süßen Schätzen! Du selbst sagst mir immer wieder, wie sehr du das von mir brauchst. Ich umarme dich!

Winde wehen und enthemmen,
Flammen lodern und verbrennen,
ein leises Weinen wird zum Schrei,
kurz uns noch die Füße tragen,
Kräfte schwinden, es verhallt das Klagen,
doch die Liebe selbst, sie stärkt und siegt.

Bevor es zu spät ist

Hallo, Liebes! Oh, wie sehr vermisse ich die Zeiten, wo du mich auch noch so genannt hast. Wohl wissend, dass mein Briefchen wahrscheinlich nichts bewegen wird und du das meiste auch anzweifeln und gar nicht glauben wirst und ablehnen wirst und auch sehr wahrscheinlich den Brief wegwerfen wirst, muss ich dir trotzdem schreiben und alles aussprechen. Ich wollte ja wegen deiner Krisen darüber möglichst nicht mehr reden, aber ich kann einfach nicht anders. Und warum soll ich denn andererseits nicht sagen, was ich mir denke und was ich fühle? Es kann sein, dass ich über dies und das schon mal geschrieben habe, aber manche Dinge müssen ganz einfach mehrmals und zur rechten Zeit ausgesprochen werden, bevor es vielleicht zu spät ist und weil sie eben so sind.

Spätzchen, du bist eine so unglaubliche, leuchtende Frau für mich (ich glaube, du hast manchmal keine Ahnung), bist eine Begegnung des Lebens, bist einfach so tief in mir zu spüren, bist so tief in meiner Seele zu spüren (wer bist du nur?). Ich muss praktisch ständig an dich denken (außer in meiner Arbeit). Ich spüre dich immer neben mir gehen, ich schlafe mit dir ein, ich spüre dich neben mir liegen, ich träume fast jede Nacht von dir, ich wache mit dir auf, ich stehe unter Strom und mein Herz flattert, wenn ich dich treffe, und manchmal auch, wenn ich nur an dich denke.

Es ist so total verrückt, nun bin ich 43 Jahre, und ich habe das noch nie so stark erlebt, und ich habe das noch nie so lange erlebt, und ich habe mich einem Menschen gegenüber noch nie so geöffnet (fällt ja auch mir nicht so ganz leicht) und auch meine Wunden und Nöte gezeigt (bei dir ist das ganz normal, und das geht auch gar nicht anders), und ich habe noch nie erlebt, dass es Tag für Tag heftiger wird und die Sehnsucht steigt.

Es scheint wirklich so zu sein, wenn man seinem so genannten Gegenstück (hab ja eigentlich keine Ahnung, was das überhaupt ist) begegnet, dann geht es einfach so tief. Und alles, was so tief geht, kann man nicht einfach abstellen. Dann gibt es eigentlich kein Entkommen – auch für mich nicht! Es ist eben so tief, wie es ist, und es dauert eben so lange, wie es dauert. Ich werde derzeit nicht satt in unserer Beziehung, sehr vieles fehlt mir, aber ohne das Bisschen geht es einfach auch nicht. Mir würde irre viel fehlen.

Es gibt kein Entkommen

Manchmal denke ich mir, dass ich einen echten Knall habe. Wie man nach einem Menschen nur so verrückt sein kann, wie man sich nach einem Menschen nur so sehnen kann! Ja, egal wie sehr man leidet, weil man diese schöne Liebe nicht leben kann und diesen geliebten Menschen so selten sieht und hört und spürt und riecht. Und man kann es eben auch nicht so einfach wegschalten, denn es ist zu mächtig. Ich habe auch nicht vor, etwas wegzuschalten. Das wäre ein Irrsinn und macht nur krank und versteinert. Es scheint eine sehr tiefe, alte und schöne Verbindung zu sein. Es gibt kein Entkommen!

Du leidest sehr oft darunter (wenn dir das Verdrängen gerade nicht so gut gelingt), und ich leide sehr darunter. Im Moment ist es eben so, wie es ist, und es wird wohl noch ein Weilchen so weitergehen, und ich kann es nur so annehmen, wie es ist. Ich kann alles nur akzeptieren, und du wirst von mir auch in Zukunft kein Drängen zu irgendeiner Entscheidung erleben. Obwohl es mir natürlich schon sehr weh tut, wie du mich (trotz deiner oft und heftig erklärten großen und tiefen Liebe zu mir) von dir so weit wie nur möglich fernhältst, mich meidest und mir deine Liebe derzeit kaum mehr zeigst. Ich bin trotzdem glücklich und freue mich über jedes Treffen und über jeden Kontakt mit dir. Ich bin aber auch glücklich und dankbar, weil ich sehr viel dabei lerne.

Mein gesamtes Leben wird momentan auf den Kopf gestellt. Es ist mein heftigster Stirb- und Werde-Prozess. Von mir wird gefordert, dass ich mich dem Leben völlig übergebe und Vertrauen habe. Ich muss sichtlich auch Gefühle kennen lernen wie einsam zu sein und traurig zu sein, und ich muss mich dem einfach hingeben, mich nicht dagegen wehren. Doch ich weiß, ich werde daraus sehr stark hervorgehen. Ich habe keine Angst und ich vertraue dem Leben und ich weiß, es meint es sehr gut mit mir. Es werden durch dieses Sterben Kräfte und Seiten in mir wach, die ich ohne dieses Sterben nicht kennen lernen würde. Ich muss es nun einfach annehmen. Ich werde dadurch zu einem völlig anderen Menschen. Mein Sterben spielt sich besonders auf der emotionalen Ebene ab. All das, was die letzten Monate passiert ist, hat mich bis ins Tiefste erschuttert. Es stirbt etwas in mir. Aber genau in diesem emotionalen Sterben muss und werde ich mich finden!

Ich weiß, wie viel ich von dir bekommen habe

Obwohl ich manchmal noch eifersüchtig bin (ich genieße meine Verstrickungen), weiß ich doch um meinen wunderschönen Platz in deinem Herzen, weiß ich doch, wie viel ich von dir bekommen habe, was noch kein Mann vor mir von dir bekommen hat. Und das spüre ich jeden Tag! Ich kann zwar nichts davon herunterbeißen, aber nur das lässt mich dein derzeitiges Komm-mir-ja-nicht-zu-nahe-Programm überhaupt ertragen. Du hast bei keinem anderen Mann so tief gefühlt, hast dich bei keinem anderen Mann so sehr öffnen können, hattest noch bei keinem anderen Mann so erotische Gedanken und Gefühle und bei keinem anderen Mann ein feuchtes Höschen, nur durch eine Berührung im Kaffeehaus. Das war das Schönste, was du mir je gesagt hast! Ich bin dir sehr dankbar dafür. Und das ist etwas wirklich Einzigartiges (manche Menschen erleben das nie), was ich da von dir bekommen habe (ist ja auch umgekehrt so), und das ist ja auch nur möglich, wenn es eine wirklich tiefe seelische Verbindung zwischen zwei Menschen gibt. Ich fühle mich so zusammengeschweißt mit dir! Es ist eine sehr tiefe Verbindung für das ganze Leben (egal wie das mit uns weitergeht). Nur dieses Wissen macht mir alles leichter und erträglicher!

Manche Dinge müssen einfach gesagt werden, auch wenn sie der andere nicht gerne hören und lesen will und sie nicht wahrhaben will. Aber das alles ist nicht mit irgendeiner Hoffnung verbunden, dass du dich entscheidest, mit mir zu lieben und zu leben und zu zigeunern.

Mein Schätzchen, ich werde dir wahrscheinlich einmal sehr dankbar sein für dein Wehren und dein Verdrängen von Gefühlen, weil genau das den Druck deines Herzens erhöht, deine Sehnsucht nach diesem neuen Leben mit mir vergrößert, mich noch interessanter macht, die Liebe und Erotik zu mir noch verstärkt und uns letztendlich zusammengebracht hat. Aber der Weg dorthin ist schon sehr schmerzhaft! Das ist eben wie ein Sterben für mich und wahrscheinlich ja auch für dich.

Ich habe noch nie in meinem Leben so sehr geliebt, hatte noch nie solches Herzklopfen, bevor mich eine Frau anrief, hatte noch nie so weiche Knie, wenn ich eine Frau traf, und habe aber auch noch nie so sehr gelitten!

Die Seele weiß immer alles

Süße, nicht nur bei dir rennt das Gedankenrad auf und ab - auch bei mir. Auch ich weiß manchmal nicht ein und nicht aus, zwar etwas anders gelagert als bei dir, weil ich mich ja bereits mit ganzem Herzen für dich entschieden habe, aber auch bei mir rotiert momentan alles. Und meine Zwickmühle ist auch, dass ich dich einerseits nicht von der Wahrheit und von dem, was ich fühle, verschonen will, aber andererseits sehe und fühle ich deine enormen Krisen (vor denen du dich nun eh sehr emsig schützt), die ich ja auch nicht gerade fördern will.

Kätzchen, ich bin oft tief verzweifelt, weil ich dich so sehr vermisse und weil ich nicht weiß, was ich tun soll, wie ich dich erreichen kann, wie ich dich öfter sehen kann, ohne bei dir eine Superkrise zu erzeugen, wo du dann nicht mehr schlafen und nicht mehr essen kannst. Auch wenn du das nicht mitkriegst, muss ich oft laut schreien, weil mein Schmerz so groß ist und weil meine Tränen nicht mehr ausreichen. Die Donau hat schon viel ertragen müssen.

Du sagtest mir kürzlich, dass du niemanden zurücklassen und verletzen kannst. Aber du beachtest dabei nicht, wie sehr du dich selbst, dein Leben, deine Seele zurück lässt und tief verletzt, weil du dich gegen deinen Weg des Herzens wehrst. Das sind tiefe seelische Wunden, die man sich damit zufügt. Und du beachtest auch nicht, wie sehr du mich und die Beziehung mit mir, die Begegnung mit mir zurück lässt. Ja, nüchtern betrachtet ist es ja auch durchaus möglich, dass du gerade etwas sehr Wichtiges in deinem Leben vorbeiziehen lässt. Und momentan sieht es ja so aus, als ob wir diese schöne, tiefe, bereichernde, mystische und seelische Liebe auch in diesem Leben nicht leben können.

Du sagtest mir kürzlich auch, dass das Nicht-zurück-lassen-Können für dich an aller oberster Stelle (deine Worte) des Nicht-gehen-Könnens von Karl steht. Das glaube ich dir auch, und ich weiß, dass das genau so ist! Aber du vergisst dabei völlig, dass das Zurücklassen und das Verletzen in der geistigen Welt und in der Seele ja schon längst geschehen ist! Süße, du müsstest doch um diese geistigen Gesetze wissen und dass dort die wesentlichen Entscheidungen getroffen werden, Heilungen geschehen und die Fäden des Lebens gezogen werden. Die Seele weiß immer alles!

Der Ich-mach-mir-was-vor-Joker

Und auch in einer Beziehung zählen ja doch nur der Geist, die Gedanken und das Herz, und erst dann kommt der Körper. Oder glaubst du, dass Karl nur an deinem Körper interessiert ist und dass es ihm egal ist, wo deine Gedanken und Sehnsüchte sind? Körperlich (und verstandesmäßig) bist du zwar noch da, aber wo bitte ist dein Herz und deine Liebe und deine Sehnsucht und deine Erotik? Wo bitte sind deine Gedanken? Du selbst sagtest mir immer wieder, dass sie fast ständig bei mir sind. Für eine gute Beziehung und ein glückliches Leben reichen dein Gesäß am Frühstückstisch und dein Meldezettel nicht aus! Dort wo deine Gedanken sind, dort bist du! Süße, auch ohne mich würden dich deine unerfüllten Sehnsüchte aus deiner Heile-Welt-Beziehung wegtragen. Du würdest auch ohne mich das suchen, was du zum Glücklichsein brauchst.

Ich höre sehr oft (und mit großem Nachdruck, damit ich es ja glaube) von dir, dass deine Beziehung mit Karl eh ganz in Ordnung ist, und im nächsten Moment korrigierst du dich und sagst: oder auch nicht. Ganz egal, wie es nun wirklich ist, ich weiß jedenfalls, es geht dir in dieser Beziehung mit Karl nicht schlecht. Das ist ja nicht gerade ausreichend für ein glückliches Leben mit Kraft, Feuer und Lust und Erotik und Freude und Lebensenergie. Aber es gibt keine sichtbaren Kämpfe und Krisen (ist auch oft das Allerschlimmste in einer Beziehung), und du vermisst derzeit ja auch (scheinbar) nichts. Zumindest ist es halt derzeit für dich nicht zu spüren, und im Notfall gibt es ja für dich noch den Ich-mach-mir-was-vor-Joker.

Du hast ein schönes und angenehmes Leben mit Karl in einem schönen Heim, du hast mein volles und ungeteiltes Feuer (sagtest mir ja selbst, dass dir in deiner Beziehung ziemlich kalt ist und nur, wenn du an mich denkst, wird dir warm), du kannst mich derzeit auch treffen, wann immer du willst, du spürst und hast die neue Energie, die du bei Karl nie hattest (deine Worte) gesucht und bei mir auch gefunden hast. Warum sollte es dir also schlecht gehen? Ist doch alles bestens. Aber wie geht es dir, wenn einiges davon doch einmal wegfallen würde? Menschen, die sich lange nicht entscheiden können, verlieren meist beides!

Unser Verschonen ist oft sehr grausam

Klar und nüchtern sagen muss man eben, dass du mit deinem Herzen die Beziehung mit Karl schon längst verlassen hast. Oder glaubst du, dass Karl an einer Beziehung mit dir noch interessiert wäre, wenn er wüsste, wo dein Herz wirklich ist? Glaubst du, dein Karl wäre wirklich noch an dir interessiert, wenn er wüsste, wie sehr du mich liebst und was du alles zu mir gesagt hast und was wir alles Schönes gefühlt haben? Realistisch betrachtet kann uns ja schon öfter jemand gesehen haben und das Ganze nur noch eine Frage der Zeit sein, bis es sichtbar wird. Und seine Seele weiß es sowieso schon längst, was wirklich los ist. Irgendwie tut er mir leid, dein Karl. Ich habe Karl zweimal gesehen, und ich schätze ihn sehr. Wir hatten Augenkontakt, und ich habe gesehen, dass er auch mit mir gerne Kontakt hätte. Er ist ein ganz feiner Mensch mit sehr hohen Qualitäten, und ich hätte ihn sehr gerne als Freund. Ja, es zählt im Leben doch nur das Wissen der Seele! Du betrügst nicht nur dich um deine Entwicklung, sondern auch Karl um seine Entwicklung. Du behinderst mit deinem Verschonen (in Wirklichkeit ist es Feigheit) auch die Entwicklungsprozesse von Karl. Unser Verschonen ist oft sehr grausam. Und wenn du in einer Beziehung einen Impuls hast (z.B. diesen Menschen zu verlassen), dann sei dir sicher, dass dieser Impuls (sobald er gedacht ist, lebt er) direkt aus der Seele deines Partners kommt. Wenn es dafür keine Notwendigkeit gäbe, wenn es keinen großen, göttlichen Plan dafür gäbe, dann könntest du es nicht einmal denken.

Ich habe auch immer den Eindruck, dass du glaubst, dass die Gefahr für deine Geht-mir ja nicht-schlecht-Beziehung mit Karl von außen und (derzeit) von mir kommt. Das ist ein Irrtum. Die wahre, trennende und entfernende Energie kommt immer ausschließlich von innen, aus der Beziehung selbst und nicht von außen! Und es reicht auch nicht aus, ob du in deiner Beziehung mit Karl bleiben willst. Du solltest mal Karl danach fragen und ihm dabei möglichst die ganze Wahrheit erzählen –, was er im Leben denn überhaupt will und ob er noch eine Beziehung mit dir will. Wenn er einmal wirklich weiß, wie du bist und was du brauchst, und er dann noch immer *Ja* zu dir sagt, dann habt ihr wenigstens eine bessere Beziehungsbasis als jetzt. Probiere es doch einfach aus und höre auf, dich so zu verstellen! Und wenn einer sich in einer Beziehung entfernt hat, dann ist es immer eine Entfernung von beiden. Einer alleine kann das nicht tun. Die Problematik und die tiefen Wunden in deiner Beziehung mit Karl waren schon lange vor mir da!

Wissen wird nur durch die Tat zur Weisheit

Süße, so manches verstehe ich noch immer nicht so ganz. Du bleibst sozusagen aus Feigheit ... äh, ich meine natürlich als Opfergabe (vielleicht willst du ja in den Himmel kommen) bei Karl, und das habe ich akzeptiert, und ich habe auch akzeptiert, dass du beides nicht leben willst und kannst. Der Himmel auf Erden ist dir sichtlich zu schön und zu viel, und das alles habe ich auch akzeptiert – es ist eben so.

Aber ich frage mich immer wieder, warum ich deine Liebe und deine Wertschätzung nicht mehr spüren darf, warum du sie mir nicht zeigst. Sie ist ja so enorm stark da! Ich vermute immer, dass du dich vor dem gefürchteten Doppelleben schützen willst. Aber - wir haben eh schon so oft darüber gesprochen – wo beginnt denn wirklich dieses Doppelleben? Warum muss man denn da gleich alles wegsperren und verdrängen? Du führst eben momentan ein so genanntes Doppelleben (auch wenn du mit mir nicht schläfst), und es belastet dich sehr, aber du könntest in dieser Doppelleben-Zeit halt einfach zu deinen Schattenseiten (ist ja meistens gar kein wirklicher Schatten) stehen.

Du selbst hast ja schon erfahren, dass man auch mehrere Menschen schätzen, achten und lieben kann (ist nur eine Frage des Bewusstseins), aber das Herz ist halt hauptsächlich bei einem Menschen, und es könnte sich halt auch in eine bestimmte Richtung bewegen und entwickeln. Das sind Entwicklungen und Bewegungen des Lebens. Das Herz kann man ohnehin nicht reglementieren. Es zieht uns zu dem, was wir lieben und brauchen. Das ist normal, aber davor haben viele Menschen Angst, weil es ja nicht immer bequem ist, dem Herzen zu folgen, und sie sperren eben diese Richtung, diese Entwicklung des Herzens aus ihrem Leben aus. Das ist sehr traurig und sehr teuer, und dadurch fehlt uns Menschen sehr viel im Leben. Das ist die wesentlichste Energiespirale zum Unglück. Ich umarme dich.

Wissen wird nur durch die Tat zur Weisheit

Du musst deine heile Welt nicht vor mir schützen

Liebes, danke für deinen lieben Anruf. Du hast mich wieder einmal ziemlich überrascht! Ich bin danach immer sehr glücklich. Aber ich habe noch immer das starke Gefühl, dass du deine heile und sterile Welt und deine Beziehung mit Karl glaubst vor mir schützen zu müssen. Du weißt, welch wunderschönen Platz du in meinem Herzen hast. Solche tiefen seelischen Verbindungen bleiben bestehen und man kann sie nicht einfach ausschalten. Aber, Süße, ich habe nun zu kämpfen aufgehört.

Deine Mauern wurden dadurch ja nur noch größer, und ich sehe momentan sowieso keinen Weg mehr, dich zu erreichen. Da ist so ziemlich alles zu bei dir. Du hast dich für etwas entschieden und mich ausgesperrt. Ich hab die Hoffnung aufgegeben, dass wir in diesem Leben unsere Liebe leben können. Wird wohl wieder nix.

Du kannst dich also voll entspannen. Dieser Gedanke hat mir zwar fast mein Herz zerrissen, und die Donau musste viele Stunden lang meine Tränen und mein Klagen ertragen, aber er hat mir meinen inneren Frieden wiedergebracht. Du musst also keine Komm-mir-ja-nicht-zu-nahe-Barrikaden mehr errichten. Du musst deine Welt nicht mehr vor mir schützen, besonders wenn wir uns treffen.

Ich bin also keine Gefahr für deine heile Welt und Beziehung, und du musst mich nicht meiden (wir sind ja keine Kinder) und von dir fernhalten. Meine Begeisterung und Liebe für dich bleiben bestehen, und die kann ich auch nicht abstellen! Ich möchte dein Freund sein! Ist das möglich?

Also entspanne dich, Süße! Alles ist ok. Du bist so ein wertvoller und liebenswerter Mensch, und ich habe dich so lieb. Nimm mein Geschenk, meine Wertschätzung einfach an. Einen großherzigen und großzügigen Menschen erkennst du (unter anderem) daran, dass er annehmen kann.

Ich liebe dich so sehr, weil du mich an mein schönes Herz und an meine enorme Liebesfähigkeit, an meine Ausdauer und an meine Kraft erinnerst und sie erweckt hast. Dafür bin ich dir sehr dankbar.

An deiner Kleingeist-Seite bin ich nicht interessiert

Und noch was muss ich dir unbedingt sagen. Nun kenne ich dich schon so lange und so gut, aber du verblüffst mich immer wieder. Du scheinst zwei völlig verschiedene Persönlichkeiten zu haben, du scheinst in zwei völlig verschiedenen Welten zu leben.

Ich kenne die unglaublich warmherzige, herzliche, lebendige, bunte, feurige und offene Frau, die mein Herz so tief berührt und immer wieder zum Schmelzen bringt. Das ist deine Großgeistseite mit einer großen Vorstellungskraft, großzügigem Denken, voller Liebe, großem Bewusstsein und großem Wachstum.

Und schon am nächsten Tag kann es mir passieren, dass ich eine völlig andere Frau, aus einer völlig anderen (mir unbekannten) versteinerten und kalten Welt treffe. Das ist ein echtes Phänomen für mich. Obwohl ich das eh von so vielen Menschen kenne, bin ich immer noch schwer schockiert, wenn ich so viel Kälte sehe und erlebe!

Das ist dann eine Frau, die ich fast nicht erkenne, wo ich eine völlig andere Persönlichkeit spüre und erlebe – voller Angst, mit übergroßem Sicherheitsdenken, Mauern und Enge. Das ist dann die graue, verstandesbetonte Kleingeistseite mit einem ziemlich kleinen und kalten Herzen ohne Wachstum und ziemlich erstarrt. Das macht mich immer sehr traurig und auch manchmal wütend. In welcher Welt lebst du nur? Nur beim Beobachten gefriert mein Blut in den Adern.

Und es ist mir auch völlig egal, ob du nun beleidigt bist (ist absolut nicht meine Absicht), aber diese enge, kalte, ängstliche, graue Kleingeistwelt, vor der jeder Lebende sowieso die Flucht ergreift, ist dein Gefängnis. Es ist ja eh dein Leben!

Und glaub bitte nicht mehr, dass ich irgendwelche komischen Hoffnungen habe. Am engen, begrenzenden Sicherheits-Besitz-Kleingeist-Denken hab ich absolut kein Interesse! Die lebendige Großgeistseite an dir interessiert mich, aber die scheint es immer seltener zu geben. Sag mir halt Bescheid, wann das Begräbnis ist! Ich umarme dich!

Den man liebt, verschont man nicht

Geliebte Prinzessin, ich habe längst all deine Entscheidungen akzeptiert, und ich habe dir den letzten Brief und alle meine Briefe davor als dein Freund geschrieben. Oder würdest du mich denn als Freund bezeichnen, wenn ich dir nur Honig um den Mund schmiere, dich verschone und belüge, obwohl ich die Wahrheit klar vor mir sehe, dir aber nicht sage? Du sagst, ich hab dich scheußlich behandelt. Aber habe ich denn deine Freundin Susi scheußlich behandelt, weil ich ihr die Wahrheit (wegen ihrer Tochter) gesagt habe? Es war das liebende Wort eines Freundes, und du selbst sagtest, dass es dringend nötig war! Menschen, die ich liebe, sage ich die Wahrheit. Und da geht es nicht um deine Beziehung und nicht um mich, sondern nur um dich!

Ich wollte dich nicht verletzen oder scheußlich behandeln, aber denke halt mal ausführlich nach! Du hast mich halt mit deiner Ignoranz ziemlich gereizt. Aber wenn etwas verletzt, dann war es doch auch ein Volltreffer und ist wohl die Wahrheit. Dass du gerne wegsiehst, weiß ich eh schon. Probier es mal mit Hinsehen! Den man liebt, verschont man nicht! Also ich brauche so einen Freund nicht, der mir nur nette und angenehme Sachen sagt und mich verschont und damit meist auch belügt. Ich würde mich betrogen fühlen! Was soll denn das für eine Freundschaft sein, wenn man das nicht sagen darf?

Und bitte leg doch einmal eine neue Schallplatte auf! Das Lied „Du akzeptierst meine Entscheidung nicht“ ist schon so langweilig. Und selbst wenn es so wäre, na und? Ich muss eh alles akzeptieren! Selbst wenn ich einen Kopfstand vor dir mache, hilft es nichts! Ich erwarte von einem Freund (oder Partner) auch, dass er ehrlich zu mir ist und mir immer die Wahrheit (nicht nur Angenehmes) sagt. Ich bekomme ja auch sehr oft liebevoll die Wahrheit präsentiert. Tut meistens weh! Sei also keine Mimose und erkenne die ehrlichen Worte eines Freundes und lebe endlich die Großgeist-Seite! Mich hat ubrigens letzte Woche Maria auch sehr scheußlich behandelt, denn sie hat mir die Wahrheit gesagt! Das Scheußliche war aber eben die Wahrheit! Immer wenn man den Punkt trifft, tut es eben sehr weh! Na, meinst du, dass Maria nun keine liebe Freundin mehr ist? Ich bin ihr dankbar! Ich umarme dich – hab dich lieb!

Mir bleibt der Atem weg

Hallo, meine Süße! Ich freu mich immer sehr, dich zu treffen und mit dir zu reden und zu lachen. Die Zeit wird uns dabei immer viel zu kurz und verfliegt so schnell. So viel gibt es zu erzählen, zu fragen. Wenn alles fließt zwischen uns, dann will ich gar nicht mehr aufhören. Bin immer ganz glücklich danach und richtig high. Du hast mich Anteile, Kräfte und Schönheiten in mir entdecken lassen, die anderen oft ein ganzes Leben lang verborgen bleiben.

Ich will als dein Freund ehrlich zu dir sein und dir sagen, wie es mir wirklich geht. Ich bin auch nicht so gut im So-tun-als-ob. Und ich muss dir gestehen, dass mir derzeit schon vieles wieder sehr schwer fällt, wenn ich im Kaffeehaus der Frau gegenübersitze, die ich so sehr liebe, mit der ich seelisch so tief verbunden bin (und das auch bleiben werde), bei der mein Herz wie verrückt schlägt, bei der ich vor und nach dem Treffen nervös wie ein kleiner Junge bin, bei der mir der Atem wegbleibt, bei der meine Knie weich werden (bist einfach die unglaublichste Frau, die ich derzeit kenne), mit der ich eigentlich den Rest meines Lebens leben und lieben und zigeunern und lachen und wachsen und arbeiten und Erfolg haben und teilen möchte, mit der ich einen Stern erschaffen könnte, die ich am liebsten mitten im Kaffeehaus niederschmusen und ... würde (keine Sorge). Ja, es ist verdammt schwer, mit dir ganz nett im Kaffeehaus zu sitzen und Brüderlein und Schwesterlein zu spielen, während mich (unter dem Tisch) etwas ziemlich Hartes in meiner Hose daran erinnert, dass es ja *ganz anders* ist! Ich will kein oberflächliches Tratscherl mit dir, vielleicht über das Wetter oder so. Nein danke!

Zumindest derzeit ist es für mich wieder sehr hart (und macht mich auch irre traurig), genau dieser Frau gegenüberzusitzen und zu wissen, dass das alles - was ich mir noch immer so sehr wünsche (ich kann das ja nicht einfach ausschalten) - sehr wahrscheinlich nie mehr sein wird und ich dieses süße Mädchen nicht einmal mehr küssen darf.

Ich will und werde dich auch weiterhin sehen und mit dir Kontakt haben und mit dir reden und lachen und streiten. Ich freue mich jetzt schon auf unser nächstes Treffen, und ich will mich ja nicht *schützen* vor dieser sehr schönen Konfrontation mit dir.

Kein bisschen Hoffnung mehr

Aber es ist halt momentan einfach wieder sehr bitter für mich, dieser Realität ins Auge zu sehen (ich verstehe es ja noch nicht einmal) und kein bisschen Hoffnung mehr haben zu dürfen! Ja, mit dem Prinzip Hoffnung habe ich auch noch so meine Probleme. Aber ich arbeite hart daran. Dieses Gedankenmuster sitzt einfach so tief in unseren Adern. Wir haben es praktisch (gemeinsam mit den Schuldgefühlen) mit der Muttermilch getrunken.

Ja, das alles drückt mir heute wieder die Tränen aus den Augen, und ich gehe nun an die Donau ein wenig spazieren und weinen. Ich träume halt noch immer fast jede Nacht von dir, und ich muss noch immer fast ständig an dich denken (hey, du bist schließlich eine der schönsten Begegnungen in meinem Leben) und das wird wohl noch eine Zeit lang so bleiben. Süße, du gehst mir einfach nicht aus dem Sinn (und ich will das alles ja auch nicht verdrängen und killen), und ich muss nun einfach lernen, einen Umgang damit zu finden. Ich bin ja auch nur ein Mann, und ich will ja auch kein Übermensch oder gar Heiliger werden.

Und noch was will ich dir unbedingt sagen. Wie du ja weißt, hat Claudia zwei meiner heißen Briefe an dich gefunden und unsere Liebe damit entdeckt und dich dann angerufen. Unsere schöne Sache ist dadurch aufgeflogen, und ich musste schließlich von zu Hause ausziehen. Es tut mir noch immer sehr leid, dass das alles so gelaufen ist (ich hätte es viel lieber selber gesagt), aber das Leben wird damit schon irgendeine Idee verfolgen, auch wenn ich sie noch nicht verstehe. Und das ist für mich keine Kleinigkeit, die Familie zu verlassen und meine Kinder nun so selten zu sehen. Es gab ja viele Gründe für eine Trennung (im Wesentlichen haben wir uns gegenseitig einfach *sehr gut* gemeint behindert), und es war eine lange Geschichte, aber wir hatten auch sehr schöne Zeiten, und es tut mir noch sehr weh.

Claudia war natürlich durch diese Entdeckung sehr verletzt, und sie hat mir damit gedroht, diese Briefe (an dich) an alle meine Seminarteilnehmer und alle meine Freunde und alle meine Verwandten zu versenden, um ihnen zu zeigen, wie ich wirklich bin. Heute verstehe ich Claudia, und ich bin ihr nicht mehr böse. Vielleicht hätte ich es ja auch genauso getan.

Es ist die Alchemie des Lebens

Aber damals hat es mir das Gefühl vermittelt, den Boden unter meinen Füßen zu verlieren. Es war eine der ärgsten Krisen in meinem ganzen Leben. Alles verfinsterte sich um mich, und ich habe schon alle möglichen Szenarien vor mir gesehen. All meine tiefsten und verborgensten Ängste sind aufgetaucht. Alles um mich herum begann plötzlich zu brennen! Alle Dämonen in mir wurden wach und haben mich bedroht. Es war damals sehr schwer für mich, noch an das Leben zu glauben, und ich bin nur noch voller Angst und Panik in Deckung gegangen.

Es ist nicht gerade leicht, die Familie zu verlassen und nicht mehr zurückzukönnen (ich will und kann nicht schon wieder betteln und wieder dankbar sein und meine Würde wieder verlieren), mit meinen Kindern nicht mehr so oft zusammen zu sein, mit 43 ein völlig neues Leben (ohne finanzielle Mittel) zu beginnen und dich zu verlieren und vielleicht auch noch zu beobachten, dass deine Beziehung mit Karl durch mein Bluten besser wurde, und dann noch diese existenzbedrohende Ankündigung zu hören, dass alle Menschen, die ich kenne, liebe und schätze nun diese Briefe lesen und damit wissen sollen, wie ich wirklich bin. Das war für mich wie ein Sterben! Viele Monate habe ich mich gegen diese Drohung gewehrt, und schließlich habe ich es als eine klare Botschaft des Lebens verstanden und auch angenommen. Und heute bin ich Claudia für alles sehr dankbar. Und ich werde meine Ängste (was ich alles verlieren könnte) ansehen und zittern, und dann werde ich Ja zu ihnen sagen und aus diesen Briefen an dich, aus diesen Tränen der Freude und Verzweiflung ein Buch machen, um freiwillig zu zeigen, *wie ich wirklich bin.* Aber was soll mir nach diesem Ja, nach diesem Sterben denn noch passieren können? Es ist mein nächster Schritt im Leben. Jeder Mensch kann aus dem, was ihm angelastet und vorgeworfen wird, ein lebenslanges Sich-dagegen-Wehren und Ankämpfen und Ich-muss-mich-bessern-und-Ändern und Ich-muss-mich-rechtfertigen-und-meinen-guten-Ruf-Wiederherstellen und Ich-bin-ja-so-Schuldig machen (das alles kostet uns aber enorm viel Energien, die uns keiner jemals ersetzen wird) und jeder kann sich aber auch entspannen, dazu stehen, sich stellen, das Wehren beenden und Ja dazu sagen und sich selbst damit annehmen und lieben, wie man ist. Mit diesem Prozess des Annehmens nehmen wir unser Schicksal in unsere Hände!

So verwandeln wir Stroh in Gold

Wir besiegen damit unsere schlimmsten Angstdämonen. Wir sagen ihnen damit, wer der Herr im Hause ist! Wir übernehmen damit die volle Verantwortung für unser eigenes Leben und stellen fest, dass alles unsere Wahl war. Es ist die höchste Alchemie des Lebens! Damit verändern wir Karma und Energien drehen sich um. Wir sind ausgestiegen und die Energiespirale dreht sich dann nach oben! Es sind aber dieselben Energien, die uns vorher hätten zerstören können. Dieselben Energien werden dann hinter uns stehen und uns dienlich sein und uns durch das Leben tragen. Sie fördern und stärken uns dann und bringen uns zum schönsten Leuchten. Damit verwandeln wir Stroh in Gold und Unglück in Glück!

Ganz bewusst einen Zusammenbruch durchzustehen und in einen Durchbruch zu verwandeln, ist das größte Abenteuer des Lebens. Es ist aber auch das gefährlichste Abenteuer, denn nichts ist so unsicher wie sein Ausgang, wenn nur ein ganz kleiner Teil sich in uns wehrt. Es ist für mich das größte Geheimnis des Lebens geworden. Es sind nicht die Energien oder Situationen, die gut oder schlecht sind, sondern nur unser Umgang mit ihnen. Energien und Situationen im Leben sind neutral, und wir müssen sie nicht einmal bewerten. Wir können sie mit unserem oft lebenslangen Dagegenwehren immer gegen uns spüren oder mit unserem weisen Annehmen und Uns-nicht-mehr-dagegen-Wehren immer für uns arbeiten lassen. Mit dem Beenden des Wehrens und Dagegen-Ankämpfens erlauben wir diesen neutralen Energien des Lebens, für uns zu arbeiten, uns dienlich zu sein. Wir werden damit Alchemisten und Meister des Lebens.

Ich gebe ja zu, es ist nicht einfach und braucht sehr viel Kraft und Mut. Mir wird alleine bei dem Gedanken, dass nun alle wissen dürfen, wie ich wirklich bin, noch ziemlich mulmig! Es ist wie ein Sterben. Aber ich spüre auch schon die Geburt des Neuen und die Lebendigkeit. Wir können damit nur gewinnen! Jeder Mensch kann der Welt (beginnen kann man ja mit Partnern und Freunden) sagen: „Seht her, so bin ich wirklich! Das könntest du auch tun! Auch du könntest endlich aussteigen und zu dir selbst stehen und der Welt sagen, was mit dir wirklich los ist, wie sehr du mich wirklich liebst und brauchst, wie sehr du dich wirklich nach mir und diesem neuen Leben sehnst", was du wirklich willst im Leben und wie (wunderbar) du wirklich bist! Umarme dich!

Die zerplatzte Illusion

Meine geliebte Prinzessin! Ich bin derzeit sehr traurig, weil wieder einmal große Illusionen und Hoffnungen zerplatzt sind (wie schon so viele), und das tut halt einfach immer sehr weh. Dieses Prinzip Hoffnung sitzt auch mir noch tief in den Gliedern.

Und diese enormen Gefühlswechselbäder (kenne ich zwar schon von dir) und die zerplatzten Illusionen haben mich dieses Mal einfach sehr tief getroffen, und ich fühle mich ziemlich erschöpft! Das war dieses Mal eine Mega-Kneippkur – wie ein Stich mitten ins Herz. Ich wollte heute schon mit dir darüber reden, ist aber sehr schwierig (eigentlich unmöglich) im Geschäft oder am Abend in einer Stunde (mit Blick auf die Uhr) oder am Telefon. So schreibe ich dir lieber, obwohl ich das viel lieber persönlich erzählen und besprechen würde. Das muss ich mir nun einfach von der Seele schreiben, sonst zerreißt es mich noch.

Süße, ich will gar nichts (mehr) von dir, und ich habe keine Erwartungen an dich, und ich liebe dich genauso wie du bist (genauer gesagt bin ich ziemlich verrückt nach dir), und ich will dich auch nicht verändern (so ist sie eben, die Süße). Es gibt auch nichts Schöneres, als einen Menschen so zu nehmen und so zu lieben, wie er ist, ganz ohne Bedingung. Mein Brief ist auch absolut keine Kritik und schon gar kein Vorwurf, und du brauchst nicht einmal darauf zu antworten, und ich freu mich so sehr, dass wir so gut in Kontakt sind und uns so oft sehen und hören!

Grundsätzlich bin ich ja sehr glücklich, dass du so offen zu mir bist und dass ich dein süßes Lächeln und deine süßen Grübchen so oft sehe und deine Stimme höre und mit dir so oft lachen und scherzen kann. Ich muss mir nun nur einiges von der Seele reden, muss es dir nur sagen, wie es mir geht. Ich finde es sehr wichtig, einem Menschen, den man sehr liebt, das auch zu erzählen. Es hält die Liebe in Bewegung und das Herz am Leben. Du hast es ja selber immer (meist mit vielen Tränen) getan, und du kannst es dieses Mal ja auch so machen – dir einfach alles von der Seele reden, was dich halt alles bedrückt. Ich muss dir das alles schreiben (auch wenn du es nicht liest), denn sonst halte ich es nicht aus.

Deine süßeste Liebeserklärung

Ich habe mich letzte Woche, am Donnerstag und Freitag (nach deinem großen Seelenschmerz und deiner sehr großen Öffnung und deiner allersüßesten Liebeserklärung) wie ein kleiner Junge gefreut. Ich habe getanzt und gelacht vor Freude, und ich bin geschwebt. Und nicht einmal in meinen kühnsten Träumen habe ich angenommen, dass du mich so sehr vermisst und so sehr liebst und so sehr und dringend brauchst. Ich habe gestrahlt, wie der Weihnachtsmann selbst. Es ist so viel klare und starke und schöne Liebesenergie von dir zu mir geflossen, und ich war und bin sehr glücklich darüber, und ich spüre das noch immer sehr stark.

Ich habe am Donnerstag und Freitag aber auch echt geglaubt und auch sehr gehofft (das macht mir nun eben so zu schaffen), dass dein tiefes Erkennen (was wirklich los ist zwischen uns, wie tief und innig deine Liebe zu mir wirklich ist, wie sehr du mich wirklich brauchst und vermisst, wie groß die Leidenschaft zwischen uns wirklich ist, wie kostbar und einzigartig unsere Begegnung und Verbindung und Liebe wirklich ist, wie tief wir beide seelisch wirklich miteinander verbunden sind und dass wir ziemlich geil aufeinander sind und dass wir eben nicht nur Freunde, sondern ziemlich liebende Seelenpartner sind) nun endlich ausreicht für eine wirkliche Herzensöffnung von dir!

Ich dachte echt, dass das nun der *Durchbruch* ist. Ich habe ja mein Handy nicht absichtlich in der Praxis vergessen, und ich habe nicht im geringsten angenommen, dass du gleich so verzweifelt bist, wenn ich zwei Tage nicht erreichbar bin. Das alles war zwar sicher vom Leben ziemlich geführt, aber ich habe echt geglaubt (war wohl wieder eine ziemliche Illusion von mir), dass du nach so einem tiefen Seelenschmerz der Liebe und Sehnsucht, mit Tränen und starken Magenkrämpfen und zwei schlaflosen Nächten und Appetitlosigkeit nun wirklich ganz offen bist (Durchbruch) und auch offen bleibst! Ich dachte echt, dass du nun weißt, was du willst (gesagt hast du es mir ja) und wie sehr du mich liebst und brauchst, und dass du dazu auch voll stehst. Das ist aber keine neue Erwartung oder Hoffnung, dass du nun Karl verlässt (das hab ich schon lange akzeptiert) oder wieder mit mir schläfst! Ich wünsch mir das zwar sehr, aber ich kann mir noch immer sehr viel vorstellen.

Ich will ja nur das, was da ist

Ja, Süße, ich muss gestehen, ich habe mir echt (naiv wie ein kleiner Junge) gedacht: Toll, nun wird mein Kätzchen endlich voll zu ihrer tiefen Liebe und zu ihrer großen Sehnsucht stehen und mir das auch voll zeigen, auch wenn ich nur ihr Freund bin! Darum bitte ich dich schon seit vielen Monaten (als dein Freund oder Geliebter). Mehr will ich gar nicht mehr! Ich will nur das, was da ist (die lebendigen Fakten des Herzens) und was zu mir gehört. Man fühlt etwas, und der andere empfängt es ja auch sehr deutlich. Und wenn man es ihm nicht sagt und/oder zeigt, dann fehlt ihm tatsächlich etwas. Man fühlt etwas und man steht einfach dazu - ist ja doch völlig normal! Das, was man für einen Menschen fühlt, das gehört auch diesem Menschen. Das ist der Einklang der Seele – der Einklang von Gedanken (oder Herz), Worten und Taten!

Und die Sprache deines Herzens (was es will und braucht) war ja doch letzte Woche sehr deutlich und mit ziemlich vielen Tränen begleitet! Für mich ist das die natürlichste Sache der Welt, dass man so einem Menschen (um den man so weint, mit dem man seelisch so tief in Liebe verbunden ist, den man so sehr braucht, den man so sehr liebt und so sehr vermisst, wenn er sich nur zwei klitzekleine Tage nicht meldet, wo sogar der Körper so verrückt spielt, auf den man einfach nicht verzichten kann und will, den man unbedingt sehen muss, dessen Verlust wie ein Tod oder eine Amputation wäre) alles zeigt und riskiert und jede noch so kleine Gelegenheit dazu nutzt, damit dieser geliebte Mensch diese tiefe Liebe, dieses große Feuer, diese Begeisterung und Wertschätzung auch spürt, auch wenn man keine Beziehung mit ihm lebt und ihn nicht küsst und nicht mit ihm schläft und er *nur* ein Freund ist.

Man zeigt es diesem Menschen, damit es ihm auch wirklich ganz gut geht, damit viel Liebe zu ihm fließt und ihn erreicht, damit sein Herz nicht blutet, sondern satt ist! Und es stößt mich eigentlich total vor den Kopf, dass du trotz deines tiefen Erkennens noch immer so zögerlich und geizig bist (sagte auch der Astrologe), mir deine wunderbaren und süßen Schätze zu zeigen, die ich so dringend bräuchte, weil sie ja auch wirklich voll da sind und nach denen ich mich so sehr sehne. Es ist ein sehr trauriges Spiel (zumindest für mich) und eine echte Beleidigung an das Leben!

Nach 2960 Minuten Herzensqual

Letzten Mittwoch und Donnerstag hast du mich noch so sehr vermisst und hast gelitten und hattest Magenkrämpfe und konntest nicht schlafen und nicht essen und hast geweint und warst bitter verzweifelt und hast fast durchgedreht und hättest dich mitten in der Nacht über eine klitzekleine Nachricht von mir (wie ein kleines Mädchen) gefreut, und du hättest jede Minute und jede Gelegenheit dafür verwendet, mich zu sehen - mit der wichtigsten Botschaft an mich, dass du mich brauchst und vermisst und so sehr liebst. Du hättest vieles riskiert, und du wärst sogar voller Feuer zu mir in die Wohnung gerannt - all das, was man halt fühlt und macht, wenn man so sehr und so tief und mit der ganzen Seele liebt. Wer sonst macht so etwas Verrücktes? Ja, all das sind deine Worte! Musst dich nur erinnern.

Und dann, als ich mich nach 2960 Minuten deiner Herzensqual wieder gemeldet habe, wusstest du mich wieder sicher in deiner Nähe und hast dich auch gleich am nächsten Tag wieder Schritt für Schritt in deine sichere Welt zurückgezogen. Und schon wenige Tage nach so einem Mega-Gefühlsereignis, nachdem du mich die Liebe deines Lebens nanntest, frage ich mich, ob ich nun ein fühlender, geliebter Mensch oder ein geliebtes Möbelstück bin (das halt da ist, wenn man es braucht).

Nachdem ich mich wieder gemeldet habe und du mich glücklich umarmt hast und du mich wieder voll gespürt hast, wurde es von Tag zu Tag wieder kühler, reservierter, seichter (um dich vor dem gefürchteten Doppelleben zu schützen), trockener, vorsichtiger, unverbindlicher, ri sikoloser (das alte traurige Spiel halt), und die wichtigste Botschaft war dann plötzlich nur noch, wie gut deine Beziehung mit Karl ist. So eine Scheiße! Ich will und wollte dir deinen Karl niemals wegnehmen oder ihn schlecht machen (ist ein ganz lieber Mann), und du hast mir ausreichend erklärt, dass du bei ihm bleibst, und ich habe niemals von dir verlangt, dass du ihn verlässt! Aber wo war denn dein Karli letzte Woche, als du um mich so bitterlich (und fast die ganzen zwei Nächte) geweint hast und nichts essen und nicht schlafen konntest und dabei so viel abgenommen hast? Wie toll war da denn deine Beziehung mit Karl? Und wem haben denn deine Tränen und deine Megaschmerzen gegolten? Hör doch endlich auf, dich so zu belügen! Das hält man ja fast nicht aus!

Schade, dass es keine Gefühlskillerpille gibt

Kätzchen, ich habe gerade dieses Mal (nach diesen sehr heftigen Gefühlswellen und deinen süßen und wunderschönen und weltbewegendsten Liebeserklärungen) echt nicht einmal im Traum angenommen, dass du das alles schon nach zwei bis drei Tagen wieder verdrängst, alles wieder so seicht und lauwarm werden lässt, dich wieder in sichere Gewässer (ohne Risiko) zurückziehst und mich wieder so fern von dir hälst (hoffentlich will er nichts von mir) und sogar deine tiefen Gefühle und Magenkrämpfe wieder anzweifelst, vielleicht auch wieder deine große Öffnung bereust.

Ich habe echt nicht angenommen, dass ich wieder um Liebe und Treffen und Briefe betteln muss (mach ich eh nicht mehr) und du mir wieder so viel Angst (dass deine heile Welt zerbrechen könnte) und diese Komm-mir-nicht-zu-nahe-Mauern hinstellst. Ich hab gerade dieses Mal gedacht, dass du deine selbstzerstörerische Lebenslüge nun endlich beendest. Stattdessen machst du es wie die meisten Menschen und gibst wieder Vollgas auf deinem Verdrängungsweg. Du denkst wahrscheinlich, wenn du deine lästigen Gefühle nur lange genug unterdrückst, dann werden sie irgendwann schon aus deinem Herzen verschwinden. Schade, dass es dafür keine Gefühlskillerpille gibt.

Ich will und erwarte ja gar nichts von dir, aber ich kenne ja beide Seiten von dir – ich kenne dich ja auch schon sehr gut, wie das ist, wenn du Liebe und Offenheit zeigst. Da geht die Sonne auf! Wahre Offenheit erkennt man daran, dass sie ansteckt. Ach, alles wäre so einfach, man fühlt etwas und zeigt es diesem Menschen, auch wenn es nur ein Freund ist. Aber du scheinst deine tiefe Liebe zu mir nur dann voll zu spüren und dir zu erlauben, wenn ich nicht da bin, wenn ich mich von dir entferne oder nicht erreichbar oder gestorben bin. Dieses böse Spiel spielen sehr viele Mensche, aber es ist sehr traurig! Es scheint zu schön für dich zu sein, und vielleicht bin ich ja auch zu lebendig. Und ich glaube auch, dass du dich vor dem Glück, vor der Liebe, vor dem Feuer, vor der Lust und der Lebendigkeit fürchtest! Vielleicht denkst du ja auch, dass du das alles gar nicht *verdient* hast. Ja, das, was du sehr liebst und zum Glücklichsein brauchst, hältst du sehr fern. Ich weiß, du arbeitest hart an dir, aber es wäre dein größter Heilungsprozess, wenn du das Glück und das Feuer endlich an dich heranlässt.

Das kurze Leben zieht mit Sicherheitsabstand vorbei

Ich kann mir noch immer sehr viel vorstellen (und so ziemlich alles ist im Leben möglich), aber gerade nach diesen sehr tiefen und heißen Ereignissen der letzten Woche mit vielen Tränen und großen Schmerzen und schlaflosen Nächten und sehr tiefer Verzweiflung und so wunderschönen Wiedersehensumarmungen voller Freude und Tränen und Glückseligkeit und Küssen, halte ich derzeit diese nette, seichte, oberflächliche, risikolose, freundlich-nett-unverbindliche So-tun-als-ob-eh-nichts-los-wäre-zwischen-uns-Lüge einfach nicht aus! Es macht mich fast verrückt! Zwei so extreme Energien – das kann einen ja zerreißen. Ich habe noch keine Ahnung, wie ich damit umgehen soll!

Wir beide explodieren schon fast vor Anziehungskraft und Liebe und Sehnsucht und Geilheit und Erotik und Leidenschaft, und die Liebesgötter wollen schon ihren Job aufgeben, weil wir uns derzeit nicht einmal ordentlich und fest und zärtlich umarmen und küssen und streicheln und uns ganz liebe Sachen ins Ohr flüstern, und die ganze Welt um uns herum sieht es schon, und wir beiden Süßen spielen nun schon wieder so ein lauwarmes und langweiliges, einschläferndes, seichtes Höflichkeits-Gefühlverdrängungs-Spiel mit Sicherheitsabstand, und das schöne und kurze Leben zieht mit Sicherheitsabstand an uns vorbei! So eine Scheiße!

Das macht mich derzeit fast verrückt! Ich bin die ganze letzte Nacht an der Donau auf und ab gerannt und habe geschrien und geweint (die Donau musste schon ziemlich viel von mir ertragen), weil ich nicht mehr wusste, was ich tun soll. Besonders nach diesen schönen und weltbewegenden Ereignissen der letzten Woche pack ich diese freundlich-nett-lächelnde Lebenslüge einfach nicht! Das macht mich derzeit so wütend und gleichzeitig so traurig, da könnte ich mir derzeit so richtig in den Ar ... beißen! Und reden können wir leider auch nicht ungestört und wirklich ausführlich (das würde uns beiden immer sehr helfen), weil du für den Menschen, den du so liebst, ja fast keine Zeit hast oder haben willst!

So, jetzt hab ich mir wieder alles von der Seele geredet (so bin ich halt), und das tut mir ziemlich gut. Ich hoffe, es war nichts Kränkendes dabei. Das wollte ich keinesfalls.

Die Liebe hat mir gewunken und ich bin ihr gefolgt

Meine geliebte Prinzessin, ich muss nun lernen, damit umzugehen, muss wieder meine Ruhe finden und in meine Kraft kommen, muss ganz klar werden, muss mein blutendes Herz ein bisschen streicheln, muss mich wieder fangen, muss mich wieder finden und orientieren, muss viel wandern und viel tanzen gehen (die Proben für das Musical beginnen nun auch bald), muss sehr viel nachdenken, muss viel meditieren und alles wieder ordnen. Ich werde morgen verreisen. Vielleicht nach Salzburg oder nach Wien und vielleicht zu Monica nach Mailand. Ich hab mein Handy dieses Mal aber mit – ich weiß aber nicht, ob ich immer Empfang habe. Ich weiß auch noch nicht, wann ich wieder zurückkomme.

Die Liebe hat mir gewunken und ich bin ihr gefolgt. Die letzten achtzehn Monate wurde mein gesamtes Leben total auf den Kopf gestellt. Kein Stein blieb auf dem anderen, alles hat sich verändert. All das, was passiert ist, hat mich bis ins Tiefste erschüttert. Vieles ist in mir gestorben, und vieles ist in mir geboren, und es war mein heftigster Stirb- und Werde-Prozess! Ich habe damit nicht nur meine Liebesfähigkeit, meine tiefen Gefühle und meine große Zärtlichkeit kennen gelernt, sondern auch Gefühle wie *einsam* sein und *traurig* sein, und von mir wurde gefordert, dass ich mich dem Leben völlig übergebe und hingebe und Vertrauen habe. Ich bin offen und verwundbar geblieben, und ich habe mich nicht dagegen gewehrt und geschützt. Es war wie meine Auferstehung. Ich habe meine Ängste und Dämonen besiegt, und ich habe gelernt, dem Leben voll zu vertrauen. Es wurden durch dieses Sterben Kräfte und Seiten in mir wach, die ich ohne dieses Sterben niemals kennen gelernt hätte. Ich habe es angenommen und wurde dadurch zu einem völlig anderen, zu einem neuen Menschen! Genau in diesem emotionalen Sterben habe ich mich gefunden, und ich gehe sehr stark daraus hervor. Ich spüre nun eine unglaubliche Freiheit!

Ich weiß nun, dass so eine tiefe, schöne und einzigartige Liebe nicht nur krönt, sondern auch kreuzigt. Nun, wo ich das alles gefühlt und kennen gelernt habe, stelle ich fest, dass ich lebe! Ich umarme dich ganz fest, meine Süße, und ich schicke dir ziemlich viele Küsse und an deinem Ohr knabbere ich auch ein wenig und flüstere dir ein paar ganz liebe und heiße Sachen hinein.

208 Seiten, gebunden
€ [D] 16,90 / sFr 30,10
ISBN 3-89845-037-6

Georg Schmertzing

Kraftfeld Herz

Die neue Herz-Kultur

Wir werden als Menschen erst dann eine nächste Bewusstseinsstufe erreichen, wenn wir das Herz als Zentrum des Lebens, des inneren Wissens und intuitiven Erkennens entdecken. Vom Leitorgan Hirn, das vergeblich versucht hat, Verstand und Emotion zu verbinden, heißt es endlich auf die Wesensmitte umzusteigen: Aus dem „Kraftfeld Herz“ verbindend zu denken, zu fühlen und zu handeln ergibt jene neue Lebensqualität, nach der wir uns alle sehnen.
Der Autor bündelt Informationen und Fallsbeispiele aus aller Welt zu einem Buch des „neuen Herzens“ – für Menschen, die sich für eine neue, befreite Welt entschieden haben.

116 Seiten, broschiert
€ [D] 9,90 / sFr 18,10
ISBN 3-923781-34-2

Theo Fischer

Wu Wei – Lebenskunst des Tao

Die Antwort auf alle Probleme unseres Daseins ist unfassbar einfach

Wer je im Leben eine tief greifende Existenzkrise durchlebt hat, erinnert sich vielleicht, dass die Wende zum Besseren genau in der Phase eintrat, als er sich, vollkommen erschöpft, aufgegeben hatte.
Nicht mehr kämpfen, im Strom der eigenen unendlichen Kraft leben – das meint WU WEI, wörtlich: nicht handeln, nicht eingreifen, sondern uns jener kosmischen Energie anvertrauen, die Laotse einst das TAO genannt hat. Das ist die Weisheit, die dieses Buch lehrt:
Von der Kunst des Nichthandelns über die Phänomene Aufmerksamkeit, Innerer Dialog und Loslassen bis zur Spiritualität im Tao. Mit Übungen für den Alltag.

160 Seiten, gebunden
€ [D] 14,90 / sFr 26,80
ISBN 3-89845-034-1

Squire Rushnell

Wenn Gott zwinkert

Wie die Kraft des Zufalls Dein Leben leitet

Haben Sie sich jemals über Zufälle gewundert? Warum passierte mir das gerade, als ich es so dringend brauchte? Als ob es jemand geplant hätte. Nicht nur Sie stellen sich solche Fragen. Viele haben schon festgestellt, dass es weit mehr seltsame Zufälle im Leben gibt, als man ahnen möchte. Auch der Autor hat eine Menge dieser Gotteswinke erlebt und zeigt, wie der Leser sie leichter entdecken und sein Leben damit bereichern kann. Mit einer Reihe von faszinierenden Wink-Geschichten aus der Welt der so genannten Zufälligkeiten im Leben von Berühmtheiten und Leuten wie du und ich schließt sich der Reigen rund um das von einer höheren Kraft in die Hand genommene Schicksal.

256 Seiten, broschiert
€ [D] 8,95 / sFr 16,50
ISBN 3-89845-050-3

Elizabeth Clare Prophet & Patricia R. Spandaro

Alchemie des Herzens

Wer mehr liebt, wird mehr geliebt

In einem Fünf-Punkte-Programm wird das Herz des Lesers allmählich in eine höhere Frequenz seiner Liebesfähigkeit geführt. Es wird gezeigt, wie er sein Herz für höhere Schwingungen öffnen kann, wie er es stärkt und heilt und wie er es weiterhin vor niedrigen Schwingungen schützt, bis er schließlich ganz in sein Herz eindringt und sich so mit der göttlichen Liebe vereint. Meditationen und Affirmationen unterstützen den Leser dabei, in den Tempel seines Herzens einzudringen und sich mit seinem höheren Selbst zu verbinden, um sich alle Fragen, die ihn bewegen, beantworten zu lassen. Dieses Buch ist im wahrsten Sinne ein Herzensjuwel, auf dem Weg zu einer höheren Liebe.

192 Seiten, broschiert
mit 8 farb. Abbildungen
€ [D] 8,95 / sFr 16,50
ISBN 3-89845-063-5

Mary Olsen Kelly

Der Pfad der Perle

Entdecke deine inneren Schätze

Perlenaustern, die einen Fremdkörper nicht ausscheiden können, verwandeln ihn in ein schillerndes Kunstwerk der Natur. Dieser kleine Schatz beschreibt einen parallelen Weg im menschlichen Innenleben.
Im Pfad der Perle lädt uns Mary Olsen Kelly dazu ein, unser Leben nach den sechs Kriterien zu betrachten, nach denen Juweliere Perlen beurteilen: Form, Größe, Farbe, Glanz, inneres Licht und Vollendung. In diesem Buch lernen wir nicht nur unsere verschiedenen Facetten zu erkennen und zu akzeptieren, sondern uns auch über all die Schätze zu freuen, die wir durch die Überwindung der Probleme unseres Lebens gewonnen haben.

216 Seiten, broschiert
€ [D] 12,00 / sFr 20,50
ISBN 3-931695-89-0

Deborah Morris Coryell

Das Leid umarmen

Aufstieg aus dem Dunkel des Verlusts

Trauer, Leiden, Verzweiflung und Wut – Aspekte der Verlusterfahrung, die jeder kennt, der einen geliebten Menschen durch Trennung oder Tod verloren hat. Wie sich angesichts des Verlusts weiter leben und lieben lässt, ist das Thema dieses Buches.
Die Autorin erläutert, wie sich unsere Beziehung zu Verlusten und unser Leiden an den Verlusten transformieren lässt. Verluste gehören zum Leben. Ihre Bedeutung zu verstehen und sie zu integrieren lernen – das ist die hohe Kunst des Verlieren-Könnens.